KB125987

세상은
왜?

이 도서의 국립중앙도서관 출판시도서목록(CIP)은 e-CIP홈페이지(http://www.nl.go.kr/ecip)에서 이용하실 수 있습니다. (CIP제어번호 : CIP2011000812)

세상은 왜?

세상을 보는 10가지 철학적 주제

하순애 · 오용득 지음

한울
아카데미

일러두기

1. 인명, 지명, 용어 등은 국립국어원의 외래어표기법에 따랐으나 퓌타고라스(Pythagoras), 퓌시스(physis), 프쉬케(psychē), 퓌론(Pyrrhon), 오뒤세우스(Odysseus) 등 몇몇은 저자의 요청으로 그리스어 υ 발음을 살려 표기했습니다.

▌머리말

우리는 '최신'이라는 말의 유효기간이 아주 짧은 시대에 살고 있다. 최신이 또 다른 최신에 의해 금방 구식이 되는 이런 양상은 거의 사회 전반적인 영역에서 나타나고 있다. '변화와 혁신의 시대'라는 말도 이런 양상을 지칭하는 또 다른 용어이다. 인간 역사에 변화가 불가피하지만 지금의 현실이 변화 그 자체를 시대의 표상으로 삼는다는 점에서, 오늘날 '변화'와 '최신'에 함축된 의미는 과거 그 어느 시대와 비교할 수 없는 차이를 보인다.

'차이'는 속도의 문제만은 아니다. 오히려 그것은 역사적 차이가 감지될 수조차 없다는 사실, 그 차이의 의미에 대한 물음조차 실종된다는 사실에 근거한 차이이다. '최신'이라는 말이 가장 흔하게 사용되는 시장 영역을 예로 들어보자. '최신 제품'이라는 말은 소비대중의 호주머니를 겨냥하는 가장 강력한 판매 전략이다. 그런데 그것이 '최신'인가를 확인할 수 있는 방법은 그 제품을 소비하는 것뿐이다. 따라서 최신 제품을 소비하는 대중은 '최신'이 지니는 의미를 자율적으로 묻지 않은 채 '최신'의 소비에 동참한 셈이다. 다른 한편 소비에 동참하지 않는 대중에게 '최신'은 신기루일 뿐이니, 그들도 마찬가지로 '최신'의 의미를 합당하게 묻지 않는다. 그 결과 최신 제품의 '최신'은 제품에 부가된 새로운 기능이라는 의미로 확정된다. 이런 식의 모호한 '의미 확정'은 그 '새로운 기능'이 어떤 측면에서 새로운 것인가 하는 물음을 배제한다. 요컨대 의미의 지평은 엄청나게 축소되거나 소거된다.

그리하여 '이것이 최신 제품이야!'라는 발언 앞에서 '최신 제품이 어떤 의미가 있나?'라는 물음은 딱하게도 의미 없는 물음이 되고 마는 것이 이 시대의 풍경이다. '최신'의 지배력이 확장되는 시대란 곧 물음을 상실한 시대라고 해도 과언이 아닐 것이다.

그런데 확정된 의미에 근거한 발언과 의미를 묻는 발언은 본질적으로 엄청난 차이가 있다. 전자는 주어진 정보에 자신의 앎을 고착시키는 것이고, 후자는 상황을 비판적으로 검토해 좀 더 나은 앎에 이르려고 하는 것이다. 정보에 국한되는 앎은 한갓 지식으로 머물 뿐이고, 좀 더 나은 앎에 이르려고 하는 노력은 '좋은 삶'을 위한 지식이 될 수 있다.

　흔히 철학을 삶과 세계에 대한 비판적 성찰을 하는 학문이고, 그래서 철학함이란 비판적 성찰이라고 하는데, 이를 달리 표현하면 철학은 의미를 물어감으로써 더욱 좋은 삶을 의도하는 학문이라고 해도 좋겠다. 그렇다면 물음을 소거하고, 확정된 의미에 삶을 구축하게 하는 이 '최신의 시대'는 단적으로 철학을 소거하고 있는 시대이기도 하다.

　이런 시대상에서 철학이라는 이름으로 대중과 만나는 책을 쓴다는 것은 고단한 작업이다. 무엇보다 의미를 묻는 물음이 탐구해야 하는 추상적 사유의 사슬을 이 시대의 구체적인 문제 상황과 연관하면서 독자에게 철학함의 실천으로 이끌게 한다는 저술의 과제가 만만치 않기 때문이다. 그러나 필자들에게 앎이 삶에 연결되어야 한다는 철학적 전제는 작업의 고단함을 상쇄하는 힘이었다.

　어떻게 삶에 힘이 되는 앎을 꾸릴 수 있을까? 필자들은 이 물음을 화두로 삼아, 오늘날 사회적 삶에 대해 성찰할 수 있는 열 가지 주제를 선정했다. 각 장은 가능한 한 그 주제에 관한 인간의 현실을 가로지르면서 또한 철학사적 논의를 가로지르면서 주제를 다루려고 했다. 인간의 현실을 가로지른다는 점에서 각 주제는 독립적이면서도 상호 연결된다. 선정된 주제와 서술된 내용이 앎이 삶에 통합되기 위한 실마리라는 점에서 책의 제목을 '세상은 왜?: 세상을 보는 열 가지 철학적 주제'라고 정했다.

　필자들은 이 책의 기획이 얼마나 과도한 욕심인지 알고 있다. 이 책에서 다루는 주제가 모두 중층적이고 복잡한 담론을 함축하고 있어서, 한정된 지면에서는 그 어느 주제도 충분히 다룰 수 없다는 점에서 특히 그렇다. 그럼에도 이런 기획을 시도한 것은 각 주제를 가능한 한 다각적으로 사유할 수 있는 통로를 열어본다는 의도 때문이었다. 서로 다른 풍경이 산책의 걸음걸음을 옮기게 하듯이 이 책을 통해 사유의

걸음걸음을 옮기게 되는 것, 이것이 필자들이 거는 기대이다.

　이 책은 특별한 역사가 있다. '현실에 대한 철학적 반성'을 목표로 4명의 저자가 참여해 1994년 '교양철학'이라는 표제의 저서를 출간한 바 있다. 당시 필자들은 저술 작업을 계속 증보할 계획이었지만 각자 학문적 여정에 쫓겨 그 실행을 차일피일 미루어오던 차에, 이 책으로 그것을 대신하게 되었다. 이러한 점에서 이 책은 기본적으로 『교양철학』의 개정증보 작업의 결실이라고도 할 수 있다. 그러나 이것은 일반적인 의미의 개정증보판이 아니다. 그동안 변화된 현실과 새로 부상한 철학적 논의들을 고려해 새로운 시각으로 주제들을 다루어야 할 필요가 있었기 때문에 그 편재와 내용을 완전히 새롭게 구성했다. 다만 1, 2, 8장은 기존 『교양철학』에 실었던 필자들의 글을 상당 부분 수정하고 보완해 다시 실었다.

　1, 2, 6, 7, 9장은 하순애가, 3, 4, 5, 8, 10장은 오용득이 집필했다. 그러나 두 필자는 집필 계획 수립을 비롯해서 1차 원고를 교환해 검토하고 직접 만나서 의견을 나누는 등 모든 작업을 함께했다. 따라서 이 책에 잘못된 부분이 있다면 그것은 전적으로 필자들 공동의 책임이다. 물론 이 책도 여기서 완료된 것이 아니라 앞으로 계속 다시 만들어갈 것이다. 이를 위한 독자들의 관심과 격려를 바란다.

　책이 출판될 수 있도록 독려하고, 좋은 책을 만들기 위해 여러 모로 애쓴 도서출판 한울에 고마운 마음을 전한다. 특히 윤순현 과장, 교정·편집을 꼼꼼하게 해주신 이가양 님의 수고에 고마운 인사를 전한다.

2011년 2월
하순애, 오용득

차례

01 이성
인간 본질인가, 도그마인가

2,500여 년 동안 철학은 끊임없이 인간 이해를 문제 삼아왔다. 그만큼 모든 철학자는 '인간이 무엇인가?'라는 문제에 대한 서로 다른 대답을 제시해왔다. 이렇듯 역사적으로 다양한 인간 이해가 있었음에도 오늘날 회자되는 인간에 대한 보편적 이해는 '이성적 존재'이다.

이 장에서는 바로 이 점을 문제 삼는다. 그러나 필자는 인간의 본질을 이성으로 파악하는 인간관을 지지하거나 반박하지는 않는다. 다만 이성적 존재라는 정의가 역사적으로 어떤 다른 의미를 지녔는지, 또 이성적 인간관에 대한 반박이 어떻게 전개되었는지를 보여줄 따름이다. 이러한 논의는 단편적인 인간 이해에 대한 성찰의 계기를 제공할 것이다.

인간을 어떻게 이해하느냐에 따라 다른 모든 문제를 보는 관점이 달라지는데, 몇 가지 예를 들어보면 다음과 같다.

인간을 이성 자체가 아니라 이성에 따라 반이성적인 것을 이성화하는 가능성으로 이해하는 고대 그리스의 인간관에서, 인간이 인간다워지는 기초는 이성이고 이성이 발휘되는 터전은 사회가 된다. 따라서 인간의 이상을 실현하기 위해서는 사회가 어떻게, 어떤 원리로 구성되어야 하는지가 문제 된다. 여기서 고대 그리스의 인간관은 정치관·국가관으로 연결된다.

니체는 인간 본질을 이성에서가 아니라 '힘-의지'에서 파악한다. 그의 견해에서 인간 정신의 모든 복잡한 활동은 결국 '더 이상의 것으로 향하는 의지'와 같다. 그리하여 그에게 인간다운 삶이란 힘-의지를 강화하는 삶이며, 여기에 도덕적 선과 가치가 존립한다. 니체의 인간관은 인생관·윤리관·가치관으로 연결된다.

인간 문제를 인간 자체에 관한 순수 사유에서가 아니라 구체적 현실인 역사의 현장에서 해명하고자 했던 마르크스는 인간을 '유적 존재(Gattungswesen, species-being)', 즉 사회유기체적·공동체적 존재로 이해한다. 따라서 그는 노동하는 현실성에서 인간을 파악하면서 사회공동생활을 토대로 인간의 보편적 이상을 실현하고자 하는 인간관·역사관·정치관을 제시한다.

힘-의지(Wille zur Macht)

문자적으로만 본다면 'der Wille zur Macht(the will to the power)'는 '힘을 향한 의지'라고 할 수 있다. 여기서 '힘'은 세계 안에 있는 모든 존재자를 관통하면서 흐르는 어떤 에너지와 같은 것을 말한다. 물리적 힘도 이 힘의 한 양태이고, 정치적 권력도 이 힘의 한 양태이며, 그 밖의

철학이 궁극적으로 인간에 관한 학문인 이상 철학의 가장 중심 문제, 각 철학체계의 기초가 되어야 할 문제는 역시 '인간이란 무엇인가?'라는 것이다. 그러나 이 물음은 인간의 다양한 측면을 망라해 인간이 무엇인지에 대한 답을 얻기 위해서 제시된 것이 아니다. 그것은 인간 존재를 이해하는 데 그 이해의 핵, 즉 '인간 본질은 무엇인가?'라는 물음을 묻는 것이다. 인간존재에 대한 이해는 이해로서 그치지 않고, 인간의 삶을 형성하는 모든 환경과 그와 관련된 문제를 파악하는 단초가 되기 때문에, 그것은 인간에 관한 학문으로서의 철학체계의 기초(혹은 전제)가 된다.

한편 인간이 완결된 존재가 아니라 '되어가는 존재'라는 점에서 **인간 본질 규정**은 인간의 인간다움, 즉 인간의 이상이기도 하다. 따라서 각 철학체계의 기초로 작용하는 인간 이해는 동시에 이념으로서 인간과 인간 사회가 무엇을 지향해야 하는지를 지시한다. 여기에서 인간의 자기존재, 사회, 자연, 역사에 관한 모든 관점이 성립된다.

인간 본질 규정은 인간에 대한 이해와 인간의 이상을 동시에 드러내는 이중구조이기 때문에, 철학 역사상 인간에 대한 모든 물음은 인간의 현상에 대한 비판과 더불어 인간의 인간화로의 비전을 포함한다. 소피스트(Sophist)를 비판하며 나타난 소크라테스(Socrates)의 철학, 인간다운 삶이란 본능의 지배에서 벗어나 이성의 자율성을 확보하는 것이라고 주장하며 유럽 계몽 시대의 일역을 담당했던 이마누엘 칸트(Immanuel Kant), 허무주의의 극복을 '**힘-의지(Wille zur Macht)**'에서 구했던 프리드리히 니체(Friedrich Nietzsche), 인간소외의 현실에서 인간회복을 추구했던 카를 마르크스(Karl Marx) 및 실존주의 등 모두 그 이론이나 방법이 서로 달랐지만, 인간의 현실에 대한 진단과 더불어 인간의 이상을 추구했다는 점에서 공통된다.

실제로 인간의 이성·욕망·감정·영혼·물질·사회관계 등에서 어느 특정한 면만을 그 본질로 규정할 수 없을지 모른다. 그럼에도 인간을 해

명하고 인간을 타재(他在)와 구별하고자 하는 끊임없는 노력에서, 인간으로의 비전을 설정하는 데 좀 더 치중하는 철학체계는 인간의 이상 혹은 이념의 가능적 근거를 인간 본질로 규정한다. 한편 인간 현실에 대한 진단과 비판에 더욱 철저할 경우 인간의 이상은 뒤로 밀려나고 인간의 현실이 그 본질 규정의 단초를 형성한다. 현대로 접어드는 역사적 시기에 나타났던 일련의 철학체계(마르크스가 그 대표적 예이다)가 이러한 경우이다.

인간 본질에 관한 여러 규정 중 가장 지배적이었던, 그리고 현재에도 인간의 가장 보편적 규정으로 통용되는 것은 '인간이란 이성적 존재이다'라는 것이다. 이 장의 목적은 그것이 지배적이라는 바로 그 점에서 '이성'과 '이성적 존재'의 의미를 문제 삼음으로써 인간에 대해 반성적으로 고찰하는 것이다. 이를 구체화하기 위해서 이성 중심의 인간관이 형성된 사상적 배경과 그러한 관점이 수행한 역할이 무엇이었는지, 또 역사의 변천에 대응해 새로이 등장한 인간 이해의 견해들에 의해 이성의 의미가 어떻게 퇴색했는지, 그리고 현대에 대한 반성과 비판의 핵심으로서 왜 '이성'이 그 대상이 되고 있는지를 통찰함으로써 인간 본질에 관한 무반성적·무비판적 믿음을 타파하고 진정한 인간의 실현이 어떻게 가능한지를 가늠해볼 것이다.

많은 것이 이 힘의 양태이다. 니체는 이 힘의 본질이 '더 강해지려는 성향'이라고 한다.

이러한 측면에서 힘은 '의지'와 같다. 왜냐하면 의지도 항상 '더 이상의 것'을 의욕하기 때문이다. 이러한 점에서 'der Wille zur Macht'는 힘을 지향하는 '의지'의 본질적 특성을 나타내는 말이라기보다는 더 이상의 것을 지향하는 '힘'의 근본 특성을 나타내기 위한 '은유적 표현'이라고 할 수 있다. 이를 고려하여 필자는 der Wille zur Macht를 '힘―의지'라고 번역하는 쪽을 택했다.

인간으로의 비전

인간이란 인간으로 태어나는 것이 아니라 인간으로 만들어지는 존재이다. 따라서 인간에게는 인간다운 인간, 즉 인간화의 가능성이 늘 잠재한다. '인간으로의 비전'은 곧 인간다운 인간의 이상상(理想像)을 의미한다.

1. 이성 중심의 인간관: 그 이념적 기능

1) 고대 그리스 철학의 이성 개념

인간을 인간 자신의 정신적 능력, 곧 이성에서 규정하는 이성 중심의 인간관은 고대 그리스(플라톤·아리스토텔레스·스토아학파 등)와 중국 공자(孔子, 孔丘, 자는 仲尼)까지 거슬러 올라간다. 그런데 철학사에서

몸과 영혼

플라톤은 영혼을 몸과 본질적으로 다른 것으로 이해한다. 나아가 플라톤에게 영혼은 파괴될 수 없는 것이고, 그런 점에서 영혼은 육체와 별개로 존재하는 비물질적 실체이다. 여기서 몸과 영혼의 분리는 어디까지나 관념적인 차원일 뿐이다. 일상의 실존적 차원에서 몸과 영혼은 도무지 분리될 수 없다. 이 점에서 플라톤은 몸과 영혼의 연대성 문제를 일상 경험의 차원에서 논하기도 한다.

이성이라는 개념이 사용된 용례를 추적해보면, 이성은 존재론적(혹은 형이상학적) 의미와 인식론적 의미로 나누어질 수 있다. 그러나 인간을 이성적 존재로 규정한 사상사에서 볼 때, 이성은 '주체적 인간의 인식적 기능'을 지시하는 것이었다고 해도 과언은 아니다. 인간이 생각하고 판단하는 존재이고, 나아가 이러한 인식능력을 기반으로 삶의 가능성을 열어가는 존재라고 할 때, 진리를 파악하는 능력인 이성은 인간을 인간답게 하는 궁극적인 기반이다.

인간 정신에 이성이 존재한다는 것과 이성이 절대적이고 보편적인 진리를 파악할 수 있다는 이성에 대한 절대적 신뢰는 고전 시대 이후에 철학사(혹은 인간사)를 지탱해온 초석이었다. 비록 더러는 이성의 절대적 권위에 대한 도전이 있었다고 하더라도, 이성적 인간관은 오랜 역사를 관통해온 가장 강력한 인간 이해였다.

그러나 인간을 이성적이기만 한 존재로 볼 수는 없다. 사실 이성적 인간 이해는 반드시 인간의 비이성적 요소를 상정하고, 그것을 이성의 지배 아래에 두려는 태도를 표명했기 때문이다. 따라서 이성적 인간관은 그 자체에 이원론을 내포한다. 인간 본성에서 이성에 대립해 욕망 혹은 혈기를 제시한 플라톤(Platon), 정념(情念)을 내세운 스토아학파, 이성적 사유(思惟)에 대립해 연장(延長)을 인간의 두 실체로 제시한 르네 데카르트(René Descartes) 등이 그렇다. 중국 유학에서 이성에 해당하는 본연지성(本然之性)에 대립해 기질지성(氣質之性)을 말한 것도 같은 맥락이다. 이 모든 철학체계에서 인간적 갈등의 근거는 인간 본성에 내재하는 이와 같은 대립구조라고 파악된다.

고전 시대 사상, 더욱이 서양철학사에 지대한 영향을 행사해온 플라톤은 이성적 인간관과 인간 본성의 대립구조라는 견해를 마련한 원천이라 해도 과언이 아니다. 플라톤은 몸과 영혼을 엄격히 분리할 뿐만 아니라 영혼을 이성·혈기(기개)·욕망 세 부분으로 나누어 설명한다(플라톤, 2005: 290~304). 플라톤은 '목말라하면서도 마시려고 하지 않는 사람'

을 예로 들어 설명했는데, 마시려는 욕구를 막는 것, 즉 마시려는 욕구와 다르면서 이를 제압하는 것(플라톤, 2005: 299)이 이성이다. 또 욕망이 이성의 헤아림을 거역하려고 할 때 이성의 편에서 보조하는 것이 기개이다. 이렇듯 플라톤이 영혼을 세 부분으로 나누어 설명했던 것은 인간이 정신적 갈등을 겪는다는 것, 이성적 부분과 비이성적 부분 사이에 갈등이 일어난다는 점을 주목했기 때문일 것이다. 또한 플라톤은 인간 영혼의 세 요소 중에서 이성이 지배적인 요소여야 한다고, 달리 말하면 이성이 혈기와 욕망을 통제해야 한다고 보았다. 물론 이때 '통제'라 함은 이성의 통제에 의한 세 요소의 조화를 말한다. 그런데 이성은 어떻게 영혼의 다른 요소들을 조화롭게 통제할 수 있는가? 다음 글을 보자.

…… 진리와 실재가 비추는 곳, 이곳에 혼이 고착할 때는 이를 지성에 의해 대뜸 알게 되고 인식하게 되어, 지성을 지닌 것으로 보이네. 그러나 어둠과 섞인 것에, 즉 생성하고 소멸하는 것에 혼이 고착할 때는 '의견(판단, doxa)'을 갖게 되고, 이 의견들을 이리저리 바꾸어 가짐으로써 혼이 침침한 상태가 되어, 이번에는 지성을 지니지 못한 이처럼 보인다네(플라톤, 2005: 437).

이 글에서 보듯이 인간이 그저 의견을 갖는 데 그친다면, 이성은 통제를 할 수 없을 터이다. 이성이 통제력을 발휘하려면 의견의 수준을 넘어 지식(epistemē)의 수준으로 향상되어야 한다. 플라톤에 의하면 현상계에 대한 인식은 의견일 뿐이고, 형상, 즉 이데아(idea)에 관한 인식만이 지식일 수 있다. 따라서 이성이 그 본연의 기능을 발휘하려면 형상에 대한 끊임없는 지적인 사유를 해야 하는데, 이성은 형상, 즉 궁극적 실체에 대한 인식에서 제대로 드러난다. 결국 플라톤은 지식에 대한 끝없는 열정만이 인간 고유의 역할임을 강조했다.

그런데 플라톤이 지식을 강조한 것은 덕에 대한 강조와 같다.* 그에게 덕은 지식에 의해서만 드러나는 것이기 때문이다. 이성을 덕의 실천으로 귀결하는 플라톤 사상은 아리스토텔레스(Aristoteles)에게 이어진다. 아리스토텔레스는 『니코마코스 윤리학(Ethica nicomachea)』에서 이성이 도덕적 선과 결코 분리될 수 없음을 갈파했다.

> 행복이란 것이 덕을 따르는 활동이라면, 당연히 그것은 최고의 덕을 따르는 것이어야 한다. 그런데 최고의 덕은 우리 안에 있는 최선의 것과 관련된다. …… 우리 안에 있는 것들 중에 이성이 최선이며, 이성이 상대하는 대상 또한 인식할 수 있는 대상 중에 최선의 것이다(아리스토텔레스, 2007: 244~245).

> 어떤 것이든지 각자의 활동에 어울리는 고유한 덕, 고유한 쾌락이 본성상 가장 좋고 즐거운 것이다. 그러므로 사람에게는 진지하게 지성(이성)을 추구하는 삶이 가장 좋고 즐거운 것이다. 왜냐하면 지성(이성)은 그 무엇보다도 인간을 인간답게 하기 때문이다. 그러므로 이성에 따르는 생활이야말로 가장 행복한 삶이다(아리스토텔레스, 2007: 246~247).

이 글에서 나타나듯이 아리스토텔레스에게도 인간 고유의 능력이란 이성을 따르는 영혼의 행위이며 인간이 된다는 것은 도덕적인 존재로 된다는 것이니, 이성은 지적 능력의 정도에 따라 도덕적인 힘을 갖는다. 앞에서 살펴본바 고대 그리스 사상에서 이성은 영혼의 최고 부분으로, 영혼의 다른 부분이나 혹은 외부의 어떤 힘이나 권위의 영향을 받을 수 없는 자율성을 띤다. 자율적인 이성에는 이론적인 측면과 실천적인 측면이 있다. 이론적 측면에서 이성은 진리 그 자체를 추구하는 능력이고, 자율적인 만큼 이성에 의해 탐구되는 진리는 '절대적 진리'라는

• 이성과 덕의 연관성에 대해서는 이 책 5장을 참고하라.

독자적 가치를 확보한다. 한편 실천적 측면에서 이성에 의한 숙고는 '당위'라는 실천적 가치를 부여한다. 여기서 이성의 정당성이 확립되며, '이성적 존재'의 의미는 이념적 기능을 발휘하면서 인간 본질로서 규정된다. 진정한 인간은 여타 규정에서가 아니라 자신의 이성에서의 규정을 따르는 존재라야 하는데, 이것이 인간의 이상상으로 정립된다.

그런데 (동서양을 막론하고) 고대철학이 이성을 인간 본질로 규정했다고 하더라도 이성의 보편성을 주장한 것은 아니다. 말하자면 인간 계층에 따라 이성을 구비하는 정도가 다르다고 보았으며, 따라서 이성 능력이 탁월하게 부여된 자만이 인간다운 인간의 가능성이 있는 자로서 사회의 지배 계층이 될 수 있다는 것이다. 이성능력의 차별성을 주장하는 고대철학은 사회의 계급제도를 정당화하는 이데올로기적 기능을 했다고도 볼 수 있다.

2) 근대성과 이성

근대에는 고대와 달리 이성의 보편성에 관한 믿음은 데카르트에게서 연유한다. 데카르트에 의하면 이성은 참과 거짓을 분별하는 능력이기 때문에 이성만이 인간을 인간답게 하는 것, 즉 인간을 동물과 구별해준다. 그리고 이성은 모든 인간에게 선천적으로 구비되어 있어서 그 능력을 올바로 사용하면 자신과 세계에 대한 진리를 찾을 수 있는데, 실제로 개별 인간이 현상적으로 다름을 나타내는 것은 이성능력의 차이가 아니라 이성을 사용하는 방법이 다르기 때문이다. 여기서 그의 철학은 이성을 유용하게 사용하기 위한 방법에 주목하게 된다.

서양 근세는 중세를 풍미했던 교회와 성직자들의 절대적인 성직자 지배(hierocracy) 사상과 신에 대한 인간 종속 사상을 타파하고자 하는 계몽주의 시대였다. 이 시대에는 전반적으로 데카르트의 신념이 지배했으며, 이성에 대한 믿음이 점차적으로 고조되었다. 한편으로 인식을

당위
고대 그리스나 고대 중국에서 실천적 가치로서의 당위 또는 선이 무엇인가에 관한 견해는 일치하지 않는다. 그에 관한 상이한 견해가 대립하기는 했으나, 그것이 모두 이성의 확증에 의한 것이라고 주장되는 점은 공통적이다.

순수사유의 작용으로 보는 데카르트와 달리, 존 로크(John Locke) 등의 경험론자들은 인식이 감성적 지각과 더불어 시작된다고 하여 이성의 절대성을 부정했다. 그럼에도 개념적 사고가 인식의 목표인 한 경험론 또한 인간만을 이성적 존재라고 드높인 점에서 데카르트와 다를 바 없었다.*

그런데 데카르트는 『성찰(Meditationes de prima philosophia)』(1641)에서 '인간이란 무엇인가?'라는 물음을 진지하게 던지면서 인간을 단지 이성적 동물이라고 말하는 것으로는 충분치 않음을 지적한다. 왜냐하면 이 대답은 동물이란 무엇이며, 이성적이란 것은 무엇인지에 대한 곤란하고도 또 다른 문제를 야기하기 때문이다(데카르트, 2007: 95~96). 따라서 그는 이른바 방법적 회의를 통해 의심의 여지가 전혀 없는 '나'의 존재를 도출해낸다.

> 이것(사유)만은 나에게서 떼어낼 수 없다. 나는 있다. 나는 존재한다. 이것은 확실하다. 그러나 나는 어떠한 한도 안에서 나로 존재하는 것일까? 물론 내가 사유하는 동안이다. ⋯⋯ 나는 바로 사유하는 그것이다. 바꾸어 말하면 정신, 즉 영혼, 즉 오성, 즉 이성이다(데카르트, 2007: 95~96).

이렇듯 사유하고 인식하는 자아를 인간존재 원천으로 확립한 데카르트 철학은 한편에서 옳은 판단의 능력으로서의 이성에 대한 신념을, 다른 한편에서 인간을 존재 기반에 놓는 세계관을 형성했다. 따라서 서양 근대를 관통한 시대적 정신을 '근대성'이라 표현한다면, 근대성은 인간이 갖고 있는 이성의 기능에 대한 절대적 신뢰이다.

---

* 로크에 의하면 이성은 진리의 발견, 진리에 대한 규칙적이며 방법적인 규제, 진리 관계의 지각과 정당한 추론을 뜻한다. 로크는 『인간오성론(An Essay Concerning Human Understanding)』(1690)에서 "이성이란 때로는 명백하고 참다운 원리로, 때로는 그러한 원리에서 판명한 추론으로, 그리고 어떤 때는 목적인으로 간주된다"(로크, 1981: 제4권 17장)라고 했다.

여하튼 이성에 대한 데카르트의 철저한 신념은 한편으로 인간 본성의 다른 요소(감정·욕망 등)를 인간 규정에서 근본적으로 제외하게 했다. 인간과 비인간의 구별은 데카르트의 신념에서 명확히 드러나는바, 그 기준은 이성과 비이성이었다. 인간을 구성하는 다양한 요소를 통일적으로 파악하지 못하고 이성과 비이성 간의 극단적인 분리를 통해 인간을 이해하고자 한 데카르트의 유산은 그 후 수세기 동안 철학에 영향을 미치면서 인간 문제를 관념의 영역으로 몰아갔다.

칸트의 분석에 따르면 계몽사상에 의해 표현된 이성 개념은 원래 규범적 목표를 판단하고 목표 사이의 충돌을 조정하는 선천적 능력이며, 동시에 이미 주어진 목표를 달성하는 데 가장 효율적인 수단을 극대화하는 기능적 능력이다. 그런데 칸트는 이성을 통찰능력·인식능력·사유능력, 오성과 동일시하던 기존 관점을 계승해 그것을 이념적 인식능력으로 사용했고, 그것을 형이상학적 개념의 기초로서 정립했다. 다시 말하면 칸트는 오성을 감성적 인식의 근거, 사유 형식(범주)을 부여하는 것, 단지 그것에 의해서 감각적 경험이 가능해지는 인식의 한계 개념으로 사용했고, 이에 비해 이성을 한층 높은 인식능력, 무제약적인 인식능력의 개념으로 사용한다.

칸트의 형이상학적 개념의 기초로서의 이성은 게오르크 헤겔(Georg Hegel)에 이르러 '정신의 가장 고양된 통일체'로서 절대적이며 신적인 것으로 서술된다. 말하자면 이성적 인간관이 헤겔에 와서는 이성적 형이상학으로 극명하게 드러나게 되었다. 헤겔은 이성을 '합목적적 활동'이라고 규정함으로써 자연의 생성과 역사의 과정을 모두 이성의 자기전개 및 자기 자신으로의 점차적인 귀환에 봉사하는 것이고, 이성을 자신의 합목적적 활동을 통해 객관성과 결합해감으로써 자기의식에 도달하는 것이라고 했다. 다시 말하면 역사에서 그 궁극적 원인은 인간행위가 아니라 인간 배후에서 인간 행위의 동력을 제공하는 세계 이성이라는 것이다. 따라서 이성은 이제 단순한 하나의 이상이 아니라 세

인간과 우주 자연의 궁극적 배후로서의 '세계 이성'이라는 개념은 동양의 천(天) 사상과도 대비될 수 있다. 그런데 세계 이성이라는 개념적 공통점에도, 인간과 세계 이성의 관계를 이해하는 관점은 동양과 서양이 판이하다.

동양 사상에서는 궁극적 근원으로서의 '천의 이치(天理)'는 사물에 편재한다고 보며, 인간은 천성이 가장 완벽하게 부여된 존재로서 인간 본성 속에 천리가 소규모로 재현되어 있다. 따라서 천리인 세계 이성과 인간의 본연지성(인간 이성)은 다르지 않으며, 인간은 본연지성을 실현하고자 하는 부단한 노력을 통해 천리와 합일하고 천지만물과 조화를 이루게 된다.

이에 비해서 헤겔의 세계 이성은 기존의 완성된 이성이 아니다. 처음에는 비반성적이고 자기의식적이지 못한 이성이 자연과 인간을 통해 자신의 합목적적 활동을 전개함으로써 완전히 자기 자신을 성취한다는 것이다. 따라서 헤겔에게 인간은 세계 이성을 실현하기 위한 도구가 된다. 개별적 인간은 역사 속에서 이성의 실현을 위한 도구로 희생되면서 이성 자체는 - 역사는 - 진보한다.

질풍노도란 18세기 초에 발달되어 19세기까지 영향을 미친 유럽의 정신사적 변화를 나타내는 용어이다. 이것은 인간의 감정과 본능을 중시해 이성에 의한 엄격한 형식주의를 경멸하고 세상을 개조하려는 강렬한 욕구와 역동성을 강조한다. 이러한 정신적 사조는 문학·음악 등 문화 전반에 걸쳐 일어났다.

계를 지배하며 사물들의 질서를 실현하는 전능한 것이 된다. 즉, 이성은 '실체일 뿐만 아니라 자신을 실현하는 무한한 힘을 갖는 주체'로서, 세계는 이 이성에 의해 질서가 잡힌다는 말이다. 그는 『역사 속의 이성(Die Vernunft in der Geschichte)』에서 다음과 같이 단적으로 표현했다.

> 이성이란 바로 그 자체를 통해, 그리고 그 속에서 온갖 현실이 스스로의 존재와 존립을 보장받는 실체이다. 더 나아가서 무한의 힘이기도 한 이 이성은, 단지 이상이나 당위에 그침으로써 한낱 현실을 벗어난 채 …… 어떤 특수자로서 현존하는 데 지나지 않을 정도로 무력하지 않다. …… 이성은 오직 스스로가 그 자신의 전제이고 그의 목적은 바로 절대적인 궁극 목적인 까닭에, 결국 이성은 그 자체가 자연적 우주만이 아닌 세계사 속에서의 정신적 우주 안에 깃든 내면세계에서 현상화되는 바로 그 궁극 목적의 활동이며 성취이다(헤겔, 1992: 49~50).

이성이 자기 전개를 통해 역사적 세계를 생성하는 한, 현실은 전적으로 이성적이다. "이성적인 것은 현실적이며, 현실적인 것은 이성적이다"라는 헤겔의 유명한 명제처럼, 헤겔에게 현실은 그것이 여하한 것이든 간에(악과 고통까지도 이성의 구현에 따른 필연적인 계기이기 때문에) 정당화된다.

이러한 헤겔의 이성관은 그 철학체계 자체의 극단적인 관념성 때문에, 그리고 19세기의 역사적 현실의 변화에 즈음해서 전적으로 비판을 받았다.

2. 고전적 이성 개념에서 탈피: 인간 본질은 노동이다

질풍노도(Strum und Drang) 시대 이후 영혼의 비이성적 층들도 인간의 삶에서 필연적 기능이 있다고 인정되기 시작하면서, 의식적인 것보다 본능·충동·열정 등의 무의식적인 것이 더욱 근원적이고 높고 순수한 것으로 찬양되기 시작한다.

질풍노도 시대의 문화적 영향 아래에서 아르투어 쇼펜하우어(Arthur Schopenhauer)가 인간에게 본래적인 것은 이성이 아니라 의지라고 파악함으로써 인간을 동물과 철저히 구별하던 기존 관점은 도전 받기 시작하는데, 이때부터 이성의 퇴위가 시작되었다고 볼 수 있다. 쇼펜하우어의 이러한 주장은 후에 니체에게 이어져 인간을 비합리적인 힘, 즉 성장 충동, 힘―의지로 파악하게 된다. 한편 루트비히 포이어바흐(Ludwig Feuerbach)는 인간을 이성이 아닌 경험적이고 자연적인 그 자체로서의 인간으로, 욕구하고 감각하는 생리학적 존재로서의 인간으로 이해한다. 따라서 그에게 인간 이해의 단초는 감성·감관이며, 여기에 그의 유물론적 인간관이 성립한다.

이러한 시대사조를 통해 기존 이성 중심의 인간 이해가 붕괴되기 시작했는데, 철저히 정신체계 속에서 인간을 이해했던 헤겔과의 결별은 인간을 새로이 규정하려는 마르크스와 쇠렌 키르케고르(Søren Kierkegaard)의 작업에서 이루어진다.

키르케고르에서 이어지는 실존주의는 보편적 체계로서 인간 일반을 문제 삼는 기존 철학을 비판하면서, 추상화된 인간이 아닌 개별자로서 존재하는 사실 자체에서 인간을 이해하고자 한다. 존재한다는 사실 자체는 이성으로 설명될 수도 없고, 그 속에 어떤 근본적인 논리가 있는 것도 아니다. 존재는 비합리이고 우연적이라는 사실에서 실존의 의미를 부각하면서 체계 속에 와해되어버린 인간의 회복을 부르짖었던 실존주의는 고전 철학의 이성 개념에서 탈피해 인간을 새로운 관점에서 규정하려 했다. 그러나 실존주의에도 인간이 기투적(企投的) 존재, 세계 개방적 존재로 규정된다는 점에서 이성적 인간관의 관념적인 영향이 남아 있음을 알 수 있다.

마르크스의 인간 파악

마르크스는 인간 실존의 첫 번째 전제를 살기 위한 욕구를 충족하는 수단의 생산, 즉 물질적인 생활 자체의 생산으로, 두 번째 전제를 욕구 충족 행위와 수단은 새로운 욕구를 창출하는 것으로, 세 번째 전제를 생식을 통한 새 생명의 생산으로 정립하면서, 이 세 전제가 사회적 활동의 세 가지 양태이며 동시에 역사상에 엄연하게 존재하는 세 가지 계기라고 한다. 그리고 이 세 양태의 사회적 활동은 어떤 조건, 어떤 방식, 어떤 목적으로 하든지 노동 협업 양식이다(마르크스·엥겔스, 1988: 56~58 참조).

반면 마르크스는 근대 시민사회의 이성적 인간관을 전면적으로 부정하고 비판한다. 그는 『독일 이데올로기(Die deutsche Ideologie)』(1932)의 서문을 "이제까지 항상 사람들은 자기 자신에 대해, 인간은 무엇이고 무엇이어야만 하는가에 대해 잘못된 관념들을 형성해왔다"(마르크스·엥겔스, 1988: 33)라는 글로 시작한다. 그에 따르면 이성적 인간관은 추상적·관념적으로 인간을 규정한 것으로서, 절대 불변의 이성이 갖는 이념적 기능은 인간적 현실을 은폐하는 잘못된 관념이다. 그는 이성적 인간관을 비판함과 동시에 포이어바흐의 인간 이해도 비판한다. 그에 따르면 포이어바흐는 인간을 단지 '감각의 대상'으로만 이해할 뿐 '감성적 활동'으로 이해하지 못했으며, 이론과 사유의 영역에서 추상적으로 파악함으로써 인간을 사회적·역사적으로 이해하지 못했다(마르크스·엥겔스, 1988: 55).

요컨대 **마르크스의 주안점은 인간을 인간의 주어진 현실에서 파악해야 한다는 것이다.** 말하자면 인간이 사회와 역사를 형성하는 존재라는 사실에서, 인간이 어떻게 사회와 역사를 이루어왔는가를 통해 인간을 파악해야 한다는 것이다. 따라서 그는 인간 본성 자체를 '각 개인에 내재하는 추상적 본질'로서의 이성이 아니라 인간 활동의 산물, 즉 역사적 산물로서 파악한다.

물론 그는 인간을 파악하는 데 인간이 일차적으로는 자연적 존재임을 인정한다. 그러나 인간은 자연적 존재이면서도 동물처럼 자연에 머무르지 않고 자신의 의식적 활동을 통해, 즉 자연에 대한 인간의 대상적 활동을 통해 자연을 자신의 '비유기적 자연'으로 만듦으로써 사회적·역사적 존재로 나아간다.

마르크스는 인간을 사회적·의식적으로 존재하게 하는 근거를 노동에서 찾고, 인간의 의식적 활동인 노동을 인간 본질로 파악한다. 마르크스에 의하면 인간은 일차적으로 자연적 존재이므로 자연적 욕망을 충족하기 위해서 대상을 능동적으로 변화시키는 노동을 한다. 그런데 욕망 충족을 위한 노동이 거듭되는 과정에서 인간의 의식은 진화해 창조적인 생산수단을 만들어내며, 그 새로운 생산은 다시 새로운 욕구를 창출한다. 이러한 노동과 생산의 순환적 과정을 통해 자연적 욕망은 인간의 다양한 물질적·정신적·문화적 욕망으로 확대되고, 이러한 과정 속에서 인간의 이성이 역사적으로 형성된다. 동시에 노동은 욕망을 충족하기만 하는 것이 아니라 그 산물에 의해 타인과 관계도 형성하므로, 여기서 인간의 사회관계가 성립된다. 그렇기 때문에 그는 인간이 의식적이고 사회적으로 존재하게 되는 그 고유한 능력이 인간의 의식적 활동인 노동에서 성립한다고 주장한다.

마르크스가 포이어바흐를 비판하는 글에서 "인간의 진정한 본질이 사회관계의 총체성"(마르크스·엥겔스, 1988: 186)임을 강조한 것은 곧 그가 인간 본질을 노동으로 파악했음을 드러낸다. 왜냐하면 인간의 사회관계의 총체성의 근원이 노동이기 때문이다.

마르크스는 인간 의식의 단초도 욕망에서 발견한다. 즉, 인간의 자연에 대한 물질적 관계에서 인간 의식이 발생되었다고 한다면, 인간 최초의 활동이 본능적이라는 점에서 인간 최초의 의식 또한 본능적 욕망 충족을 위한 의식에 불과하다. 그러나 노동의 순환적 과정은 의식을 진화시켰다(마르크스·엥겔스, 1988: 59~61). 마르크스에 의하면 노동이나 의식은 모두 자연에 대한 인간의 관계에서 발생한다. 인간 의식에 대한 마르크스의 이러한 견해는 이성을 부정하는 것이 아니라 발생론적 관점에서 선천적·절대적 이성의 존재를 인정하는 이성적 인간관을 전면적으로 부정하는 것이다. 그는 의식이란 의식에서(혹은 선천적 이성에서) 발생하지 않고 기본적으로 '관계' 속에서 발생한다고 주장했다.

그런데 마르크스가 노동이나 의식이 모두 자연에 대한 인간의 관계에서 발생했다고 보면서도 인간 본질을 의식이 아니라 노동으로 본 것은 기계적 유물론자의 경우처럼 의식을 물질로 환원했기 때문이 아니라, 자연과 인간에 관한 그의 견해 때문이며 노동 과정의 상호 관계 속

관료 체제

베버에 따르면 관료 체제는 위계적 조직을 구축함으로써 사회적 행위 자들에게 가장 적은 노력으로 그의 목표를 수행하고 수단을 끊임없이 계산할 것을 요구한다. 따라서 관료 체제에서 유발되는 행위는 수단의 효율성의 계산에 기반을 둔 점에서 합리적이지만, 인간에게 도구적 합리성에서만 유발되는 사고방식과 행동 방식을 지니도록 요구한다는 점에서 인간을 무인격적 존재로 만든다.

에서 의식 발생이 해명될 수 있다고 보았기 때문이다. 이 점에서 마르크스에게 자연과 연관을 배제한 자율적 이성은 인간 파악의 단초가 될 수 없었다.

마르크스의 이러한 인간 이해가 근세의 인간관과 구별되는 것은 인간 본질로서의 이성을 부정했다는 점도 있지만, 좀 더 근본적인 것은 인간을 인간의 현실에서 파악하려고 했다는 점이다. 즉, 인간의 자연에 대한 노동과 그것에 기초한 사회관계 속에서 인간을 문제로 삼았다. 이러한 마르크스의 인간 이해에서 주목해야 할 것은 그가 초기 자본주의사회라는 역사적 배경에서 인간이 더 이상 자유롭지도 이성적이지도 않다는 철저한 현실 진단을 통해 '유적 존재'로서의 인간 본성이 발휘되고 실현될 수 있는 가능성을 모색했다는 점이다.

3. 이성 개념의 변질: 현존하는 인간의 결정적 변형의 위기

계몽기에 이르기까지 이성은 불변하는 우주원리 내지 존재 자체 또는 절대적인 인간의 실천능력이라는 고정된 위치를 차지해왔다. 이성에 대한 이러한 계몽기적 믿음은 단적으로 마르크스가 행한 현실 속에서의 인간 파악을 통해 무너졌다고 해도 과언은 아니다. 그런데 마르크스가 자본주의 체제에서 물화(物化)되는 인간의 현실을 문제 삼음으로써 이성적 인간관을 부정한 것과 달리, 자본주의 체제에서 이성의 의미 자체가 변질되었다는 일련의 주장들이 나타나기 시작한다.

1) 합리화가 비합리성을 심화한다

막스 베버(Max Weber)는 현대사회가 관료 체제라는 새로운 형태의 사회조직을 배태하고 있다고 파악한다. 그에 따르면 관료 체제는 인간의 사회적 행동을 목적 합리적 행동이 될 수밖에 없도록 강요하는데, 이것은 인간의 이성을 수단의 효율성을 계산하는 도구적 합리성으로 변질시키고 말았다. 고대 고전주의에서 근대 계몽주의에 이르는 이성 주의의 역사에서 이성은 본래 자율적인 것으로서 궁극적 가치와 연계하는 가운데 규범적 목표를 판단하고 목표들 사이의 충돌을 조정하는 능력이며, 동시에 주어진 목표를 달성하는 데 가장 효율적인 수단을 극대화하는 기능적 능력이다. 그런데 베버의 분석에 의하면 자본주의적 관료 체제에서 권위주의적인 제도(국가·기업 등)와 영합된 이성은 다만 목표에 도달하기 위한 도구적인 기능을 하는 형식적 합리성에 불과하다. 베버는 서양 근대화의 핵심을 이루는 산업화와 관료행정이 형식적 합리성에 의해 추동되어왔다고 파악한다. 이러한 형식적 합리성이 사회 전반을 지배하면서 현대는 사회 구조가 더욱더 관료화되고, 이에 따라 기술적 계산과 과학적 전문화가 더욱더 증대된 시대가 되었지만, 한 편으로는 이 형식적 합리성이 인간의 삶까지도 지배하는 형태를 띠면서 인간이 자유를 상실하고 권위주의적인 제도에 복속하게 되는 결과를 낳고 말았다.

근대에는 이성의 본질이 자유를 의미했다는 점과 비교해본다면, 합리화 과정을 통해 발전해온 현대사회에서 이성이 오히려 인간의 자유를 박탈하는 결과를 빚었다는 것은 이성의 의미적 도착(倒着) 현상이라고 할 수 있다. 여기에 근대화의 배리(背理), '합리화가 비합리성을 심화한다'는 합리성의 역리가 놓여 있다.

2) 이성의 부식

합리성의 분석을 통해 이성과 지배가 결합된 관료사회를 비판한 베버의 작업은 **프랑크푸르트학파**(Frankfurt Schule)로 연결된다. 프랑크푸르트학파는 현대 세계에서 '이성'으로 지칭되는 것은 단지 도구적·주

사회적 행동

베버는 사회적 행동의 유형을 ① 목적 합리적 행위 ─ 기술 합목적적 행위, ② 가치 합리적 행위, ③ 정의적 행위, ④ 전통적 행위 등으로 분류했다. 베버에 의하면 서구 사회 발전의 특징인 합리화 과정은 가치 합리적 행위, 정의적 행위, 전통적 행위를 희생시키면서 목적 합리적인 사회적 행위를 더욱 강조하는 방향으로 전개되어왔다.

프랑크푸르트학파
(Frankfurt Schule)

1923년 프랑크푸르트에 설립된 '사회 연구소(Institut für Sozialforschung)'에서 시발되었다. 이 학파는 '현대 테크놀로지 문명'에 의한 인간소외의 극복을 학문적 과제로 삼았는데, 호르크하이머, 아도르노, 마르쿠제, 하버마스 등이 그 대표자이다. 이들은 마르크스의 사회 비판 정신을 계승하면서도 마르크스의 분석이 선진 자본주의사회체제에 부응하지 못하는 점을 극복하고자 했다. 이들은 자신들의 학문적 과제를 해결하기 위해 마르크스의 사회 비판 사상 이외에도 정신분석학, 모더니즘 예술 사상 등 당시의 최신 사상들을 자신들의 이론체계와 통합했다.

전통이론과 비판이론

전통이론과 비판이론을 대비해 구
분하는 것은 호르크하이머의 「전통
이론과 비판이론(Traditionelle und
kritische Theorie)」(1977)이라는 논
문에서 유래한다. 그에 의하면 전통
이론은 세계를 기술하는 데 언제나
일반적이고 기초적으로 논리 정연한
원리들을 공식화하며, 그 목표는 실
천을 배제한 순수한 지식 획득이다.
전통이론의 범주에 속하는 대표적
인 예는 근대 경험론·합리론·관념론
등이다. 이 이론들은 '불변하는 이
성'을 철학의 기초적 원리로 전제하
기 때문에 동적으로 변화하는 사회
와 역사를 파악하지 못한다고 호르
크하이머는 비판한다. 이에 비해 역
사적 현실을 분석·비판함으로써 인
간의 인간성을 회복하고자 하는 실
천적 관심을 보이는 자신들의 주장
을 비판이론이라 한다.

관적·조작적인 것으로서 기술 지배의 하수인에 불과하며, 따라서 자율
로서의 이성의 본질은 거의 변질 혹은 붕괴되었다고 주장한다. 이 학
파의 이러한 주장은 베버와 마찬가지로 자본주의 체제가 지배하는 현
대에 대한 분석에서 비롯된다.

자본주의가 시장 관계 속에서 합리적·체계적으로 이윤을 추구하는
것인 한, 자본주의사회를 지배하는 것은 도구적인 목적, 수단의 합리
성, 계산적 합리성이다. 더욱이 자본주의의 발전은 경제성장을 위한 제
도화와 새로운 지식의 조직적 응용을 요구한다. 제도화·조직화는 자본
주의가 추구하는 가치인 효용성의 극대화를 위한 것이다. 달리 말하면
자본주의사회에서 요구되는 가치의 유일한 표준은 효용성이다. 따라
서 자본주의 체제에서는 사물이든 인간이든 효용성의 척도로서 평가
되고, 또 그런 만큼 이 체제에서는 효용성에 따라 자연과 인간을 이용
하게 된다. 자본주의가 현대사회를 전체적으로 지배한다는 점에서, 그
리고 그러한 지배 체제의 요구로 보편화된 인식의 관점에서 볼 때, 현
대사회에서 이성의 의미는 더 이상 인간 정신이나 사회·자연의 질서를
규율하는 객관적인 힘이 아니라 분류하고 추리하는 주관적 능력에 지
나지 않는다. 그러한 이성이 관심을 기울이는 것은 행위의 타당성이나
목적에 대한 수단의 적합성이다.

그리하여 주관적·형식적·도구적 이성은 모든 것을 자체적 의미가 없
는 수단으로 간주하게 되며, 이성 자체도 자율성이 없는 도구로 전락한
다. 자율로서의 이성이 와해되었다는 것은 인간 주체가 자유라는 믿음
이 환상이었음을 드러내는 것이다.

이러한 점에서 막스 호르크하이머(Max Horkheimer)는 **전통이론**에서
이성의 성격과 역할이 몰락했다는 것, 이성은 이제 현실 문제를 해결할
능력을 상실했다는 것을 지적하면서, 이러한 이성 개념의 변질이 인간
의 가치 상실, 인간의 무의미성이라는 인간의 위기를 드러낸다고 한다.

호르크하이머와 더불어 테오도어 아도르노(Theodor Adorno)는 이성

의 도구화가 계몽에서 비롯되었음을 지적한다. 아도르노는 계몽의 의미를 '세계의 탈주술화'로 파악하고, 이러한 계몽 이념의 실현을 위한 도구가 인간을 신화에서 해방하고 인간의 자기의식을 명백히 획득하게 하는 지식에 있다고 보았다. 그런데 이들은 계몽의 도구가 되는 근대적 지식이 추상(抽象)에서 이루어진다는 점에 주목한다. 실재하는 사회는 유기적 전체인데, 추상은 주관과 객관을 분리해 그것을 형식적 체계의 틀로 파악하며 동적인 유기체 전체를 형식논리화한다. 따라서 추상은 형식화를 통해 인간과 사회와 자연을 물화(物化, Verdinglihung)한다. 아도르노는 물화를 현대사회의 특징으로 보면서, 이것을 계몽의 부정적 산물이라고 한다.

한편 아도르노는 추상으로 도구화된 지식이 절대적이고 맹목적인 지배 원리가 되면서 현대사회의 개인이 대중으로 변형되었다고 본다. 즉, 추상에 의한 일면성과 동일성의 인식을 지배 원리로 하는 정치 형태가 현대사회의 정치체제인데, 이러한 정치체제에서 조작되는 대중문화에 의해 개인들은 자아를 집단적인 대중으로 동일화하고 투사함으로써 대중으로 몰락한다. 아도르노는 추상적 계몽에 의한 물화와 동일화 작용에 기인하는 대중으로의 몰락을 지적하면서 현대사회의 인간이 이미 자기의식을 상실한, 그래서 더 이상 본래 의미의 이성적 인간이 아니라고 한다.

이와 같이 호르크하이머나 아도르노도 이성에 대해 신랄한 고발*을 했지만 베버와 다른 견해였다. 베버가 관료주의 사회와 기술 지배 사회에서의 '이성의 도구화'에 대해 체념적이었던 반면, 이들은 이성 그 자체가 본래의 내용을 상실했다고 지적했음에도 이성을 변증법적 측면에서 파악하기 때문에 이성의 다양성을 인정하면서 이성의 긍정적 역할

---

* 호르크하이머는 「이성과 자기보존(Vernunft und Selbsterhaltung)」(1942)에서 데카르트 이래의 철학이 인간을 만물의 영장이라고 보는 정신적 태도를 '이성' 개념을 통해 정당화함과 동시에 이성의 이상을 만듦으로써 이러한 지식을 지배적인 생산수단에 봉사하게끔 했다고 비판한다.

에 대한 신념을 견지하고 있었다. 말하자면 이들에게 이성은 전통이론에서처럼 세계 질서 원리나 선천적 인식능력이 아니라, 정치적·경제적·사회적 과정 안에서 인간과 자연의 모순·대립을 포함하면서도 이러한 모순과 대립을 지양해가는 것이다. 따라서 이들은 도구화된 주관적 이성을 극복·지양할 수 있는 객관적·실천적 이성을 신뢰하고 있었다.

예컨대 호르크하이머는 전통이론에서 이성의 종식의 결과로 개인이 무의미해졌다고 하면서도, 이성이 "역사적·사회적으로 변화하는 대상과 함께 실존하는 자기 판단능력"*이기 때문에 변증법적 발전으로서의 비판적 이성이 역사와 사회를 변화시킬 수 있고, 현대의 위기에서 인간을 구제할 수 있다고 한다. 아도르노 또한 계몽적 이성의 동일화 작용으로 개인의 몰락이 초래되었지만, 유기적이고 동적인 세계에 대한 의식의 변증법적 발전, 즉 부정변증법에 의한 계몽적 이성의 지양을 통해서 인간의 인간다움인 자유의식을 찾을 수 있다고 주장한다.

3) 테크놀로지적 이성

허버트 마르쿠제(Herbert Marcuse)는 테크놀로지가 지배하는 선진 산업사회의 구조를 분석함으로써 현대에서의 이성의 의미를 규명한다. 현대 선진 산업사회는 기술과 과학이 급격히 진보해 고도로 공업화·기계화·조직화된 사회이고, 조직적 통제를 위해 엄밀한 사회제도가 지배하는 사회이다. 그리하여 현대 산업사회는 생산 기구가 사회적으로 요구되는 직업·기술·태도뿐만 아니라 개인적 욕구와 원망까지도 결정할 정도로 전체주의화된 사회이다. 현대사회는 한편으로 풍요한 물질적 만족을 제공해주는 사회이지만, 다른 한편으로 그러한 물질적 만족을

• 호르크하이머의 비판적 이성에 대한 신뢰는 다음의 말에서 잘 드러난다. "…… 사회에서 보통 이성이라고 불리는 것을 규명하고 고발하는 것이야말로 이성이 제공할 수 있는 최대의 봉사일 것이다"(Horkheimer, 1977: 52).

부여해주는 기술적 기능으로써 인간을 통제하는 억압의 사회이다. 이 통제는 사회집단과 이해관계를 위한 통제이기 때문에 그것 자체가 테크놀로지적 통제이다.* 따라서 테크놀로지적 통제 아래에서 이성은 테크놀로지적 합리성으로 이해되며, 마찬가지로 테크놀로지적 통제에 반대하거나 모순되는 것은 비이성으로 이해된다.

요컨대 마르쿠제의 분석에 따르면 기계적이고 조직적인 인간관계와 사회제도를 통해 인간존재를 규정하는 테크놀로지적 통제 아래에서 인간은 주체적·자율적이 아니라 수동적인 존재로 전락하며, 인간의 고유한 사유·정서·행동이 말살된 인간이 된다. 그는 현대사회의 이러한 인간존재를 '일차원적 인간'이라 부르며, 또한 테크놀로지적 이성에 의한 사유를 '일차원적 사유'라 했다.

마르쿠제는 인간을 현상과 실재, 진리와 비진리의 이차원적 세계, 즉 인간과 사물이 그 자체로서 존재하는 존재 양식과 그 본질이 왜곡·제한·부정되는 방식으로 존재하는 존재 양식의 이차원적 세계에서 이들 부정적인 조건을 극복하는 '부정의 힘'을 이성의 본래 의미로 본다. 그러나 현대의 기술 지배적 사회는 인간의 부정적 사유능력을 침묵시키며 테크놀로지적 이성, 기술적 합리성이라는 긍정적 사유**의 승리를 이끌어냈다. 즉, 이성은 그 본질에서 부정하는 힘이지만, 이성의 이 부정의 힘이 침몰하는 현실에서는 기술 지배 체제가 그 억압의 힘을 넓힘으로써 인간의 노예화를 초래했다.

따라서 마르쿠제는 인간을 노예화하는 테크놀로지적 통제 또는 테

---

* 마르쿠제는 선진 산업사회에서 대중에 대한 사회적 통제 형태가 거짓된 욕구를 창출함으로써 이루어진다고 하면서, 『일차원적 인간(One-Dimensional Man)』(1964)에서 다음과 같이 서술했다. 사회적 통제는 "낭비의 생산과 소비에 대한 과도한 욕구, 이미 진정한 필요가 못 되는 마비적인 노동에 대한 욕구, 이 마비 상태를 강화·지속하는 여러 가지 휴식에 대한 욕구, 통제된 가격 안에서의 자유경쟁, 스스로 검열하는 자유 언론, 미리 조작된 광고와 상표 중에서의 자유 선택과 같은 일종의 기만적인 자유를 유지하려는 욕구를 강요한다"(Marcuse, 1964: 7).
** 마르쿠제는 '긍정적(positive)'이라는 용어를 자의적이고 경멸적으로 사용한다. 즉, 긍정적 사유란 일차원적 사유라는 의미이다.

크놀로지적 이성에서 해방되기 위해서는 '부정적 사유'의 능력인 본질적 이성에 의거한 정신혁명을 이루어야 한다고 역설한다. 그에 의하면 정신혁명은 더 이상은 일차원적 인간이 아닌 '새로운 인간'에 의해서 수행될 수 있다. 여기서 새로운 인간은 기존 질서의 가치를 긍정하지 않고 지배계급의 욕구를 답습하지 않는, 현재의 욕구충족 방식과 단절된 자, 즉 부정적 사유능력을 갖춘 인간이다.

4) 본질적 이성의 회복 가능성

마르쿠제 또한 호르크하이머 및 아도르노와 마찬가지로 현대사회의 인간 위기를 극복할 수 있는 가능성을 본래 의미의 '이성'에서 구한다. 이들의 뒤를 이어 전후 프랑크푸르트학파의 새로운 멤버로 등장한 위르겐 하버마스(Jürgen Habermas) 역시 본래 의미의 이성의 회복 가능성을 역설한다.

하버마스는 여타의 비판이론가와 마찬가지로 현대사회가 체계적으로 왜곡된 의사소통을 낳고, 행동의 집단화와 억압이라는 전체 사회체제의 은폐된 병리를 포함한다고 비판한다. 그는 이러한 현대사회의 문제가 전문화되고 제도화되는 사회조직 체제에 기인한다고 한다. 이를 '이성' 개념과 연관해서 규명해본다면, 전통이론에서의 통일적 이성이 학문·도덕·예술의 가치 영역으로 분화·전문화·제도화됨으로써 이성의 의미가 통일성을 상실하고 분열된 채로 형식적으로만 결합된다는 것이다. 이 분열된 또는 분화된 이성이 곧 '과학적·기술적 이성'이다. 다른 한편 전문화되고 제도화된 사회체제에서 지식은 특정한 계층에 의해 독점되고, 따라서 무엇이 '이성적'인가 하는 것도 이 특정한 계층에 의해 규정된다. 이성은 곧 '기술적 이성'으로 왜곡되고, 기술적 이성에서 인간 의식은 무반성적으로 기술적인 지배에만 관심을 갖는다. 요컨대 하버마스는 인간을 기술적 이성에서만 인식하게 하는 억압적인 사회체제를 비판했다.

그러나 하버마스는 현대에 대해서 체념적이지 않다. 비록 현대가 계몽의 본래 의도 — 현실을 이성적으로 구성하겠다는 실천 — 에서 빗나가 '합리화의 역리(逆理)' 혹은 '근대화의 배리'를 노정했다고 할지라도, 계몽의 긍정적 측면의 가치와 합리화라는 계몽의 기획은 아직 유효하다고 주장한다. 이러한 주장은 그가 근대적 합리화의 결과로 나타난 합리화의 역리를 필연적인 논리로 보지 않고, 근대적 합리화가 일면적으로만 진행된 결과로 보는 데 기인한다. 따라서 그에게는 합리화의 또 다른 가능성이 있는 것이다. 그렇기 때문에 그는 현대 자본주의사회가 효율성만을 지향하기 때문에 본연의 합리성이 파괴되는 위기에 처했다는 모든 부정적인 주장을 비판한다. 말하자면 그는 그러한 주장들이 합리화의 또 다른 가능성, 즉 이성의 비판적 기능이 여전히 살아 있다는 것과 이 비판적 이성에 의해 현대가 비판적 사회가 될 수 있다는 가능성을 간과했다고 비판했다. 그는 학문·도덕·예술 영역으로 분화된 이성이 통일적인 연관 관계*를 맺어간다면 그 비판 기능을 발휘할 수 있고, 체제의 억압적인 통제에 놓인 현대사회의 개인들도 이러한 이성의 비판 기능을 회복함으로써 사회적 실존을 획득할 수 있다고 보았다.

하버마스에게 이성의 비판적 기능은 이성의 반성력을 의미한다. 이성이 분열되고, 분열된 이성 간의 합리적인 교류와 통일성이 상실된 것, 그리하여 이성이 기술적 이성으로 국한된 것은, 하버마스의 분석에 따르면 체제 지배적인 권력관계에 기인한다. 즉, 권력의 억압적 지배 아래에서 현대의 개인은 무반성적으로 이성을 도구화했다는 말이다. 그런데 자기반성은 권력관계에 의해서 야기된 왜곡에서 해방되려는 관심이며, 이러한 자기반성이 주체를 권력의 종속에서 해방할 수 있다

관심
하버마스는 인간의 자아 형성과 사회적 재생산의 토대가 되는 태도를 관심이라 한다. 하버마스는 기술적 관심이 생활세계의 총체적 영역으로 침범해 들어가는 후기 산업사회의 병리를 고발하면서, 기술적 관심이 억압과 왜곡에서 인간 해방을 추구하는 해방적 관심으로 이끌어져야 한다고 주장했다.

* 이것이 하버마스가 말한 진정한 의미의 의사소통 혹은 합리적인 의사교환이다. 그러나 의사교환 행위는 어떤 상황이든 문제없이 이루어지지는 않는다. 즉, 권력이 불균형한 상태에서는 합리적인 의사교환이 이루어질 수 없다. 따라서 의사소통에서는 권력의 균형이 어떻게 가능한가가 문제가 된다. 이러한 문제의식에서 하버마스의 비판적 사회과학이 성립한다. 합리적인 의사소통에 관해서는 이 책 2장 4절 2항을 참고하라.

고 주장하면서 그는 다음과 같이 말한다.

> 자기 성찰의 추구는 해방의 역동성이다. 이때(동시에) 이성은 이성에
> 대한 관심에 종속된다. 우리는 이성이 자기 성찰의 추구라는 목적을 갖
> 는 해방적 인식 관심에 복종한다고 말할 수 있다(Habermas, 1978: 198).

하버마스는 자기반성력으로서의 이성을 과학적·기술적 이성에 대비
해 실천적·실제적 이성이라 한다. 실천적 이성은 합리적 의사소통을
억제하는 요인을 제거함으로써 어떤 합리화도 가능케 하는 것, 즉 기술
적으로 통제된 행위의 증가 추세 속에서 인간의 사회적 실존의 실천적
요구를 관철할 수 있는 가능성이다. 하버마스는 경제행위와 관료행정
이 도구적 합리성에 의해 지배되는 사실 자체가 아니라 그 현상이 현대
산업사회에 전면적으로 구조화된다는 사실을 문제로 삼았기 때문에,
생활세계에서 구조적으로 왜곡된 의사소통 상황을 극복할 수 있는 실
천적 이성을 근거로 생활세계의 의사소통 구조의 통합성을 진작한다
면 도구적 합리화와 의사소통적 합리화의 심화된 불균형이 시정될 수
있다고 보았다.

이러한 하버마스의 견해는 산업사회에서의 인간 이성이 기술적 이
성으로만 왜곡되었다는 현실 진단과 함께 현실 사회 변혁의 요체로서
의 본질적 이성의 회복 가능성에 대한 철저한 믿음을 주장하는 것이다.

4. 이성의 해체적 독해

앞 절에서 논의된 주장과 달리 1960년대 말부터는 본질적 이성의 회
복 가능성에 대해 회의하는 의견들이 개진되기 시작했다. 이른바 후기
구조주의(post-structuralism)로 대변되는 일련의 철학자들(데리다, 푸코,

리오타르 등)이 이러한 견해를 표명했다. 그런데 이들의 회의는 회복이 불가능하다는 의미가 아니다. 오히려 이들은 인간의 보편적인 본성이 이성이라는 주장과 이성에 의해 인간과 사회가 더욱 발전할 수 있다는 이성에 대한 철저한 믿음을 회의했다. 그래서 이들은 '인간은 이성적 존재이다'라는 규정이 어떻게 형성되었으며, 그러한 규정이 현실에서 어떠한 역할과 효과를 수행했는지를 분석한다.

미셸 푸코(Michel Foucault)는 『광기의 역사(Histoire de la folie à l'âge classique)』(1961)에서 17세기 유럽에서 일어난 대감금이라는 역사적 현실을 주목하면서, 이성과 비이성의 구별을 가능케 했던 사회적이고 역사적인 조건들을 탐색한다. 이를 통해 푸코는 이성과 비이성을 구별하고 인간을 이성적 존재로만 파악하는 관점이 그 당시 사회 권력의 중심축에서 생성된 담론(discours) 형식의 결과라고 했다(푸코, 1991: 65~93, 138, 148). 이때 권력이라는 것은 사회 구성원으로서의 인간을 형성하는 각종 사회제도를 의미한다. 가족 관계부터 학교·공장·군대·병원·감옥뿐 아니라 도서관·교과서까지 모두 인간을 인간으로 만들어내는 사회제도이다. 푸코의 해부에 의하면 각종 사회제도는 사회가 요구하는 인간과 사회를 규율 있게 만들기 위해서 규율과 훈련을 통해 조직적·체계적으로 특정한 인식을 주입하면서 인간을 길들인다는 것이다. 사실 인간이 한 사회의 구성원인 한, 그 사회의 제도를 받아들이지 않을 수 없다. 제도는 규율로서 인간을 억압하는 부정적인 측면이 있고, 그래서 그것은 하나의 억압적인 힘이지만, 그 제도가 정치적·경제적·사회적으로 사물과 지식, 심지어는 인간의 쾌락까지도 산출하는 적극적 기능을 갖기 때문에 인간은 제도에 복속할 수밖에 없는 것이다.

푸코는 이처럼 각종 사회제도가 사회에서 요구치 않는 다른 담론을 억압하고 배제하면서 하나의 담론체계로서 개인을 생성해낸다는 점에서 사회제도를 '규율적 권력'이라고 불렀다. 즉, 규율적 권력은 사회구조 전체를 포괄하면서 이성－정상, 비이성－비정상의 도식으로써 개

담론(discours)

푸코는 입으로 말한 것이나 글로 쓴 것을 총칭해 담론이라고 했다. 담론은 대화·말·강연·연설이기도 하고, 텍스트·글·문헌이기도 하다. 또한 언술이나 언술 행위의 의미로도 사용된다. 따라서 모든 언설이나 언술 행위는 담론이다. 그리고 푸코는 이때 언술 행위가 단순히 개인적 차원에서만 이루어지는 것이 아니라, 사회적 관습, 규범체계, 제도 차원에서도 이루어진다는 점에 주목했다. 따라서 푸코에게 담론의 의미는 사회와 인간 행위의 의미 차원과 구조 차원을 모두 포괄한다.

인을 구성해냈다. 이러한 권력에 의해 인간은 '이성'을 자신의 본질로서 인식하게 되었고, '이성적 존재'라는 보편적 지식을 창출하게 되었다는 것이다. 다시 말하면 인간의 인간에 대한 이해는 인간의 능동적이고 자율적인 의미 창출에 기인하지 않고, 담론 구조가 만들어낸 생산물이자 사회구조와 체계의 자취에 불과하다는 것이다.

그래서 푸코는 '이성적 주체'라는 의미 자체를 거부한다. 그에게서 데카르트의 "나는 생각한다. 고로 나는 존재한다"라는 명제는 더 이상 그 의미를 유지하지 못한다. 이를 푸코는 "인간의 죽음"이라 선언한다. 즉, 근세 이후 인간 이해의 핵을 이루어왔던 이성적 주체로서의 인간은 죽었다. 그러나 '인간의 죽음'의 선언은 결코 이성의 파괴 혹은 무화(無化)가 아니다. 죽은 것은 전통적인 의미에서의 이성의 보편성 내지 절대성이다.

이미 19세기 말부터 인간을 이성 외적인 근거에서 이해하려는 시도들이 있었고, 특히 20세기의 정신의학 분야에서 인간의 좀 더 근원적인 본질을 무의식(본능적 욕구체계)으로 파악한 지그문트 프로이트(Sigmund Freud)의 이론은 상당히 설득력 있게 받아들여졌다. 이제 후기구조주의자들은 인간 본질로서의 이성의 절대성을 해체한다. 그들에 의하면 인간, 나아가 우리가 이성이라고 부르는 것은 그 내면에 이미 비이성－비합리를 포함한다. 그래서 그들은 현대 인간에게 '이성적 존재'라는 도그마에서 벗어나기를 촉구하면서 이성과 비이성이 공존하는 인간, 통일된 전체가 아닌 다원성으로서의 인간을 진지하게 받아들일 것을 역설한다.

5. 재고되어야 할 이성적 존재의 의미

이제까지 우리는 직접적으로는 이성을, 간접적으로는 인간을 문제로 삼으면서 논의를 진행해왔다. 이 논의는 몇 단계로 진행되어왔다. 요약하면 이성을 이념으로서, 즉 인간의 이상상으로서 규정했던 고대, 이성적 사유를 인간 본질로서 규정했던 근세, 이와 달리 이념에서가 아니라 인간의 현실에 근거해서 노동을 인간 본질로 파악한 마르크스의 관점, 그리고 우리가 이성으로 인식하는 것이 다만 자본주의 체제에서 효율성을 극대화하기 위한 수단으로서의 도구적 이성에 불과하다는 현대 비판이론, 마지막으로 이성 개념이 근세의 작위적인 역사에 의해 산출되었다고 하면서 이성적 인간관을 거부하고 다원적인 인간관을 제시한 최근의 후기구조주의 이론이 논의의 주된 흐름이었다. 논의를 크게 훑어보면, 이성을 선천적이고 보편적인 것으로 보는 견해와 역사를 통해 사회적으로 형성되는 것이라고 보는 견해가 대별되고, 이성을 인간 본질로 파악하는 견해와 그렇지 않은 견해가 또한 대별된다.

이러한 다양한 인간관에도 우리는 대체로 '인간이란 무엇인가?'라는 물음에 '이성적 존재'라고 답하기를 서슴지 않는다. 우리가 자신을 이성적 존재라고 칭할 때, 그 이성은 도대체 무엇일까? 이성을 사고하는 능력이라고 하는 단정적인 규정으로 그 의미가 충분히 파악되는 것일까? 이성이 사고하는 능력이라면 '무엇을' 사고하는 능력인가? 여기서 필자가 계속해서 '물음표'를 던지는 까닭은 독자들이 대체적인 고정관념을 검토했으면 하고 원하기 때문이다. 인간은 과연 어떠한 존재이며, 인간 본질은 과연 무엇인가를 아직 제대로 파악하기 힘들다고 하더라도, 최소한 인간 본질 규정에 대한 자기반성적인 문제의식은 갖추고 있어야 할 것이다. 이러한 문제의식이 요구되는 것은 우리가 '인간은 이성적 존재이다'라는 규정을 인간에 대한 진리로 단정할 때, 오히려 인간을 제대로 파악할 수 있는 길을 차단당할 수도 있기 때문이다.

이제 이성이 무엇인지, 오늘날 이성이라고 칭하는 것이 무엇인지, 나아가 인간이라는 존재는 어떻게 이해될 수 있는지는 각자가 탐구해야 할 몫이다.

데카르트, 르네(René Descartes). 2007. 『방법서설/성찰/철학의 원리/정념론』. 소두영 옮김. 동서문화사.

로크, 존(John Locke). 1981. 『인간오성론』. 정병일 옮김. 휘문출판사.

마르크스·엥겔스(Karl Marx and Friedrich Engels). 1988. 『독일 이데올로기』. 박재희 옮김. 청년사.

아리스토텔레스(Aristoteles). 2007. 『니코마코스윤리학/정치학/시학』. 손명현 옮김. 동서문화사.

푸코, 미셸(Michel Foucault). 1991. 『광기의 역사』. 김부용 옮김. 인간사랑.

플라톤(Platon). 2005. 『국가론』. 박종현 역주. 서광사.

헤겔, 게오르크(Georg Hegel). 1992. 『역사 속의 이성』. 임석진 옮김. 지식산업사.

Habermas, Jürgen. 1978. *Knowledge and Human Interests*, 2nd ed. London: Heinemann.

Horkheimer, Max. 1970. *Vernunft und Selbsterhaltung*. Frankfurt a/M: S. Fischer.

_____. 1977. *Traditionelle und kritische Theorie*. Ffm.

Marcuse, Herbert. 1964. *One-Dimensional Man*. Routledge & Kegan Paul.

02 언어와 언술 행위

인간이 다른 존재와 구별되는 중요한 특징 중 하나는 언어를 사용한다는 점이다. 실제로 어떤 생각의 구성이나 표현, 외부와의 모든 소통이 언어에 기반을 둔 것인 한, 삶의 어떤 국면도 언어 없이는 가능하지 않다. 그런데도 흔히 언어는 의사소통의 도구라는 피상적인 이해에 그친다.

이 장에서는 언어에 대한 피상적인 이해를 넘어서기 위해 언어의 근원적인 힘을 문제 삼는다. 언어와 사고, 언어와 존재 이해의 관계, 그리고 사회적 제도로서의 언어 기능, 언술에 개입하는 권력 양상들을 고찰하면서, 오늘날 인간이 얼마나 무반성적·비주체적으로 사회연관에 종속되었는지 성찰할 수 있는 실마리를 얻게 될 것이다.

인간은 생물학적인 가족 관계부터 사회까지, 그리고 그 사회를 형성하는 역사적·문화적·경제생활적·정치적 제도 등에 이르기까지 다양하고 복합적인 지평 속에서 존재한다. 이렇듯 인간이 다양하고 복합적인 존재 지평과 연관되어 존재하게 되는 그 바탕은 무엇일까? 물론 이 물음 대한 대답은 인간에 관한 혹은 인간 본질에 관한 여러 각도의 고찰에서 구할 수 있을 것이다. 그러나 여기서 문제 삼고자 하는 것은 인간 존재 지평을 가능케 하는 현실적인 바탕으로서의 언어이다. 과연 언어가 없다면 복합적인 연관으로서의 존재가 가능할까? 또 그에 앞서 현실적으로 인간존재의 지평이 되는 여러 사회적 요소가 도대체 형성될 수 있었을까? 이 물음에 도저히 긍정적으로 답할 수는 없다. 그렇기에 인간을 다른 존재와 구별하는 특징 중 하나로 언어를 든다. 언어는 인간의 진정한 특성이며, 인간의 사고와 이해의 중심이 된다. 달리 말하면 인간이 이룩한 문화·사회·역사 등이 인간 스스로 세계 안에서 한층 더 특별한 존재로 자부하게끔 하는 것이라면, 그러한 특권적 지위를 가능케 한 기반을 언어에서 찾을 수 있다는 것이다.

이러한 이유에서, 궁극적으로 '인간'을 문제 삼는 철학은 언어 문제에 더욱 천착해야 할 필요가 있다. 언어에 대해서는 여러 가지 문제가 제기될 수 있다. 언어는 어떻게 발생했는가? 언어체계는 어떻게 이루어지는가? 인간과 동물의 언어의 차이는 무엇인가? 인간은 언어를 어떻게 습득하는가? 언어 변천의 역사는 어떠하며, 언어는 역사의 흐름 속에서 어떻게 변화하는가? 물론 철학이 이 물음들을 포괄적으로 문제 삼을 수는 있다. 그러나 학문의 세분화에 따라서 어떤 물음은 오히려 언어학이나 심리학이 담당해야 할 것으로 간주된다. 철학에서 문제 삼아야 하는 가장 중요한 것은 언어가 어떻게 인간의 현실적인 존재 지평의 기반이 될 수 있는가 하는 것이다. 달리 말하면 언어와 관련해 철학이 해명해야 할 것은 언어가 인간에 대해서 어떤 관계를 맺는가 하는 문제이다.

'언어란 무엇인가?'라는 물음에 대해서 대부분은 언어를 자신의 감정·의사·의지 등을 표현하고 전달하는 의사소통의 도구로 규정한다. 실제 사전적 의미도 바로 이러하다. 과연 언어는 인간에게 도구에 불과한 것인가? 이 장은 이러한 언어에 대한 일반적이고 상식적인 규정을 문제로 삼아 출발한다. 이 장에서는 언어가 인간과의 관계에서 지니는 의미의 지평이 어느 정도인지 추상적인 영역부터 구체적이고 현실적인 영역까지 살펴봄으로써, 언어에 대한 인식을 확장할 수 있는 실마리를 제공할 것이다.

1. 언어와 사고: 말한다는 것은 사고한다는 것이다

인간이 '존재한다'는 것은 사물이, 예컨대 책상이나 돌이 놓여 있는 것처럼 존재하는 것이 아니다. 인간이 '존재한다'는 것은 늘 무엇인가를 '인식하며' 혹은 '사유하며' 존재하는 것이다(그래서 인간은 생각하는 동물 아닌가). 동시에 인간이 '사유하며 존재한다'는 사실의 징표는 그 사유의 내용을 표명·표현·진술하는 데서, 즉 언어화하는 데서 드러난다. 물론 동물도(인간처럼 사유라는 용어를 쓰기는 부적절하나) 지각된 내용을 전달하는 능력이 있다. 그러나 일반적으로 동물에게 언어가 있다고 하지는 않는다. 그것은 동물의 의사소통이 단지 하나의 객관적인 사실에만 관계하고, 인간처럼 메시지를 무한히 전달할 수 있거나 의사소통된 사실을 재구성하거나 재현할 수 없기 때문이다. 인간만이 언어적으로 응답하고 반응하고 재구성할 수 있다.

인간 언어의 요체는 인간 상호 간의 의사소통을 가능케 하는 약정(約定)이다. 다시 말하면 인간 언어가 분절적이기 때문에 인간은 문법 체계에 따라 무한히 낱말들을 조합해서 의사소통할 수 있지만, 동물은 단지 제한된 의사소통만 가능할 뿐이다. 동물의 의사소통과 인간의 언어 사이의 이러한 차이를 아리스토텔레스는 '목소리'와 '로고스(Logos)'의 구별로 대치한다. 아리스토텔레스에 의하면, 목소리에 담긴 내용은 동물들의 관능적 내지 육감적인 것들인 데 비해 로고스가 담고 있는 내용은 합리적이고 관습과 얽혀 있는 것이니, 로고스란 쾌적함이나 불쾌함, 합당함이나 부당함을 명시하는 데 이바지하는 것이다. 따라서 아리스토텔레스는 좋음과 나쁨, 합당함과 부당함과 그 밖의 다른 것들을 알 수 있는 능력이야말로 여타의 동물에 대한 인간 고유의 특징이라고 보면서, 사회를 정립하는 것도 이러한 것들의 상통성(相通性) 때문이라 한다. 요컨대 아리스토텔레스는 '로고스'가 인간 고유의 특징이 될 수 있다고 본 근거로 인간이 바로 '로고스'를 통해 생각한다는 점과 '로고스'의 상호 소통성이 인간이 사회를 이루는 바탕이라는 점을 들었다.

실로 언어란 인간 사유를 표상하는 것이니, 언어가 없다면 인간은 어느 것도 표상할 수 없다. 그래서 넬슨 굿맨(Nelson Goodmann)은 "세계 없이 말이 있을 수는 있지만, 말이나 기호 없이 세계가 있을 수 없다"(Goodmann, 1978: 6)라고 역설한다. 그런데 언어란 단지 '사고를 표현하는 기호체계', '의사소통의 도구'에 불과한 것일까? 언어로 표현되기 이전의 사고는 언어와 무관하게 전개되었으며, 사고를 반영하기 위해 인간은 비로소 언어를 이용하는 것일까? 간단히 말해서, 도대체 언어가 없이 생각할 수 있을까?

사실 언어의 매개 없는 사유는 불가능하다. 예를 들어 '책상'이라는 사물을 보고 책상이라고 의식할 때, '책상'이라는 개념 없이 그 사물이 '책상으로서' 우리의 의식에 접촉될 수는 없다. 즉, 언어를 거치지 않은 지각·관찰·사유는 있을 수 없다는 말이다. 따라서 우리의 사유 대상은 언어가 없이는 우리에게 도대체 사유될 수 없다. 그렇다면 언어는 사고를 표현하는 도구이기보다는 오히려 사유를 형성하는 것이고, 사고한다는 것은 그 자체로 언어를 사용하는 것이기 때문에 '언어와 사고는 불가분의 관계이다'라는 명제가 성립된다. 이 관계를 카를 훔볼트(Karl

Humboldt)는 언어의 청각적 요소와 결부하면서 다음과 같이 썼다.

> 언어는 관념을 형성하는 기관이다. 철두철미 정신적이고 내면적인, 그리고 말하자면 흔적 없이 사라지는 지적 활동은 음성을 통해 발언 속에서 외면화되고 감각에 나타난다. 따라서 지적 활동과 언어는 하나이고 서로 분리되지 않는다. 그러나 지적 활동은 그 자체로 음성과 결합되어야 할 필연성이 있다. 그렇지 않다면 사유는 명료한 것이 될 수 없고 표상은 개념이 될 수 없다. 사상, 발음기관, 청각의 언어에 대한 분리할 수 없는 결합은 필연적으로 근원적인, 더 이상 설명될 수 없는 인간성의 구조 속에 있다. 그럼에도 음성과 사고의 일치는 분명히 나타난다(훔볼트, 1985: 80).

같은 맥락에서 자크 데리다(Jacques Derrida)가 "사물 자체는 숨어 있다"라고 한 것은 사물이 언어화되지 않고는 드러나지 않는다는 의미이고, "사물 자체는 기호이다"라고 한 것은 언어를 통해서만 사물이 사물로서 의식된다는 의미이니, 데리다의 이러한 명제는 '언어와 사고는 불가분의 관계이다'라는 명제와 똑같은 의미로 해석된다. 이렇듯 말하는 것과 사고하는 것의 관계는 실재 세계에서는 불가분의 총제이다.•

언어와 사고가 불가분의 총체라는 것이 밝혀짐으로써 인간 사고의 창조성 내지 사고의 무한한 가능성을 이해하게 된다. 즉, 사고는 미리 설정된 틀 안에서 이루어지는 것이 아니라 유의미한 단위들을 결합해 무한히 많은 문장을 생성해낼 수 있는 능력만큼 사고의 능력이 확대된다. 사고는 그 어떤 것을 말할 수 있는 무한한 가능성을 통해 끊임없이

• 언어와 사고의 밀접한 관계에 대해 부인하는 연구자는 거의 없지만, 이에 대한 연구자의 견해는 대체로 세 유형으로 대별된다. 첫째, 언어와 사고가 전적으로 동일하다고 보는 일원론적 견해이다. 둘째, 언어와 사고가 분리된 두 능력으로서 사고가 근본적이며 언어는 부차적이라고 보는 이원론적 견해이다. 셋째, 언어와 사고가 인간의 두 능력이지만, 언어를 소유한 인간에게 이 양자가 엄밀하게 분리될 수 없다는 중립적인 자세이다(이성준, 1999: 121 참조). 본문에서 언급한 훔볼트의 견해는 세 번째 유형에 속하는데, 여기서 필자가 언어와 사고의 관계를 불가분의 총체로 표현한 것은 이 세 유형을 아울러 표현한 것이다.

세계와 우리의 관계를 새롭게 해준다.

그런데 여기서 한 가지 짚고 넘어가야 할 사실이 있다. 사유가 반드시 언어의 그물을 거쳐야만 가능하다면, 즉 사유가 언어 이전에는 불가능하다면 존재하는 것은 언어를 통해 사유되고 인식된 것과 동일한 것이 된다. 동시에 언어가 언제나 인위적이고 규약적인 것이라면 우리가 알고 있는 사물들과 존재들은 그 자체로 우리에게 발견되었다기보다는 우리의 언어에 의해서 구성된 것일 수밖에 없지 않은가? 그래서 앞에서 언급했던 굿맨의 "…… 말이나 기호 없이 세계가 있을 수 없다"라는 것은 곧 우리가 '세계를 만든다'는 의미와 같다. 더욱이 인류가 단일한 언어체계를 사용하는 것이 아니라 각 문화권마다 다른 언어를 사용한다는 점을 감안하면, 어떤 언어로 사고하느냐에 따라 동일한 대상도 무수히 많은 다른 대상으로 표상될 수 있다. 그렇다면 하나의 대상에 대한 진실한 앎이 가능할까? 진리나 비진리의 구별에 객관성이 있겠는가? 그러나 이 물음은 언어를 주제로 하는 이 논의의 범위를 넘어서는 것이기에 여기서 더 이상 숙고할 수는 없고, 다만 언어와 연관해서 진리까지도 문제 된다는 것을 지적하는 것으로 만족할 수밖에 없다.

2. 언어와 존재: 언어는 존재의 집이다

존재하는 것이 언어를 통해 사유되었다면, '언어 없이는 사유가 없다'는 우리의 이해는 이제 한 걸음 더 나아가 언어와 존재의 관계를 문제 삼아야 한다. '언어 없이는 사유가 없다'는 것은 언어 없는 사유를 거론하는 것이 무의미하다는 말이다. 사유가 무엇에 대한 사유이든지 간에, 적어도 사유 그 자체란 언어 이외에 아무것도 아니라고 말해도 좋을 것이다. 그런데 사유는 '그 무엇'을 사유하는 활동이지, '그 무엇'을 사유하지 않는 사유란 도대체 불가능하다. 그렇다면 '그 무엇'을 사유하는 활동을 언어적 **활동**이라 할 수 있을 것이다.

한편 인간의 사유는 그 자체가 '그 무엇'에 대한 이해이다. 예를 들어 보자. '새 모양의 토기(土器)'를 보고 '새'라고 생각하든, '그릇'이라고 생각하든, '예술품'이라고 생각하든, 그 생각이 사실에 어떻게 부합하느냐는 차치하고 여하튼 그 각각이 이해 형태인 것은 분명하다. 따라서 '그 무엇'에 대한 이해는 오직 언어 형식으로만 이해된다.

그런데 '그 무엇'이 객체로서의 존재자이고 사유가 이해하는 주관이라면, 어떻게 객체로서의 존재자가 주관의 사유에서 언어 형식을 띠게 되는가? 객체는 어떻게 인식되며, 이 인식은 언어와 어떻게 관련되는가? 주관이 객체에 대해 언어로써 명명하기 때문인가? 만약에 그렇다면 언어에는 존재하는 객체에 대해 명명하는 기능이 있는데, 여기에서 또 다른 물음이 성립한다. 즉, 사유는 존재하는 객체에 대해 명명하는 것에서 객체를 그 자체로 파악할 수 있는가? 그렇지 않다. 우리가 객체에 대해 명명하는 것은 단지 객체 그 자체가 아니라 그 객체 ― 실재 ― 에서 우리 인식의 대상만을 지정할 뿐이다. 앞에서 예로 든 새 모양의 토기라는 객체를 '그릇'이라고 명명했을 때, 그것은 새 모양의 토기 자체를 드러내지 않고 인식하는 주관에 비친 '그릇'을 대상으로 지칭했을 뿐이다. 설사 새 모양의 토기를 새 모양의 토기라고 언명했다 할지라도, 새 모양의 토기 자체를 인식한 것이 아니라 새 모양의 토기가 존재한다는 것을 인식한 것에 불과하다. 말하자면 우리는 '존재하는 것'을 인식하지 않고 존재하는 것이 '존재한다는 것'만을 인식할 뿐이다. 이때 인식한다는 것은 주관이 객체와 대립구조 속에서 객체를 인식한다는 것이 아니다. 엄밀히 말하면 '존재'를 이해하는 '주관'과 존재하는 것의 '존재'가 하나의 관계로 만날 때, 즉 존재 이해와 존재함이 동시에 하나의 관계로 만날 때 인식이 성립한다.

언어는 인간존재 사유가 먼저 있은 연후에 차후로 대상적 존재에게 주어지지 않고, 본질적으로 존재 이해와 존재함이 만나서 [이해가] 이

언어적 활동

여기서 언어활동이라 하지 않고 언어적 활동이라고 한 것은, 일반적으로 언어활동을 언어체계로써 개인이 발화하는 언어 행위 혹은 언어 행위를 실현하는 데 포함되는 모든 총체적 현상이라고 이해하는 점과 구별하기 위해서이다.

루어지고 [존재가] 드러나는 관계이다. 따라서 인식은 대상적 존재 자체나 주관에서 이루어지는 것이 아니라 궁극적으로 존재와의 관련을 통해서만 이루어진다. 그렇기 때문에 주관의 존재 이해(존재 사유)가 언어에서 성립하는 것과 마찬가지로 존재하는 것의 존재도 언어에서만 성립한다. 이는 존재하는 것이 언어에서 성립한다는 뜻이 아니다. 존재하는 것은 앞에서도 언급한바, 결코 그 자체로 인간에게 파악되지 않는다. 인간이 파악하고 이해하고 인식하는 것은 존재하는 것의 존재인바, 그 존재가 언어에서 드러난다는 것이다. 인식의 진리와 연관해본다면, 인간이 존재하는 것을 그 자체로 인식하지 않기 때문에, 더구나 존재에 대한 이해로서만 인식하기 때문에 인식은 실재와 일치하지 않고 실재가 드러나는 대로 이해할 뿐이다.•

이와 같이 언어의 본질을, 존재와 관련해서 존재가 나타나는 대로 드러나는 이해라고 볼 때, 존재는 언어를 통해서만 드러나므로 "언어는 존재의 집이며 동시에 인간존재의 거처이다"(Heidegge, 1967: 191).•• 다시 말하면 우리가 언어로 표명하기 전에 사유한 어떤 존재자를 명시적으로 드러내는 것이 언어의 작용이 아니라, 오히려 존재의 양식이 곧 언어라는 것이다. 존재 — 그리하여 세계 — 는 언어의 대상이 아니다. 세계의 존재가 이미 언어의 지평에 있을 때에만 존재는 존재로서, 세계는 세계로서 인간에게 이해된다. 그래서 인간 언어는 이제 세계의 의미 조건이다.

• 실재에 대한 인식에서 이와 같은 견해를 견지하는 것은 현상학적 해석학이라고 한다. 물론 실재와 인식 판단이 일치한다고 보는 실재론적 진리관도 있다. 여기서의 논의는 진리관 문제가 아니므로 특정한 관점에 대한 지지는 사실상 도외시된다. 현상학적 해석학의 견해에서 인식 문제를 서술한 것은 현상학적 해석학의 진리관이 타당하기 때문이 아니라, 다만 언어에 대한 이해의 지평을 확대하기 위한 작업의 일환이라는 점을 밝혀둔다.

•• 하이데거는 『언어에 이르는 길(Unterweg zur Sprache)』(1959)에서 "언어가 존재를 증여한다"라고 표현했는데, 이에 대해 리처드 커니(Richard Kearney)는 "언어는 어떤 존재자가 아니라, 그것에 의해서 모든 것이 존재하게 되는 존재의 증여이다. 그것을 통해서 모든 사물이 우리에게 나타나는 의미의 지평이다", "존재는 말로 개시하는 것이지, 존재를 말로 표상하는 것이 아니다"라고 주해(註解)했다(커니, 1992: 49~54 참조).

한스게오르크 가다머(Hans-Georg Gadamer)의 말을 빌려 정리해보자.

　언어는 결코 세계 안에서 인간의 소유물에 불과한 것이 아니고, 인간이
세계를 가질 수 있다는 사실 자체가 언어에 의존한다. 왜냐하면 세계는
세계 안의 다른 존재가 경험하는 방식과 근본적으로 다르게 인간에게 모
습을 드러내며 그러한 세계의 모습은 언어적이다(Gadamer, 1982: 401).

　이제 앞에서 언어에 대해 '언어 없이는 사유가 없다'고 파악했던 것
을 '언어 없이는 존재가 없다'는 명제로 변경해도 좋을 것이다.

3. 언어의 사회적 연관

　앞에서는 언어를 사유 및 존재와 인식의 연관에서 논의했다. 이 논
의는 명백히 언어를 의식적인 측면에서 고찰했다. 이제 논의를 언어활
동이 이루어지는 현실과의 연관으로 옮겨보자.

　우선 언어와 언어활동을 구별할 필요가 있겠다. 언어란 언어 행위를
분석해서 발견해낼 수 있고 또 이런 언어 행위가 예증하는 요소들과 그
요소들의 결합 규칙들로 이루어지는 추상적 체계, 즉 상징적 체계이다.
한편 언어활동은 어떤 공동사회 구성원들이 실제로 하는 모든 언어 행
위, 즉 담화라 할 수 있다. 이 구별에서 알 수 있는 것은 첫째, 언어는
언어 행위의 집합체가 아니라는 것과 둘째, 언어와 관련해서 언어 그
자체를 문제 삼아 논의하는 것은 가능하지만 언어활동과 관련해서는
사회적인 연관을 벗어나서 논의하는 것이 무의미하다는 것이다.

　언어는 다만 주체적인 의식이 구성되고 난 연후에 타인과 의사소통
을 하는 데 필요한 수단이 아니라, 주체의 존재 형식과 불가분의 동시
성을 유지하는 것이다(언어에서 비로소 사유가 시작되고, 언어에서 비로소

존재가 인식된다는 앞의 논의를 상기하라). 따라서 인간이 언어체계에 따라 언어활동을 한다는 것은 인간존재 지평이 되는 사회문화적 여건과 불가분의 관계이다. 언어가 전적으로 나와 타인의 관계에서 조직되며 상호주관성의 토대가 된다는 점에서 사회는 언어의 조건이고 동시에 언어는 사회의 조건이지만, 같은 맥락에서 사회는 역시 언어활동의 조건이며 언어활동은 사회 성립의 조건이다.

1) 언어는 사회적 실재이다

언어란 실질적인 동시에 추상적이며, 개인적이기도 하고 사회적이기도 하며, 현재적인 동시에 역사적이다. 이렇듯 언어는 다면적이고 복합적이기 때문에 언어를 연구하는 데, 혹은 적어도 '언어가 무엇인가'를 이해하는 데 그 근본이 무엇인가에 대해 이견이 있을 수 있다. 언어 철학 사상의 연구 경향은 이러한 언어의 복합적인 특성 때문에 대별되는데, 그중 가장 주된 연구 경향은 아무래도 언어 근본을 개인적인 차원, 즉 개인의 발화(發話) 산출 행위로 간주하는 견해와 사회적인 차원, 즉 사회 구성원에게 규범으로 존재하는 언어체계로 간주하는 견해일 것이다.

실제로 언어 행위는 개별적으로 이루어진다. 더구나 지식의 정도, 직업, 성별 등에 따라 개개인이 언어를 사용하는 방법이나 내용은 천차만별이다. 그럼에도 언어 행위를 통해 타인과 의사소통이 가능하다는 것은 한 언어의 의미가 그것을 사용하는 사람의 개인 의견에 따라서 결정될 수 없는 보편성을 띠기 때문이다. 일례를 들어보자. 우리는 '소낙비가 주룩주룩 내린다' 혹은 '보슬비가 보슬보슬 내린다'라고 말하고, '소낙비가 보슬보슬 내린다'라거나 '보슬비가 주룩주룩 내린다'라고 말하지 않는다. 이것은 우리 의식 속에 소낙비, 보슬비와 대응해 '주룩주룩', '보슬보슬'이라는 어휘의 의미가 암암리에 내재되었기 때문이다.

또 '가을 하늘을 파랗다'라거나 '겨울이 눈이 내린다'라고 하지 않고, '가을 하늘은 파랗다', '겨울에는 눈이 내린다'라고 한다. 이것은 언어 사용 규칙의 한 예인데, 어휘의 의미와 마찬가지로 언어 규칙들 또한 개인의 의사 결정과 무관하게 사회적으로 이미 약정되었기 때문이다.

그러므로 언어는 언어공동체의 관습이나 협약의 소산인 것, 즉 사회적 집단적 관습*이다. 따라서 개인은 이러한 관습으로서의 언어를 창조하거나 변경할 수 없으며, 단지 개개인에게 부과되는 한 사회의 언어체계나 규칙에 따라 언어 행위를 할 따름이다. 개개인의 언어 행위가 하나의 활동으로서 타인과의 담화를 행할 수 있는 까닭은 공시적으로 언어체계가 고정되고, 개개인이 그 언어체계를 저항 없이 수동적으로 받아들이기 때문이다. 즉, 이 언어체계를 바탕으로 화자는 발화하고 청자는 이해하는 실제적인 행위가 이루어진다.

따라서 언어는 사회적 실재로서 모든 사회적 제도와 마찬가지로 개개인의 구성원에게 규범으로서 존재한다. 그런데 언어가 사회의 구석구석까지 편재하고, 모든 사람의 사고에 필수적인 도구이며, 모든 의미가 언어체계에서만 이해된다는 점에서 언어는 다른 어떠한 사회적 제도와 다른 특별한 위치를 차지한다. 말하자면 인간의 모든 행위 ― 사고·문화·도덕·예술 등 ― 의 의미는 언어체계의 틀에 비춰짐으로써만 이해되기 때문에, 언어는 인간을 특정한 언어권의 구성원으로서 존재하게 하며 동시에 언어는 인간과 사회를 이해하기 위한 원천으로 간주될 수 있다. 이 점을 훔볼트는 다음과 같이 말한다.

한 민족의 정신적 특성과 언어 형성은 서로 긴밀하게 융합되기 때문에 하나가 주어지면 다른 것은 완전히 그것에서 이끌어낼 수 있다. 그 까닭은 지성과 언어는 서로 상응하는 형식만을 허용하고 서로 북돋워주기 때

---

* 소쉬르학파의 구조주의에서는 이러한 점에서 언어를 탐구하는데, 그들에 의하면 언어(langue)란 '소리체계와 개념들의 관련 체계'이다.

언어체계

구조주의 언어학의 태두인 소쉬르는 공시적(synchronic)인 언어체계를 랑그(langue, 언어)로, 개인의 발화를 파롤(parole, 말)로 구별한다. 랑그는 언어공동체 구성원들의 머릿속에 내재되어 그들의 언어 사용을 가능케 하는 언어 규칙의 총체이고, 랑그를 바탕으로 개개의 화자나 청자가 문장을 발화하고 이를 이해하는 실제적인 행위가 파롤이다. 따라서 랑그는 한정되고 균질적이며, 파롤은 개별적이고 이질적이다.

문이다. 언어는 말하자면 민족정신의 외적 표출이다. 민족언어는 민족정신이며 민족정신은 민족언어이다(홈볼트, 1985: 69).

홈볼트에게서 영향을 받은 에드워드 사피어(Edward Sapir) 또한 유사한 자세에서 언어가 사회적 실재라는 점을 다음과 같이 지적한다.

> 인간은 그 사회의 표현 수단이 된 특정 언어의 지배를 상당히 받는 존재이다. …… '현실 세계'란 대개 그 집단의 언어 관습에 기초를 두고 무의식중에 쌓인다. …… 현재 우리가 보기도 하고 듣기도 하는 등의 경험을 하는 것은 우리 사회의 언어 습관이 어떤 일정한 해석을 준비하고 나서야 비로소 가능하다(마루야마 게이자부로, 2002: 144에서 재인용).

이와 같이 체계(구조)의 견해에서 언어를 연구한 언어학의 모델에서 실마리를 얻어, 언어 구조의 견해에서 (언어 구조가 의미의 기본 조건이기 때문에) 문학·역사·사회 등 모든 인간적 현상을 연구하고자 의도한 일련의 사조를 구조주의라 일컫는다. 언어 구조가 인문과학의 방법론·인식론이 된다는 것은 사회적 연관에서 언어의 중요성을 단적으로 입증한다.

2) 언어의 이데올로기적 기능

앞에서 언어의 사회적 연관을 언어가 하나의 사회적 제도라는 측면에서 살펴보았는데, 사실 이 고찰은 피상적인 것에 불과하다. 그 까닭은 거기에서는 개인의 언어 행위가 사회적 실재로서의 언어체계에 의존한다는 사실만 고찰했을 뿐, 언어의 매개가 구체적으로 개인 의식에 어떠한 영향을 미치는가에 대해서는 고찰하지 못했기 때문이다. 그뿐만 아니라 사회가 지니는 구조적 특성과 그 특성에 기인하는 개인의 현실적인 불균등성 또한 문제 삼지 않았기 때문이다.

현실적으로 사회적인 모든 것은 동질적이지 않다. 그렇기에 사회 안에는 갈등과 알력이 있고, 그래서 사회는 복합적이다. 동시에 사회적인 것(말하자면 정치·경제·문화·교육 등의 제반 사회적 요소)이 그 구성원에게 언제나 균등하게 공유되지도 않는다. 모든 사회에는 권력관계가 있고, 이 권력관계 때문에 사회적인 모든 것은 차등적일 수밖에 없다. 그렇기 때문에 모든 사회체계와 마찬가지로 언어체계를 모든 사회 구성원이 균등하게 공유하는 하나의 정태적인 체계로 보는 견해는 현실적인 통찰에서 멀어지게 마련이다. 이러한 각성에서 우리의 논의가 나아갈 방향은 언어가 어떻게 현실적인 사회적 상황과 연결되는가 하는 문제이다.

언어는 문화적 세계, 사회생활의 소산이다. 언어가 사회성을 띤다는 점, 즉 언어의 사회적 객관성을 근거로 실생활의 일상적 과정 전체에서 언어 교환이 이루어지며, 이러한 언어체계적 교환이 인간에게 사회생활을 가능케 한다. 인간의 사유가 언어에서 성립한다는 점은 앞에서 언급한 바 있거니와, 이와 동일한 맥락에서 개인의 의식은 언어를 그 기반으로 한다고 말할 수 있다. 나아가 개인의 의식은 언어적 교환이라고 하는 언어활동의 상호작용 속에서 형성되어간다. 그런 점에서 개인의식은 철저히 현실에, 현실적 생활에, 현실적 생활의 언어적 실천에 기반을 둔다.

그런데 사회는 관계로서 성립하기 때문에 결코 정태적이지 않고 동태적이며 언제나 역동적이다. 언어는 사회 모든 영역에 편재하는 것으로서 역동적인 사회적 상관관계의 가장 민감한 매개체이다. 실로 언어는 사회적 상황과 불가분의 관계로 결합된다. 따라서 언어는 사회적 현실 일부로서 존재할 뿐만 아니라, 사회적 현실을 반영하기도, 때로는 굴절하기도 한다. 개인의식은 언어가 우리에게 갖게 한 습관에 따라 사고하는 것을 암암리에 자연스럽게 받아들이면서 인간과 사회에 대

기표(記表, signifiant)와 기의(記意, signifié)

기호(signe)에는 기표와 기의라는 양면성이 있다. 기표, 즉 시니피앙은 '표시하는 것'이며, 기의, 즉 시니피에는 그 표시에 의해 '표시되는 것'이다. 예컨대 '개'라는 음성이나 글자가 시니피앙이라면 이 음성을 듣는 순간, 또 이 글자를 보는 순간 우리 마음에 떠오르는 어떤 이미지가 시니피에이다. 이때 하나의 시니피앙에 하나의 시니피에를 대응하는 마음의 작용을 의미작용 혹은 의미화(signifier)라고 한다.

우리에게 익숙한 '개'라는 문자는 하나의 시니피앙일 뿐이지만 거기에는 항상 개의 의미가 대응하므로 시니피앙과 시니피에가 결합된 기호라고 할 수 있다. 이처럼 기호는 항상 하나의 시니피앙과 하나의 시니피에가 대응하는 모양을 띠지만, 이 대응은 자의적인 것이다. 예컨대 '개'라는 시니피앙이 어떤 개의 이미지와 대응하게 된 것은 순전히 우연이다. 개의 이미지에 대해 맨 처음에 '개'라는 이름을 붙인 사람이 있었다고 가정하면, 그는 '소'라고 이름붙일 수도 있었던 것을 우연히 '개'라고 이름 붙였을 따름이다. 그러므로 양자는 서로 자의적인 대응관계이다. 이것을 '기호의 자의성'이라고 한다.

한 지식과 견해의 편견을 만들어낸다. 이것이 곧 개인의식에 대한 언어의 영향이다.

그런데 개인의식에 대한 언어의 영향은 비록 그것이 동일 언어권 내라 할지라도 일률적이지 않다. 왜냐하면 무엇보다도 언어활동이 성립되는 영역이 동질적이지 않기 때문이다. 언어가 지시하는 의미는 사회적 상관관계, 사회적 실천의 종류, 사회적·제도적 실천의 구체적인 형식, 화자와 청자의 위치 등에 따라서 달라진다. 미셸 페쇠(Michel Pêcheux)의 말을 빌리자면, "낱말·표현·명제 등은 이런 것을 사용하는 사람들이 견지하는 처지에 따라 의미를 달리한다"(Pechêux, 1982: 111). 예컨대 '진보적'이라는 관형사는 중립적인 의미에서는 '사회의 변화나 발전을 추구하는 것'이지만, 이 용어를 사용하는 사람의 위치에 따라서 그 의미는 긍정적일 수도 또 부정적일 수도 있다.

언어를 하나의 사회적 실재로만 보는 견해에서 언어는 인지할 수 있고 들을 수 있는 **기표**(記表, signifiant)와 **기의**(記意, signifié)의 관계로 구성된다. 그리고 기표와 기의의 관련은 사회적 약정에 의존한다. 그러나 구체적인 현실에서 보면, 언어가 지시하는 의미는 사회적 약정에 의존하지만은 않으며, 여타의 사회적 변수의 영향을 받는다. 이렇게 사회적 상황을 고려해볼 때, 우리는 의미가 모든 사람이 공유하는 언어체계에 내재한다는 피상적인 견해에서 벗어나게 된다.

언어의 의미가 사회적으로 생산된다고 할 때, 그 의미는 인간의 모든 생활 영역에서 이론적으로 또 실천적으로 현실을 형성하고 현실을 이끌어가는 의미체계로서의 이데올로기와의 연관을 배제할 수 없다. 여기서 이데올로기를 단편적이고 편협한 의미(예를 들어 정치적 신조)로 이해해서는 안 된다.

이데올로기(Ideologie)는 이념(Idee)·이상(Ideal)과 어원을 같이한다. 이념은 세계의 모든 생성이 도달해야 할 목표이고 동시에 세계 속에서 인간 행동의 지표이다. 이상 역시 인간의 인격적 삶이 그 목표를 정하고 결정을 내릴 때 따라야 할 가치지향의 척도이다. 따라서 이념이나 이상은 객관적인 현실성이 없는데도 현실적인 삶에 대해 실천적인 힘을 지닌다. 그러나 이념과 현실 사이에는 깊은 간격이 있다. 이데올로기가 의식·관념·신조라는 의미일 때, 이데올로기는 이념과 그 본질을 같이한다. 그리하여 이데올로기는 하나의 이념인 동시에 그 이념을 현실로 상상하게 하면서 현실을 은폐하는 것이 된다. 이러한 이데올로기의 특성은 기존 생활 질서 위에 단지 그것을 은폐하기 위한 표상으로서, 현실과 유리된 (마르크스가 지적한 것처럼) 허위의식이라 일컬어진다.

그런데 역사를 살펴보면 인간 사회는 어떤 시대에나 그 사회의 역사적 존립에 반드시 필요한 요소로서 이데올로기를 생산했고, 이러한 이데올로기는 역사적·정치적 사건의 형성뿐 아니라 인간의 일상적 삶에 결정적인 힘을 발휘해왔다. 그것은 이데올로기가 인간에게 인간과 사회에 대한 신념을 형성하게 하면서, 한편으로 이데올로기에 의거해 인간 행동을 정당화하는 이데올로기 효과를 내기 때문이다. 인간이 한 사회의 구성원으로서 사회화되어간다는 점에서 볼 때, 인간은 그 사회에서 작용하는 다양한 이데올로기에서 벗어날 수 없다. 이데올로기는 집단적인 표상으로서 사회에 편재하면서, 그 안에서 우리가 생각하고 행동하게 한다.

이데올로기는 일상적 영역에 다양한 형태로 존재하고 또 사회관계 안에서 형성되면서, 인간에게 이데올로기적 구속에서 일상적 실천을 하게 한다는 점에서 편재적이고 포괄적이다. 그리고 언어는 모든 이데올로기 활동에 수반되며, 그 활동을 해석한다.

이렇듯 사회관계의 모든 영역을 관통하고 있는 무수한 이데올로기는 언어에 의해 그 실체성이 부여되면서, 개인의 의식과 행동에 영향을 미치는 이데올로기 본연의 기능을 한다. 달리 말하면 언어는 일상적 의사소통의 전 영역에서 실천되기 때문에 모든 종류의 이데올로기 기능을 수행한다.

4. 언어와 실천

1) 권력의 언술에 대한 개입

언어의 이데올로기적 기능에 주목한 최근의 몇몇 철학자는 언어를 사회 공동체의 구성원들이 공유하는 의미체계로, 사회 현실을 상호주관적인 의미체계로 이해하는 종전의 관점들을 철저히 비판한다. 이러한 비판은 사회 현실이 의미체계뿐만 아니라 물질적 조건에 의해서도 규정되는 복합체라는 사실에 근거한다. 그래서 이들은 사회의 구체적인 현실에서 이루어지는 언어적 실천 속에 왜곡과 강제의 요소가 없는지를 탐구한다. 푸코는 언설과 실천의 다양한 양식이 어떻게 출현하는가를 역사적으로 탐구한 대표적인 인물이다.

푸코는 현대사회의 고도화된 통제와 그 통제 메커니즘을 냉담하게* 분석한다. 이러한 그의 작업은 그 통제 대상이 되는 사회 주변 집단(광기·질병·범죄, 소수적 섹슈얼리티 등과 얽혀 있는 집단)이 어떻게 사회 주변 집단으로 배치되고 사회 통제 대상으로 규정되는지를 고고학적·계보학적으로 서술하는 방식으로 이루어진다.** 이 분석에서 그는 사회 통제 제도가 탄생하고 기능하는 권력관계의 특징에 초점을 둔다. 여기서 그가 권력에 대해 제기하는 물음은 '권력은 무엇에 의해, 어떻게 행사되는가?', '권력행사의 결과는 무엇인가?' 하는 것이다. 이러한 문제를 푸코는 담론이라는 실천으로서의 언어를 분석 도구로 삼아 풀어간다.

필자가 언어적 실천에서 특히 푸코에 주목하는 까닭은 그가 자신의

• '냉담하다'는 표현을 쓴 것은, 푸코가 현실적인 역사 상황을 평가할 수 있는 이념을 그의 철학에서 전제하지 않고, 다만 여러 모습의 합리성이 끊임없이 서로 교착·착종하는 형태를 엄밀히 그려내기만 했기 때문이다. 그의 연구는 어떠한 주장에 대한 선호도 없으며, 미래에 대한 항방의 제시도 없다. 그 자신은 자신의 이러한 작업을 권력의 미시물리학이라 명명한다.

•• 예들 들면 임상의학의 탄생과 정신병원이 설립된 배경, 감옥의 감시체계 및 형법의 역사, 섹슈얼리티의 역사 등이 이러한 고고학적·계보학적 분석의 예이다. 그의 고고학과 계보학에 대해서는 이 책 8장 2절을 참고하라.

문제를 언어 영역에서 접근해갔다는 점과 그러한 그의 분석이 현대 상황에 시사하는 바가 크다는 사실 때문이다.

언어의 사회적 연관을 감안하면, 인간은 언술 행위의 주권자가 아니다. 인간은 규범으로서 주어지는 언어체계에 순응할 뿐 아니라 사회적 연관에서 생산되는 의미에 따라 사고하고 욕구하고 행동한다. 이렇게 볼 때 인간은 능동적이고 자율적인 의미 창출의 주체가 아니다. 인간 의식이란 언어체계와 사회적으로 작동하는 담론에 의해 구조화되고 제한된 의식이다. 단적으로 말해 인간적 삶은 언어의 사회적 의미연관으로 형성되는 지평에서 성립된다.

인간이 (그리고 인간의 의식마저도) 모든 사회적 구조와 체계에, 더 근원적으로는 담론에 무의식적으로 종속된다는 점에서 푸코는 '주체로서의 인간'의 죽음을 선언한다. 그런데 푸코는 인간에 대한 진술로서의 '주체'라는 개념, 그리고 여타의 모든 진술(예를 들어 이성·의미·의지·지향 등 전통 개념)이 특정한 시대의 지식 형식에서 산출된 인식론적 구성물이라고 한다.* 그에 의하면 한 시대의 지식체계는 역사적으로 비연속적인 비약·단절·변이에 의해 형성되는 하나의 지형과 같은 것인데, 사물과 사실들이 지각되고 표현되고 알려지는 방식과 의미는 객관적이고 보편적으로 주어지는 것이 아니라 특정한 시대의 특정한 지식의 지형 속에서 일정하게 해석될 수 있을 뿐이다. 이 점에서 지식은 '언어적 구성물'이며 담론의 실천으로 생산된다.

이와 같이 지식이 담론의 실천으로 생산되는 것이라면, 담론의 실천이 특정한 권력관계에서 이루어지는 것이라는 점에서 지식은 권력과 불가분의 관계를 맺는다. 좀 더 구체적으로 말하면 지식이 사회에서 고용되는 방식은 권력의 효과로서 설정된 담론의 구체적 내용이 언어의 실천을 거쳐 체계화되는 것이다. 이러한 점에서 지식 생산은 언술

---

* 이성을 예로 들어보면 이성과 비이성(광기)을 구분하고, 비이성을 반인간적인 것으로 간주해 '인간'의 전형에서 배제한 것은 특정한 시대에 성립된 제도화된 지식 때문이라고 푸코는 주장한다.

(언어적 계기)과 권력(물질적 계기)의 교묘한 배합에 의거한다.

여기서 푸코가 말하는 권력의 의미를 명확히 할 필요가 있다. 푸코에게 권력은 단순히 모든 제도와 장치의 총체로서의 국가 권력과 같은 실체적인 것이 아니다. 권력은 모든 사회체계의 운용 안에 내재하는 복합적인 역학관계이고 다양한 힘의 관계이며, 분산되고 광범위한 세력들의 그물망이다.

모든 인간관계에는 이미 권력이 내재한다. 언어를 사용해 대화를 나누든지, 사랑할 때나 제도적·경제적 관계에서도 사정은 같다. 이러한 모든 관계에서 한 사람이 다른 사람을 통어하려는 유동적인 관계 상황이 곧 권력관계이다(Foucault, 1987: 122).

이렇듯 권력은 모든 사회관계 안에 이미 내재하면서, 지식을 통해 끊임없이 선택적·배제적으로 인간을 조정한다. 권력이 행사되는 모든 곳은 곧 지식이 형성되는 곳이며, 지식은 권력 효과들을 유도하고 확장한다. 이때 어떤 형태의 권력이든, 그것이 실제로 작동하는 방식은 언술적이다. 말하자면 언설로서 조직화된 언어인 담론은 그 사회가 억압하고자 하는 어떤 것을 조직적·체계적으로 배제하는 역할을 수행한다. 어떤 것을 금지하는 것, 무엇을 구분하고 선택적으로 거부하는 것, 참과 거짓을 생산하고 대비하는 것 등이 이러한 배제의 형태이다.

담론에 의한 이러한 선택적인 배제는 각종 사회제도에 의해 뒷받침된다. 푸코에 의하면 병원·군대·감옥·학교·교과서·출판업·도서관·실험실 등이 담론으로서 권력을 실천하는 사회제도이다.

이렇게 볼 때 사회는 언술 행위가 일어나는 복합적인 그물망이다. 권력이 다차원적으로 사회에 편재하듯이, 언술 행위 또한 다차원적으로 편재한다. 오늘날처럼 사회가 복합적으로 구조화되면 될수록 언술 행위 또한 더욱더 다원화된다. 그런데 언술 행위의 본질적 특성이 권력인 까닭에 언술 행위가 다원화되는 만큼 권력관계의 긴장과 갈등 또한 고조된다. 긴장과 갈등은 한편의 권력과 다른 한편의 권력에 대한 저항에서 발생되는데, 권력관계에 권력과 권력에 대한 저항 가능성이 언제나 병존한다는 바로 그 사실에서 권력은 더욱 강력한 힘을 발휘하게 된다.

푸코는 권력이 강력한 힘을 발휘하면서 어떤 대상을 배제하고 억압하는데도, 사람들에게 쉽게 받아들여지는 까닭을 권력의 적극적이고도 생산적인 기능으로써 설명한다. 즉, 권력은 "단순히 부정적인 힘으로서만 강요되지 않고, 사물을 생산하며 쾌락을 산출하고 지식과 담론을 형성하는 적극적인 기능이 있기 때문에"(Foucault, 1984: 61) 우리가 은연중에 권력의 작용에 복속된다는 것이다.

푸코는 권력의 편재성과 생산적 기능이라는 측면에서, 모든 억압과 왜곡에서 벗어나 자유로운 담론이 실현될 가능성에 대해 철저히 회의적인 자세를 취한다. 이와 달리 하버마스는 사회적 갈등을 합리적으로 해소할 수 있는 가능성을 이상적 담화상황이라는 언어적 실천에서 구한다. 다음에서 하버마스의 언어적 실천에 대한 고찰과 더불어, 언어적 실천의 측면에서 동일한 문제의식을 갖고 있었으면서도 서로 다른 주장을 펼친 푸코와 하버마스의 이론을 검토하면서 우리의 언어적 실천을 반성할 것이다.

2) 합리적 의사소통: 이상적 토의상황

언어의 이데올로기적 기능에서 이미 살펴본 바 있듯이 언어는 한편으로 이해의 매체이기도 하지만, 다른 한편으로 지배와 사회적 권력이 언어를 통해 행사되기 때문에 언어는 조직된 강제력을 정당화해주기도 한다. 이 점에서 언어는 이데올로기를 강화하는 역할을 할 수 있는 것이다.

의사소통적 행위

하버마스는 인간 행위를 사회적 행위와 비사회적 행위로 나눈다. 사회적 행위는 인간이 다른 인간을 대상으로 하는 행위로서, 이것은 다시 '전략적 행위'와 '의사소통적 행위'로 나누어진다. 전략적 행위는 타인에 대해 그가 목적한 바의 성취를 지향하는 성공 지향적 행위이고, 의사소통적 행위는 사람들 사이의 상호 이해를 지향하는 '상호 이해 지향적 행위'이다(Habermas, 1981: 384). 비사회적 행위는 인간이 자연을 대상으로 하는 행위로서, 자연에 대해 그가 목적한 바의 성취를 지향한다는 의미에서 '성공 지향적 행위'이며, 기술적 행위 규칙에 종속한다는 의미에서 '도구적 행위'이다.

사회화의 매개물

하버마스는 사회화의 매개물로서 노동·언어·지배를 든다. 그는 인간의 자아 형성과 사회적 재생산의 토대가 되는 태도를 '관심(Interest)'으로 표현하는데, 그에 의하면 인간은 노동에 대해 기술적 관심을, 언어에 대해 실천적 관심을, 지배에 대해 해방적 관심을 갖는다고 한다. 인간은 기술적 관심에서 도구적 인식을, 실천적 관심에서 실천적 인식을 획득하는데, 현대사회의 체제에서 도구적 인식은 인간이 인간을 지배하는 역기능으로 드러나고, 실천적 인식은 왜곡된 의사소통 구조에서 이데올로기화된다고 한다. 그리하여 그는 해방적 관심에서 비롯되는 성찰적 인식만이 현대사회의 위기를 극복할 수 있는 대안이 된다고 한다. '성찰'의 중요성은 논의가 진행되면서 부각될 것이다.

하버마스는 후기 자본주의사회에서 기술관료적 이데올로기가 비판적 의식을 배제하는 억압이 집합적이고도 전면적으로 만연되는 사실에서 현대사회의 정당성의 위기를 지적한다. 그리하여 그는 현대사회의 위기를 극복하고 합리성의 실현이라는 목표를 달성하기 위한 기반을 의사소통적 행위에서 구한다.

하버마스는 인간 개체의 역사적 행위나 현실의 일상적 행위를 '생활연관'으로 표현하는데, 언어·노동·지배라는 이 생활연관은 인간 개체의 사회화의 매개물이다. 즉, 인간 개체는 생활 자료를 획득하기 위해 사회적으로 조직된 노동을 학습하고, 언어를 매개로 하는 의사소통 행위라는 생활연관적 행위를 통해 그 존립이 유지된다. 그러나 인간 개체의 사회적 행위는 노동·언어뿐만 아니라 지배와 복합해서 이루어지며, 사회체계는 현행 규범에 따라 그 존립을 유지하기 위해 지배적 권력을 행사하게 된다.

사회적 규범에 의한 지배는 사회적 약정을 통념으로 하고, 인간 개체의 공동성을 매개하는 제도나 규범체계를 정당화하면서 인간 개체를 사회적인 제도적 틀 안에 구속한다. 제도적 틀의 본질을 이루는 것은 강제적 규범이다. 그런데 지배가 강제를 수반하는데도 인간 개체가 저항 없이 강제를 수용하는 것은 테크노크라시(technocracy)의 고도화된 관리 방식 때문이라고 하버마스는 분석한다. 즉, 지배는 공공연한 강제에 의거하지 않고, 후기 자본주의 체제가 창출해내는 끊임없는 욕구의 재생산과 충족(억압에 대한 보상충족)을 제공함으로써 강제를 은폐하고 한편으로 인간적인 욕구의 방향을 전환·변경·억압한다. 그런데 강제가 자연스럽게 우리를 지배하는 까닭은 그것이 종종 사이비 의사소통의 외양을 지닌 채 행사되기 때문이다.

하버마스가 합리적인 사회를 실현하기 위해 극복해야 하는 것으로 지적한 것은 인간 개체의 커뮤니케이션을 왜곡하는 역할을 수행하면서도 그러한 강제를 은폐하는 '지배'이다. 그는 인간의 합리성을 왜곡하고 변형하며 인간을 물상화하는 지배의 강제에서 해방을 가능케 하는 기초를 사회 과정에서가 아니라 토의* 구조에서 구한다. 그가 토의 구조에서 해방의 기초를 찾는 까닭은 이성적 근거에서 상호 인간관계를 성립할 수 있는 힘이 언어 행위 자체에 있고, 언어적 실천을 본질적 합리성에 의거해 수행하는 의사소통능력이 인간에게 있다고 파악하기 때문이다. 이를 하버마스는 다음과 같이 언급했다.

> 자아 성찰이라는 척도는 …… 이론적으로 확실하다. 자율성에 대한 관심은 선천적인 것으로 볼 수 있다. 우리를 자연과 구별해 들어 올려놓는 것은 그 본성에 의해 우리가 알 수 있는 유일한 사태인 토의이다. 이 토의 구조와 함께 자율성이 우리에게 설정된다(Harbermas, 1968: 163).

그러나 의사소통능력이 있다고 할지라도, 제도적으로 제한된 언어 행위에서는 기존 행동규범이나 관습에 의거한 의사교환만이 가능할 뿐이다. 달리 말하면 사회체제상 권력이 불균형한 상황에서는 합리적인 의사소통 행위가 이루어질 수 없는 것이다. 그렇다면 구조적으로 왜곡되지 않은 합리적인 의사소통 행위는 어떻게 가능한가? 합리적 합의에 도달할 수 있는 이상적 토의상황은 어떻게 가능한가?

> 나와 너, 나와 그 사이의 균형관계가 순수한 상호주관성을 가져온다. 대화가 무제한적으로 교환되기 위해서는 어느 언표자에게도 특권이 주어져서는 안 된다. 의사소통 행위의 모든 참가자에게 모든 정보의 지침·주장·규약들이 공평하게 분배될 때 순수한 상호주관성이 성립한다. 이러한 균형관계가 존재하는 한 의사소통 자체의 구조에서 파생되는 문제점

• 토의는 독일어 Diskurs의 번역어이다. 그런데 Diskurs는 흔히, 특히 푸코의 경우에 담론 혹은 담화로 번역된다. 그런데 푸코 등과 달리 하버마스에게 Diskurs는 대화를 나누는 양자가 서로 근거를 바탕으로 하는 주장을 내세우고 상대의 주장에 대해 비판을 제기할 수 있는 경우에 제한해 사용한다는 점에서 토의 혹은 논의라고 번역하는 것이 적절할 것이다.

이 의사소통을 굴절하지는 못할 것이다(Harbermas, 1970: 371).

하버마스는 이 글로써 이상적 토의상황의 가능 조건을 드러냈다. 그는 외적·우연적 영향뿐만 아니라 의사소통 구조에서 생기는 강제가 의사소통을 방해하지 않는 이상적 토의상황이 가능하기 위해서는 "대화에 참여한 모든 사람이 화행(話行, speech-act)을 선택하고 수행할 수 있는 기회를 균등하게 분배받아야"(한상진, 1997: 44에서 재인용) 한다고 말했다. 그러나 화행을 선택하고 수행하는 데 억압이 부재하는 권력의 균형은 또 어떻게 가능한가? 제도적 틀의 본질이 강제적 규범인 한 권력의 균형이 제도적 틀에서 나올 수는 없을 것이다.

여기서 하버마스는 이성과 책임능력 있는 주체의 '자기반성'의 힘을 해방의 관건으로 제시한다. 하버마스에 따르면 '자기반성'은 인간을 물상화하고 의사소통을 왜곡하는 도착화된 사회구조에 자신도 속한다는 것을 자각하고, 허위의식에 충만한 관계의 재구성을 행해가는 원동력이다. 결국 하버마스는 자기반성적 주체 사이의 토의에서 현실의 억압과 지배를 파악함으로써, 의사소통의 합리적 형성을 확대해나갈 때 구조적인 강제 연관에서 해방이 가능하다고 보았다.

5. 기호적 언어가 범람하는 시대

지금까지의 논의는 인간의 사고가, 나아가 존재에 대한 의식이 언어에 의해서만 가능하다는 점, 그리고 언어는 개별성을 뛰어넘는 하나의 사회적 제도이므로 인간은 언어에 수동적으로 순응할 수밖에 없다는 점, 따라서 한 사회에서 개인은 그 사회에서 이루어지는 언어적 실천을 매개로 사고하고 행동하기 때문에 언어의 이데올로기적 기능에 맹목인 채로 이데올로기 효과를 내는 언어적 실천에 매몰된다는 점을 주된 흐름으로 삼아 전개되었다.

　언어의 의미가 사회적 상호작용에 의해 생산된다는 것은 인간이 무반성적·비주체적으로 사회 연관에 종속될 가능성을 충분히 반중한다. 다시 말하면 의미를 생산하는 사회적 상호작용이 불균등한 관계에서 이루어질 때, 지배 메커니즘이 일상생활에서 의미 생산과정에 투입되는 것이다. 더욱이 언어 영역을 영상 언어, 표시, 신호 등으로 확대해보면, 현대는 각종의 기호적인 언어가 범람하는 시대이다. 우리는 일상적 삶에서 늘 기호와 만나고, 기호에 의해 사고하고, 기호에 따라 욕구하면서, 기호가 던지는 의미에 무의식적으로 흡수된 채, 의미의 직접적 수용이 사회적 지배 권력에 의해 교묘히 조작되고, 그래서 왜곡된 의미에서의 이해가 우리에게 강제된다는 것을 자각하지 못한다. 따라서 우리가 왜곡된 의미작용을 불러일으키는 기호를 흡수하는 한, 우리에게는 비판적 사고가 차단된다.

　오늘날 비판적 사고를 차단하는 언설·기호들이 일상적 실천의 장을 전반적으로 장악하고 있다. 인터넷·텔레비전·라디오·신문·광고 등의 대중매체와 여가활동·책·영화 등의 대중문화에 의해 전달되는 이데올로기적 메시지(도덕적·사회적·정치적 가치체계)는 우리에게 일정한 유형의 언설성을 암암리에 강요한다. 우리가 이러한 강제에 얼마나 쉽게, 무의식적으로 종속되는지를 장 보드리야르(Jean Baudrillard)가 든 예를 빌려 살펴보자.

　텔레비전이라고 하는 미디어가 그 기술조직을 통해서 전달하는 것은 마음대로 시각화될 수 있고 마음대로 절취될 수 있는, 또 이미지로 읽을 수 있는 세계의 관념(이데올로기)이다. 텔레비전은 기호체계가 된 세계에 대해 독해체계의 전능성이라고 하는 이데올로기를 전달한다. 텔레비전 영상은 존재하지 않는 세계의 메타언어활동이고자 한다. 이미지·기호는 세계의 철저한 허구화, 즉 현실 세계를 전면적으로 이미지화하는 것

후기 자본주의사회
끊임없는 소비욕구를 창출하고 소비욕구의 충족을 강요하는 소비 논리에 의해 성장하는 사회, 다양성의 외관 아래 단일한 논리로 전체화하는 사회, 보편성의 이념 아래 종속을 은폐하는 사회, 이데올로기적인 기호 아래 개인을 종속시키는 사회를 말한다.

의 오만함을 보여준다. …… 그렇게 되면 세계와 세계사의 진실 등은 더 이상 문제 되지 않으며, 독해체계의 내적 일관성만이 문제될 것이다. …… 우리가 소비하는 것은 기술적인 동시에 전설적인 코드(codes)에 따라서 세분화되고 여과된, 그리고 재해석된 세계의 실체이다(보드리야르, 1993: 179~182).

광고 이미지와 문안은 그때그때 모든 사람의 동의를 강요한다. 모든 사람은 잠재적으로 그것들을 해독할 것을 요구받는다. 달리 말하면 그 것들은 메시지를 해독하면서 메시지가 편입된 코드로의 자동적인 동화를 강요한다.

사회적 상호작용에 의해 생산된 기호적 언어에 종속되어 있는 우리 현실은 '반성의 부재'이고 '자신에 대한 시각 부재'의 현실이다. 허위 이념, 언론의 언설, 대중문화, 대중매체, 선전, 상품광고 등 이 모든 언어적 실천이 '반성의 부재'를 초래하는 계기이다. 푸코와 하버마스, 또 최근에 담론·기호를 연구하는 이들의 문제의식은 이 점에서 배태된다.

후기 자본주의사회의 극복은 성찰적 의식을 필요로 한다. 왜곡된 의사소통을 해부하는 성찰적 의식은 합리적이고 비판적인 담론이 수행될 때 형성된다. 이 장에서 언어에 대한 이해의 확장을 의도한 것은 바로 성찰적 의식의 회복을 위해서이다.

참고문헌

마루야마 게이자부로(丸山圭三郎). 2002. 『존재와 언어』. 고동호 옮김. 민음사.

보드리야르, 장(Jean Baudrillard). 1993. 『소비의 사회』. 이상률 옮김. 문예출판사.

이성준. 1999. 『훔볼트의 언어철학』. 고려대학교출판부.

커니, 리처드(Richard Kearney). 1992. 『현대유럽철학의 흐름: 모더니즘에서 포스트모더니즘까지』. 임헌
규·곽영아·임찬순 옮김. 도서출판 한울.

한상진. 1997. 「언술검증과 비판이론」. 『하버마스 이성적 사회의 기획, 그 논리와 윤리』. 나남.

훔볼트, 카를(Karl Humboldt). 1985. 「'카비말' 연구 서설」. 신익성 편저. 『훔볼트』. 서울대학교출판부.

Foucault, Michel. 1984. "Truth and Power." in P. Rabinow(ed.). *The Foucault Reader*. New York:
Pantheon.

_____. 1987. "The ethic of care for the self as a practice of freedom." *Philosophy and Social Criticism*.
12.

Gadamer, Hans-Georg. 1982. *Truth and Method*. New York: Crossroad.

Goodmann, Nelson. 1978. *Ways of Worldmaking*. Hackett publishing Co.

Habermas, Jürgen. 1968. *Technik und Wissenschaft als Ideologie*. Frankfurt a/M: Suhrkamp.

_____. 1970. "Towards a Theory of Communicative Competence." *Inquiry* 13.

_____. 1981. *Theorie des kommunikativen Handelns* 1. Frankfurt a/M: Suhrkamp.

Heidegger, Martin. 1967. *Brief über den 'Humanismus'*. Wegmarken.

Pecheux, Michel. 1982. *Language, Semantics, Ideology*. translated by Nagpal. New York: St. martin's
Press.

03

지식의 의미와 역사

학문의 근원적 의미는 인간과 세계에 대한 앎을 획득하는 데 있다. 그런데 인류의 역사를 돌이켜보면 구체적으로 무엇을, 왜 알려고 하는지에 대해서는 시대마다 그리고 문화권마다 조금씩 달랐다는 사실을 알 수 있다.

이 장에서는 서양의 지성사를 통해 지식의 의미가 어떻게 변천되어왔는지를 살펴보고, 오늘날에는 지식의 의미가 무엇인지를 생각해볼 수 있는 실마리들을 제공할 것이다.

1. 영원한 진리로서의 고대적 지식 개념

1) 고대 그리스 고전 철학과 영원한 진리

소크라테스는 기원전 5세기 후반 아테네의 민주정이 보여주었던 '우중(愚衆)정치'에 대해 비판하는 태도를 보였다. 소크라테스의 이러한 태도는 당대 지식인들(소피스트)이 견지했던 상대주의적인 진리관에 반대해 절대주의적인 진리관을 확립하고자 했던 그의 학문에서도 그대로 나타난다. 그는 그 당시 소피스트들과 달리 보편적인 진리와 도덕성을 탐색했는데, 그것은 곧 국가를 잘 운영해가기 위한 보편적인 원칙이 있다는 것을 의미한다.

이것은 '귀납적 논증에 의한 보편적 정의'라는 소크라테스의 학문방법과 무관하지 않다.* 젊은 시절 자연철학적 전통에 따라 학문적 훈련을 받은 소크라테스는 특수하고 가변적인 현상들을 중시한 동시대의 지식인들과 달리, 그것들을 넘어서는 영원한(불변적인) 그 무엇을 탐구했다. 이러한 관심은 결국 영원불변하는 개념의 의미를 확정하는 일, 즉 개념을 정의하는 일로 그를 이끌었다.

소크라테스는 개념을 정의하기 위해서는 '귀납적 논증'에 의거해야 한다고 보았다. 여기서 귀납적 논증이라고 해서 개별적 사례에서 공통적인 성질을 도출하는 논리적 추론으로서의 귀납 논증을 생각해서는 안 된다. 소크라테스의 방법에 해당하는 귀납 논증은 이른바 '산파술'과 관련된 것이다.**

산파술은 산모를 도와 아무 탈 없이 아이를 출산하게 하는 산파의

---

* 아리스토텔레스는 '귀납적 논증'과 '보편적 정의'를 소크라테스가 인류 지성사에 남긴 두 가지 공로라고 치하했다(아리스토텔레스, 2007: 549 참조).
** '산파술'에 대해서는 Platon(1921: 149A 이하)을 참고하라. 여기에서 인용하는 플라톤의 저서는 모두 하버드대학 출판부(Harvard Univ. Press)에서 간행한 *The Loeb Classical Library* 시리즈에 들어 있는 그리스어-영어 대역판이다.

역할에 비유된 소크라테스의 대화법이다. 산파는 소크라테스 자신이고, 산모는 학생이며, 잉태된 태아는 잠재된 지식이고, 태어나는 신생아는 인식된 참된 지식이다. 산파술은 학생에게 질문을 던져 그 답을 요구함으로써 학생이 그것에 적합한 답을 찾아나가는 가운데, 기존의 주관적 신념을 깨뜨리고 그 내면에 잠재된 참된 지식이 도출되어 나오도록 유도하는 대화 방식을 취한다. 이것은 산파의 도움을 받아 '자신의 내면을 성찰함으로써' 덜 충분한 정의에서 한층 더 충분한 정의로 나아가는 방식, 따라서 특수한 예들에 대한 고찰에서 보편적인 정의를 확보하는 것으로 나아가는 방식이다. 이러한 점에서 산파술은 곧 귀납적 논증이 될 수 있다.

이와 같이 소크라테스가 '귀납 논증과 보편적 정의'의 방법으로 영원한 개념의 의미를 확립하고자 했다면, 그의 충실한 제자 플라톤은 이데아의 인식을 통해서 영원한 진리를 얻고자 했다. 그에 따르면 이데아세계는 현실 세계를 넘어선 하늘 저 편에(hyperouranios), 즉 현실적인 시간이나 공간의 적용을 받지 않는 곳에 실재하는 세계이며, 이데아세계 안에 존재하는 갖가지 이데아도 현실적인 시간이나 공간의 적용을 받지 않는 상태로 존재한다. 그리고 이 갖가지 이데아는 이데아 세계 안에서 서로 균형과 조화를 이룬다. 이 이데아 세계의 균형과 조화를 뒷받침해주는 것이 바로 '선의 이데아'이다(Platon, 1937: 505A). 즉, 이데아 세계는 선의 이데아가 부여하는 균형과 조화를 이루고 있기 때문에 '좋은' 것이며, 이러한 부분의 균형과 조화가 곧 좋음의 기준이기 때문에 이데아 세계는 현실 세계에서 좋다고 할 수 있는 것의 모델이 된다. 예컨대 좋은 물건, 좋은 인생, 좋은 국가는 바로 좋음의 기준인 이데아 세계의 모델을 실현하고 있기 때문에 좋은 것으로 평가될 수 있다. 이 때문에 사람이 만드는 물건이나 인생과 국가가 이와 같이 좋게 이루어지기 위해서는, 우선적으로 좋음의 근본 모델인 이데아 세계를 인식하지 않으면 안 된다. 그런데 현실 세계에 살고 있는 인간은 현실

너머에 존재하는 이데아 세계와 이데아들을 어떻게 인식할 수 있을까?

우리는 현실 세계에 존재하는 것들을 감각적으로 지각함으로써 그 것을 '안다'고 믿지만, 플라톤에 따르면 그러한 믿음은 '주관적인 의견 (doxa)'일 뿐이다. 내가 그렇게 믿는 것을 다른 사람은 다르게 믿을 수 있기 때문이다. 더욱이 이데아 세계는 현실 너머에 있는 '감각에 보이지 않는' 세계이므로 우리의 감각적 능력으로는 그것을 지각할 수 없다. 그리하여 플라톤은 우리의 지성(nous)에 호소한다.

지성은 사유(추론)하는 능력(dianoia)과 직관하는 능력(noesis)이다. 예컨대 '삼각형의 내각의 합은 2직각이다'라는 것은 종이 위에 삼각형을 그려놓고 한 변과 평행하는 보조선을 그은 다음 동위각과 엇각을 이용해 그 삼각형의 내각이 2직각이라는 사실을 추론함으로써 알 수 있다. 이에 반해 '삼각형은 세 개의 변으로 둘러싸인 다각형이다'라는 것은 삼각형을 '정의하는' 바로 그 순간에 즉각적으로 알 수 있다. 이것은 지성에 의한 직관일 따름이다. 이데아는 이러한 지적 직관을 통해서만 인식할 수 있는 것이다.

플라톤은 이러한 직관에 의한 이데아의 인식을 '기억(anamnēsis)'이라고 한다. 『파이드로스(Paidros)』에는 이와 관련된 하나의 우화가 등장한다(Platon, 1925: 246A 이하 참조). 영혼이 육체 속에 들어오기 전에 신들을 좇아 하늘 저편의 세계를 여행하면서 잠시 이데아 세계를 보았는데, 지상에 떨어져 육체에 갇히는 순간 영혼에 대한 육체의 간섭 때문에 순수 영혼 상태에서 보았던 이데아가 망각되어버린다. 따라서 육체 속에 갇힌 영혼이 육체의 간섭을 뚫고 정화된 상태에서는 순간적으로 망각의 장막이 걷히면서 이데아의 기억이 되살아난다. 이러한 의미에서 이데아에 대한 앎은 망각(lethē)이 아닌(a) 것으로서의 '진리(aletheia)'이며, 영원불변하는 이데아에 대한 앎으로서의 '참된 지식(epistēmē)'이다.

플라톤이 초월해서 존재하는 영원불변한 이데아 세계에 대한 인식을 중시했다면, 그의 제자 아리스토텔레스는 현실 세계에 존재하는 갖

아리스토텔레스의 자연학에서 운동
은 "잠재적인 것(혹은 가능적인 것)에
서 현실적인 것으로 '되는' 것"을 말한
다(아리스토텔레스, 2007: 475). 예
를 들어 진흙은 여러 가지 사물이 될
수 있는 재료이다. 그것은 흙벽돌로
될 수 있는 가능성도 있고, 도자기로
될 수 있는 가능성도 있으며, 또 다른
그 어떤 것으로 될 수 있는 가능성도
있다. 이렇게 아직 구체적인 무엇으
로 되기 전의 잠재적인 상태 혹은 가
능적인 상태에서 현실적인 흙벽돌이
나 도자기로 되어가는 과정을 운동이
라고 한다.

가지 사물이 그 속에 이미 갖추고 있는 영원불변한 형상(eidos)을 실현
해가는 과정에 관심을 가졌다. 그에 따르면 현실 세계에 있는 만물은
항상 **운동**(변화)한다(아리스토텔레스, 2007: 128). 한 번의 운동에는 네 가
지 원인이 작용한다. 질료인(質料因)·형상인(形相因)·운동인(運動因)·목
적인(目的因)이 그것이다. 진흙에서 도자기로 되는 과정을 예로써 살펴
보자. 우선 현실적으로 이루어진 도자기는 진흙이라는 재료(질료)와 그
것의 모양(형상)이 결합된다. 여기서 질료와 형상은 도자기가 현실적으
로 존재하기 위한 원인들이다. 이것이 '질료인'과 '형상인'이다. 그러나
이 두 가지 원인만으로는 진흙이 도자기로 될 수는 없다. 예컨대 도자
기를 만드는 사람의 힘이 필요하다. 이러한 사람의 힘과 같이 어떤 것
의 운동에 직접적으로 작용하는 힘을 '운동인'이라고 한다.

그리고 도자기를 만드는 사람은 무엇 때문에 만드는가 하는 물음을
할 수 있다. 이에 대해 그는 '술병으로 사용하기 위해서' 혹은 '시장에
내다 팔기 위해서' 혹은 '어떤 사람의 주문에 의해서' 등등 어떻게든 답
할 수 있을 것이다. 이 답이 되는 것이 '목적인'이다. 예컨대 '술병으로
사용하기 위해서'라는 목적인이 없었다면 그는 도자기를 만들 필요가
없었을 것이고, 따라서 도자기는 아직 현실에 생겨나지 않았을 것이다.
이처럼 도자기가 현실화되는 운동에서 그것의 용도(목적)도 필수적인
원인으로 작용한다.

이 운동과 원인의 개념에는 이미 아리스토텔레스의 독특한 세계관
이 들어 있다. 세계의 모든 개별적인 사물이 항상 운동한다는 것은 모
든 것이 항상 가능적인 상태(dynamis)에서 현실적인 상태(energeia)로
되는 과정에 있다는 것을 뜻한다. 그런데 이러한 운동은 한 번으로 끝
나지 않는다. 어떤 가능적인 것이 한 번 현실화되었다고 해서 끝나버
리지 않는다는 말이다. 현실화된 것은 어떻게든 다시 다른 어떤 것으
로 될 수 있는 가능적인 상태로 있는 것이기도 하다. 예컨대 도자기는
진흙에서 현실화되었지만, 술병·꽃병·물병 등과 같이 다른 어떤 것으

로 될 수 있는 가능성이 있다. 이렇게 해서 모든 사물은 그 자체로 가능적인 상태와 현실적인 상태를 반복하면서 계속 운동한다.

그렇다면 개별적인 사물의 운동은 언제까지 계속되는가? 논리적으로 말하면 '어떤 현실적인 것이 다른 어떤 것으로 될 가능성이 없어질 때까지'라고 말할 수 있을 것이다. 이러한 상태는 다른 것에 목적을 두지 않고 그 자체에(en) 목적(telos)을 포함하는(echō) 상태로서, 말 그대로 엔텔레케이아(entelecheia, 완전한 상태)라고 할 수 있다. 이 엔텔레케이아는 다른 모든 것의 목적인으로서 운동을 야기하기는 하지만, 그것을 운동하게 하는 목적인을 갖지 않기 때문에 더 이상 다른 것으로 될 필요가 없는 상태이다. 그러므로 이것은 더 이상 운동하지 않는다는 의미에서 영원하다.

엔텔레케이아는 그것이 사물의 영원불변한 상태라는 점에서 플라톤이 말한 이데아와 다르지 않다. 이데아의 인식을 철학이라고 본 플라톤과 마찬가지로 아리스토텔레스도 지혜(sophia)를 '으뜸 원리와 원인에 관한 앎'으로 규정함으로써, 지혜를 추구하는 학문으로서의 철학(philosophia)을 으뜸 원리와 원인에 관한 앎을 추구하는 학문이라고 한다(아리스토텔레스, 2007: 35 이하 참조). 결국 아리스토텔레스도 앎의 궁극적 의미를 영원한 진리의 추구에 두었다고 할 수 있다.

2) 고중세의 천문학과 지식의 의미

아리스토텔레스는 퓌타고라스(Pythagoras)와 플라톤으로 이어지는 지구 중심의 동심원적 우주관과 에우독소스(Eudoxos)의 동심천구설을 계승해 고대 그리스의 기하학적 우주관을 완성했다(아리스토텔레스, 2007: 520 이하 참조). 우주가 하나의 점을 중심으로 완전한 구의 형태를 이룬다는 우주관을 동심원적 우주관이라고 한다면, 이러한 동심원적 우주의 중심점을 지구라고 주장하는 것이 지구 중심의 동심원적 우주관이다. 동심천구설은 지구를 중심으로 동심원적인 천구(天球)들이 겹겹이 쌓여 있다고 주장하는 이론이다. 천구는 투명한 물질로 이루어져 있는 구로서, 빛은 이 천구를 통과할 수 있지만 물체는 통과할 수 없다. 이것은 하늘의 천체들이 그것을 지탱하는 어떤 것 없이 공중에 떠 있을 수 없다는 점을 설명하기 위해서 착안되었다.

이러한 지구 중심적 동심천구설에서 또 하나 주목할 만한 것은 인간이 느끼고 알 수 있는 세계가 '완전한 하늘'과 '불완전한 땅'으로 나누어져 있다는 주장이다. 아리스토텔레스는 하늘이 완전하고 땅이 불완전한 근원적인 이유를 하늘과 땅이 각각 다른 원소로 이루어져 있다는 점을 통해 설명했다(라에르티오스, 2008: 294). 그에 따르면, 땅은 흙·물·불·공기 등 네 가지 원소로 이루어져 있지만, 하늘은 이 네 가지 원소와 전혀 다른, 투명하고 무게가 없으며 완전한 제5원소(Quintessence)로 이루어져 있다는 것이다.

아리스토텔레스는 천문학이 전적으로 기하학에 의존하는 학문이라고 생각했다(헨리, 2003: 55). 이것은 우선 그의 형이상학적 세계관과 관련된다. 모든 실체는 형상과 질료로 이루어져 있고, 각각의 실체는 질료인·형상인·운동인·목적인에 따라 잠재태에서 현실태로 운동하며, 이 운동은 그것이 정지할 때까지, 즉 더 이상 운동할 필요가 없을 때까지, 결국 완전한 충족 상태에 이를 때까지 계속 진행된다. 그러므로 그의 사상에서 세계는 코스모스, 즉 기하학적으로 완전한 조화를 이룬다. 천문학은 이러한 세계관을 나타내는 한 부분이다. 이 때문에 천문학은 기하학적 질서와 비례에 따라 조직되어야 할 학문이다.

천문학이 기하학에 의존하는 학문이라는 점은 다른 한편으로 천문학이 관찰에 의존하지 않는다는 것을 의미한다. 앞에서 본 천구나 제5원소의 존재는 관찰할 수 없는 것으로 규정되고 있긴 하지만, 결코 확인할 수 없는 이러한 것의 존재를 주장할 수 있었던 것은 그것이 오직 이론적 완전성을 위해서 요청되기 때문이다. 오늘날의 용어로 표현하면 이것들은 순수 이론용어들인 셈이다.

한편, 2세기 중반에 활동한 알렉산드리아의 프톨레마이오스(Claudios Ptolemaeos)는 그리스의 기하학적 천문학에 바빌로니아의 정량적 관측술을 결합해 새로운 천문학 이론을 개진했다. 그에 따르면 행성들은 지구에서 약간 떨어진 우주의 중심점을 공전하면서 그 공전궤도에서 다시 주전원(周轉圓, epicycle)운동을 한다. 이러한 착상은 지구에서 천체를 관측할 때 나타나는 행성의 순행·유행·역행과 같은 다양한 천체운동을 설명하기 위해 고안되었다.

프톨레마이오스의 우주관에서 주목할 수 있는 것은 그의 우주관이 수많은 주전원 궤도와 행성의 역행과 같은 복잡한 우주상을 제시함으로써 기하학적으로 완벽하게 깔끔한 아리스토텔레스의 우주상에서 거리가 더욱 멀어졌다는 점이다(헨리, 2003: 40). 그럼에도 프톨레마이오스의 궤도는 오늘날의 관측 수준에 비추어서도 큰 오차가 나지 않을 만큼 정교하다.

이와 같이 프톨레마이오스의 우주상이 아리스토텔레스의 그것에 비해 수학적 차원에서는 지나치게 복잡하고 부분들 사이의 정합성도 떨어지지만, 관측 차원에서는 상당한 발전을 이루었다는 것은 그가 수학적 완전성보다는 관측을 더 중시한 결과라고 볼 수 있다. 그의 천문학을 개진한 『알마게스트(Almagest)』가 점성학 개론서인 『테트라비블로스(Tetrabiblos)』의 자매편으로 기획되었다는 점을 고려하면, 프톨레마이오스의 목표는 "직업적 점성술사와 천문가에게 천체의 움직임과 위치를 계산할 수 있는 방법을 제공하는 것"이었다고 볼 수 있다(헨리, 2003: 51).

2. 사실 인식으로서의 근대적 지식 개념

1) 근대 천체역학의 전개

십자군

십자군은 11세기 말엽부터 13세기 말엽까지 서유럽의 로마 가톨릭 세력이 서남아시아의 이슬람 세력권에 속한 예루살렘을 탈환하는 것을 목적으로 행해진 8차례의 군사 원정에 참여했던 군대를 가리키는 용어이지만, 대체로는 이 군대에 의한 원정사건 자체를 가리키는 말로도 쓰인다. 오늘날에는 이와 비슷한 목적으로 일어나는 다양한 형태의 기독교 활동을 전반적으로 지칭하는 명칭으로 쓰이기도 한다.

순수한 신앙심에서 십자군에 참여한 사람들도 있었겠지만 십자군은 서유럽 내 여러 세력 사이의 정치적·경제적 이해관계가 복잡하게 얽혀 있는 사건이었다. 예컨대 가톨릭교회의 교황은 교황권 강화를, 영주들은 영토 확장을, 상인들은 원거리 무역로 개척을, 농민이나 도시노동자들은 재산증식을 추구했다. 실제로 이 사건은 그 이후 서유럽의 정치와 경제뿐만 아니라 사회문화적으로 전 분야에서 다양한 변화를 야기했다(물론 이 사정은 아시아 지역에서도 마찬가지이다).

몇 가지 구체적인 예를 들면 다음과 같다. 정치적으로는 교회 세력과 봉건귀족 계층이 약화되고 몇몇 강력한 왕조가 봉건적 영토를 재통합하는 왕령국가들이 등장했다. 경제적으로는 원거리 무역이 번창하면서 신흥 상공업도시들이 세워지고 부르주아 계층이 부상했으며 자유노동자가 증가했다. 문화적으로는 대학이 세워지고 동유럽과 아시아 지역에서 발전된 학문과 기술을 수입함으로써 서유럽 지역이 문화적으로 근대화되는 계기가 되었다.

서로마제국의 멸망(476년) 이후 서유럽에서는 논리학 영역을 제외한 아리스토텔레스의 저술이 거의 잊혔다. 반면 동로마 지역과 아랍 지역에서는 그 이후로도 형이상학·자연학·동식물학·천문학 등에 관한 그의 저술이 활발하게 연구되었다. 특히 그의 천문학에 관한 저술은 아랍 지역에서 연금술과 점성술의 기초를 제공했다.

서유럽 지역에서 아리스토텔레스의 저술들을 다시 접한 것은 십자군의 영향이었다. 동서 문화 교류를 통해 아리스토텔레스의 저술들이 서유럽으로 수입된 것이다. 이때 대부분이 기독교 신학자였던 서유럽 지식인 사이에 아리스토텔레스의 저술들을 수용할 것인지를 두고 많은 논란이 있었다(루빈스타인, 2004: 21 이하 참조).[*] 이 논란은 아리스토텔레스를 수용하자는 쪽의 승리로 끝났고, 결과적으로 아리스토텔레스는 그 이후, 특히 새롭게 부상한 대학을 중심으로 이루어진 서유럽 학문에서 중심을 차지하게 되었다.

중세 후기 서유럽 대학에서 다룬 다양한 학문 중에는 천문학이 포함된다. 물론 여기에서도 아리스토텔레스와 프톨레마이오스의 천문학이 중심을 차지하고 있었다. 그러나 아리스토텔레스-프톨레마이오스의 천문학체계는 근대인들이 보기에 쉽게 이해하기 어려운 많은 이론적 의문을 내포하고 있었다. 서유럽의 근대 과학혁명은 이러한 아리스토텔레스-프톨레마이오스의 천문학을 대체하는 새로운 천문학의 개진과 더불어 시작되었다. 이 과학혁명의 실마리를 제공한 사람은 니콜라우스 코페르니쿠스(Nicolaus Copernicus)다. 그는 『천구의 회전에 관하

---

[*] 이 문헌 자체가 그 논란의 내용과 전개에 관한 저술이다.

여(De Revolutionibus Orbium Coelestium)』에서 제목이 암시하는 그대로 '혁명적인(revolutionary)' 태양 중심적 우주관을 개진했다. 여기에서 지구가 하루에 한 번씩 자전하면서 태양을 중심으로 공전한다고 하는 지동설이 표명되었다.

그러나 코페르니쿠스의 이러한 새로운 천문학은 관측 결과였다기보다는 순수한 이론적 의문들을 해결하기 위한 이론적인 탐구 결과였다. 그의 이론적인 의문들은 순행 이외에 유행이나 역행을 포함하는 천체 궤도들이 '운동의 단일성'이라는 원칙에 위배된다는 점, 또 멀리 있는 항성이 하루에 한 번 지구를 공전하기 위해서는 그 공전속도가 상상할 수 없을 정도로 빨라야 한다는 점 등이다.

이러한 의문들을 해결하기 위해 코페르니쿠스는 도서관에서 고대 천체이론에 관한 저서들을 찾아서 연구했다.* 마침 그는 고대 문헌 중에서 지구의 자전과 공전에 관한 주장들을 발견하고서 기존 지구중심설에서 태양과 지구의 위치를 맞바꾸어보았다. 그 결과 그는 기존 이론에서 매우 복잡하게 설명되었던 천체운동을 명쾌하게 설명할 수 있다는 사실을 알게 되었다. 예컨대 그의 새로운 천문학에서는 행성의 역행과 같은 운동이나 지구에서 멀리 떨어져 있는 항성의 운동 속도를 설명할 필요가 없었던 것이다.

그럼에도 코페르니쿠스 이론에는 아직 전근대적인 동기들이 포함되어 있다. 오늘날에도 좋은 과학 이론의 기준으로 삼는 '복잡한 것보다는 간단한 것이 더 좋다'는 착상은 전적으로 기독교 신앙에 따른 것이었다. 즉, 태양 대신 지구를 운동하게 하면 모든 천체의 궤도가 간단하게 될 것을 군이 태양을 운동하게 함으로써 복잡하게 할 이유가 신에게는 결코 없을 것이라는 믿음이다(박성래, 1993: 95). 또한 코페르니쿠스

---

* 『천구의 회전에 관하여』 서문에 지동설을 주장한 고대 그리스 사상가들에 대해 언급되었다. 예컨대 기원전 5세기에 활동한 시라쿠스의 히케타스(Hicetas)와 퓌타고라스학파의 에크판토스(Ekphantos), 기원전 4세기 중반에 활동한 폰토스의 헤라클리데스(Heraklides)와 퓌타고라스학파의 필롤라오스(Philolaos), 기원전 3세기에 활동한 사모스의 아리스타르코스(Aristarchos) 등이 그들이다(헨리, 2003: 16 참조).

'달 아래 세계'와 '달 위 세계'는 고대
지구 중심적 천구설에서 지구를 둘
러싸고 있는 천구 중에 가장 가까이
있는 달을 기점으로 그 아래를 땅,
그 위를 하늘이라고 나눈 것에서 유
래하는 명칭이다.

는 '완전한 하늘, 불완전한 땅'이라는 그리스적 관념도 결코 무시하지
않았다. 지구를 우주 중심에서 탈락시키고 그것이 자전과 공전이라는
이중 운동을 한다는 착상도 지구가 완전하지 않다는 관념에서 비롯되
었다. 또 그가 행성들의 공정궤도를 정원이라고 본 것도 하늘이 완전
하다는 관념에 따른 것이라고 할 수 있다.

코페르니쿠스 천문학에서 부족한 부분은 요하네스 케플러(Johannes
Kepler)에 의해 상당히 보완된다. 그런데 케플러의 체계가 완성될 수
있었던 데에는 위대한 관측자 튀코 브라헤(Tycho Brahe)의 업적을 간과
할 수 없다. 브라헤는 기존 관측기구들을 스스로 보완하고 개조했는데,
이렇게 이전보다 훨씬 발전된 관측기구들을 통해 천체운동을 관찰하
고 그 관찰결과들을 성실하게 기록해두었다. 그의 사후 이러한 기록들
은 마지막 1년간 그의 조수로 일했던 케플러의 몫이 되었고, 결과적으
로 케플러의 천체역학이 형성되는 데 큰 도움이 되었다.

그러나 브라헤가 근대 천체역학의 형성에 이러한 보조적인 역할만
했던 것은 아니다. 그의 업적은 무엇보다도 신성의 발견(1572년) 및 혜
성의 운동에 대한 새로운 설명(1577년)이다. 이 두 사건은 기존의 아리
스토텔레스적 천문학에 도전할 만한 실증적인 사건이었다. 신성의 발
견은 완전한 하늘 세계에서는 변화가 있을 수 없기 때문에 새로운 천체
가 생겨나거나 기존에 있던 천체가 사라지는 일이 있을 수 없다고 보는
관점에 타격을 주었다. 또 정원 궤도로 운동하지 않는 혜성의 운동을 달
아래 세계에서 일어나는 현상으로 보았던 기존 설명에 대해, 브라헤는
혜성이 적어도 달 위 세계에서 운동한다는 것을 관찰함으로써 기존 견
해에 타격을 주었다. 코페르니쿠스가 이론적 차원에서 혁명을 열었다
면, 브라헤는 실증적 차원에서 혁명을 열었던 것이다(박성래, 1993: 98).

그러나 브라헤가 이론가였다기보다 철저한 관찰자였기 때문에 생길
수밖에 없었던 한계도 있었다. 그것은 바로 지구중심설이다. 지구에서
의 관측만으로는 결코 지구의 공전과 자전을 관찰할 수 없다. 이 때문

에 그는 태양이 그것을 공전하는 행성들을 거느리고 지구를 공전한다고 믿었다. 이러한 관점은 관찰 결과를 무조건 믿는 태도가 갖는 근본적인 한계를 드러내는 하나의 사례라고 볼 수 있다.

반면, 케플러는 코페르니쿠스 이론과 브라헤의 관찰을 종합해 근대적인 천체역학을 상당한 수준으로 발전시켰다. 수학자 케플러는 브라헤와 만나면서 관찰 결과가 얼마나 중요한 것인지를 깨달았다. 그는 코페르니쿠스의 천체 궤도와 브라헤의 관측 결과가 일치하지 않음을 발견하면, 관측 결과에 일치하는 궤도를 그려보기 위해 궤도를 수정하는 작업을 무수히 반복했다(박성래, 1993: 100 참조). 그렇지만 그는 정원 궤도로는 결코 관측 결과와 일치시킬 수 없다는 사실을 알게 되었을 때 이론보다는 관측 결과를 더 신뢰했다. 그리하여 그는 행성 궤도가 정원이 아니라 타원형일 것이라는 착상을 하게 되었다. 그렇다고 해서 그는 이론적 정합성을 결코 무시하지 않았다. 위에서도 말했지만 그는 이론을 관측 결과에 맞추기 위해서 엄청난 노력을 했다. 그는 결국 이론과 관찰의 균형과 조화를 이루는 천문학체계를 완성할 수 있었다.

이러한 체계는 이른바 천체운동의 세 가지 법칙으로 대변된다. 제1법칙은 '행성들은 타원형 궤도를 따라 운동하며, 이 타원형의 두 중심 중 하나가 태양이다'라는 것이다. 제2법칙은 '면적속도의 법칙'으로서, '태양에서 행성에 그은 선은 같은 시간대에 같은 면적을 그린다'는 것이다. 제3법칙은 '조화의 법칙'으로서, '행성의 공전주기의 제곱은 태양과 그 행성 사이의 거리의 세제곱에 비례한다'는 것이다.

2) 근대 천체역학과 사실 인식으로서의 지식

코페르니쿠스에서 케플러에 이르는 근대 천체역학의 전개에서 주목해야 할 것은 수학 이론과 관측 결과의 일치이다. 아리스토텔레스는 이론적 정합성만 중시했고, 프톨레마이오스는 이론과 관찰 두 측면을 모

수학

수학을 뜻하는 mathematics는 지식입문(getting to knowledge)을 뜻하는 그리스어 mathēsis에서 유래했다.

기하학

기하학을 뜻하는 geometry는 이집트에서 토지(geo) 측량(metrie)을 의미하는 말이다.

두 고려했으나 결과적으로 관찰의 정확성만 중시했다. 이론과 관찰의 조화와 균형을 지향한 근대 천체역학에서도 코페르니쿠스는 이론 쪽을 중시하고 브라헤는 관찰 쪽을 중시하는 면모를 보였다. 그러나 케플러의 천체역학에서는 이 둘이 완전하게 일치하는 수준에 이르렀다.

이러한 수학 이론과 관찰 결과의 일치는 근대적 의미의 과학적 지식의 본질이라고 말할 수 있다. 단적으로 말해서 과학적 지식의 본질은 관찰된 것의 수학적 기술(記述)에 있다고 할 수 있다(이진경, 2000: 41). 그런데 앞에서 본 브라헤의 예에서 알 수 있듯이 우리는 동쪽에서 떠오르는 태양을 보면서 지구가 자전한다고 관찰할 수 없다. 그렇다면 케플러의 사상에서 이루어진 관찰과 수학적 이론의 일치는 이미 관찰한 것만을 수학적으로 기술했기 때문에 확보될 수 있는 것이라고 할 수 없다. 오히려 수학적 이론화가 먼저 있었고 이에 따라 관찰이 이루어졌기 때문에 관찰 결과와 수학적 이론이 일치했다고도 생각해볼 수 있다.*

이와 같이 케플러의 천체역학을 수학적 이론이 관측을 주도함으로써 이론과 관찰의 일치를 확보한 하나의 사례로 본다면, 근대과학에서 관찰될 수 있는 '사실'이란 반드시 수학적 기술을 통해서만 드러날 수 있는 것이라는 점을 알 수 있다. 그러나 이것은 더 나중에 이루어지는 근대 수학의 발전을 기다려야 한다.

이집트문화권에서 토지측량이라는 실용적 기술 차원에서 발달했던 기하(학)는 순수 이론적 활동을 중시했던 고대 그리스인들에 의해 수학으로 변모되었다. 물론 고대의 수학 역시 기하학 이상은 아니었다. 그 후 중세 아라비아 상인들이 사용하던 아라비아숫자와 산술의 도입으로 유럽의 수학적 발전은 한층 가속화되어 근대 수학의 기틀이 형성되었다.

데카르트와 피에르 드 페르마(Pierre de Fermat)가 개발한 해석기하학

---

* 이 문제는 이론이 관찰을 주도한다는 이른바 '관찰의 이론 의존성' 논제이다. 이 논제는 20세기 미국 과학철학자 노우드 핸슨(Norwood Hanson)의 저서 *Pattern of Discovery*(1958)에서 처음 제기되었다.

은 기하학적 도형들을 수로 표시할 수 있는 방법을 마련해주었다. 이것은 좌표의 점들을 수로 표시함으로써 점들의 집합인 선이나 그 선으로 이루어진 도형들까지 수로 표시할 수 있음을 의미한다. 그러나 데카르트와 페르마의 해석기하학은 정적인 세계를 다루는 데는 효과적이었지만, 실제 세계는 끊임없이 운동하고 있으므로 이 운동하는 세계를 다루기에는 다소 미흡한 점이 있었다. 아이작 뉴턴(Isaac Newton)과 고트프리트 라이프니츠(Gottfried Leibniz)가 창안한 미적분은 이러한 세계의 운동과 변화를 이해할 수 있는 길을 마련해주었다. 미분법은 모든 운동의 변화율을 계산하는 일반적인 방법으로, 적분법은 곡선으로 된 도형의 넓이를 구하는 방법으로 사용된다.

여기서 나타나듯이 근대 수학은 순수한 관념적 대상을 다루는 고대 수학과 달리 현실 세계의 사물들과 사물들의 운동을 다루는 것으로 이해될 수 있다. 이러한 점에서 근대 수학은 순수한 이론적 학문을 넘어 세계의 사실을 인식하는 수단으로서의 의미를 갖는다. 앞서 말했듯이 과학적 지식에서는 관찰된 사실과 수학적 기술은 항상 일치한다. 갈릴레오 갈릴레이(Galileo Galilei)에 따르면 이것은 수학이 사실을 정확하게 기술하기 때문이 아니라 세계 자체가 수학이라는 언어로 쓰여 있기 때문이다.*

그렇다면 근대과학은 본래 수학적이지 않은 사실을 수학적으로 '다시 기술하는 것', 즉 수학적으로 '재현하는 것'이 아니다. 오히려 사실 자체가 본래 수학으로 이루어져 있기 때문에 수학적 기술은 '사실을 사실 그대로' 기술한다는 의미를 갖는다. 그러므로 근대과학의 본질이 관찰 내용을 수학적으로 기술하는 데 있다면, 이것은 철저한 '사실 인식'을 지향하는 지식이라고 할 수 있다. 이러한 점에서 근대 천체역학의

---

* 갈릴레이는 교황 우르바노 8세에게 헌정하기 위해 쓴 *Il Saggiatore*(가짜 금 감식관)라는 저서에서 다음과 같이 기술했다. "(우주라는) 그 책은 수학이라는 언어로 쓰여 있고, 그 글자는 세모꼴, 원, 또는 그 밖의 기하학적 도형으로 되어 있다"(구니야 준이치로, 1992: 183에서 재인용).

미적분

뉴턴은 1665~1666년쯤 미적분에 관해 착상했으나 1704년에 공식적으로 발표했다. 라이프니츠는 미적분을 1675년에 착상하고 1684년에 공식적으로 발표했다. 공식적인 발표에서는 라이프니츠가 앞서고 착상에서는 뉴턴이 앞서기 때문에 누가 미적분을 창시했는지에 관한 문제가 오랫동안 쟁점이 되었다. 오늘날에는 그 표기법에서 라이프니츠의 것이 더 편리하므로 라이프니츠 표기법이 통용된다.

전개는 '사실 인식'이라는 지식의 근대적 의미를 확립하는 기초를 제공한다.

3. 사실 인식에 대한 철학적 반성

1) 흄: 인과성의 사실성에 대한 반성

데이비드 흄(David Hume)은 인간 이성이 탐구할 수 있는 대상을 크게 두 가지로 나누었는데, 하나는 '관념들 사이의 관계'이고 다른 하나는 사실의 문제(matters of fact)이다(흄, 2009: 50 이하 참조). 첫 번째를 대상으로 다루는 학문으로는 기하학·대수학·산술 등이 있다. 예컨대 '직삼각형의 빗변의 제곱은 다른 두 변의 제곱의 합과 같다'와 같이 이 학문들에서 다루는 명제들은 우주의 어디엔가 실재하는 현실적 존재를 고려하지 않고 오직 관념과 관념 사이의 관계에 대해서만 진술하고 있다. 따라서 이러한 명제들의 진위는 직관과 논증에 의해서만 판명될 수 있다. 이에 반해 물리학과 같이 사실 문제들을 대상으로 삼는 학문이 다루는 것은, 예를 들어 '내일 해가 뜰 것이다'와 같은 특정한 사실의 일어남을 진술하는 명제들이다. 이러한 명제들의 진위는 직관이나 논증에 의해서 판정될 수 없고, 오직 인과관계에 기초하는 추론을 통해서만 판정될 수 있다.

그러므로 사실 문제를 다루는 학문적 지식이 확실성을 얻기 위해서는 무엇보다도 먼저 인과관계에 대한 지식이 있어야 한다. 그런데 흄은 인과관계에 대한 지식이 오직 경험에서만 생겨날 수 있다고 본다.

어떤 경우에든 인과관계에 대한 지식은 추론에 의해 선험적으로 얻어지는 것이 아니라 우리가 어떤 특정한 대상들이 서로 지속적으로 결합된다는 것을 발견할 때 얻어지는 경험에서 생긴다(흄, 2009: 52).

　물론 이것은 반복적 경험을 통해 일반 법칙을 확립하는 방식으로서, 오늘날의 과학 이론에서도 널리 인정되고 있다. 그러나 오늘날 과학자들이 이와 같은 방식으로 확립되는 일반 법칙을 '사실'로서 이해하는 반면, 흄은 그것을 '사실'로서 받아들이는 데 회의적인 것처럼 보인다.

　예를 들어 어떤 사람이 한 대상의 드러남을 보고 그 원인이 되는 다른 대상의 존재를 추리하는 경우를 생각해보자. 이때 이 사람이 그의 경험을 총동원한다고 해도 그는 한 대상이 다른 대상을 산출하는 신비스러운 힘에 대한 관념이나 지식을 전혀 얻을 수 없다. 그럼에도 그는 계속해서 원인과 결과가 결합된 것처럼 생각한다. 이와 같이 한 대상이 다른 한 대상을 직접 산출하는 것을 확인할 수 없는데도 그 두 대상이 서로 인과적으로 결합된다고 확신하는 이 사람의 확신은 어디에서 기인하는가?

　흄은 그 원리가 관습 혹은 습관에 있다고 본다(흄, 2009: 69). 즉, 우리는 어떤 특정한 행동이나 작용이 반복되는 곳에서는 어디서나 동일한 행동이나 작용이 반복해서 일어날 것이라고 생각하는 경향이 있는데, 우리가 그렇게 생각하는 것은 관습이나 습관 때문이라는 것이다.

　　모든 사건은 전적으로 서로 매여 있지 않고 분리된 듯하다. 하나의 사
　　건이 다른 하나의 사건에 뒤이어 일어난다. 그러나 그 둘을 묶어주는 어
　　떤 끈은 발견될 수 없다. 그 둘은 연접해(conjoined) 있을 뿐 연관되어
　　(connected) 있지는 않은 것 같다(흄, 2009: 106).*

---

* 여기서 연접된다는 것과 연관된다는 것의 차이는 conjunction(연접)과 connexion(연관)의 차이에서 비롯된다(흄, 2009: 99). 전자는 사고에 의한 관념들 사이의 결합관계를 나타내고, 후자는 실질적인 결합력에 의한 사실들 사이의 결합관계를 나타내는 용어로 이해할 수 있다.

라이프니츠는 세계가 'monad'들로 구성되었다고 보았다. monad는 고대 그리스어 monas(하나인 것)에서 유래되었으며, '단자(單子)'로 번역된다. atomos가 더 이상 나누어질 수 없는 '물질'인 데 반해, 단자는 '비물질'로서 더 이상 나누어질 수 없는 최소 단위라고 할 수 있다. 라이프니츠는 "단자에는 창이 없다"라고 한다. 단자 하나하나는 서로 소통할 수 없다는 말이다. 그럼에도 이 단자들이 서로 결합하여 조화로운 세계의 변화를 만들어낸다. 그것은 각각의 단자에 세계의 모든 변화에 대한 표상이 이미 있기 때문이다. 예를 들어 교향곡 연주에 참여하는 연주자들을 각각의 단자라고 하자. 이 사람들이 다른 사람들의 연주와 무관하게 각자에게 주어진 악보대로 자신의 연주를 충실히 하기만 하면 교향곡 연주가 조화롭게 이루어져 간다. 이와 마찬가지로 단자에는 각각의 시간 단위에 어디로 이동해야 할지를 예정해놓은 지시표와 같은 것이 이미 있어서 그때마다 그 자리로 이동하면서 세계의 변화를 만들어낸다. 그런데 이러한 세계관에서는 각각의 단자에게 지시표를 주는 어떤 신적인 존재자가 있어야 한다. 라이프니츠에 따르면, 신은 각각의 단자에게 각각의 지시표를 주면서 각각의 단자가 그 지시표에 따라 각각 움직일 때 세계가 전체적 '조화'를 이루면서 변화되도록 '이미 결정'해두었다. 이러한 라이프니츠의 생각을 이론적으로 체계화한 것을 '예정조화설'이라고 한다.

결국 흄은 인과법칙이나 그에 따라 원인과 결과로 연결된 두 관념 사이의 연관이 '사실'이 아니라 관습에 따른 '믿음'일 뿐이라고 말한 셈이다.

그렇다고 해서 그것을 전적으로 허구라고 단정해서는 안 된다고 흄은 주장한다. 그는 "자연의 진행과 우리의 관념들의 이어짐 사이에는 일종의 예정조화가 있다"라고 말한다(흄, 2009: 80). 여기서 '예정조화'는 말할 것도 없이 라이프니츠가 말했던 그 예정조화이다. 예컨대 두 개의 시계가 똑같이 진행하는 것은 하나의 영향을 다른 하나가 받는 다든지 우연히 그러한 것이 아니라, 시계공이 그것들을 똑같이 진행하도록 만들어놓았기 때문이다. 이와 마찬가지로 자연의 진행과 우리의 관념들의 이어짐 사이에 일종의 예정조화가 있다는 것은 자연이 그렇게 만들어놓았기 때문이라는 것이 흄의 생각이다.

> 자연은 비록 우리가 자연의 규칙적인 과정과 대상들의 연속을 온전히 가능하게 해주는 그런 힘과 능력에 대해 아는 바가 없다고 하더라도, 자연이 외적 대상들 사이에 설정해놓은 진행과정에 따라 사고를 진행할 수 있게 해주는 본능(instinct)을 우리에게 심어주었다(흄, 2009: 81).

이러한 흄의 견해에 따르면 어떤 두 가지 관념을 인과관계로 연결하는 우리의 관습적인 믿음은 자연이 인간에게 심어준 본능에 따라 진행하는 사고의 일종이다. 자연이 심어준 본능은 생존하기 위해서 없어서는 안 될 필수적인 능력을 지칭한다. 관습적인 믿음은 인간 종족의 생존을 위해, 그리고 인간이 살아가는 데 발생하는 일이나 갖가지 주변 상황 속에서 우리의 행위를 조절해나가는 데 없어서는 안 될 필수적인 것이기 때문에 본능적이다(흄, 2009: 80). 예컨대 영하의 기온이 몸을 얼게 한다는 것을 믿지 않는 사람은 영하의 날씨에 얇은 옷을 입고 외출함으로써 목숨을 잃을 수도 있다. 누구라도 영하의 날씨와 몸이 얼 수 있음을 인과적으로 연결할 수 있기 때문에 어떤 사람도 기온이 영하일 때 얇은 옷을 입고 외출하지 않는다.

이러한 점에서 흄은 본능적 경향에 따라 사고하는 것이 자연의 지혜에 순종하는 것이라고 본다(흄, 2009: 81). 여기서 우리는 앞에서 본 자연의 진행과 관념들의 연결 사이에 예정조화가 있다는 흄의 주장을 이해할 수 있다. 인과성(그리고 유사성, 근접성)에 따라 관념을 연결하는 인간의 본능적 사고는 그 자체로 일종의 자연의 진행이며, 이 때문에 그것은 **인간의 자연**(human nature)이라고 할 수 있다. 결국 흄은 인과법칙이 우리의 이해력에 의해 '사실'로서 인식되지 않는다 하더라도 인간의 본능적(자연적) 사고인 관습적인 믿음에 따라 그것을 '사실'이라고 인정해야 한다는 것을 주장한 셈이다.

2) 칸트: 사물 자체의 불가지론

칸트는 『순수이성비판(Kritik der reinen Vernunft)』(1781)에서 사물을 인식하는 인간의 심적 과정을 놀라울 정도로 세밀하게 분석했다.

우리의 인식은 마음의 두 가지 원천에서 발생한다. 하나는 표상들을 받아들이는 능력(인상의 수용성)이고, 다른 하나는 이 표상들을 통해서 대상을 인식하는 능력(개념의 자발성)이다. 전자를 통해서 대상이 우리에게 주어지면, 우리는 후자를 통해서 대상을 그것의 표상과 관계하여 (마음의 단순한 규정으로서) 사고한다(칸트, 1985: 96).

여기서 전자를 감성(感性, Sinnlichkeit)이라고 한다. 이것은 감관을 통해서 자극을 받아들이는 능력을 뜻하는데, 자극을 직접적으로 받아들인다(수용)는 의미에서 '직관하는 능력'이라고 한다. 그리고 후자를 **오성**(悟性, Verstand)이라고 한다. 이것은 감성적 직관의 대상을 사고

인간의 자연
(human nature)

1748년에 『인간 이해력에 관한 철학적 에세이들(Philosophical Essays concerning Human Understanding)』이라는 제목으로 출판되고, 1751년에 『인간의 이해력에 관한 탐구(An Enquiry concerning Human Understanding)』라는 제목으로 다시 출판된 '인간의 이해력(human understanding)'에 관한 흄의 저술은 1739~1740년에 걸쳐 3권으로 출판된 그의 초기 저서인 『인간의 본성에 관한 논고(A Treatise of Human Nature)』 중에서 인간의 이해력을 다룬 1권을 개작한 것이다. 이것은 그의 용어법에서 인간의 이해력이 인간 본성(human nature), 즉 인간의 자연에 속한다는 것을 함축한다고 볼 수 있다.

오성(悟性, Verstand)
'오성'은 독일어 Verstand의 번역어이다. 이것은 verstehen이라는 동사의 분사형으로서, 영어의 understanding에 해당되는 말이다. 따라서 이것은 앞에서 본 흄의 '이해'이라는 낱말과 통한다.

흄 이전부터 이미 영국 철학자들이 사용한 이해력이라는 낱말은 인간의 지적 능력을 통칭하는 용어이므로 '지성'이라고 번역되기도 한다. 따라서 칸트의 Verstand도 지성으로 번역될 수 있으며, 최근의 국내 연구서들에서는 이 번역어가 자주 사용되었다.

그런데 칸트의 경우 Verstand는 인간의 지적 능력에 속하는 Vernunft(이성)라는 또 다른 용어와 구별되어야 하기 때문에 지성이라는 포괄적인 용어로 번역하는 것이 다소 부담스러워 보인다. 물론 悟를 '알다'라는 뜻으로 풀이할 수 있는 일본식 한자 의미로 조성된 오성이라는 번역어도 悟를 '깨닫다'라는 뜻으로만 풀이하는 한국의 한자 의미상 다소 부적합한 측면이 있지만, 오랫동안 널리

사용되어온 용어이기 때문에 낯설
지는 않다는 단순한 이유로 여기에
서는 이 용어를 그대로 사용하기로
한다.

범주(範疇, Kategorie)

일반적으로 Kategorie(영어로는 cat-
egory)는 술어를 뜻하는 고대 그리스
어 kategoria에서 유래한 말이다. 하
나의 주어에 무수한 술어가 붙을 수
있지만, 그 술어들은 예컨대 성질을
나타내는 술어나 양태를 나타내는 술
어와 같이 몇 가지 종류로 분류될 수
있다. 이러한 술어 분류표를 범주라
고 한다. 다른 측면에서 보면 이 분류
표는 우리가 어떤 주어에 술어를 붙이
는 방식을 규정한다. 다시 말해서 이
것은 우리가 개념적으로 사고할 수 있
게 해주는 '틀'과 같다.

구상력(構想力,
Einbildungskraft)

Einbildungskraft는 본래 상상하는
(einbilden) 힘(Kraft)을 의미한다. 따
라서 '상상력'이라고 번역할 수도 있으
나, 논리를 뛰어넘어 자유롭게 생각
을 펼쳐 가는 예술적 상상력과 구별
하기 위해 '구상력'이라는 번역어를
쓴다.

하는 능력이다.

이와 같이 칸트가 감성과 오성을 구분한 이유는 그 능력이 서로 다르기 때문인데, 그 차이는 경험을 통해서가 아니라 경험과 무관하게 선천적으로 형성된다. 칸트에 따르면 감성은 선천적으로 공간 형식과 시간 형식이라는 직관 형식을 이미 갖추고 있고, 오성은 '범주(範疇, Kategorie)'(칸트, 1985: 125 참조)라는 사고 형식을 이미 갖추고 있다. 이 직관 형식과 사고 형식이 없다면, 우리는 직관할 수도 없고 사고할 수도 없다.

그러므로 우리의 인식은 시공간 형식을 갖추고 있는 감성이 자극을 받아들여서 직관 표상을 형성하면, 오성이 이 직관된 표상을 그것이 이미 갖추고 있는 범주를 사용해 개념적으로 사고함으로써 이루어진다. 그런데 애초에 직관된 표상들은 개별적이고 또 마음에서 곧 지워져서 흩어져버리기 때문에 오성은 이 직관된 표상을 대상으로 사고할 수 없다(칸트, 1985: 138 참조). 따라서 오성의 사고가 이루어지기 위해서는 이미 마음에서 지워져버린 애초의 그 표상들을 다시 마음에 불러내지 않으면 안 된다. 이때 이러한 작용을 하는 것이 '구상력(構想力, Einbildungskraft)'이다.

구상력은 대상이 현존하지 않음에도 하나의 대상을 마음에 내세우는(표상하는) 능력이다(칸트, 1985: 154). 구상력은 마음에서 이미 지워져버린 여러 표상을 다시 불러내어 그것들을 종합해 하나의 대상으로 구성하는 일을 한다. 그런데 칸트는 구상력이 이미 지워져버린 표상을 단지 심리적 연상에 따라 '재생하는' 능력이 아니라 자발적으로 새로운 대상을 만들어내는 '생산적' 능력이라고 한다(칸트, 1985: 155). 그렇다고 하더라도 구상력은 결코 자의적으로 표상을 구성하지 않는다. 칸트에 따르면, 생산적 구상력도 다양한 직관을 오직 범주 아래에서만 종합함으로써 새로운 표상을 구성하지 않으면 안 된다(칸트, 1985: 155).

이와 같이 어떤 구체적인 것을 이미 주어진 규칙의 한 사례로 인식하는 힘을 '판단력(Urteilskraft)'이라고 한다(칸트, 1985: 165). 그런데 이 판단력이 작용할 때는, 즉 직관을 범주 아래에 포섭할 때는 이 둘 사이에 어떤 동종적인 것이 있어야 한다. 예컨대 '소금'에 대한 직관을 '육면체'라는 개념에 포섭할 경우 '여섯 면으로 되었음'이라는 동종적인 것이 양자를 매개한다. 이때 직관과 범주 사이에 있는 동종적인 것을 '도식(圖式, Schema)'이라고 한다(칸트, 1985: 167).

결국 칸트가 분석하는 사물 인식의 심적 과정은 직관을 도식에 따라 개념화할 수 있는 한에서 보편적인 표상을 생산적으로 구성하고, 이렇게 구성된 표상에 대해 가능한 모든 판단을 성립시킴으로써 그것에 대한 보편타당한 인식을 얻는 것이다. 이것은 칸트 인식론의 독특한 성격을 드러낸다. 말하자면, 인식이란 실재하는 사물을 모사(模寫)하는 데서 성립하지 않고, 마음의 능력에 의해 대상을 구성하는 데서 성립한다는 것이다. 이것이 이른바 '코페르니쿠스적 전환'이다(칸트, 1985: 「재판의 머리말」 32 참조). 천체역학 분야에서 지구중심주의에서 태양중심주의로의 전환을 이룩한 코페르니쿠스와 비교해, 칸트는 인식론의 영역에서 이전의 실재를 중심으로 하는 인식론에서 주관을 중심으로 하는 인식론으로의 전환, 대상중심주의에서 주관중심주의로의 전환을 이루었다.

이와 같이 칸트의 인식론적 특징을 주관중심주의, 즉 주관에 의한 대상의 구성에 있다고 한다면, 칸트는 주관 바깥의 실재를 전적으로 부정하는가? 그렇지 않다. 칸트는 앞서 본 감성과 오성 이외에 또 하나의 지적 능력이 있다고 하는데, 이것이 바로 연역적인 추리능력으로서의 **이성**(Vernunft)이다. 칸트는 인식의 출발을 현상에 대한 감성의 직관에 두었지만, 이성은 우리가 현상을 경험할 수 있다는 사실에서 현상을 나타나게 하는 원인으로 작용하는 그 무엇이 있다는 것을 추론할 수 있을 것이다. 즉, 현상이라는 말 자체는 '그 어떤 것의 현상'이라는 식으로 사용될 수밖에 없는 것이기 때문에 그 어떤 것과의 관계를 지시하는 것이어야 한다(칸트, 1985: 239). 칸트는 이와 같이 현상에 그 원인으로 관계하는 어떤 것을 '가상체(可想體, Noumenon, 생각될 수만 있는 것)'라고

이성(Vernunft)

칸트는 규칙들에 관한 능력(Vermögen der Regeln)인 오성과 구별해 이성을 원리들에 관한 능력(Vermögen der Prinzipien)이라고 한다(칸트, 1985: 265). 여기서 칸트가 말하는 원리는 "개념에 의해서 특수를 보편 안에 포섭해서 인식하는" '원리에 의한 인식'에서의 원리를 말한다(칸트, 1985: 266). 따라서 원리들에 관한 능력으로서의 이성은 단적으로 말해서 삼단논법(연역추리)을 행할 수 있는 능력이라고 할 수 있다.

하는데, 이 가상체는 다른 말로 '사물 자체(Ding an sich)'라고도 한다(칸트, 1985: 241).

사물 자체는 주관에 의거하지 않고 '그 자신에 의거해(an sich)' 존재한다. 일반적으로 우리가 사물을 인식한다는 것은 이러한 사물 자체에 대해서 참된 앎을 갖는다는 것을 의미한다. 그런데 앞서 보았듯이 칸트의 인식론에서 구체적인 인식의 대상은 구상력에 의해서 구성된 그 무엇이다. 다시 말해서 우리는 어디까지나 나에게 비춰오는 현상만을 토대로 인식 대상을 구성하고, 다시 이 대상에 대한 지식만을 얻을 수 있을 뿐이다. 그렇다면 칸트의 인식론에서 사물 자체는 결코 인식될 수 없다. 칸트 자신도 여러 곳에서 이를 표명했다(칸트, 1985: 242 이하 여러 곳). 결국 칸트는 사물 자체에 대한 불가지론(不可知論)을 선언한 셈이다.

칸트는 이를 통해서 전근대적인 형이상학의 허위성을 폭로하고 해체하고자 했지만, 다른 한편으로 '사실 인식'으로서의 근대적 지식 개념에 대한 반성의 실마리를 던져주었다. 말하자면 그는 사물 자체의 인식 불가능성을 논증함으로써 궁극적으로 사실 인식을 추구하는 근대적인 학문 자체에 대한 반성을 불러일으킨 것이다. 그럼에도 그는 사물 자체가 인식될 수는 없지만 결코 존재하지 않는 것은 아니라고 함으로써 일종의 과제를 남겨주었다.

4. 사실 인식에서 의미 해석으로

1) 후설: 세계의 있는 그대로가 아닌 의식의 있는 그대로

에드문트 후설(Edmund Husserl)은 철학을 '엄밀한 학문(strenge Wissenschaft)'으로 정립하려고 했다. 여기서 '엄밀한 학문'이란 "가장 고귀한 이론적 욕구를 충족하고, 윤리적·종교적 측면에서는 순수한 이성규범에 의해 규제되는 삶을 가능하게 하는 학문"(후설, 1987: 9)으로 규정했지만, 사실상 "궁극적인 근원으로 되돌아가는 학문"(후설, 1987: 89)을 의미한다. 따라서 철학이 엄밀한 학문이 되기 위해서는 어떤 원리나 명제도 그 자체로 자명한 것으로 받아들이지 않고, 오히려 궁극적 근원으로 되돌아가서 그것의 원천과 근거를 철저하게 파헤쳐서 해명할 수 있어야 한다.

후설은 철학이 이러한 엄밀한 학문이 되기 위해서 무엇보다도 먼저 '사실과학'과 구별되어야 한다고 보았다. 왜냐하면 자연과학과 같은 사실과학은 경험적 인식 대상들의 총체로서 세계의 존재를 기정사실로 전제하는데, 이러한 사실과학의 태도는 엄밀한 학(學)이 될 수 없기 때문이다(후설, 1987: 23, 25). 이러한 사실과학의 태도는 다른 식으로 '자연적 태도'라고 할 수 있다(후설, 1997: 145 이하 참조). 우리가 아무런 의심 없이 자연스럽게 세계를 보는 방식, 말하자면 세계가 실제로 존재하고 있고 인식하는 '나'가 그 세계 속에서 거기에 있는 사물들을 바라보고 있다고 간주하는 태도, 따라서 나와 세계가 이분법적으로 존재한다고 생각하는 태도가 바로 자연적 태도이다. 그렇다면 엄밀한 학문이 되기 위해서는 먼저 이러한 자연적 태도를 버려야 한다.

후설은 이러한 자연적 태도를 버리는 방법을 가르쳐준다. 그는 헬레니즘 시대의 회의주의 철학자 퓌론(Pyrrhon)의 사상에서 '판단중지(epochē)'라는 용어를 차용했다. 피론은 이 용어를 세계에 대한 인간의 인식 가능성을 전적으로 회의하고 부정한다는 의미로 사용했지만, 후설은 이 용어를 세계가 나의 의식 바깥에 실제로 존재한다는 사실에 대한 판단을 유보한다는 의미로 사용한다(후설, 1997: 157). 말하자면 이것은 의식 바깥에 실재 세계가 없다거나 그것을 인식할 수 없다고 단정하는 것이 아니라, 그것이 있는지 없는지 또 그것을 인식할 수 있는지 없는지를 지금 당장 판단하지 않겠다는 말이다. 말하자면 이러한 실재 세계의 존재 여부에 관한 문제는 일단 괄호 속에 넣어 두고(괄호치기,

Einklammerung) 다른 것부터 생각해보자는 것이다(후설, 1997: 154 참조).

이와 같이 우리가 세계의 존재 여부에 대한 판단을 중지한다면 이제 의식도 '나의' 의식이라고 주장할 수 있는 근거가 사라진다. 내가 세계에 대해 여러 가지 일상적인 판단을 할 때, 거기에는 나만이 그렇게 판단할 수 있는 여러 가지 주관적인 판단도 포함될 것이다. 사람마다 그 사회적·역사적·문화적 환경들이 다르기 때문에 나의 의식과 다른 사람의 의식이 구별될 수 있다. 그러나 우리가 이러한 모든 세계에 대한 판단을 중단하면 나의 의식이나 다른 사람의 의식이 서로 구별되지 않을 것이다. 다만 의식은 다양한 심상(Bild)이 계속해서 나타났다가 사라지는 '장소'에 불과할 것이다. 후설은 이러한 의식을 개인적인 특수성이 모두 제거된 의식이라는 뜻에서 '순수한 의식'이라고 부른다(후설, 1997: 160 이하 참조).

이와 같이 자연적 태도를 중단했을 때 남는 것은 순수한 의식에 어떤 심상들이 계속해서 생겨났다가 사라진다는 단 하나의 사실밖에 없다. 후설은 이 단편적인 심상들을 아리스토텔레스의 명명법에 따라 '질료(hylē)'라고 부른다(후설, 1997: 320 이하 참조). 주지하듯이 질료는 미확정적이다. 이 미확정적인 질료들을 하나의 통일적 의미로 모아내는 '지향적 체험'으로 형성하는 일, 다양한 질료를 일정한 의미로 연결하는 일을 '노에시스(Noesis)'라고 한다(후설, 1997: 322~323, 325). 그런데 이 노에시스가 일어나는 순간 항상 그 작용에 의해 정립되는 일정한 의미가 생겨날 수밖에 없다. 이 의미를 노에마(Noema)라고 한다(후설, 1997: 334). 이처럼 노에시스와 노에마는 동시에 일어나는 한 사건의 두 측면이라고 할 수 있다. 이 때문에 후설은 '노에시스-노에마 구조'를 말한다(후설, 1997: 349 및 그 이하 참조).

예를 들어보자. 앞에서 보았듯이 의식에 떠오르는 심상들은 단편적인 그림과 같다. 예를 들어 원뿔을 다양한 각도에서 찍어놓은 여러 장의 사진이 있다고 하자. 사진만 보고서는 이 사진들 속에 있는 원뿔이 별개의 원뿔을 한 장씩 찍은 것인지 아니면 하나의 원뿔을 각각 다른 각도에서 찍은 것인지 구별할 수 없다. 이러한 점에서 한 장 한 장의 사진은 앞에서 말한 '질료'이다. 질료는 도공에게 흙과 같다. 도공에게 흙은 그 자체로 있을 때 아무런 의미가 없다. 도공이 그것으로 그릇을 만들 때, 즉 그릇의 형상을 부여할 때 비로소 의미가 생긴다. 이와 마찬가지로 원뿔을 찍은 한 장 한 장의 사진은 그 자체로는 아무 의미가 없지만, 우리가 그 여러 장의 사진 속에 등장하는 각각의 원뿔이 별개의 원뿔이 아니라 하나의 원뿔의 각각 다른 측면이라고 믿을 때 비로소 어떤 의미가 생긴다. 이때 여러 장의 사진을 하나의 의미에 따라 통일적으로 관련시키는 작용을 '노에시스'라고 하고, 이 노에시스에 의해 형성되는 의미를 '노에마'라고 한다.

여기서 한 가지 주의할 점은 노에시스가 완료된 결과 노에마가 형성된다는 식으로 노에시스와 노에마를 분리해서 생각해서는 안 된다는 것이다. 원뿔의 예에서 우리가 한 장 한 장 주어진 질료를 하나의 의미에 따라 연결하려고 한다면, 우리는 이미 완성된 원뿔의 기하학적 모형(노에마)을 염두에 두고 있지 않으면 안 된다. 이러한 점에서 노에마는 노에시스의 결과물이 아니라 노에시스에 처음부터 관여하는 상관물이라고 할 수 있다. 이 점을 나타내기 위해서 후설은 '노에시스 - 노에마 구조'라는 식으로 표현했다.

그러나 이에 대해 쉽게 이해하기 위해서는 노에시스와 노에마를 방편적으로 분리해서 생각하는 것이 필요하다. 이 경우 노에시스는 아무런 의미가 없는 질료에 의미를 부여함으로써 그것을 노에마라는 의미적 존재로 만드는 '의미 부여 작용'이고, 노에마는 노에시스의 의미 부여 작용을 받아 형성된 '의미적 구성물'이라고 할 수 있다. 이러한 점에서 후설은 노에시스가 질료를 소재로 노에마를 형성하는 것을 '구성(Konstitution)'이라고 한다(후설, 1997: 366 참조). 다시 말해서 현상학적인 구성은 우리의 의식에 나타나 있던 의미가 없었던 것을 의미 있는 것으로, 즉 우리가 알 수 없었던 것을 우리가 알 수 있는 것으로 만드는 작업이다.

현상학은 이러한 구성을 통해 우리의 의식에 우리가 알 수 있는 의미적 존재로 나타나는 것으로서의 '현상(Phänomenen)' 및 현상과 관련된 의미들에 관한 학문이다(후설, 1997: 75). 현상학적 관점에서 볼 때 존재하는 것은 오직 이 현상으로서의 존재뿐이며, 사실로서의 세계는 이미 괄호쳐져 있다. 따라서 현상학은 '세계의 있는 그대로'가 아니라 '의식의 있는 그대로'를 인식하는 학문이다. 그렇다고 해서 현상학은 의식의 사실을 인식하려고 하는 심리학을 추구하지도 않는다. 이러한 목적은 이미 처음부터 엄밀한 학문으로서의 철학을 선언하면서 배제되었다. 그러므로 현상학은 세계를 순수한 의식의 현상으로 경험함으로써 세계의 존재 의미를 이해하려는 학문이라고고 해야 한다. 이러한 점에서 후설의 현상학은 사실 인식에서 의미 해석으로 방향을 전환할 수 있는 실마리를 제공하는 셈이다.

2) 니체: 인식에서 해석으로

전통적인 유럽 철학에서 '인식(epistēmē, knowledge)'은 주관적인 신념(doxa, opinion)과 달리 객관적이고 보편적인 앎이어야 한다. 따라서 인식에 이르기 위해서는 감각을 배제하고 지성에만 의거해야 한다. 이 때문에 전통적인 철학자들은 지성의 담지자인 영혼 혹은 의식만을 중시하고 감각을 수행하는 육체를 무시하는 태도를 정당한 것으로 주장해왔다.

이와 같이 감각과 육체를 무시한다면 감관에 나타나는 세계를 참된 세계라고 할 수 없다. 그렇다면 이 가상 세계와 다른 진상(眞像)의 세계가 있다고 해야 할 것이다. 니체는 이러한 세계관을 가르치는 것이 이른바 '배후 세계에 대한 가르침(Hinterweltlehre)'이라고 한다. 그에 따르면 배후 세계는 현실 세계에서 고통 받는 사람, 그러한 고통을 이겨낼 수 없는 무능한 사람, 그러한 고통을 이겨내기 위해서 필사적으로 노력하지 않는 게으른 사람, 이 모든 의욕을 상실한 사람들이 현실의 피안(彼岸)에서 자신의 현실적 모순들을 극복하고 순간적인 행복이라도 맛보기 위해 만들어낸 '허위 세계'이다(Nietzsche, 1968: 32).

배후 세계에 대한 가르침의 허위성은 보편적인 인식이라는 '이상적인' 가치를 말하기 위해서 '사실적인' 육체의 존재를 무시한 것에 기인한다. 이 때문에 니체는 인간의 근본 사실로서의 '신체성'을 말한다. 니체는 전통 철학에서 쓰는 육체와 구별되는 영혼의 인식능력을 '작은 이성'이라고 하고 신체를 '큰 이성'이라고 본다(Nietzsche, 1968: 35). 이것은 육체와 무관하게 작동하는 '순수한 이성'이 있을 수 없다는 것, 인간의 인식 작용에서는 몸과 마음이 분리될 수 없다는 것을 의미한다.

이와 같이 인식에서 신체성이 근본적이라면, 인식은 신체 구조나 상태 혹은 세계 안에서 신체가 처한 특수한 상황에 따라 일정한 제약을 받을 수밖에 없다. 실제로 우리의 인식에 이러한 제약을 가하는 것들로는 신체의 생리적인 구조, 신체 안에서 작동하는 본능적인 충동, 신체가 속한 사회적·역사적인 조건 등이 있다(슈리프트, 1997: 264 이하 참조). 이러한 여러 가지 조건은 우리의 특수한 '관점'을 형성하며, 우리의 인식은 결코 이 관점을 벗어나지 못한다. 그러므로 세계에 대한 보편적인 인식은 불가능하다. 다만 특정한 관점 아래에서 수행된 가치평가만 가능할 뿐이다. 이것이 이른바 니체가 말하는 '관점주의(Perspektivismus)'이다.

이러한 관점주의가 하나의 보편적인 인식을 보증하지 못한다는 것은 두말할 나위가 없다. 따라서 보편적인 인식을 추구하는 전통적인 인식론 차원에서 보면 관점주의는 잘못되었다. 이것은 근본적으로 불가능한 이상을 세워놓고 그 이상에 도달하지 못하는 현실을 무가치한 것으로 평가하는 셈이다. 그러므로 보편적인 인식을 목표로 삼지 않는

신체성

독일어에서 몸을 지칭하는 용어로는 Körper와 Leib가 있다. Körper는 라틴어 corpus(물질 덩어리)에서 유래했는데, 영혼과 분리될 수 있는 몸을 지칭하는 말이다. Leib는 leben(살아가다)에서 파생되었는데, 살아있는 생명체의 몸, 따라서 인간의 경우에는 마음과 유기적으로 작용하는 몸을 지칭하는 말이다. 우리나라에서는 이러한 의미 차이를 고려해 대체로 전자를 '육체(고깃덩어리)'로, 후자를 '신체(몸)'로 번역한다. 이는 고기 일반을 지칭하는 '肉' 자와 인간의 몸을 지칭하는 '身' 자의 의미 차이를 고려한 것이다.

헤르메스(Hermēs)

고대 그리스신화의 헤르메스는 로마
신화에서 메르쿠리우스(Mercurius)
와 동격이고, 메르쿠리우스의 별명
인테르프레스(Interpres, 중재자)에
서 interpretation이 유래했기 때문
에 서구 전통에서는 해석이 헤르메
스의 업무와 관련되는 것으로 이해
된다.

다면 관점주의를 무가치하다고 단정할 수 없다.

니체는 관점주의의 옳고 그름을 평가하기에 앞서 그것을 하나의 주어진 사실로서 받아들인다. 이것은 곧 보편적인 인식이 앎의 목표일 수 없다는 것을 의미한다. 그리하여 그는 '인식' 대신에 '해석'을 말한다.

일반적으로 '이것은 무엇인가?'라는 물음은 이것의 본질(essentia)을 알기 위해서 제기된다. 이러한 형식의 물음에 답하는 전통방법은 물어지는 그 개념의 최근류 개념과 종차를 이용해 그것을 정의하는 것이다. 이러한 개념적 정의는 추상을 통해서만 가능하고, 추상은 감각적인 것을 제거함으로써만 가능하다. 따라서 감각적인 것을 제거해서는 안 된다고 보는 니체의 견해에서는 개념 정의에 의한 본질 인식은 근본적으로 불가능하다.

니체는 여기서 한 걸음 더 나아간다. 하나의 사물에 대한 다양한 관점은 각각 그 사물에 대한 특수한 관계에서 그것의 의미를 규정하기 때문에, 그러한 관점들이 갖는 의미들 중에서 하나라도 빠뜨린다면 그 사물이 완전하게 정의되지 않은 셈이라고 보아야 한다는 것이다 (Nietzsche, 1968: 138). 이에 니체는 '본질' 자체를 관점주의적인 어떤 것으로 본다. 다시 말해서 모든 사물의 본질적 의미가 관점에 따라 달리 규정된다는 것, 따라서 본질이 복수적이라는 것, 그렇기 때문에 오히려 본질이라고 할 만한 것이 없다는 것이다. 그래서 니체는 우리가 '이것은 무엇인가?'라고 물어서는 안 되고 '이것은 나에게 무엇인가?', '이것이 지금 나에게 어떤 의미가 있는가?'라고만 물을 수 있을 뿐이라고 주장한다(Nietzsche, 1968: 138).

'이것이 지금 나에게 어떤 의미가 있는가?'라는 물음에 답하는 것이 바로 '해석(Interpretation)'이다. 여기서도 니체는 전통을 깨뜨린다. 전통적으로 '해석'은 고대 그리스신화에 등장하는 전령의 신 헤르메스(Hermēs)의 업무와 관련된다. 헤르메스는 제우스의 전언(message)을 다른 신들에게 전달하는 업무를 담당한다. 여기서 중요한 것은 헤르메스가 '이미 존재하는' 제우스의 전언을 왜곡하지 않고 있는 그대로 전달해야 한다는 사실과 그 의미가 나에게만 그런 것이 아니라 다른 모든 사람에게도 똑같이 그런 것이라는 사실이다. 따라서 전통적인 의미에서 해석은 '이미 존재하는' '보편적인' 의미를 있는 그대로 파악하는 것이라고 할 수 있다.

이러한 전통적인 해석관과 반대로 니체는 해석을 앞서도 말했듯이, '이것은 무엇인가?'가 아니라 '이것이 지금 나에게 어떤 의미가 있는가?'라는 물음에 답하는 것으로 규정한다. 이는 이미 존재하는 보편적인 의미를 있는 그대로 파악하려는 것이 아니라 '지금 나에게만 떠오르는 의미'가 무엇인지에 초점이 맞춰져 있다. 예컨대 어떤 전언에 대해 해석할 때 전통적인 해석관에서는 발신자의 본래 의도가 무엇인지에 초점이 맞춰진다면, 니체의 해석관에서는 발신자의 의도와 상관없이 그 전언이 지금 수신자인 자기 자신에게 무엇을 의미하는가에 초점이 맞춰진다.

이러한 니체의 견해에서는 이미 존재하는 발신자의 존재가 무의미해진다. 이를 세계 해석 차원에서 생각해보면 세계 자체의 존재가 무의미하다고 말할 수 있다. 이와 같이 이미 존재하는 세계 자체가 무의미하다면 세계는 어떻게 존재할 수 있는가? 여기서 니체는 "'사실 자체(Tatbestand an sich)'란 없으며, 하나의 사실이 존재할 수 있기 위해서는 오히려 하나의 의미가 그 안으로 집어넣어지지 않으면 안 된다"라고 주장한다(Nietzsche, 1968: 138). 말하자면 이미 존재하는 세계는 아무것도 아닌 것, 즉 무의미한 것이며, 내가 어떤 의미를 부여할 때 비로소 세계가 존재하게 된다는 것이다. 그러므로 내가 세계를 해석한다는 것은 내가 일정한 의미를 부여함으로써 나의 세계를 창조한다는 것이라고 할 수 있다.

그런데 내가 부여하는 '의미'란 무엇인가? 그것은 '나에게' 가치 있는 것이다. 따라서 세계에 일정한 의미를 부여한다는 것은 세계를 '나의 위치에서' 일정한 가치가 있다고 평가한다는 것이다. 여기서 가치를 평가할 때 그 평가의 기준이 어디에 있는가 하는 문제가 발생한다. 니체는 『유고 단편(Nachgelassene Fragmente)』「1882년 11월~1883년 2월(November 1882~Februar 1883)」에서 "가치 평가는 창조된 것이지, 수용된 것, 가르쳐진 것, 경험된 것이 아니다"(Nietzsche, 1977: 218)라고 했으며, 비슷한 시기에 출판한 『차라투스트라는 이렇게 말했다(Also sprach Zarathustra)』(1983~1985)에서는 다음과 같이 말한다.

> 인간의 선과 악은 부여되지도 발견되지도 않으며, 하늘의 소리로서 떨어지지도 않았다. …… 평가한다는 것은 곧 창조한다는 것이다. …… 가치는 평가를 통해서 비로소 존재한다(Nietzsche, 1968: 71).

이 말은 가치 평가의 기준은 자신 외부가 아니라 내부에 있음을 의미한다. 그렇다고 해서 내가 가치 평가의 자의적인 주체라고는 할 수 없다. 앞에서 보았듯이 나는 하나의 관점 아래에서만 가치를 평가할 수 있고, 이 나의 관점은 나의 생리적·본능적·사회적·역사적 한계에 의해 제한될 수밖에 없다. 이 때문에 니체는 내가 자의적으로 가치를 평가하지 않고, 나의 관점을 설정해주는 삶 자체가 나를 통해 가치를 평가한다고 본다. 그리하여 니체는 다음과 같이 말한다.

> 가치에 관해 말할 때 우리는 삶의 렌즈(Optik) 아래에서 말한다. 삶 자체가 우리에게 가치를 평가하도록 강요하며, 우리가 가치를 평가할 때 삶 자체가 우리를 통해 가치를 평가한다(Nietzsche, 1968: 80).

니체가 여기서 말하는 삶은 물론 살아감이며, 따라서 나의 내면에서 약동하는 힘-의지이다. 그렇다면 결국 가치를 평가하는 궁극적 기준은 힘-의지라고 할 수 있으며, 세계를 창조하는 해석의 원천도 바로 힘-의지라고 할 수 있다.

이러한 점에서 해석은 또 하나의 의의를 드러낸다. 그것은 해석이 우리가 우리 내면에서 작동하는 힘-의지를 인식할 수 있는 통로가 된다는 말이다. 말하자면 우리는 세계에 대해 해석하지 않고서는, 가치평가하지 않고서는 결코 그 원천에서 작동하는 힘-의지를 인식할 수 없다. 왜냐하면 우리가 해석하지 않을 때는 우리 내면에 있는 힘-의지도 작동하지 않기 때문이다. 따라서 우리는 해석하는 행위를 통해서만 그 해석의 원천에서 작동하는 힘-의지를 인식할 수 있는 길이 열린다.

또한 이것은 해석하는 행위를 통해서만 우리가 좋은 삶을 살 수 있음을 말해주기도 한다. 앞에서 말했듯이 좋은 삶은 우리 내면에서 작동하는 힘-의지를 억지로 가로막지 말고 그것이 온전하게 드러나도록 내맡기는 삶이다. 힘-의지가 온전하게 드러나도록 내맡긴다는 것은, 그것이 우리를 통해서 가치를 평가하도록 강요할 때 그러한 가치평가를 가로막거나 왜곡하지 않고 그것 자체가 우리를 통해서 가치를 평가하는 그대로 내맡긴다는 것이다. 따라서 우리는 그때그때 새롭게 의미를 창조하는 해석을 통하지 않고서는 결코 좋은 삶을 살 수 없다.

5. 포스트모던 시대 지식의 의미

1) 리오타르: 포스트모던 지식의 조건

장 프랑수아 리오타르(Jean-François Lyotard)는 과학기술의 급속한 발전과 그에 따른 사회의 정보화가 오히려 과학적 지식을 심각한 위험에 빠뜨리고 있다는 점에 주목한다. 예컨대 오늘날 지식을 생산하는 학자가 지식 사용자에게서 소외되고, 이 때문에 연구자와 교육자의 사비트겐슈타인(Ludwig Wittgenstein)의 용어이다. 그에 따르면 낱말의 의미는 이미 결정된 것이 아니라 그것이 사용되는 언어(체계)에 따라서 정해진다. 즉, "한 낱말의 의미는 언어 안에서 그것의 사용이다"(비트겐슈타인, 1994: 44). 하나의 낱말이라도 서로 다른 언어 규칙에 따라 사용될 때는 그 의미가 다르게 규정될 수 있다. 마치 작은 돌 하나가 바둑판에서는 바둑알로 쓰일 수 있고 장기판에서는 특정한 장기의 말[馬]로 쓰일 수 있는 것과 같다. 이 돌의 의미는 그것이 사용되는 게임(의 규칙)에 의해 정해진다. 낱말의 의미도 이와 같이 그것이 사용되는 언어에 따라 정해진다는 것이 '언어게임이론'이다.

수행 극대화의 원리

산출(입수된 정보 혹은 변경)의 증대와 그것을 입수하기 위한 투입(소비된 에너지)의 감소를 뜻한다(리오타르, 1992: 102).

기가 떨어지며, 급기야는 학자들의 전반적인 회의가 나타나고 있다(리오타르, 1992: 27 참조). 학자들의 이러한 회의는 윤리적·정치적 정당성 문제를 결정하는 데 부정적으로 작용할 수 있다. 예를 들면, 학문이 지배 권력에 철저하게 종속되며, 새로운 기술공학과 더불어 과학이 권력 쟁탈의 중요한 요소로 전락할 위험이 있는 것이다. 이에 리오타르는 정보사회라고 할 수 있는 포스트모던 사회에서 지식이 어떻게 이러한 위험을 극복하고 그 올바른 위상을 세울 수 있는지 고민한다.

그는 우선 오늘날 연구 영역과 교육 영역에서 실제로 과학 활동이 어떻게 정당화되는지, 거기에 어떠한 위험들이 도사리는지를 분석한다. 그에 따르면, 과학 연구 영역에서는 논증방법이 풍부해지고 있다는 것과 증명제시방법이 복잡해지고 있다는 것이 특징으로 나타난다(리오타르, 1992: 97). 첫째, 논증방법이 풍부하다는 것은 오늘날 과학의 화용론이 수많은 '언어게임'으로 이루어져 있으며, 따라서 지시적 진술의 진리성을 주장할 수 있는 다수의 공리적 체계가 가능하다는 것이다. 둘째, 증명제시방법이 복잡하다는 것은 과학적 사실을 확인시키기 위해 사용하는 다양한 기술적 장치에 결부된 과학 외적인 요소들을 많이 포함한다는 것이다.

리오타르는 특히 이 두 번째 측면이 위험하다고 본다. 앞서 말했듯이 증명을 제시하는 것은 곧 사실을 확인시킨다는 것이고, 사실 확인을 위해서는 여러 가지 기술적 장치가 필요하다. 그런데 기술 장치는 '수행 극대화의 원리'를 따른다. 이에 따르면 어떤 기술적 활동은 그것이 다른 것보다 더 많이 산출할 때, 그리고 에너지를 덜 소비할 때 '좋은' 것이 된다. 그뿐만 아니라 증명을 제시할 목적으로 인간의 수행능력을 극대화하는 기계장치들은 항상 추가 경비를 요구한다. 따라서 돈이 없이는 증명도, 진술의 검증도, 진리도 없다. 단적으로 말해서 과학적 언어게임은 재력가들의 게임이 되며, 이렇게 해서 '부=효율성=진리'라는 등식이 성립된다(리오타르, 1992: 103).

그러므로 증명 제시는 과학의 언어게임이 아니라 수행능력의 극대화를 추구하는 다른 언어게임의 지배를 받는다. 이는 연구 자금을 후원하는 사람들의 궁극적인 목적이 무엇인가 하는 문제와 연결된다. 자본주의사회에서 그것은 바로 잉여가치이고, 더 나아가 권력이다. 즉, 연구 자금을 후원하는 사람들이 학자, 기술자, 기술 장치 등을 구매하는 궁극적인 목적은 진리의 발견이 아니라 이윤과 권력의 확장이다(리오타르, 1992: 105). 그러므로 이윤과 권력의 확장을 최대화하는 데 기여할 수 없는 연구 분야들은 연구 자금 지원에서 소외될 것이며, 결국 연구 활동 그 자체도 쇠퇴할 수밖에 없을 것이다. 이것이 바로 포스트모던 사회에서 과학 활동의 연구 영역에서 나타나는 위기이다.

교육 영역에서도 상황은 같다. 포스트모던 사회에서 고등교육의 최대 목표는 사회체계의 수행성을 극대화하는 것이다. 이를 위해서 고등교육기관은 우선 사회체계의 수행성을 극대화하는 데 필요한 능력이 무엇인지를 파악하고, 그 능력을 만들어내는 일을 해야 할 것이다. 이러한 점에서 오늘날의 고등교육은 사회체계의 하위체계로서의 기능과 관련해 이해할 수 있다(리오타르, 1992: 110 이하 참조). 그 기능은 첫째, 포스트모던 사회는 세계 경쟁의 시대이므로 고등교육기관은 세계적인 경쟁력을 갖출 수 있는 전문 능력을 산출해내어야 한다. 둘째, 포스트모던 사회에서는 사회의 내적 응집성이 중요하므로 고등교육기관은 그것을 유지하려는 사회체계 자체의 고유한 요구에 상응하는 능력을 사회체계에 지속적으로 공급해야 한다.

이 때문에 포스트모던 사회에서는 피교육자의 모습도 과거와 많이 달라진다. 오늘날에는 피교육자의 범위와 자질이 행정적 조처와 피교육자들을 이용하게 될 사회적 수요에 의해 통제되고 있다(리오타르, 1992: 111). 이 때문에 오늘날의 피교육자 그룹에는 젊은 학생들뿐만 아니라 기성인들도 포함되는 경향이 있다. 재교육이나 평생교육이 그것이다. 물론 기성인들에게는 자신의 능력 향상을 위한 새로운 정보와 언어와 언어게임의 습득이라는 개인적 목표가 있겠으나, 사실상 이것은 사회체계 자체의 수행성을 극대화하려는 권력의 기획에 의해 조정된다.

이처럼 오늘날의 고등교육을 기능주의적 관점에서 보는 한, 교육에서 전달되는 내용과 교수법에도 큰 변화가 생겨난다. 예컨대 오늘날 교수법은 지능적 단말기를 갖춘 자료은행과 도서관과 같은 고전적 기억장치에 연결된 기계에 의존하고 있다(리오타르, 1992: 114). 이러한 상황에서 피교육자가 구체적으로 배우는 교육내용은 지식의 구체적인 내용이 아니라, 새로운 언어와 언어게임을 정교하게 조작할 수 있는 능력, 지금 여기에 주어진 하나의 문제에 대해 적절한 자료를 연결하고 이것들을 효율적인 방법으로 해결할 수 있는 능력이다.

이는 오늘날의 정보게임이 이른바 '충분한 정보게임'이라는 것을 전제한다. 충분한 정보게임이란 과학적 비밀이 존재하지 않으며 모든 전문가가 자료은행에서 자유롭게 정보를 이용할 수 있도록 허용된 정보게임을 말한다. 불충분한 정보게임에서는 정보 확보능력이 중요했지만, 충분한 정보게임에서 요구되는 최상의 수행성은 창의력, 즉 지금까지 서로 무관한 것으로 간주된 일련의 자료들을 새롭게 연결하는 능력이다(리오타르, 1992: 116). 충분한 정보게임에서는 결국 새로운 활동을 이행하거나 게임 규칙을 변경할 수 있는 이러한 창의력이 수행성을 증가시키는 데 결정적인 기준이 된다.

이와 같이 오늘날의 포스트모던 과학이 오직 그것의 '수행성'을 통해서만 자신을 정당화하려고 하는 한, 거기에 내포된 위기는 결코 극복될 수 없다. 그렇다면 과학의 진정한 의미와 가치가 그것의 수행성이 아니라 다른 데 있다는 증거들을 제시하는 것만이 위기에서 탈출할 수 있는 길이 될 것이다.

수행성은 효율적인 투입·산출의 관계에 따라 결정되기 때문에 그것이 이루어지는 장소인 체계가 안정된 상태임을 전제하지 않으면 안 된다.

그러나 리오타르는 양자역학과 같은 원자물리학이나 파국(catastrophe) 이론과 같은 최근의 수학 이론에 의해 이러한 안정된 체계의 한계가 드러나게 되었다고 본다.

> 인식과 예측의 패러다임으로서의 도함수와 연속함수의 우월함이 점차 사라지고 있다. 결정불가능, 통제의 정확성의 한계, 양자, 불완전한 정보에 대한 갈등, 분열, 파국, 화용론적 패러독스에 관심을 갖는 포스트모던적 과학은 자기 고유의 발전이론을 비연속적·파국적·비교정적·패러독스적인 것으로 만들어버린다(리오타르, 1992: 131).

리오타르의 견해에서 볼 때 오늘날 나타나는 과학의 위기는 모두 안정된 체계를 지향하는 체계이론에서 비롯되었다. 그러나 앞서 보았듯이 사실상 안정된 체계란 없다. 그러므로 그는 진정한 포스트모던 과학이란 오히려 불안정성에 대한 연구여야 한다고 주장한다(리오타르, 1992: 140 참조). 다시 말해서 과학의 화용법은 안정된 체계에 대립되는 모델을 제공해야 하며, 모든 과학적 진술은 기존 진술과의 차이를 내포하는 것이어야 한다는 것이다. 또 과학은 '개방된 체계'의 모델이기 때문에, 과학적 진술은 그것이 새로운 진술과 게임 규칙을 창안할 때 더 적절하고 더 가치 있는 것으로 평가되어야 한다는 것이다.

그러므로 포스트모던적 지식은 "전문가들의 일치에서가 아니라 창안가들의 불일치 속에 근거를 둔다"(리오타르, 1992: 15). 다시 말해서 포스트모던 과학은 '보편적 합의'를 목표로 하지 않는다. 모든 언어게임은 서로 이질적이며, 따라서 이질적인 화용론의 규칙들에 귀속된다는 것을 인정해야만 한다. 경우에 따라 합의가 이루어진다 하더라도 그것은 국부적이고 한시적이어야 한다. 이러한 지향은 정치·경제·사회·문화·예술 등 인간의 삶의 모든 구체적 영역에서 "임시적 계약이 영구적 제도를 실제로 대신하는 사회적 상호작용의 진보와 상응한다"(리오타

양자역학

양자역학은 특정한 한 시점에서 그 체계의 상태를 완벽하게 측정하는 것이 불가능하다는 것, 따라서 원자나 아원자 입자와 같은 작은 물질들의 운동이 불확정적이라는 것을 보여주었다(리오타르, 1992: 125 이하 참조).

파국(catastrophe)이론

파국이론은 결정된 현상 속에서도 불연속성이 나타날 수 있다는 것을 수학적으로 입증한다(리오타르, 1992: 129 이하 참조). 예를 들어 개의 '호전성'을 상태변수로 두고 '격분'과 '공포'를 통제변수로 하여 통제변수의 증감에 따른 개의 행동을 예측하는 경우를 보자. 격분이 증가하면 호전성도 증가해 공격 행동을 나타낸다. 반대로 공포가 증가하면 호전성이 감소해 도망한다. 이 두 부분은 모두 예측 가능하며, 따라서 결정론적이다. 그런데 이 두 통제변수가 함께 증가하는 경우 개의 행동은 예측 불가능하다. 이러한 점에서 결정론적인 섬들만 있을 뿐, 이 섬들을 포함하는 전체 지도는 비결정론적이라는 결론이 도출된다.

르, 1992: 144).*

제로섬 게임
(Zerosum game)

'영합게임'이라고도 하는데, 말 그대로 총합(sum)이 영(zero)이 되는 게임을 말한다. 예컨대 두 편으로 나누어 경쟁하는 어떤 게임이 있다고 할 때 각각이 득점한(혹은 실점한) 수의 합이 영이 되는 게임이다. 이 경우 한편이 일정한 득점을 하게 되면 나머지 한편은 상대방이 득점한 것과 똑같은 만큼의 실점을 할 수밖에 없다. 이것이 바로 '제로섬 게임의 원칙'이다.

이러한 불안정성 탐구로서의 과학을 정당화하는 리오타르의 근본 목적은 내용이 아니라 형식적 절차의 투명성을 역설하는 데 있다. 포스트모던 사회는 이해를 달리하는 다양한 사람이 다양한 방식으로 관계하는 복잡한 삶의 장이다. 물론 다양한 언어게임이 작용한다. 여기에서는 모든 사람을 하나의 언어게임으로 통제하지 않고 서로 다른 언어게임을 인정하게 하고, 새롭게 창안되는 언어게임에 대해 그 가치를 타당하게 평가하는 개방적인 태도를 갖게 하는 것이 중요하다. 이러한 점에서 리오타르는 불일치에 기초하는 극히 민주적이고 다원론적인 '미시정치학', 즉 차이들의 활성화를 통해서, 그리고 끊임없는 혁신과 실험을 통해서 이미 확립된 언어게임의 토대를 침식하고 계속해서 새로운 언어게임을 창안할 수 있는 기회를 열어두는 개방적인 정치학을 제안한 셈이다.

또한 불안정성을 탐구하는 포스트모던 과학은 사회 자체를 충분한 정보게임이 이루어지는 장으로 만드는 데 기여할 수 있다. 충분한 정보게임의 가장 큰 장점은 그것이 '비제로섬 게임'이라는 데 있다(리오타르, 1992: 145). 불충분한 정보게임은 정보의 배타적 소유가 승패의 관건이므로 무한 복제가 가능한 정보의 존재 방식에도 사실상 제로섬 게임(Zerosum game) 형태를 띤다고 할 수 있다. 제로섬 게임은 승자독식의 결과를 낳기 때문에 사회정의(justice)의 실현을 어렵게 만든다. 이러한 점에서 포스트모던 과학은 정의가 실현되는 사회를 지향하는 것이기도 하다.

---

* 여기에는 오늘날 심각한 비정규직 문제를 정당화하는 측면도 있어 보인다. 그러나 정규직과 관련된 영구한 제도와 그것이 함축하는 노동 분열의 효과를 노리는 지배 계층의 이해관계에 따른 문제로 접근하면 전혀 다른 차원에서 문제 해결의 실마리를 찾아볼 수도 있을 것이다. 예컨대 상대적으로 높은 임금과 고용의 안정성을 제외하면 비정규직에 비해 정규직의 장점은 많이 없다. 물론 현실적으로 임금 차이가 현격하고 고용 불안정성이 심각하기는 하지만, 이러한 사항들을 해결할 수 있다면 오히려 정규직의 유연하지 못한 상황이 노동자의 삶을 더 어렵게 하는 것으로 볼 수도 있다.

2) 로티: 포스트모던 철학문화

리처드 로티(Richard Rorty)는 17세기 이후 전개된 서양철학의 흐름을 '인식론 중심의 철학'이라고 규정한다. 그에 따르면, 이 인식론 중심의 철학은 과학·도덕·예술·종교 등에서 제기하는 지식 주장들이 옳은지 그른지를 판정하는 재판정으로서의 역할을 수행하기 위해 그러한 지식들의 토대(foundations of knowledge)를 이해하고자 했고, 모든 지식의 토대를 이해하기 위해 인간의 마음이 외부적 실재를 거울처럼 정확하게 재현하는 방법에 관한 보편적인 이론으로서의 인식론을 추구해왔다(로티, 1998: 11 이하 참조). 그러나 오늘날 인간의 실제 삶에서 과학·도덕·예술·종교 등과 같은 여러 문화는 철학을 재판정으로 삼지 않는다. 즉, 그것들은 사실상 철학의 판정과 무관하게 각각 그 자신의 독자적인 길을 걸어간다. 그 결과 이 문화들에서 제기되는 지식 주장들에 대한 철학의 판정은 메아리 없는 공허한 소리로만 간주될 뿐이다. 이런 점에서 외부적 실재를 재현하는 마음의 작용에 관한 보편적인 이론으로서의 인식론, 즉 '자연의 거울'로서의 철학은 더 이상 아무 쓸모가 없다.

그러므로 이제 철학은 이러한 쓸모없는 인식론에 매달릴 것이 아니라 좀 더 유용한 활동을 해야 한다. 그리하여 로티는 유용한 철학 활동으로서 '해석학'을 제시한다. 그런데 그가 제시하는 해석학은 유럽의 지적 전통에서 오래전부터 발전된 '해석과 이해에 관한 학문'으로서의 해석학이 아니다.* 그렇다면 그가 말하는 '해석학'이란 어떤 것인가?

로티가 말하는 해석학은 하나의 '학문'이 아니라 특별한 종류의 '실천적 활동'이다.

---

* 로티는 스스로 그가 말하는 해석학이 최소한 딜타이에 의해 규정된 것과 같은 "과학적 설명(explanation)과 대조되는 이해(understanding)에 관한 학문"을 지칭하는 것이 아니라는 점을 분명히 밝혔다(로티, 1998: 383 참조).

인식론은 대화참여자들을 오크샷(M. Oakeshott)이 우니베르시타스(universitas)라고 부르는 것에 결부된 것으로 본다. …… 해석학은 그들을 그가 소시에타스(societas)라고 부르는 것에 결부된 것으로 본다(로티, 1998: 344).

여기서 해석학은 하나의 보편적인 진리를 추구하는 공동체인 우니베르시타스가 아니라, 다양한 사람이 각자 자신의 목적을 가지고 상호 관계하는 공동체인 소시에타스를 이루기 위해 대화하는 활동과 관련된 것으로 설정된다.

로티는 우니베르시타스를 이루기 위한 대화와 소시에타스를 이루기 위한 대화가 그 형식부터 다르다고 본다. 그에 따르면 전자는 통약 가능한(commensurable) 근거 위에서 서로 대화하는 것이고, 후자는 통약 불가능한 근거 위에서 대화하는 것이다.* 전자는 무엇을 적절한 논문으로 간주할 것인가, 무엇을 질문에 대한 대답으로 간주할 것인가, 무엇을 그 대답을 위한 좋은 논변 혹은 좋은 비판으로 간주할 것인가 하는 것에 관해, 담론에 참여하는 당사자들이 동의한 일련의 규약 안에서 행해지는 대화이다. 물론 후자는 그러한 규약들에 대해 무지하거나 그 규약들을 무시해버리는 사람들이 참가할 경우에 이루어지는 대화이다.

그런데 담론의 규약들을 무시하는 사람들 사이에 어떻게 대화가 가능한가? 대화 당사자들 사이에 공통적인 담론 규칙들이 없다면, 나는 상대방이 하는 말을 듣고서 내가 그 말을 잘 알아듣고 있는지 확인하기 위해서 나의 관점에서 그 말이 어떻게 보이는지를 설명할 수 있다. 예컨대 나는 그의 주장을 나의 대안적인 특수한 표현 방식으로 어떻게 표현되는지 보이려고 노력할 수 있다(로티, 1998: 392 참조). 다른 한편으로 나는 나의 주장을 상대방에게 더 잘 알려주기 위해서 나를 다른 새

* "인식론은 주어진 어떤 담론의 모든 근거가 통약 가능하다는 가정에서 출발한다. 대체로 해석학은 이러한 가정에 대한 투쟁이다"(로티, 1998: 342).

로운 표현 방식으로 표현하도록 노력하지 않으면 안 된다. 이때 나의 주장을 상대방에게 어떻게든 알려보려는 노력을 계속한다는 것은 곧 나를 항상 다른 새로운 표현 방식으로 표현하기 위해서 노력해야 한다는 것을 의미한다. 그리고 나를 다른 새로운 표현 방식으로 표현한다는 것은 곧 나를 항상 다른 나로 탈바꿈한다는 것과 다르지 않다.

이러한 점에서 통약 불가능한 근거 위에서 대화한다는 것은 결국 나를 항상 새로운 방식으로 표현한다는 것이고, 이것은 동시에 나를 항상 새로운 나로 탈바꿈한다는 것이다. 로티는 이러한 나의 '자기 탈바꿈', 즉 "내가 다른 사람으로 되는 것(becoming different people), 다시 말해 나 자신을 더 많이 읽고, 더 많이 말하고, 더 많이 쓰는 사람으로 '개조하는(remake)' 것"을 '교화(edification)'라고 한다(로티, 1998: 386). 그렇다면 이러한 '교화를 목적으로 하는 대화'가 바로 그가 '해석학'이라고 지칭했던 새로운 철학활동이라고 할 수 있다.

이러한 교화를 목적으로 하는 대화를 수행하는 일로서의 해석학은 일상사에 대처하는 열린 태도(another way of coping)를 일깨워준다(로티, 1998: 383). 낯선 문화, 낯선 학문과 끊임없는 대화를 통해 더 새롭고 흥미로운 사실로 나아감으로써 구태를 벗어버리고 새로운 사람으로 탈바꿈하는 능력이야말로 자민족 중심주의나 자문화 중심주의에 빠지기 쉬운 현실에서 일상사에 참으로 잘 대처하는 열린 태도라고 할 수 있을 것이다.

이러한 자기 탈바꿈을 좀 더 확장하면 '문예비평(literary criticism)'으로 나아간다. 이것은 로티가 아이러니스트(ironist)라고 명명하는 사람들의 특징에서 유래한다. 그에 따르면 아이러니스트는 첫째, 자신이 현재 사용하는 마지막 어휘에 대해 근본적이고 지속적인 의문을 제기하며, 둘째, 자신의 현재 어휘로 구성된 논변이 이와 같은 의심을 떠맡을 수도 해소할 수도 없다는 점을 깨닫고 있으며, 셋째, 낡은 것과 결별하고 새로운 것과 놀이한다는 기준으로 어휘를 선택하는 사람이다(로티,

1996: 146). 아이러니스트는 변증술(dialectic)을 중시한다. 변증술은 "어휘들을 서로 대결시키는 것, 그래서 추론의 일부를 [다른 말로] 재서술하는 것, …… 한 용어에서 다른 용어로 매끄럽고도 재빠르게 옮겨감으로써 놀라운 탈바꿈(gestalt switches)을 산출하는 기법이다"(로티, 1996: 154). 로티는 이 변증술의 다른 이름을 문예비평이라고 한다(로티, 1996: 155). 따라서 로티가 말하는 문예비평이란 '기존 언어나 언어를 사용하는 활동을 비판하고, 항상 새롭고 참신한 언어를 창안함으로써 세계를 탈바꿈하는 활동'이라고 할 수 있다.

그렇다면 문예비평의 한 형태는 '메타포 짓기'일 것이다. 로티는 언어에 관한 비트겐슈타인주의자*라고 할 수 있으며, 따라서 언어의 우연성을 주장한다(로티, 1996: 59, 61 참조). 이러한 의미에서 로티는 모든 언어를 일종의 메타포로 본다. 그에 따르면, 우리는 세계에 대해 어떻게든 말하고자 하지만 이 말이 '세계의 있는 그대로'와 일치한다는 보장을 어디에서도 받을 수 없다.** 이처럼 세계에 대해 적절한 말로 표현할 수 없는 상황에서 우리는 메타포를 사용할 수 있다. 이 메타포는 아직 그것을 정합적으로 의미 있게 만들어주는 언어게임 판 속에 있지 않으므로 무의미하다. 그러나 이 무의미성은 영원하거나 절대적이지 않다. 이 메타포가 거듭 사용되면 점차 사람들 사이에 낯익게 되고 결국 하나의 언어게임 판에 정합적으로 편입됨으로써 일정한 의미를 갖게 될 것이다. 그런데 하나의 메타포가 이러한 과정을 통해 일정한 의미를 갖게 되는 순간 그것은 더 이상 메타포가 아니라 진릿값을 갖는 하나의 문장이 된다. 이렇게 되면 이 문장이 말하는 그 무엇은 하나의 순간적인 허상일 뿐인 현재 모습으로 고착되어버린다. 이러한 고착은 존재의 죽음이다. 이 죽음을 극복하기 위해서 우리는 다시 새롭고 참

* 여기서 '비트겐슈타인주의자'라는 것은 비트겐슈타인의 사상에서 나타나는 언어게임이론을 지지하는 사람이라는 뜻이다. 언어게임이론에서는 낱말의 의미가 그것이 사용되는 특정한 맥락에 따라 그때그때 의미를 갖는다. 이러한 점에서 언어게임이론은 로티가 말하는 '언어의 우연성'을 전제한다.
** 로티에 따르면 언어는 실재의 내적 표상을 밖으로 드러내어 구체화한 것이 아니다(로티, 1998: 399 참조).

신한 메타포를 창안하지 않으면 안 된다.

그런데 이러한 메타포의 생멸은 단순히 메타포의 생멸로 그치지 않고 세계와 나 자신의 탈바꿈이기도 하다. 한편으로 말의 탈바꿈이 말의 탈바꿈으로 끝나는 것이 아니라 말로써 말해지는 그것까지도 탈바꿈시킨다. 다른 한편으로 말하는 방식을 바꿈으로써 말하는 나 자신을 탈바꿈한다. 예컨대 니체는 "신은 죽었다"라고 말함으로써, 우리가 이전까지 신에게 봉사하는 처지의 존재였다가 이제는 더 이상 신에게 봉사하는 존재가 아니라 우리 자신이 최고 목적인 그러한 존재로 탈바꿈했다는 것을 주장한 셈이다(로티, 1996: 58 참조). 이러한 점에서 메타포 짓기는 그 자체로 문예비평으로서의 철학적 실천이다.

동일한 맥락에서 로티가 말하는 이야기 짓기(narration) 역시 문예비평의 일종이라고 할 수 있다. 그는 아이러니스트의 이론이 반드시 이야기(narrative)여야 한다고 말한다(로티, 1996: 192). 여기서 이야기는 본질을 서술하는 것이 아니라 과거에 대한 관계를 다시 서술하는 것이다. 마르셀 프루스트(Marcel Proust)와 니체가 이러한 이야기 짓기의 대가들이다. 이들은 실제로(프루스트) 혹은 책 속에서(니체) 만났던 사람들에 대한 이야기를 지은 사람들인데, 이를 통해서 그들은 "타율적 서술의 원천을 다시 서술함으로써 자율적으로 되고자 했다"(로티, 1996: 190).

이로써 로티는 모든 것에서 우연성이 지배하는 우리의 삶에서 그나마 연대성(solidarity)을 이루어갈 수 있는 실마리를 찾은 셈이다. 전통적인 의미에서의 연대성은 우리 내부에 본질적인 인간성이 있으며, 다른 모든 사람에게도 그것이 있다는 의식이다. 그러나 로티는 이 말을 "우리가 '우리'라는 느낌을 우리가 이전에 '그들'이라고 생각했던 사람들에게까지 확장하려는 노력"과 다르지 않다고 본다(로티, 1996: 348). 그러므로 연대성을 위해서는 우리가 본능적으로 '우리'라기보다는 '그들'로 생각하는 사람들에 대해 개방적 태도를 갖는 데서 출발한다. 그러나 이것은 나의 넓은 포용력을 발휘함으로써 이루어질 수 있는 것이 아니다. 이것은 근본적으로 '자기-의심으로서의 연대성'이다. "이 의심은 타자의 고통과 굴욕에 대한 자신의 감수성에 관한 것이며, 현재 사회제도들이 이런 고통과 굴욕을 다루기에 적합한 것이냐에 대한 의심이며, 가능한 대안에 대한 호기심이다"(로티, 1996: 359). 이 지점에서 문예비평으로서의 철학적 실천과 자기 탈바꿈을 위한 대화로서의 철학적 실천이 만난다. 이것이 기존 인식론 중심의 철학을 대체하는 포스트모던 철학문화이다.

참고문헌

구니야 준이치로(國谷純一郎). 1992. 『환경과 자연인식의 흐름』. 심귀득·안은수 옮김. 고려원.

라에르티오스, 디오게네스(Diogenes Laertios). 2008. 『그리스 철학자 열전』. 전양범 옮김. 동서문화사.

로티, 리처드(Richard Rorty). 1996. 『우연성, 아이러니, 연대성』. 김동식·이유선 옮김. 민음사.

_____. 1998. 『철학 그리고 자연의 거울』. 박지수 옮김. 까치.

루빈스타인, 리처드(Richard E. Rubenstein). 2004. 『아리스토텔레스의 아이들』, 유원기 옮김. 민음사.

리오타르, 장프랑수아(Jean-François Lyotard). 1992. 『포스트모던적 지식』. 이현복 옮김. 서광사.

박성래. 1993. 『과학사 서설』. 한국외대출판부.

비트겐슈타인, 루트비히(Ludwig Wittgenstein). 1994. 『철학적 탐구』. 이영철 옮김. 서광사.

슈리프트, 앨런(Alan D. Schrift). 1997. 『니체와 해석의 문제』. 박규현 옮김. 푸른숲.

아리스토텔레스(Aristoteles). 2007. 『형이상학』. 김진성 옮김. 이제이북스.

이진경. 2000. 『수학의 몽상』. 푸른숲.

칸트, 이마누엘(Immanuel Kant). 1985. 『순수이성비판』. 최재희 옮김. 박영사.

헨리, 존(John Henry). 2003. 『왜 하필이면 코페르니쿠스였을까』. 예병일 옮김. 몸과 마음.

후설, 에드문트(Edmund Husserl). 1987. 『엄밀한 학으로서의 철학』. 박만준 옮김. 대구: 이문사.

_____. 1997. 『순수 현상학과 현상학적 철학의 이념들』. 최경호 옮김. 문학과지성.

흄, 데이비드(David Hume). 2009. 『인간의 이해력에 관한 탐구』. 김혜숙 옮김. 지만지.

Hanson, Norwood. 1958. *Pattern of Discovery*. Cambridge: Cambridge Univ. Press.

Nietzsche, Friedrich W. 1968. *Also Sprach Zarathustra*. Berlin: Walter de Gruyter & Co.

_____. 1977. *Nachgelassene Fragmente: Juli 1882 bis Winter 1883~1884*. Berlin: Walter de Gruyter & Co.

Platon. 1921. *Theaitetos*, in *The Loeb Classical Library*. Harvard Univ. Press.

_____. 1925. *Paidros*, in *The Loeb Classical Library*. Harvard Univ. Press.

_____. 1937. *Politeia*, in *The Loeb Classical Library*. Harvard Univ. Press.

04 욕망과 그 사회적 처분에 관하여

어떤 점에서 욕망은 개인적인 문제이지만, 자신의 욕망을 충족하기 위해서 다른 사람과 협력하기도 하고 다투기도 한다는 점에서 욕망은 사회적인 문제이기도 하다. 이 때문에 개인은 욕망과 관련된 자신의 삶에 사회가 개입하는 것을 기꺼이 허용하는 경향이 있다. 그런데 욕망에 대한 사회적 개입은 개인의 삶을 더 좋게 만들거나 더 나쁘게 만들 수도 있고, 또 더 나빠질 수 있는 것이나 더 좋아질 수 있는 것을 가로막을 수도 있다.

이 장에서는 서양의 지식인들이 욕망의 사회적 처분에 대해 어떻게 평가하고, 어떻게 반성하는지를 고찰하면서 오늘날 우리가 우리의 욕망하는 삶에 대해 어떤 태도를 보여야 할지 생각해볼 수 있는 실마리를 제공할 것이다.

1. 존재 욕망과 욕망 통제

1) 살아 있음

생물학 입문서에 따르면 현상적으로 관찰되는 생물 일반의 근본 특성은 유기적 체제, 물질대사, 생장과 증식, 반응, 진화이다. 이 특성들이 유지되기 위해서는 첫째, 외부 환경에서 생존에 필요한 일정한 물질들을 받아들이기, 둘째, 외부에서 받아들인 물질들을 활용해 생물 개체의 내적 항상성(homeostasis)을 유지하기(여기에는 폐기물을 외부로 내보내는 일이 포함된다), 셋째, 생식활동을 통해 새로운 개체를 만들어내기가 이루어져야 한다. 여기서 첫 번째와 두 번째는 개체 자체의 생존 조건이고, 세 번째는 그 개체가 속한 종의 생존 조건이다. 따라서 이 세 번째 조건은 생물 개체 수준에서 보면 다소 복잡한 문제를 야기한다.

생물이 자신의 생존을 추구한다는 것은 어렵지 않게 이해된다. 생물의 존재는 말 그대로 '살아 있음'이고, 따라서 죽음은 생물의 비존재이기 때문이다. 그런데 하나의 생물 개체가 그것이 속한 종의 생존에 기여해야 한다는 것은 쉽게 이해되지 않는다. 물론 종의 생존을 통해서만 자신의 생존을 유지할 수 있는 몇몇 생물도 있다. 그러나 이 경우 새로운 개체를 생산하는 활동은 이 활동을 통해서 자신의 생존을 도모하는 것이 아니라 자신의 자식을 포함한 다른 개체의 생존을 도모하는 것이라고 할 수 있다. 단적으로 말해서 이 경우에도 하나의 생물 개체는 스스로 생존하기 위해서 생식하는 것이 아니라 다른 개체의 생존을 위해 생식한다고 할 수밖에 없는 것이다. 이러한 점에서 하나의 생물 개체에게 생식활동이 어떤 의미를 갖는지는 의문이다.

최근 영국 생물학자 리처드 도킨스(Richard Dawkins)는 이러한 의문에 대해 설득력 있는 답을 하나 제시했다. 그것은 바로 모든 생물 개체가 '유전자의 생존기계'라는 주장이다. 여기서 유전자(gene)란 말 그대로 유전 현상을 일으키는 결정적인 인자로서, 유전자의 물질적 본체는 생물의 특정한 유전적 구조와 기능을 코드화해놓은 DNA의 절편이라고 할 수 있다. 이 DNA 분자는 그 자체로 생명체가 아니므로 스스로 생존할 수 없으며, 불가피하게 어떤 생물을 매개로 존재할 수밖에 없다. 그러나 개체로서의 생물은 그 존재에 한계가 있다. 개체로서의 한 생물의 한계는 곧 그 속에 있는 DNA 존재의 한계이기도 하다. 이러한 존재의 한계에 직면해 DNA는 그것을 담지하는 생물이 생식활동을 하게 함으로써 그 한계를 극복한다. 즉, 개체로서의 생물의 생식활동은 궁극적으로 그 생물 속에 있는 DNA가 자신(의 복제물)을 다른 새로운 개체로 옮겨서 자신의 존재를 지속하게 하는 메커니즘이라고 할 수 있다. 이러한 의미에서 도킨스는 개체로서의 생물을 유전자가 존재하기 위해 일시적으로 이용하는 도구, 즉 "유전자의 생존기계"라고 규정했다(도킨스, 1993: 47 이하 참조).

이 주장에 따르면 생물의 존재 목적은 생식이라고 할 수 있다. 말하자면 생물은 생식하기 위해서 스스로 살아 있어야 한다는 것이다. 그런데 생물의 생식방법이 크게 무성생식과 유성생식으로 나누어지기 때문에 이에 따른 존재 방식도 생물 종마다 다소 차이가 난다. 무성생식 생물이라면 물질대사를 통해 자신의 몸집을 불리기만 하면 되지만, 유성생식 생물이라면 성적 결합을 위해 파트너를 구하는 일까지도 해야 한다. 그리고 유성생식 식물은 성적 파트너를 구하는 데 외적 환경에 크게 의존하지만, 유성생식 동물은 성적 파트너를 구하기 위해 부단히 움직여야 한다. 또 유성생식 동물 중에 어떤 것은 자식을 탄생시키는 것으로 역할을 다하지만, 다른 어떤 것은 그 자식이 다시 생식활동을 잘할 수 있을 때까지 보호하고 기르는 양육활동을 게을리하지 않는다. 이 경우에는 자식의 성공적인 양육이 자신의 존재 이유에 첨가된다.

인간도 이와 같이 자식 양육까지 책임지는 유성생식 동물의 한 종류라는 사실은 분명하다. 그렇다면 이러한 동물 종으로서의 인간존재 이유는 생존, 유성생식 및 자식 양육이라고 할 수 있다. 이러한 점에서 생존·생식, 자식 양육은 인간 욕망의 원천이다. 실제로 인간은 누구나 생존·생식, 자식 양육에 필요한 것을 간절히 바라고 원한다. 이때 자신의 생존과 자식 양육을 위한 재화들과 생식을 위한 파트너가 구체적인 욕망의 대상들이다. 이로써 전통적으로 식욕·물욕·성욕 등이 인간의 본능적인 욕구로 여겨져 온 이유를 충분히 이해할 수 있다.

2) 욕망 통제의 윤리학

생존·생식, 자식 양육을 인간 욕망의 원천으로 본다면, 기본적인 욕망은 음식물이나 성적 파트너와 같이 이에 필요한 직접적인 대상을 추구하는 것이라고 할 수 있다. 그런데 음식물이나 성적 파트너는 양적으로 한정되고 질적으로 상당한 차이가 있기 때문에 그것을 욕망하는 사람들 사이의 경쟁을 불러일으킬 수 있다. 그러나 이를 위한 극단적인 물리적 투쟁은 생존과 번식의 또 다른 조건이라고 할 수 있는 사람들 사이의 사회관계를 깨뜨리게 된다. 여기서 개인적 욕망과 사회관계 중에서 어느 것을 더 중시할 것인가 하는 문제가 나타난다.

동서양을 막론하고 전근대사회에서는 대체로 개인적 욕망을 억압하고 통제해야 한다는 견해가 정당한 것으로 여겨졌다. 이 때문에 근대 이전에 인간의 좋은 삶에 대한 동서양의 다양한 가르침 속에서 인간 욕망을 비본질적인 것으로 규정하고 본질적인 이성에 의해 통제되어야 할 것으로 가르친 사상들이 '주류'를 차지하게 되었다. 예컨대 중국과 동아시아문화권에서 오랫동안 주류 사상으로 군림해온 유학(儒學)이나, **서양문화권에서 오랫동안 주류 사상**으로 군림해온 이성주의 철학은 모두 이성에 의한 욕망 통제를 정당한 것으로 주장했다.

서양문화권(의 주류 사상)
고대 그리스에 많은 사상가와 학파가 있었으나, 로마제국 후기에 현세적 욕망의 절제를 설파한 기독교가 국교화되고 그 이후 정치적 지배 이념이 됨에 따라, 초기 기독교의 신학적 이론화에 큰 영향을 미친 플라톤과 십자군 이후 기독교의 새로운 사상 정립에 큰 영향을 미친 아리스토텔레스가 주류 사상가로 부상하게 되었다.

중국문화권의 경우

중국문화권(의 주류 사상)

중국문화권에서는 진나라 이전[先秦] 시대에 이른바 제자백가(諸子百家)라고 불리는 수많은 사상가와 학파가 있었으나, 기원전 202년부터 400여 년간 중국 통일 왕조로 군림했던 한(漢)나라의 동중서가 유학을 중심으로 사상을 통일해야 한다고 주장하고, 통일 국가를 통치하기 위한 지배 이념이 필요했던 한나라의 정치권에서 이를 수용함으로써 유학이 주류가 되었다. 이에 따라 선진 시대 유학의 주창자인 공자나 그 계승자들이 주류 사상가로 대접받게 되었다.

춘추(春秋) 시대

기원전 12세기 중국 웨이수이(渭水) 유역에서 일어난 주(周)나라가 서쪽의 견융(犬戎)의 침입을 받아 동쪽으로 후퇴해 중원의 낙읍(洛邑, 지금의 洛陽)으로 옮겨 이른바 동주(東周) 시대를 연 기원전 8세기부터 전국(戰國) 시대가 시작되는 기원전 5세기까지 이르는 대략 300년 동안의 시기를 일컫는다. 이 시대에는 주나라가 천자국(天子國)으로서의 명맥은 유지하고 있었지만 제후국(諸侯國)들의 세력이 강화되어 사실상 실력을 상실하고 있었다.

전국(戰國) 시대

중국 춘추 시대 다음 시대로서, 구체적으로는 춘추 시대의 마지막 패자(覇者)였던 진(晉)나라가 한(韓)·위(魏)·조(趙) 세 나라로 분열된 기원전 403년부터 진(秦)나라가 중국을 통일했던 기원전 221년까지를 이른다. 이 시기에는 '전국'이라는 말 그대로 여러 나라 제후가 주변 군소 지역을 병합해 영토국가를 확립한 후 천하를 차지하기 위해 서로 싸웠다.

기원전 202년에 새로운 통일국가로 출범한 한(漢)나라 이후 줄곧 중국문화권에서 주류 사상으로 군림해온 유학의 시조로 숭상되는 춘추(春秋) 시대의 공자는 그의 주된 가르침인 '사람에 대한 사랑(仁)'을 실천하는 구체적인 방법으로 "극기복례(克己復禮)"를 내세웠다(『論語』, 「顏淵篇」). '기(己)'를 이겨내고 예(禮)를 되찾는다'는 이 말에서 '기'는 '개인적 욕망을 추구하는 자기'를 뜻하는 것으로, '예'는 '전통적으로 계승되고 있는 사회적 규범'을 뜻하는 것으로 해석된다. 특히 이 극기복례의 상세한 목록으로 공자가 제시한 것은 "예가 아니면 보지도, 듣지도, 말하지도, 행하지도 말라(非禮勿視 非禮勿聽 非禮勿言 非禮勿動)"이다. 이것은 개인적 욕망을 전적으로 무시할 수는 없으나 예에 어긋나지 않는 한에서만 추구해야 함을 의미한다.

공자 이후 전국(戰國) 시대에 그를 계승한 유학의 두 거두인 맹자(孟子, 孟軻, 자는 子輿·子車)와 순자(荀子, 荀卿)는 표면적으로 대립되는 것처럼 보이는 성선설과 성악설의 주창자들이지만, 이 둘은 모두 예에 의한 욕망 통제라는 공자의 가르침을 그대로 따랐다. 맹자는 인간 본성은 선하므로 인간이라면 누구나 이 선한 본성을 실현하기 위해서 마음을 수양해야 하는데, 이를 위한 구체적인 방법으로 사사로운 욕망을 줄일 것[寡慾]을 가르쳤다(『孟子』, 「盡心」 下). 또 순자는 타고난 본능[性]에 따라 욕망을 추구하며 사는 경우 도덕적·사회적 악이 발생할 가능성이 있지만, 누구라도 예(성인에 의해 제정된 사회규범)로써 그 본능적 욕망을 조절하고 성인이나 스승의 가르침으로써 마음을 수양한다면 성인이 될 수 있다고 가르쳤다(『荀子』, 「儒效篇」).

공자, 맹자, 순자로 대표되는 선진(先秦) 시대의 유학은 좋은 삶의 근거를 인간의 내면적 도덕심이나 전통적인 문화적 규범에서 찾았으나, 한나라의 대표 유학자 동중서(董仲舒)는 음양오행(陰陽五行) 사상을 수용해 그것을 자연[天]에서 찾으려고 하는 새로운 유학체계를 세웠다.

그럼에도 그는 인간 욕망을 통제해야 한다는 전통적 유학의 가르침을 충실하게 계승했다. 그에 따르면, 생(生)과 통하는 자연의 소질로서의 성(본성)은 선이 될 가능성과 악이 될 가능성이 모두 있는데, 전자를 '성(性)'이라고 하고 후자를 '정(情)'이라고 한다. 따라서 인간은 이 '정'의 측면을 교화하지 않는다면 좋은 삶을 살 수 없다(유명종, 2000: 42 참조). 이때 정의 교화는 음양오행의 이치에 따라 이루어질 수 있다. 그런데 일반 백성은 이 음양오행의 이치를 알기 어려우므로 자연의 이치를 온전히 실현하는 군주가 필요하다. "하늘이 백성의 성품을 낳되 선한 본질이 있지만 온전히 선하지 못하니, 이에 왕을 세워 선하게 한다"(유명종, 2000: 41에서 재인용). 여기서 정은 욕망을 포함하므로, 욕망에 대한 사회적 통제가 정당화된다.

동중서에 의해 마련된 유학적 자연철학을 발전시켜 이기론(理氣論)이라는 명실상부한 형이상학적 체계를 확립한 남송(南宋) 시대의 유학자 주희(朱熹)는 인간이 이기의 형이상학적 이치에 따라 살 때 좋은 삶을 살 수 있다고 주장했다. 그는 동중서와 마찬가지로 인간에게 자연의 이치[天理]에 적합한 마음과 그렇지 않고 사사로운 욕망[人欲]을 추구하는 마음이 있다고 보았는데, 전자를 '도심(道心)'이라고 하고 후자를 '인심(人心)'이라고 했다. 물론 좋은 삶은 인심을 줄이고 도심을 실현하는 삶이다. 따라서 좋은 삶을 지향하는 사람이라면 누구나 수양을 통해서 "천리를 보존하고 인욕을 없애도록(存天理 滅人欲)" 노력해야 한다(『朱子語類』卷13). 여기서 보듯이 주희는 욕망 통제와 조절을 주장한 이전 유학자들보다 한 걸음 더 나아가 욕망의 제거를 주장했다. 극단적인 금욕주의를 표방하는 것처럼 보이지만, 천리를 따르는 좋은 삶을 위해서는 그만큼이나 사사로운 욕망을 경계해야 함을 강조했다고 해야 할 것이다.

영혼

똑같은 psychē라는 낱말이라 하더
라도 플라톤 사상에서는 '영혼'으로
번역되는 것이 무방하지만, 아리스
토텔레스 사상에서는 '생명력'으로
번역되는 것이 더 적합하다. 다만
아리스토텔레스의 경우에도 프쉬케
(psychē)를 영혼이라고 번역하는
것이 일반적이므로 여기서도 영혼
이라는 번역어를 택했다.

서양문화권의 경우

서양의 경우 욕망의 사회적 통제를 주장한 대표적인 인물은 플라톤
이다. 플라톤은 인간 본질이 육체가 아니라 영혼이라고 보았다. 따라
서 좋은 삶은 육체의 문제가 아니라 영혼의 문제에 속한다. 그는 영혼
이 이성적인 부분(to logistikon), 기개적인 부분(to thymoeides, 氣慨: 옳
은 일에 용기를 낼 줄 알고 옳지 않은 일에 분개할 줄 하는 능력), 욕망적인
부분(to epithymetikon)으로 이루어져 있다고 보았는데, 영혼의 좋은 상
태는 이 세 부분이 전체적으로 조화와 균형을 이루는 것이라고 주장한
다. 그리고 그는 전체의 부분들 사이의 이 균형과 조화를 '정의'라고 불
렀는데, 영혼의 정의가 실현되기 위해서는 그 세 부분이 타고난 소질을
가장 잘 발휘하는 상태에 도달해야 한다. 구체적으로 말해 이성은 지
혜를, 기개는 용기를, 욕망은 절제를 발휘할 때 영혼의 정의가 실현된
다. 여기서 지혜는 진리를 인식할 수 있는 능력이다. 그런데 용기와 절
제는 그 자체로 규정될 수 있는 것이 아니다. 이것들은 진리 혹은 옳음
이 무엇인지 결정되어야만 규정될 수 있다. 왜냐하면 용기는 옳은 일
을 이루기 위해서 용감하게 나설 수 있는 능력이며, 절제는 나쁘게 될
정도로 과도하지 않게 될 수 있는 능력이기 때문이다. 결국 기개와 욕
망은 지혜를 발휘하는 이성을 온전하게 따를 때 용기와 절제로 발휘될
수 있다. 그러므로 플라톤 사상에서 욕망은 이성이 통제해야 할 대상
이다.

플라톤의 지성주의 사상을 계승하지만 방대한 자연철학적 형이상학
을 수립함으로써 그것을 새롭게 이론화한 아리스토텔레스는 **영혼**을 인
간적 실체라기보다는 일반적인 생명 원리로 보는 전통을 수용했다(아리
스토텔레스, 2001: 132 참조). 그에 따르면 살아 있는 모든 것에는 영혼이
있는데, 식물·동물·인간이 그에 해당된다. 그렇다고 해도 그 영혼의 여
러 능력이 모두 똑같지는 않다. 식물적 영혼에는 영양 섭취능력과 생식
능력이, 동물적 영혼에는 그것을 포함해 감각능력·욕구능력(orektios)·

장소이동능력이, 그리고 인간적 영혼에는 그것을 포함해 이성적 능력이 있다. 여기서 아리스토텔레스는 욕구능력이 동물적 영혼과 인간적 영혼에 공통적으로 포함된 것으로 보았는데, 그것은 욕구능력이 감각능력에 수반된다고 보았기 때문이다.* 그렇다면 욕구(orexis)는 쾌감을 주는 대상을 차지하려는 능력, 즉 육체적인 쾌락을 추구하는 능력이라고 할 수 있다.

앞에서 보았듯이 아리스토텔레스는 인간이라면 누구에게나 이러한 욕구능력이 있으며, 육체적 쾌락을 추구할 수 있다고 본다. 그러나 그는 다음과 같이 말한다.

> 나쁜 사람은 필수적인 쾌락을 추구함으로써 나쁜 것이 아니라 지나치게 그것을 추구함으로써 나쁘다(누구나 어느 모로는 맛있는 음식이나 술이나 성교를 좋아하지만 누구나가 알맞게 좋아하는 것은 아니기 때문이다)(아리스토텔레스, 1984: 226).

결국 그는 지나친 욕구 추구가 나쁜 것이라고 주장하는 셈이다.

그렇다면 왜 지나친 욕구 추구는 나쁜가? 단적으로 말하면 그것은 동물과 공유되는 부분이기 때문이다. 아리스토텔레스는 좋음이란 어떤 것의 기능이 탁월하게 실현될 때 이루어진다고 본다. 그렇다면 인간으로서의 기능이 탁월하게 실현될 때 인간으로서 가장 좋은 상태에 있다고 할 수 있다(아리스토텔레스, 1984: 43 이하 참조). 그의 영혼론에서 볼 때 인간으로서의 기능은 바로 이성이다. 따라서 이성능력이 탁월하게 실현될 때 인간으로서 가장 좋은 상태에 있는 것이다. 이러한 점에서 지나친 욕구 추구가 나쁜 것은 동물이 지나치게 욕구를 추구하기 때

---

* 아리스토텔레스는 이와 관련해 다음과 같이 기술했다. "감각이 있는 곳에는 즐거움(쾌락)과 고통, 그리고 즐거운 대상과 고통스러운 대상이 있으며, 또한 그것들이 있는 곳에는 갈망(epithymia)도 있다"(아리스토텔레스, 2001: 139).

스토아(Stoa)학파

키프로스 섬 출신 제논(Zenon)이 창시했다고 전해진다. '스토아'라는 이 학파의 이름은 본래 제논이 아테네에서 강의했던 곳을 특징적으로 나타내는 '스토아 포이킬레(stoa poikilē, 오색으로 채색된 주랑)'라는 말에서 유래했다. 제논에 관한 자료적 한계 때문에 그의 사상을 온전히 알기는 어렵지만, 기원후 2세기에 이르기까지 대략 500년간 수많은 철학자의 사상에 영향을 미침으로써 이른바 '스토아학파의 가르침'을 형성했다. 아테네 시대의 스토아학파 사상을 집대성한 크리시포스(Chrysippos), 로마 시대에 활약한 세네카(Seneca), 에픽테토스(Epiktētos), 황제 아우렐리우스(Aurelius) 등이 스토아학파에 속하는 유명한 사상가들이다.

헤라클레이토스 (Herakleitos)의 자연철학

헤라클레이토스의 자연철학은 "만물은 유전(流轉)한다(Panta rhei)"라는 말로 대표된다. 그에 따르면, 만물의 변화는 사물과 사물 사이의 투쟁에 의해서 일어난다. 이 투쟁의 개념을 가장 잘 나타내는 예는 '불'이다. 불은 이질적인 것들(대립자들)을 태우고 그것을 자신으로 변형시킴으로써 산다. 반대로 불은 이 이질적인 것들이 없으면 죽는다. 이처럼 투쟁은 분열을 위한 투쟁이 아니라 서로 맞선 대립자들 사이의 조정과 균형을 위한 투쟁이다. 이러한 조정과 균형을 위한 투쟁의 원리가 바로 '로고스'이다.

문이 아니다. 오히려 동물은 결코 지나치게 욕구를 추구하지 않는다. 반대로 인간만이 동물과 달리 음식·술·성과 관련된 욕구를 지나치게 추구할 수 있다. 이 때문에 이 부분에서 인간의 이성능력이 요구된다.

이성은 로고스에 잘 순종하는 능력이며, 그 원리에 따라 생각할 수 있는 능력이다(아리스토텔레스, 1984: 44 참조). 로고스는 균형과 비례를 이룬다. 행위를 하는 데 로고스를 따르는 것은 바로 중용(中庸)을 실현하는 것이다. 따라서 이성은 중용을 실현할 수 있는 능력이다. 이것은 곧 행위를 지나치지도 모자라지도 않게 조절한다. 이런 점에서 지나친 욕구 추구는 그 자체가 동물적이기 때문이 아니라, 이성적 행위 원리에 위반되기 때문에 나쁘다. 결국 아리스토텔레스는 욕구능력이 이성능력에 의해 조절되고 통제되어야 한다고 주장한 셈이다.

아리스토텔레스 사후 서양 문화의 주류를 이룬 것은 **스토아(Stoa)학파**이다. 스토아학파의 사상가들은 고대 **헤라클레이토스(Herakleitos)의 자연철학**과 플라톤 및 아리스토텔레스의 아테네 고전 철학을 아우르는 종합적인 세계관과 인생관을 형성했다.

이 학파는 우주가 로고스를 영혼으로 삼고 자연을 육체로 삼는 하나의 유기적인 전체라고 보았다. 이 우주를 구성하는 구체적 사물들은 비유기적인 사물·식물·동물·인간으로 구분된다. 이러한 구분은 그 속에서 작용하는 힘인 '프네우마(Pneuma)'의 작용 방식의 차이에 기인한다. 단적으로 말해, 프네우마는 비유기적 사물들에서는 '응집력(hexis)'으로서, 식물들에서는 생성력(physis)으로서, 동물들에서는 '감각하고 욕망하는 영혼'으로서, 인간에서는 '이성'으로서 작용한다(젤러, 1991: 302 참조).

이와 같이 구분되는 프네우마의 작용 방식들은 아리스토텔레스가 말한 영혼들의 경우와 같이 스토아학파의 가르침에서도 위계적이기도 하다. 역시 아리스토텔레스의 가르침과 마찬가지로 이성능력으로 우주에서 최고 위상을 차지하는 인간은 인간으로서의 덕(고유한 소질의 탁월한 실현)을 이루기 위해 로고스를 인식하고 그 원리에 순응하는 삶을 살아야 한다. 이러한 삶은 동시에 이성에 충실한 삶이기도 하다. 그러므로 인간은 이성에 반하는 심적 작용들을 '제거'하지 않으면 안 된다. 이것이 바로 '아파테이아(apatheia)', 즉 파토스(pathos)가 없는(a-) 상태이다. 이 파토스에는 구체적으로 쾌락(hēdonē)·슬픔(lypē)·욕망(epithymia)·공포(phobos)가 속한다(코플스턴, 1998: 537 참조). 결국 스토아학파는 이성에 의한 욕망 통제가 아닌 제거를 가르쳤다.

이 파토스의 문제는 아우구스티누스(Augustinus) 사상에서도 그대로 다시 논의된다. 그는 욕망·쾌락·두려움·슬픔을 인간 의지와 관련해서 설명한다(아우구스티누스, 1983: 74 참조). 그에 따르면 의지의 긍정, 즉 우리가 의욕하는 것을 추구하는 것이 '욕망'이고, 그것을 즐기는 것이 '쾌락'이다. 또 우리가 만나기를 원하지 않고, 그 때문에 의욕하기를 부정하는 의지가 '두려움'이고, 우리 의지에 거슬리기 때문에 부정하는 것이 '슬픔'이다.

스토아학파가 파토스를 이성으로 억제해야 한다고 주장한 것과 달리 아우구스티누스는 의지가 선한 의지인가 악한 의지인가에 따라 그좋고 나쁨을 가릴 수 있다고 본다. 다시 말해 아우구스티누스는 의지가 사랑에 기반을 둔다면 파토스도 좋은 것이 될 수 있다고 보았다. 예컨대 하느님의 나라에 속하는 사람은 영생을 욕망하고, 이렇게 영생을 욕망하는 삶 자체를 즐기며, 타락한 현재의 삶을 슬퍼하고, 영원한 고통에 빠질 것을 두려워한다. 이러한 점에서 아우구스티누스는 욕망이 사랑의 의지에 기초해야 함을 주장한다. 그러나 이것은 궁극적으로 신의 은총으로써만 가능하다. 결국 아우구스티누스는 욕망이 신적 원리에 의해 통제되어야 한다는 것을 주장한 셈이다.

십자군 이후 이슬람권에서 수입된 아리스토텔레스 사상을 기독교 신학에 도입해 신학의 새로운 체계를 형성하는 데 크게 기여한 토마스 아퀴나스(Thomas Aquinas)의 사상은 아리스토텔레스 사상의 신학적 버전이라고 할 수 있다. 따라서 욕망에 관한 그의 사상도 아리스토텔레스의 그것과 크게 다르지 않다.

영혼을 세 종류로 나눈 아리스토텔레스와 달리 토마스는 인간 영혼의 기능을 세 가지로 나누었다. 식물적 기능은 영양능력·성장능력·번식능력이고, 동물적 혹은 감각적 기능은 오감의 외부감각의 능력과 고통 감각, 상상력·평가력·기억력 등 내부감각의 능력이며, 이성적 기능은 직관하고 사유하는 능력이다. 감각적 기능과 관련해 토마스의 고유성이 나타나는데, 이 기능에는 주체가 자기 자신의 능력을 통해서 대상에 이르는 운동능력과 대상을 목적으로서 추구하는 욕구능력이 포함된다(코플스턴, 1988: 483 참조). 그리고 이 욕구는 감각적 욕구와 지적 차원의 욕구인 의지로 나누어진다.

아리스토텔레스와 마찬가지로 토마스는 인생의 목적이 인간으로서 고유한 기능을 완성하는 데 있었다. 그런데 인간은 영혼과 육체 두 부분이 분리될 수 없으므로 영혼의 이성적 기능뿐만 아니라 식물적 기능이나 감각적 기능과 같이 육체와 관련되는 영혼의 기능들도 조화롭게 완성되어야 한다. 이 조화로운 완성은 바로 영혼의 식물적 기능과 감각적 기능이 이성적 기능에 종속되는 것이다. 이러한 의미에서 토마스도 결국 욕구를 이성이 통제해야 한다는 것을 주장한 셈이다.

3) 욕망의 해방

이성의 욕망 통제가 우리에게 최선일까? 프랑크푸르트학파 사회비판이론가인 마르쿠제는 본능에 대한 사회적 억압을 기본 억압(Grund-Unterdrückung)과 과잉 억압(Zusätzliche Unterdrückung)으로 구분했다(마르쿠제, 1982: 45 이하 참조). 기본 억압은 문명 속에서 인간이 삶을 지속하는 데 필요한 억압이고, 과잉 억압은 사회적 지배를 위해 필요한 억압이다. 이성의 욕망 통제가 과잉 억압이 아니라는 보증을 어떻게 얻을 수 있을까?

마르쿠제는 유럽문화를 지배해온 이성의 법정에서 감성적인 것은 언제나 유죄로 판정되었다는 점을 주목한다(마르쿠제, 1982: 196 참조). 이와 같이 감성적인 것이 유죄로 판정되었다 하더라도 사람들은 이것을 삶의 영역에서 완전히 제거할 수 없었다. 이 때문에 감성적인 것은 성숙한 문화의 전면에 등장하지 못하고 원형(archetype)과 상징의 형태로만 존속했으니, 가장 대표적인 사례가 오르페우스(Orpheus)와 나르키소스(Narcissos)이다.

이들은 우선 동식물과 무생물까지 삶의 적대자로 간주하지 않고 삶의 상관자로 화합한다. 식물이나 동물이 오르페우스의 노랫소리에 화답한다거나 샘과 숲이 나르키소스의 사랑에 경의를 표한다는 것이 이를 말해준다. 이것은 동식물과 무생물이 오직 인간적 삶의 대상으로서만 의미가 규정되는 현실 속에서 그것들의 억압된 목적(telos)을 해방한다(마르쿠제, 1982: 186 이하 참조). 생물과 무생물은 인간이 특정한 대상으로 규정하기 때문에 의미 있는 것이 아니라 그 자체로 의미가 있다. 이러한 점에서 오르페우스와 나르키소스는 이성이 규정하는 세계가 아닌 다른 세계의 가능성을 보여주었다(마르쿠제, 1982: 183).

이들의 이야기에서 확인할 수 있듯이 오르페우스와 나르키소스는 이성이 지배하는 세계에서는 그들의 열망을 성취하지 못하고 실패의 고통을 안고 처참하게 죽어갔다. 이들의 죽음은 이성적인 세계에서 결코 허용될 수 없는 감성의 처지를 잘 대변해준다. 이들이 죽어서 옛이야기에서만 전해지는 것은 오랫동안 유럽 역사를 지배해온 이성 중심 문화에서 감성적인 것이 유죄판결을 받고 자신을 드러내지 못했던 이유를 말해준다.

그러나 마르쿠제는 18세기 후반 유럽에서 미학(Aesthetics)이 학문계에서 하나의 정통으로서의 지위를 확보했다는 사실을 감성적인 것이 유럽문화의 표면에 부상했음을 알리는 표지라고 보았다. 'aesthetic'이라는 용어의 철학적 역사는 감각적인(따라서 '육체적인') 인식 과정이 억압적 처분을 받아왔음을 반영한다. 이러한 역사에서 미학(aesthetics)을 하나의 독립적인 학문 영역으로서 기초를 놓는 일은 이성의 억압적 지배에 저항하는 일이다(마르쿠제, 1982: 205).

그런데 이처럼 이성의 질서에 억압되던 감성이 복권되어 표면에 등장함으로써 새로운 문제가 발생한다. 그동안 감성이 이성에 종속되었으나 감성이 이 종속을 탈피해 독립하게 되었을 때도 이성은 아직 그 힘을 잃지 않고 있다. 이것은 곧 이성과 감성이 서로 대립적인 것이 된다는 말이다. 이러한 이성과 감성의 대립은 인간에게 그 존재를 분열시킬 수 있는 큰 상처를 입힌다(마르쿠제, 1982: 209 참조).

그렇다면 이 두 힘이 서로 화해하지 않으면 안 된다. 마르쿠제는 18세기 후반에 활동했던 독일 시인이자 문학 이론가인 프리드리히 실러(Johann Christoph Friedrich von Schiller)가 이 두 힘을 화해시킬 수 있는 방안을 잘 제시해주었다고 본다(마르쿠제, 1982: 210 이하 참조). 실러에 따르면, 인간은 항상 변화하는 감각 세계 속에 살면서도 감각 자료를 법칙으로 조직해내는 내적 자기동일성을 유지하려고 하기 때문에 '감성적 충동' 혹은 '질료의 충동'과 '형식의 충동'이라는 두 가지 기본 충동을 갖는다. 감성적 충동은 우리를 자연에 묶어두며 실존의 현실에 압박을 가한다. 형식의 충동은 인간의 다양한 표출을 조화하려고 하는 자아의 욕구이다. 이 두 충동은 서로 충돌한다. 그리하여 이 두 충동을 지양하는 제3의 충동에 호소하지 않으면 안 된다. 이것은 '놀이의 충동'이다. 이것은 인간이 자신을 물질로 느낌과 동시에 정신으로 인식하고, 자신의 실존을 자각함과 동시에 자유를 의식하게 한다(비어즐리, 1995: 263 참조). 이러한 점에서 놀이의 충동은 몸과 마음이 분열되지 않으면서 서로가 서로를 속박하지 않고 자유로운 활동을 일으키는 힘, 그러므로 감성과 이성을 화해시키는 힘이라고 할 수 있다.

2. 타자의 욕망을 욕망하는 자아와 욕망의 사회적 조작

1) 타자의 욕망을 욕망하는 자아

프랑스 구조주의적 심리분석 이론가 자크 라캉(Jaques Lacan)은 개인적 주체 혹은 자아의 기능이 선천적인 것이 아니라 생후 6~18개월 사이에 '거울의 단계(le stade du mirroir)'라는 과정을 거치면서 겪는 '동일화 경험'을 통해 형성되는 것임을 보여준다(라캉, 1994: 38 이하 참조). 그에 따르면 생후 6개월 이전의 갓난아이는 자신의 몸이 통일적인 전체를 이룬다는 느낌을 받지 못하고 자기의 몸이 여러 가지 조각으로 나누어져 있을 것이라는 '원초적 환상'을 한다고 한다. 그러나 6개월이 지나면서 아이는 거울 앞에서 거기에 비친 자신의 영상을 보면서 근본적으로 그 영상이 자신의 것이라는 동일화 경험을 겪게 된다. 이 과정은 다음과 같은 세 단계로 나누어볼 수 있다(김형효, 1989: 238).

① 아이는 거울에 비친 영상을 실재적 존재로 지각한다. 이 단계에서 아이는 그 영상을 자신과 다른 존재로 여긴다.
② 이제 아이는 거울에 비친 존재가 실물이 아니고 하나의 영상임을 알게 된다. 그래서 아이는 거울 뒤로 가서 진짜 실물을 찾으려고 한다. 물론 그 뒤에는 아무것도 없다는 것을 알게 된다.
③ 마침내 아이는 거울에 비친 영상이 자기 자신의 반영이라는 것을 깨닫는다.

이러한 과정을 통해서 아이는 이제 자신의 몸을 하나의 전체성으로서 통일적으로 경험한다. 그러나 이 시기의 아이는 아직 말을 알지 못하고 의사소통으로서의 언어활동을 하지 못한다. 따라서 이 시기 아이의 신체적 통일성은 타인과의 관계 속에서 자신을 객관화하기 이전의 상태

큰 타자(l'Autre)

라캉은 소문자로 표기된 '작은 타자
(l'autre)'와 구별하기 위해서 첫 글자
를 대문자로 표기하는 '큰 타자
(l'Autre)'라는 용어를 사용한다. 그
의 용어법에서 작은 타자는 나의 반
영으로서의 타자이고, 큰 타자는 절
대적인 타자이다(라캉, 1994: 244
참조).

이다. 오히려 이 시기의 아이는 자기 자신 이외의 다른 것을 보지 못한다. 자신 이외의 다른 모든 것을 마치 거울 속에 비친 자신의 영상과 같은 반영된 자기로 인식한다. 그러므로 이 세상에 존재하는 것은 '자기'와 '반영된 자기' 둘밖에 없다. 여기에는 아이가 스스로 거리를 둘 수 있는 절대적 타자, 즉 큰 타자(l'Autre)가 들어설 자리가 없다. 이러한 점에서 이것은 '이자적(二者的) 관계'이고, 실제로 자기 자신이 아닌 것을 자기 자신으로 상상하고 있다는 점에서 순전히 '상상적인 것(l'imaginaire)'의 단계이다.

이러한 이자적 관계는 아이가 말을 배우고 언어활동을 하기 시작하면서 차차 깨어진다. 일상에서 항상 경험하듯이 우리는 자의적으로 언어활동을 할 수 없다. 예컨대 내가 다른 사람에게 어떤 말(parole)을 하고자 할 때 나는 결코 언어체계(langue)를 벗어날 수 없다. 그러므로 언어활동을 시작한다는 것은 곧 언어체계의 지배를 받기 시작했음을 의미한다. 언어활동이 시작된 아이는 자신이 언어체계의 지배를 받지 않을 수 없다는 사실에서 자기와 동일시할 수 없는 어떤 절대적인 타자, 즉 큰 타자가 있다는 것을 깨닫는다. 이것이 '삼자적 관계'이다. 여기서 언어체계는 나를 규정하는 나 바깥의 상징적 질서라고 할 수 있으므로 이 단계를 '상징적인 것(le symbolique)'의 단계라고 한다.

이 상징적인 것의 단계에 이르러 비로소 타인과의 관계 속에서 자신을 객관화한 통일체로서의 자아가 형성된다. 그러나 이 자아는 자기 마음대로 말하는 주체가 아니라 상징체계에 의거해 말하는 자이며, 궁극적으로 상징이 말하게 함으로써 말하는 자로 '구성된' 주체이다. 이로써 라캉은 근대적인 코기토(Cogito) 철학에서 나타난 실체로서의 인간관을 부정한다. 예컨대 그는 "나는 사유한다. 그러므로 나는 존재한다"라는 데카르트의 정식을 폐기하고, 그 대신 "나는 내가 존재하지 않는 곳에서 사유한다. 그러므로 나는 내가 사유하지 않는 곳에 존재한다"라고 말한다(라캉, 1994: 80). 여기서 핵심은 '나'의 분열이다. 데카르트가 '사유하는 나'와 '존재하는 나'를 동일한 것으로 보았다면, 라캉은 그 둘을 동일하지 않은 것으로 본다. 즉, 라캉은 존재하는 나와 사유하는(또는 말하는) 나의 분열을 주장한 셈이다.

이 주장의 근거는 무엇일까? 우리는 존재하는 나와 사유하는 나를 각각 상상적인 단계의 나와 상징적인 단계의 나에 대응해볼 수 있다. 앞서 보았듯이 상상적인 단계의 나는 모든 타자를 나의 반영으로 인식하는 나, 따라서 타자와 분리되지 않은 나, 그러므로 충만한 나이다. 충만하다는 것은 사유와 존재의 일치를 의미한다. 모든 것이 생각대로 되는 상태이다. 이에 반해 상징적인 것의 단계에서는 절대적 타자의 존재 때문에 모든 것이 내 생각대로 되지 않는다. 나는 내 마음대로 말하고 싶지만 말하기 위해서는 언어체계의 상징적 질서를 위반해서는 안 된다. 바로 여기서 내 마음대로 하고 싶어 하는 나와 내 마음대로 할 수 없는 나의 분열, 다시 말하면 충만한 나와 상징적 질서가 구성한 나의 분열이 생긴다.

라캉은 이러한 '나의 분열'을 '욕망'과 연결한다. 그가 말하는 욕망(désir)이란 아무런 갈등이나 모순이 없는 자기의 이상적인 상태라고 할 수 있는 상상적인 것의 단계에서 상징적인 것의 단계로 이행하는 과정에 일어나는 자아 분열로 생긴 틈 혹은 결핍을 채우고자 하는 것이다. 따라서 이것은 생리적인 의미의 욕구(besoin)*와 구별된다. 욕구는 일시적이나마 충족될 수 있으나 욕망은 근원적으로 충족될 수 없다. 왜냐하면 상징적인 질서 때문에 생긴 자아 분열은 그가 상징적인 것의 세계에 살고 있는 한 완전히 재통일될 수 없기 때문이다. 또 욕구는 구체적이고 고정된 대상을 향하지만 욕망은 그러한 대상이 없다. 왜냐하면 욕망은 근원적으로 충족될 수 없는 것이므로 충족 대상을 찾아 이번에는 이것을, 다음에는 저것을 욕망하는 끊임없는 대치 과정이라고 할 수

• 라캉의 용어법에서 '욕구'는 이 장의 1절에서 본 생존·생식, 자식 양육에 기인하는 욕망이라고 할 수 있다.

보드리야르의 소비사회
에 대한 사회학적 분석

보드리야르는 개인이 자신을 하나
의 소비 주체로 세우게 하는 현대 소
비사회의 생산구조에 라캉이 말하
는 거울의 단계와 비교할 만한 '생산
의 거울'이 있다고 한다. 사람들은
이 생산의 거울을 통해 자신을 반성
하고 자신의 자세를 세우며 자신을
무대에 등장시키는 방법을 배움으
로써 궁극적으로 자신을 자신으로
생산한다(보드리야르, 1994: 9 이
하 참조).

있기 때문이다(라캉, 1994: 81, 88 참조).

이와 같이 상상적인 것의 단계에서 상징적인 것의 단계로 이행하는
과정에서 생기는 자아 분열이 욕망의 원천이라는 라캉의 주장은 욕망
의 원천을 생존·생식, 자식 양육과 같은 인간에게 속한 동물 일반의 특
성에서 찾는 의견과 반대로 동물과 구별되는 인간의 고유한 특성에서
찾는 견해라고 할 수 있다. 왜냐하면 상징적인 것의 단계는 오직 인간
에게만 해당되기 때문이다. 즉, 인간은 상징적인 것의 단계에 진입함으
로써 비로소 동물과 구별되며, 이 단계에서 충만한 자아를 추구하는 욕
망을 갖게 된다.

그러나 상징적인 것의 단계에서 충만한 자아를 욕망하는 이 자아는
욕망의 주체가 되지 못한다. 왜냐하면 이 자아는 언어체계라는 상징적
질서에 매여 있기 때문에 말하는 주체가 될 수 없듯이 상징적 질서가
부여하는 욕망을 자신의 주체적 욕망으로 오인하기 때문이다. 결국 자
아의 욕망은 큰 타자에게 인정되기를 원하는 욕망이라고 할 수 있으며
(라캉, 1994: 89), 따라서 자아는 큰 타자의 욕망을 욕망하는 자라고 할
수 있다.

2) 소비사회와 욕망의 조작

라캉이 분석한 욕망의 실상은 욕망하는 자아가 상징적 질서가 구성
하는 주체일 수밖에 없다는 것, 따라서 자아가 욕망하는 것은 항상 상
징적 질서가 부여하는 욕망을 욕망하는 것이라는 데 있다. 프랑스 사
회학자 보드리야르의 소비사회에 대한 사회학적 분석에서 이와 같은
타자의 욕망을 욕망하는 자아의 생생한 모습을 발견할 수 있다.

보드리야르는 현대 소비사회에서 '사회체계'가 개인의 소비활동뿐만
아니라 소비하고자 하는 개인적 욕구 자체를 조작할 수 있다는 사실에
주목한다. 이를 밝히기 위해 그는 우선 근대 이후 산업적 생산력이 '기

계 → 자본 → 임금노동력 → 욕구체계(수요)'라는 형태로 '조직적으로' 확대되었다는 사실을 다음과 같이 분석한다(보드리야르, 1991: 95~96).

① 생산 질서가 전통적인 도구와 근본적으로 다른 기술체계인 생산력으로서의 기계를 생기게 한다.
② 이어서 이전의 '부(富)' 및 교환양식과 근본적으로 다른 투자 및 합리적 유통체계인 생산력으로서의 자본을 생기게 한다.
③ 그다음에는 전통적인 '일' 및 구체적인 노동과 근본적으로 다른 체계적이고 추상적인 생산력인 임금노동력을 생기게 한다.
④ 따라서 생산 질서는 욕구와 욕구체계를 만들어낸다. 그것은 생산력 및 생산과정에 대한 전면적인 통제 과정에서 앞서 말한 세 가지 체계를 보완하는 합리화되고, 통합되고, 제어된 전체로서의 생산력인 수요이다. …… 이 욕구는 체계의 요소로서 만들어지지 개인과 사물의 관계로 만들어지는 것이 아니다.

여기서 보듯이 보드리야르는 근대 이후 생산력의 조직적 확대 과정의 마지막 단계로 '욕구체계'를 들었다. 이때 욕구가 생산체계의 요소로서 만들어진 것이라는 점, 다시 말해서 생산체계가 더 많은 것을 생산할 수 있게 하는 '구조적인 힘'이라는 점이 중요하다. 여기서는 욕구를 개인적인 필요의 충족 혹은 사물의 향유와 관련된 개별적인 것으로 보는 전통적인 견해가 부정된다. 이러한 점에서 '욕구'는 언제나 '욕구체계'이며, 욕구체계는 생산체계의 산물이다.

욕구체계가 하나의 생산력이라면, 욕구의 완전한 만족이란 있을 수 없으며 있어서도 안 된다. 이러한 점에서 보드리야르는 욕구에 객관적 특성이 없으며, 오직 무한한 가변성과 계속적인 이동성만 있다고 주장한다. 이것은 "욕구란 어느 특정한 사물에 대한 욕구가 아니라 '차이'에 대한 욕구이다"(보드리야르, 1991: 100)라는 그의 말에서 잘 나타난다.

여기에는 기호들이 하나의 체계를 이루는 것과 마찬가지로 사물도 하나의 체계를 이룬다고 보는 그의 관점이 전제되었다.

기호체계로서의 사물체계

보드리야르는 『사물의 체계(Le Systéme des objets)』(1968)에서 오늘날 우리의 현실을 이루는 사물체계를 분석하면서 사물의 의미작용에 어떤 변화가 일어나고 있음을 보여준다. 일반적으로 어떤 사물의 의미는 그것이 우리의 실제적인 삶에서 쓰이는 용도와 관련해 생겨난다. 여기서 사물은 하나의 도구이며, 도구로서의 목적에 적합하게 부응하는지 그렇지 않은지에 따라 그 기능이 정해진다. 나아가 인간은 사물의 상징적 기능을 고려하기도 한다. 그러나 보드리야르가 오늘날 사물의 의미작용이 변화한다고 말할 때, 그는 이러한 도구적 기능이나 상징적 기능의 차원이 아닌 전적으로 다른 새로운 기능의 차원에서 사물을 고려한다. 그에 따르면, 이 새로운 기능은 특정한 사물이 하나의 '통일적인 기능체계', 하나의 '유기적 조직'에 통합되어 그 속에서 어떤 지위를 갖는가 하는 점에서 생겨난다(코트 잘라드·스크립타크·리샤르, 1993: 194 참조).

예를 들어 실내 장식에 쓰이는 티크는 그 자체만으로도 내벽의 마감 재료나 부의 상징으로서 기능하기도 하지만, 오늘날에는 실내의 전체적인 분위기를 위해 사용될 경우에 더 큰 의미와 가치를 지닌다. 즉, 티크는 따뜻한 실내 분위기를 연출하는 다른 여러 사물과 잘 조화될 수 있기 때문에 다른 것이 아닌 바로 그것이 사용된다. 여기서 티크는 실내 장식을 위한 단순한 재료로서의 목재가 아니라 실내의 전체 분위기에서 차지하는 하나의 '요소'로서의 목재이다. 이때 티크는 더 이상 일차적인 자연물질이 아니라 따뜻함을 나타내는 하나의 '문화적 기호'가 된다(보드리야르, 1999: 62 참조).

이미 페르디낭 드 소쉬르(Ferdinand de Saussure)가 밝혀주었듯이 기호는 그 자체로 고유한 의미를 갖는 실체가 아니다. 기호는 전체 체계에서 다른 것과 어떻게 관계하고 또 어떤 차이를 나타내는가에 따라 특정한 의미를 갖는다. 이 경우 하나의 기호에 구체적인 의미를 부여하는 것은 전체 체계이다. 이러한 점에서 기호체계로서의 사물체계는 사물을 조직하고 계열화하며, 그럼으로써 각각의 사물에 의미를 부여하는 '구조'를 통해 성립한다.

이처럼 사물이 기호처럼 구조화되었다면, 우리가 욕구하고 소비하는 것은 '사용가치'가 아니라 '기호가치'이다. 우리가 어떤 사물을 욕구하거나 소비할 때 그것의 사용가치를 고려한다는 것은 그 사물의 구체적인 '기능'을 통해서 나의 목적을 달성하려고 하는 의도가 있기 때문이다. 이에 반해 기호가치를 고려한다는 것은 그 사물이 일으키는 기호적인 차원에서의 '의미작용'을 통해 목적을 달성하려는 의도가 담겨 있기 때문이다.

의미작용(signfier)이란 어떤 기표가 특정한 하나의 기의를 나타나게 하는 힘을 말한다. 따라서 우리가 어떤 사물의 기호가치를 소비한다는 것은 그 사물의 의미작용의 결과로 나타날 수 있는 어떤 특정한 효과를 노린다는 것이다. 예를 들어 미개인들은 손목시계나 만년필과 같은 서구의 상품에 아무런 사용가치도 부여하지 않으면서도 그것이 단지 서구의 사물이라는 이유만으로 자신의 소유물로 삼으려고 한다. 보드리야르에 따르면 이러한 태도는 '힘'에 대한 환상에서 나온다. 이 힘은 손목시계나 만년필의 통상적인 사용기능에서 오는 힘이 아니라 자신이 서구의 '기호'를 가졌음을 다른 사람들에게 표시할 수 있는 힘이다(코트잘라드·스크립타크·리샤르, 1993: 197 참조).

그런데 기표와 기의는 필연적인 관계에 따라 대응하지 않고 자의적이고 우연적인 관계에 의해 일시적으로 대응한다. 이와 마찬가지로 어떤 사물이 행사하는 특정한 의미작용의 힘도 우연적이고 자의적이다. 즉, 미개인들에게 그가 서구의 기호를 가졌다는 것을 다른 사람에게 표시할 수 있는 힘은 반드시 손목시계나 만년필이 아니어도 상관없다. 다른 어떤 사물도 이러한 힘을 표시할 수 있다. 그러므로 기호로서의 사물은 생산의 무의식적인 구조로 작용하는 사회적 논리나 욕망의 논리가 나타나는 우연적인 기회일 뿐이다.

기호가치의 소비와 소비를 지배하는 사회적 코드

이처럼 사물이 기호체계처럼 구조화된 하나의 전체 체계에서 의미 작용을 일으키는 일종의 기호와 같은 것이라면, 개인의 소비활동은 사회체계의 무의식적 토대로서의 어떤 구조, 즉 기호학적 차원에서 말하자면 '사회적 코드(code)'의 지배를 받는다고 할 수 있다. 이러한 소비의 사회적 코드를 축으로 이루어지는 소비활동에서 사람들은 자기도 모르는 사이에 모든 소비자를 서로 얽어매는 코드화된 가치의 생산과 교환이라는 보편화된 체계에 한 요소로서 편입된다(보드리야르, 1999: 102 참조).

이것은 하나의 유기적인 조직으로서의 사회체계 그 자체가 '살아가는' 근본적인 방식이다. 하나의 유기적 생명체는 그 자신이 살기 위해서 모든 것을 그 자신의 요소로서 생산하고 재생산할 수밖에 없다. 이와 같이 소비사회가 자신의 생명력을 유지하기 위해서는 모든 개인을 체계의 요소로 통합하고 조직해야 한다. 이때 소비사회의 코드는 개인이 무의식적으로 그 코드에 종속하게 함으로써 결국 사회체계의 한 요소로서 살아가게 한다.

보드리야르는 이러한 코드의 작용을 다음과 같은 세 가지 예를 통해 설명한다. 첫째, 사람들이 강제로 소비하게 한다(보드리야르, 1999: 104 이하 참조). 보드리야르에 따르면 오늘날 소비는 권리나 즐거움으로서가 아니라 시민의 '의무'로서 강요되고 제도화된다. 실제로 오늘날의 충실한 소비 인간은 어떠한 소비거리이든지 간에 그 어떤 것을 혹시 놓치지나 않을까 하는 막연한 강박관념에 사로잡혀 있어야 한다. 왜냐하

코드(code)

기호학에서 각각의 기호는 다른 기호와 결합하는 방식에 따라 일정한 의미를 갖는데, 이때 각각의 기호가 다른 기호와 적절하게 관계를 맺을 수 있게 하고, 나아가 전체 체계에 적합한 부분으로서 자리를 차지할 수 있게 해주는 규칙이나 원리의 체계를 말한다.

면 소비사회의 코드가 지정해놓은 시민의 **판옵플리(panoplie)**를 갖추지 못하는 시민은 시민으로서의 의무를 이행하지 못하는 반사회적인 존재로 낙인찍혀 버리기 때문이다.

둘째, 사람들을 '소비하는 인간(homme-consommateur)'으로 사회화한다. 즉, 오늘날의 소비사회는 사람들에게 소비사회의 코드를 자연적인 것으로 받아들이도록 강요함으로써 사람들을 체계적이고 조직적인 소비능력을 갖춘 소비하는 인간이 되도록 훈련한다. 이러한 소비훈련의 대표적인 사례는 신용판매제도이다(보드리야르, 1999: 106 참조). 신용판매제도는 사람들이 다양한 상품에 쉽게 접근할 수 있게 하며, 또 무조건 절약해야 했던 엄격한 청교도적 삶의 방식에서 해방함으로써 '행복한 소비 시대'를 열어주었다. 그러나 사실상 이 제도 아래에서 행복한 소비자가 되기 위해서는 사후에 지불을 위한 치밀한 경제적 계산능력을 갖추어야 하고, 또 개인 계좌에는 구매대금 청구에 대해 언제든지 지불할 수 있는 잔고가 채워져 있어야 한다. 이러한 점에서 신용판매제도는 저축의 강요와 수요조정의 훈련 과정이다. 이러한 훈련을 통해서 사람들은 이제 모든 소비가 강제된 소비인데도 자기 욕구에서의 해방, 개성의 창출, 풍요로움의 향유를 자발적으로 실현한다고 믿게 된다.

셋째, 사람들이 고립된 소비자로 살게 한다. 생산적 자본주의체계에서 노동자는 사회적 생산의 한 일원으로서 '분업'이라는 생산 메커니즘에 따라 항상 다른 사람과 관계를 맺어야 한다. 그러나 소비사회의 코드는 사람들을 다시 고립시켜서 서로 무관심한 군중으로 살도록 만든다. 이처럼 소비사회에서 소비자가 서로 고립된 존재로 살아갈 수밖에 없는 이유는 소비 대상이 사람들을 고립시키기 때문이다(보드리야르, 1999: 113~114). 앞에서 보았지만 오늘날 소비사회에서 소비 대상은 기호이다. 예컨대 특정한 모델의 자동차를 소비한 소비자가 그 자동차의 기능적 결함 때문에 집단적으로 항의하는 일은 있어도, 그 자동차가 의미작용하는 기호적 가치가 기대에 못 미치기 때문에 집단적으로 항의

판옵플리(panoplie)
본래 중세 기사가 착용하던 한 벌의 군장을 가리키는 말로서, 오늘날에는 하나의 세트를 이루는 장난감을 뜻하는 말로 쓰이기도 한다. 판옵플리에서 중요한 것은 그것을 구성하는 여러 요소 중에서 하나라도 빠져버리면 그것을 갖추지 못한 것으로 간주된다는 사실이다.

하는 일은 없다. 이처럼 오늘날에 소비 대상은 사람들을 고립시킴으로써 소비자를 무의식적이고 비조직적인 개인으로 원자화한다.

조작된 개성, 조작된 욕구

산업사회는 개성을 허용하지 않았다. 대량생산체계는 사람들이 자신을 표현하기 위해 사용하는 모든 사물을 규격화했으며, 모든 개인을 산업생산 시스템의 교환 가능한 부품으로 취급했다. 산업사회에서는 사람들이 개성을 가질 여유도, 필요도 없다. 따라서 산업사회 이후 개성은 존재하지 않는다. 그러나 소비사회는 이 존재하지 않는 개성을 되살려내고 있다. 현재 다양한 매체를 통해 이루어지는 상업광고를 보라. 어느 것이나 하나같이 개성을 강조하지 않는가?

그러나 보드리야르는 소비사회에서 만들어지는 개성이 사실상 개성이라고 할 수 없는 것이라고 본다. 본래 개성은 다른 어떤 것으로도 환원할 수 없는 차이와 특이성으로 표현되지만, 소비사회에서는 개성이라는 것 자체가 '산업적으로' 생산되기 때문에 개성의 본래 의미를 유지할 수 없다는 것이다.

그러므로 소비사회에서 개성을 위한 차이는 실질적인 차이가 아니다. 그것은 '차이표시용구'의 일반적인 분배법칙에 따라 나타나는 사회적 차이일 뿐이다. 대체로 '차이표시용구'는 수적으로 제한되지만, 그렇지 않다 하더라도 누구나 그것을 가질 수 있도록 허용되지 않는다. 이른바 차이표시용구를 분배하는 데에는 형법만큼이나 무시될 수 없는 엄격한 '분배법칙'이 있다. 따라서 "사용가치로서의 사물 앞에서는 모든 사람이 평등하지만, 엄하게 등급이 매겨진 기호와 차이로서의 사물 앞에서는 전혀 평등하지 않다"(보드리야르, 1999: 120~121).

그런데 기호로서의 사물은 왜 이렇게 불평등하게 분배되는가? 보드리야르는 차이표시용구의 불평등한 분배를 소비사회 자체가 생존하는 방식, 더욱 구체적으로는 혁명을 예방하는 방식이라고 주장한다. 그에 따르면, 소비사회에서 차이화의 코드에 의한 개인의 차이화는 개인 한 사람 한 사람을 각각 개성 있는 존재로 만드는 것이 아니라, 동일한 기호를 공유하는 사람들을 동질성을 띠는 하나의 집단으로 묶은 다음 이 집단의 사람들을 다른 집단의 사람들과 차이화하는 방식으로 진행된다.

이것은 사회적으로 두 가지 효과를 낳는다. 첫째, 동일한 기호를 공유하는 사람들을 동질성을 띠는 하나의 집단으로 묶음으로써 집단의 내적 상호성과 자기도취적 응집력을 발휘하게 된다. 이러한 현상은 집단 간의 극단적인 대립과 사회 분열을 불러일으킬 수 있다. 둘째, 오늘날 집단들 사이의 차이는 부의 불평등과 같은 사회적 모순으로 이해되지 않고, 단순한 취향의 차이로서 이해되기 때문에 집단들 사이의 차이가 오히려 상호 승인의 기호로 작용한다(보드리야르, 1999: 126 참조).

이러한 점에서 소비사회는 차이화를 통해 사회적 모순을 해결하면서 자신을 유지한다. 한 집단에 소속된 사람들은 다른 집단에 소속된 사람들과의 차이를 부각하는 소비 질서에 따라 끊임없이 소비한다. 이 때문에 특정한 소비 코드를 공유하는 집단 안에서는 쉴 틈 없이 '유행의 혁명'이 일어난다. 그러나 어떤 사람도 차이화 자체를 부정하지는 않는다. 다시 말해서 소비사회의 코드 자체는 불변적으로 유지된다는 것이다. 그러므로 "코드의 수준에서는 혁명이 있을 수 없다. —아니, 혁명은 매달 일어난다. 그것은 '유행의 혁명'이며 무해(無害)한 혁명인데, 다른 혁명을 실패하게 만든다"(보드리야르, 1999: 127).•

결국 소비사회에서 개개인의 소비활동은 그 자신을 존속시키려는 소비사회 자체의 메커니즘에 속하는 부수적인 활동이다. 이러한 의미에서 소비는 자신의 욕구를 충족하기 위한 주체적 활동이 아니다. 오히려 소비는 "기호를 흡수하고 기호에 의해 흡수되는 과정이다"(보드리

• 이 부분은 롤랑 바르트(Roland Barthes)의 『신화론(Mythologies)』(1957)에 등장하는 '현대 부르주아지 신화의 수사법' 중 첫째 항목인 '예방접종(vaccine)'과 비교할 만하다. "예방접종은 근본적인 악을 더 잘 숨기기 위해 계급제도의 부수적인 악을 인정한다"(바르트, 1995: 82). 예를 들어 현대 부르주아지는 예술 영역에서 아방가르드와 같은 국지적인 전복을 허용함으로써 전면적인 전복의 위협을 방지한다.

야르, 1991: 297). 전자의 기호는 기호로서의 사물 혹은 사물의 기호가치를 뜻하고, 후자의 기호는 소비 코드를 제공하는 기호체계 혹은 기호질서를 뜻한다.

이러한 형태의 소비에서는 기호의 발신과 수신만 있을 뿐 '나'에 대한 반성이 있을 수 없다. 보드리야르는 이것을 '거울'과 대비되는 '쇼윈도'로 설명한다.

행복할 때도 불행할 때도 인간이 자신의 상(像)과 마주 대하는 장소였던 거울은 현대 질서에서는 사라지고, 그 대신 쇼윈도가 출현했다. ─ 거기에서는 개인이 자기 자신을 비춰보는 것이 아니라 대량의 기호화된 사물을 응시할 따름이며, 응시함에 의해 사회적 지위 등을 의미하는 기호 질서 속으로 흡수되어버린다. 따라서 쇼윈도는 소비 그 자체가 그리는 궤적을 반영하는 장소이며, 개인을 반영하기는커녕 오히려 흡수해서 없애버린다. 소비 주체는 개인이 아니라 기호 질서이다(보드리야르, 1991: 298).

3) 욕망을 조작하는 사회 타파하기

보드리야르가 말한 소비사회가 인간 욕망을 구조적으로 지배함으로써 인간소외를 야기한다면, 우리는 스스로 욕망의 주체가 되기 위해서 무엇보다도 먼저 소비사회의 구조를 타파하고 새로운 사회를 건설하는 방안을 생각할 수 있다. 그런데 누가, 어떻게 이러한 타파를 실행하고 성취할 것인가?

우선 마르크스가 제시한 프롤레타리아 혁명을 생각해볼 수 있을 것이다. 그런데 이러한 혁명이 이루어지기 위해서는 무엇보다도 먼저 하나의 계급의식을 공유하는 프롤레타리아 계급이 확고하게 서 있어야 한다. 그러나 보드리야르는 계급 개념상 그러한 혁명 주체로서의 프롤레타리아 계급이 존재할 수 없다고 본다. 그에 따르면 계급 개념은 합리적인 생산과 계산된 생산력을 추구하는 사회에서 태어난 합리주의적이고 보편주의적인 개념으로서 단지 생산수단의 소유 여부에 따라 정의될 뿐만 아니라 생산의 합리적인 궁극성으로도 정의될 수 있는데, 후자의 정의에 의하면 부르주아든 프롤레타리아든 간에 모두 자본주의적 생산의 합리성에 포함되는 요소일 뿐이다(보드리야르, 1994: 152 참조). 그러므로 프롤레타리아는 근본적으로 자본의 보호 아래에서 존속하고 성장할 수밖에 없는 사람들이다. 단적으로 말해서 이들이 자본주의적 생산구조를 타파해야 할 어떠한 이유도 없다.

이러한 계급 개념을 분석하지 않더라도 소비 코드가 지배하는 소비사회에서 개인들이 소비 주체가 될 수 없다는 것은 또한 그 개인들이 혁명 주체도 될 수 없다는 것을 의미한다. 앞서 보았듯이 소비사회에서 사물은 아무것도 아니며, 사물의 배후에 있는 인간관계도 텅 빈 것이다. 그리하여 보드리야르는 다음과 같이 말한다.

> 어느 날 갑자기 난폭한 폭발과 붕괴의 과정이 시작되어 1968년 5월과 같이 예측할 수는 없지만 확실한 방식으로 이 [소비의] 하얀 미사(messe blanche)를 때려 부수기를 기다려보자(보드리야르, 1991: 305).

이로써 보드리야르가 생각하는 것은 소비사회가 외부에서 가해지는 충격(explosion, 외파)에 의해서가 아니라 내부로 함몰하는 과정(implosion)에 의해서 붕괴되리라는 것이다. 태양을 예로 들어보자. 현재 태양은 안으로 응집하는 인력과 내부의 수소핵융합 과정에서 발생하는 온도에 의해 바깥으로 팽창하는 힘이 균형을 이루고 있는 상태이다. 그런데 이 수소핵융합이 계속되면 언젠가는 태양이 수소를 소진할 때가 있을 것이다. 이런 경우에는 수소핵융합 과정에서 생성된 헬륨이 핵융합반응을 일으킬 만큼 아직 태양 내부의 온도가 상승하지 않았기 때문에 핵융합에 의해 바깥으로 팽창하는 힘보다 중심으로 응집하는 힘이 더 커져서 태양이 수축할 것

하얀 미사
(messe blanche)

"자기 이외에는 어떤 다른 신화도 가지지 않는 사회의 예방위생적인 하양(blancheur)"(보드리야르, 1991: 305)이라고 표현되는 소비사회에서 사람들이 엄숙한 미사에 참여하듯 소비사회의 코드에 흡수되어 살아가는 모습을 뜻한다.

보부르(Beaubourg)
프랑스 파리의 퐁피두 국립문화예술관이 있는 공간을 지칭하는 명칭이지만, 이 문화예술관을 지칭하는 명칭으로 쓰이기도 한다.

이다. 이러한 태양의 수축 과정에서 그 내부 온도가 다시 상승해 헬륨핵융합이 시작되면 팽창하는 힘이 더 커져서 태양의 크기가 커진다. 그러나 헬륨 역시 소진될 때가 있다. 그러면 헬륨핵융합 과정에서 생성된 탄소 등의 핵융합이 일어나야 한다. 이런 식으로 태양은 계속 원자량이 더 큰 원소의 핵융합이 일어남으로써 유지될 수 있지만, 이것이 끝없이 진행될 수 없으므로 언젠가는 핵융합이 멈출 것이다. 이때 태양은 밖으로 팽창하는 힘을 전혀 가질 수 없게 되고, 따라서 안으로 응집하는 힘에 의해 급속도로 수축할 것이다. 이 경우 태양은 이른바 백색왜성이 되어 천체로서의 기능을 다하고 우주쓰레기가 된다. 결국 태양은 외부 충격으로 파괴되지 않고 내부로 함몰하는 과정에 의해 붕괴된다.

보드리야르는 소비사회도 이와 같이 내부로 함몰하는 과정에 의해 붕괴될 때가 있으리라고 본다. 그는 매우 재미있는 예를 들었다.

> 대중은 …… 똑같이 거역할 수 없는 충동으로 보부르(Beaubourg)를 향해 몰린다. 더욱 좋은 것은 대중이 곧 보부르의 대재난이라는 것이다. 그들의 숫자, 그들의 짓밟음, 그들의 미혹, 모든 것을 보고 조작하고자 하는 그들의 억제할 수 없는 욕구는 객관적으로 모든 사업에 치명적이고 비극적인 행동이다. 단순히 그들의 무게가 이 건물을 위험하게 할 뿐만 아니라, 그들의 가입·호기심이 이 흥분의 문화 내용물 자체를 제거한다(보드리야르, 1992: 125).

요컨대 보드리야르가 기대하는 것은 오늘날 소비사회의 코드가 대중에게 문화적 욕망을 갖게 요구함으로써 사람들을 소비사회의 상징 건물인 보부르로 몰려들게 하지만, 오히려 여기에 사람들이 몰려들어 그 무게 때문에 건물 자체가 붕괴되어버리는 사태이다. 결국 소비사회도 그것을 존속시키는 내적 원리에 의해 그 자체가 붕괴될 때가 있을 것이라는 것이 보드리야르의 전망이다.

3. 질료적 흐름으로서의 욕망과 욕망의 포획

1) 질료적 흐름으로서의 욕망

프랑스 철학자 질 들뢰즈(Gilles Deleuze)와 프랑스 심리분석학자 펠릭스 가타리(Félix Guattari)는 『앙띠 오이디푸스(L'anti-Oedipe)』(1972)에서 욕망의 원천에 대한 새로운 의견을 제시했다. 그들에 따르면, 욕망이란 본질적으로 나의 의지라거나 나의 의식적인 바람과 같은 것이 아니라 무의식적인 것이다. 따라서 욕망은 어떤 주체가 의식적으로 행사하는 힘이 아니라 어떠한 주체와도 결부되지 않는 무의식적인 힘이다. 이처럼 '주체'라든지 '인간'이라는 의미와 결부되지 않는 욕망의 무의식적 특성을 설명하기 위해 들뢰즈와 가타리는 독특하게도 '기계'라는 용어를 채택한다.

기계는 의식하지도 않고, 또 그 자신의 의지도 없다. 기계는 그것이 움직이는 일정한 법칙에 따라 외부에서 주어지는 힘을 받고, 그 힘으로 스스로 움직이고, 자신의 움직임을 또 다른 힘으로서 다른 그 무엇에 전달할 뿐이다. 여기서 나타나듯이 기계는 분명히 어떤 힘을 발휘하고 있지만, 그렇다고 해서 이 기계를 그 힘의 주체라고 말할 수는 없다. 이와 같이 기계들을 통해 이쪽저쪽으로 흘러가는 힘, 아리스토텔레스 식으로 말하자면 그 자체로는 아무것도 아니지만 그 어떤 것으로도 될 수 있는 '질료'와 같은 힘의 흐름이 바로 '욕망'이다.

그렇다면 세계는 '욕망하는 기계들(machines désirantes)'로 가득 차 있다.

연결되고 연접한 기계들의 기계이다. 한 기관기계(machine-organe)는 한 원천기계(machine-source)에 연결된다: 하나는 흐름을 내보내고, 다른 하나는 그 흐름을 끊는다. 유방은 젖을 생산하는 기계요, 입은 유방에 연결된 기계이다(들뢰즈·가타리, 2000: 15).

이와 같이 각각 이질적인 기계들이 그때그때 새롭게 다른 기계와 연결될 때 각 기계의 힘이 서로 부딪치면서 생성과 변화가 발생하는데, 이러한 생성과 변화는 궁극적으로 그 어떤 것을 생산한다. 이러한 점에서 모든 욕망하는 기계는 곧 생산하는 기계이다. 여기서 욕망의 생산적 측면이 나타난다.

…… 이 생산의 한가운데서, 그 생산 자체 속에서, …… 생산과정의 한가운데에, 제3시점으로서의 〈불가해한 전적인 일시정지〉: …… 자동기계들은 한순간 정지하고, 그것들이 분절해둔 비유기적인 덩어리(masse inorganisée)를 출현시킨다. 기관들 없는(sans organes) 이 충만한 신체는 비생산적인 것, 불모의 것, 낳지 못하는 것, 소비할 수 없는 것이다(들뢰즈·가타리, 2000: 23).

여기서 보듯이 들뢰즈와 가타리는 욕망하는 기계들의 연결로 이루어지는 계속적인 생산과정에서 갑자기 나타나는 불가해한 일시정지 상태를 극작가 앙토냉 아르토(Antonin Artaud)에게서 차용한 "기관들 없는 신체(Corps sans Organes)"라는 말로 표현했다. 이것은 우선 말 그대로 그 부분들이 서로 유기적으로 조직되지 않은 '비유기적 덩어리'를 말한다. 여기서는 신체 부분들을, 예컨대 '신의 심판'과 같은 어떤 거대한 외적인 힘이 유기적으로 조직하지 않는다는 것이 중요하다.* 이 경우 각각의 신체는 아직 그 기능이 일정한 의미로 고정되지 않은 질료와 같다.

이것을 다르게 표현한 것이 바로 "강도=0"(들뢰즈·가타리, 2000: 38; 2001: 294 참조)이다. 여기서 '강도(强度, intensité)'란 어떤 물질의 '단단

---

* "신의 심판, 신의 심판체계, 신학체계는 바로 유기체 또는 유기체라고 불리는 기관들의 조직화를 만들어내는 〈그 자〉의 작업이다"(들뢰즈·가타리, 2001: 305).

함의 정도'를 지칭하는 물리학 용어이지만, 어원적으로 보면 '안으로 (in) 뻗치다(tendo)', 즉 중심으로 끌어당기는 힘의 정도를 의미한다. 따라서 '강도=0'이란 중심으로 끌어당기는 힘이 전혀 없는 상태를 말한다. 이처럼 중심으로 끌어당기는 힘이 전혀 없는 신체라면, 그것은 당연히 그 부분들을 유기적으로 조직할 수 없는 신체, 즉 기관들 없는 신체일 수밖에 없다.

그러나 이러한 기관들 없는 신체가 강도=0의 상태라고 해서 단순히 그것을 죽음의 상태와 동일시해서는 안 된다. 오히려 이것이야말로 욕망의 '존립지반(plan de consistance)'*이다. 이것은 마치 건물의 기초와 같이 그 위에 무엇을 세우는 불변의 토대가 아니다. 반대로 그것은 욕망을 그 어떤 형식적 틀로써도 재단하거나 구조화하지 않은 질료와 같은 원초적인 상태로 내버려둔다는 의미에서, 그리하여 언제든지 새로운 그 무엇으로 될 수 있게 하는 것이라는 의미에서 욕망의 존립지반이라고 할 수 있다.

결국 기관들 없는 신체와 이것의 부분적 대상이라고 할 수 있는 욕망하는 기계들은 동일한 것의 두 상태이다.

근저에서 부분적 — 기관들과 기관들 없는 신체는 유일하고 동일한 것, 유일하고 동일한 다양성(multiplicité)이다. …… 부분적 대상들은 기관들 없는 신체의 직접적인 힘들이요, 기관들 없는 신체는 부분적 대상들의 가공되지 않은 질료이다. 기관들 없는 신체는 항상 이러저러한 정도의 강도로 공간을 채우고 있는 질료요, 부분적 대상들은 이 정도들, 이 강도 있는 부분들이다. 이 부분들은 강도=0인 질료에서 출발해 공간 속에 현실적인 것을 생산한다(들뢰즈·가타리, 2000: 479~480).

• 'plan de consistance'는 말 그대로 '균일한(consistance) 평면(plan)'으로서 어떤 것이 성립할 수 있게 해주는 지반을 뜻한다. 한국어판 『천 개의 고원(Mille Plateaux)』(1980)에서는 '고른판'으로 옮겼고, 일본어판에서는 '존립평면'으로 옮겼다(들뢰즈·가타리, 2001: 13 역자 주 참조). 그러나 여기서는 의미를 고려해 '존립지반'이라는 용어를 쓴다.

이와 같이 욕망하는 기계들과 기관들 없는 신체는 끊임없이 밀어내고 끌어당김으로써 현실을 새롭게 창조한다.

2) 욕망 포획의 역사

들뢰즈와 가타리가 말한 욕망이란 생산으로서의 욕망이다. 그러나 그 생산은 무의식적이고 기계적이며, 따라서 다음 순간에 어디로 튈지 전혀 예측할 수 없는 방식으로 흘러가는 일종의 질료적 흐름이다. 이처럼 욕망의 방향이 불확정적이라는 것은 곧 생산의 방향도 불확정적임을 의미한다. 그러나 역사를 되돌아보면 질료적 흐름으로서의 욕망은 특정한 목적으로 이루어지는 사회적 생산을 위해 포획되어온 것처럼 보인다.

앞에서 보았듯이 욕망하는 기계는 강도=0인 기관들 없는 신체를 질료로 구체적인 현실을 창출한다. 이때 기관들 없는 신체는 욕망하는 기계들을 밀어냈다가 끌어당기기를 반복하는데, 특히 후자의 상태에서는 욕망하는 기계들이 마치 기관들 없는 신체에서 생겨나오는 것처럼 보인다. 이 때문에 기관들 없는 신체는 욕망하는 기계들의 의사－원인(quasi-cause)으로 작용하는 것처럼 보인다(들뢰즈·가타리, 2000: 28 참조).

욕망하는 생산에서 나타나는 이러한 의사－원인은 사회적인 생산에서도 나타난다. 모든 욕망하는 생산에 기관들 없는 신체가 전제되었듯이 모든 사회적인 생산에도 '기관들 없는 사회적 신체'라고 할 수 있는 '사회체(socius)'가 전제된다. 이것은 사회적 생산에서의 비생산적인 일시정지, 생산과정과 짝을 이루는 반생산의 요소이지만, 동시에 새로운 생산이 조직되는 존립지반이기도 하다.

그것들은 모든 생산에 관여해, 생산력들과 생산자들이 배치되는 표면을 이룬다. 그리하여 그것들은 잉여생산물을 자기 것으로 만들고, 이제는 의사-원인으로서 그것에서 생겨나는 것으로 보이는 생산의 진행 과정 전체와 부분들을 마음대로 주무른다(attribuer)(들뢰즈·가타리, 2000: 26~27).

여기서 보듯이 사회체가 사회적 생산을 조정하는 역할을 한다면, 이것은 이미 욕망을 특정한 사회적 생산을 위한 생산력으로서 포획하는 것이라고 할 수 있다.

이러한 욕망 포획의 역사, 즉 사회적 생산의 역사에서 중심을 이루는 것은 사회체이다. 모든 사회기계(machine sociale)에는 각각 고유한 사회체가 있다. 들뢰즈와 가타리에 따르면 사회기계들은 원시적·야생적인 영토적 기계(machine territoriale primitive/sauvage), 야만적인 전제 군주적 기계(machine despotique barbare), 문명적인 자본주의적 기계(machine capitaliste civilisée)라는 유형으로 나누어지는데, 이들은 각각 토지의 신체, 전제군주의 신체, 자본이라는 각각의 사회체를 통해 질료와 같은 개별적인 욕망의 흐름을 포획해 사회적 생산을 위한 생산력으로 결집해왔다.

원시적인 영토적 기계

원시적인 영토적 기계의 사회체는 토지의 신체이다. 물론 여기서 말하는 토지는 농토와 같은 분할 가능하고 소유 가능한 재산으로서의 토지가 아니다. 그것은 그 위에서 살아가는 사람들을 내적으로 통일하는 분할 불가능한 자연적 실체로서, 이른바 '충만한 신체(corps plein)'이다. 그리하여 "토지는 그 위에 생산의 모든 진행 과정이 등기되고, 노동대상들, 노동수단들, 노동력들이 등록되고, 노동자들과 생산물들이 분배되는 표면이다"(들뢰즈·가타리, 2000: 215). 이것은 대지의 여신이 재배 가능한 종자들, 농업 용구들, 인간의 기관들을 자기 위에서 결합한다는 신화에서 생겨난다.

예컨대 경작을 시작했던 원시 시대 사람들은 우선 경작할 수 있는 작물과 경작할 수 없는 작물을 구별했을 것이다. 결과적으로 경작할 수 있는 작물만 경작지에 모이게 된다. 또 경작하는 일과 관련해 모든 농업 용구가 배치된다. 나아가 개개인의 손과 발을 매 순간 어떤 위치에서 어떻게 움직여야 할 것인지 정해진다. 즉, 개인들은 토지(경작)와 관련해 자신의 기관들의 사용을 스스로 결정하지 않고 집단에 맡긴다. 이 경우 사람들은 생물학적 기억을 억제하고, 그 대신 집단의 기억, 기호들의 기억을 획득해야 한다(들뢰즈·가타리, 2000: 220 참조). 여기서 이른바 '코드화(codage)'가 이루어진다.

원시적인 영토적 기계는 생산의 흐름들, 생산수단의 흐름들, 생산자와 소비자의 흐름들 등 모든 흐름을 코드화한다. 예컨대 원시적인 영토적 기계는 사람들이 행동하고, 전달하며, 운동하는 모든 단계에서 그들을 하나의 제도적 모델로 통합함으로써 사회관계들을 형성한다. 원시사회에서는 대부분의 사회관계가 친족관계에 따라 결정되었다는 사실에서 알 수 있듯이, 원시적인 영토적 기계의 기능은 "토지의 신체 위에서 결혼과 부자관계, 즉 가계(家系)를 일정한 방향으로 향하게 하는 것(décliner)"(들뢰즈·가타리, 2000: 222~223)이다.

그러나 이처럼 결혼과 부자관계를 일정한 방향으로 향하게 하는 영토적 기계는 분절들로 이루어진 것(la segmentaire)이다(들뢰즈·가타리, 2000: 230 이하 참조). 이 기계 안에서 각 분절은 서로 서열을 이루는 일련의 단계적인 계열 속에서 다른 분절과 대립함으로써 자기의 길이를 확정하고 특정한 분절로서 존립한다. 이처럼 원시사회는 다른 집단들과 대결함으로써 융합하는 융합의 극과 결혼관계를 통해 끊임없이 새로운 가계를 형성하는 분열의 극을 왔다 갔다 한다. 그러나 위기는 '바깥에서' 온다. 즉, 정복자들이 쳐들어와서 원시적 체계를 깨부수어버린다. 이를 통해 바로 '국가', 들뢰즈와 가타리의 용어법으로 말하자면 '야만적인 전제군주적 기계'가 출현한다.

야만적인 전제군주적 기계

이제 사회기계는 큰 변화를 겪는다.

영토적 기계 대신 국가라는 '거대기계', 즉 기능적인 피라미드가 등장한다. 이 피라미드의 정점에는 부동의 원동자인 전제군주가, 측면의 전달기관으로서 관료장치가, 밑바닥에는 노동의 부품들로서 향촌사람들이 놓인다(들뢰즈·가타리, 2000: 294).

여기서 보듯이 국가는 전제군주가 절대적인 권한으로써 욕망의 흐름들을 조절하면서 생산을 통합하는 사회기계이다. 따라서 전제군주적 기계의 사회체는 전제군주의 신체이다. 이제 사회체로서의 충만한 신체는 토지가 아니라 전제군주이다. 이 전제군주야말로 외견상 나타나는 모든 운동의 유일한 의사―원인이다(들뢰즈·가타리, 2000: 293 참조).

그런데 전제군주는 어떻게 자신의 절대적인 권한을 정당화하는가? 들뢰즈와 가타리는 그것을 '새로운 결연과 직접적인 부자관계'에서 찾는다. "전제군주는 고대 공동체의 횡적 결연들과 확대된 부자관계들을 인정하지 않는다. 그는 새로운 결연을 강요하고 신과의 직접적인 부자관계를 부여받는다"(들뢰즈·가타리, 2000: 291). 여기서 보듯이 씨족과 씨족이 여자와 선물을 교환하면서 상호 공존하는 횡적 결연의 시대는 지나갔다. 그 대신 전제군주가 곧 신의 아들임을 내세우는 여러 가지 신화적 장치를 통해 전제군주는 원시적인 결연과 부자관계의 교차점 밖으로 뛰쳐나가 초월적인 지위를 차지한다.

이러한 초월적 지위를 갖는 전제군주를 정점으로 하는 국가에서 들뢰즈와 가타리는 '탈영토화(déterritorialisation)운동'을 본다. 이것은 말 그대로 자신이 속한 특정한 영토(속령)를 벗어나게 되는 것으로서, 기존 질서에서 떨어져 나오거나 그것을 파괴하는 운동을 의미한다. 그러나 기존 영토를 벗어난 사람들은 새로운 영토를 갖지 않으면 안 된다.

따라서 탈영토화는 사람들이 낡은 영토를 떠나 새로운 영토에 편입되는 운동 전체를 의미한다.

국가가 시행하는 탈영토화운동은 우선 원시적 코드화를 집중적으로 파괴하지만, 아주 적은 부분이나마 이 코드화의 일부를 보존하면서 이것들을 새로운 기계들 속의 이차적인 부품으로 편입시킨다. 예컨대 토착적인 가계기계의 톱니바퀴 장치는 아직 존속하지만 국가기계의 부품으로서만 기능한다. 이렇게 되면 가계기계는 지금까지 그것의 흐름을 일정한 방향으로 흐르게 해준 코드화에 따를 수 없고, 그 대신 그것을 부품으로 포함하는 국가기계가 제공하는 새로운 코드에 따르지 않으면 안 된다.

여기서 이른바 '초코드화(surcodage)'가 이루어진다. 초코드화란 기존 코드체계 위에(sur) 다른 새로운 코드가 덧씌워짐을 의미한다. 그러므로 바깥에서 와서 다원적이고 열린 원시 공동체들을 무너뜨리고, 전제군주를 정점으로 하는 기능적인 피라미드로서 성립된 국가가 원시적 사회기계의 코드화된 흐름들을 초코드화하는 것은 당연하다. 이러한 점에서 "초코드화야말로 국가의 본질을 이루는 조작이고, 국가가 낡은 조직체들과 연속하는 동시에 단절하는 일을 조정하는 조작이다"(들뢰즈·가타리, 2000: 300).

그렇다면 국가의 초코드화는 구체적으로 어떻게 이루어졌는가? 들뢰즈와 가타리에 따르면 "초코드화는 탈영토화한 충만한 신체를 위해 토지를 빼앗고, 이 충만한 신체 위에서 부채운동이 무한한 것이 되게 한다"(들뢰즈·가타리, 2000: 300). 이것은 국가가 시작될 때부터 시행했던 국가의 두 가지 기초적인 법령(acte)에서 잘 나타난다(들뢰즈·가타리, 2000: 296 이하 참조).

하나는 거주지를 고정한다는 법령이다. 이 법령에는 단순히 국가가 사람들을 거주지에 따라 등록한다는 의미가 있다. 그러나 여기서 중요한 것은 이 법령에 토지의 대상화와 분할이 전제된다는 것이다. 즉, 예전에는 소유대상이 될 수 없었던 토지를 국가 혹은 국가의 지배 계층에 속하는 사람들의 소유대상이 되게 하고, 사람들을 어느 특정한 토지에 소속시켜서 전체적으로 관리한다는 것이다.

다른 하나는 신분이 낮은 사람들(petit)의 부채를 면제한다는 법령이다. 그런데 이것은 역설적이게도 토지의 재분배 및 새로운 영토적 기계의 등장을 방지하고 국가의 지배 체제를 더욱 강화하는 수단이 된다. 예컨대 고대 그리스의 몇몇 참주정치에서 귀족들에게 세금을 징수하고 가난한 사람들에게 돈을 분배한 결과 부자들은 더욱 부유해지고 가난한 사람들은 더 많은 부채를 떠안게 되었다는 사실을 볼 수 있다.* 이처럼 돈의 순환은 가난한 사람들의 부채를 무한히 늘렸고, 결국 국가에 의한 신분이 낮은 사람들의 부채면제는 그들에게 국가에 대한 끝없는 의무이행과 종속의 길을 갈 수밖에 없게 했다.

문명적인 자본주의적 기계

지금까지 본 것처럼 전제군주적 사회기계는 영토적 사회기계를 무너뜨리고 기존 코드화를 초코드화하면서 전제군주를 중심으로 욕망들의 흐름을 조절해왔다. 그러나 영토적 사회기계가 그 자체의 생존을 위해서 권력의 집중화를 방지하려고 애썼던 것처럼, 전제군주적 사회기계도 그 자체의 생존을 위해서 생산과 교환 영역에서의 탈코드화(décodage)** 를 방비하려고 애쓴다. 그럼에도 국가가 초코드화를 위해 도입했던 돈(화폐)의 확대는 시간이 지남에 따라 상업의 확대를 초래했고, 급기야 교환과 상거래의 흐름이 국가의 독점을 이탈하는 탈코드화를 낳게 했다.

이리하여 야만적인 전제군주적 기계는 무너지고 그 내부에서 문명적인 자본주의적 기계가 성립한다. 그러나 자본주의적 기계의 성립은

---

* 들뢰즈와 가타리는 이 이야기의 출처를 1971년 '콜레주 드 프랑스(Collège de France)'에서 행한 푸코의 강연 "앎의 의지(La Volonté de savoire)"라고 밝혔다(들뢰즈·가타리, 2000: 297 참조).

** décodage는 본래 '코드를 해독하다'를 뜻하는 동사 décoder에서 파생된 단어이지만, 여기서는 기존 코드를 이탈하고 파괴한다는 의미로 쓰인다(들뢰즈·가타리, 2000: 364 참조).

이전의 전제군주적 기계의 성립과 같이 급속하게 이루어지지 않고 시간이 걸린다. 왜냐하면 마르크스가 이미 밝혀주었듯이 자본주의의 성립은 탈영토화한 노동자들과 탈코드화한 돈이 존재한다는 사실만으로 이루어지지 않고 이 양자의 만남을 기다려야 하기 때문이다(들뢰즈·가타리, 2000: 337 이하 참조).

그렇다면 탈영토화한 노동자들과 탈코드화한 돈은 어떻게 서로 만나는가? 들뢰즈와 가타리에 따르면 이 둘의 만남은 산업자본에 의해서 이루어진다. "자본주의적 기계는 자본이 결연자본이기를 그치고 부자관계의 자본이 될 때 시작된다. 자본은 돈이 돈을 낳고 가치가 잉여가치를 낳을 때 부자관계의 자본이 된다"(들뢰즈·가타리, 2000: 340). 말하자면 자본이 자유노동자의 노동력을 구매하고 그 노동력을 사용해, 그 노동력을 구매할 때 지불했던 가치 이상의 가치(잉여가치)를 생산할 수 있을 때 비로소 노동력과 자본의 만남이 이루어지고, 결국 자본주의적 생산양식이 성립한다는 것이다.

이러한 점에서 자본주의적 사회기계에서 모든 생산의 의사－원인은 바로 부자관계의 자본이다. 따라서 이러한 자본이 자본주의적 기계의 충만한 신체, 즉 사회체가 된다. 자본주의적 기계의 사회체로서의 자본은 이전의 다른 사회기계들에서의 사회체들과 마찬가지로 자본주의적 사회기계를 이루는 모든 생산의 흐름, 모든 욕망의 흐름을 조절한다. 즉, 자본주의적 기계는 단지 흐름들을 계속해서 탈코드화하기만 하지 않고 탈코드화된 여러 가지 흐름을 끊임없이 재영토화하기도 한다.

여기서 자본은 모든 흐름을 조절하기 위해서 사회기계 자체의 공리계(axiomatique)를 채택한다(들뢰즈·가타리, 2000: 348 이하 참조). '공리계'란 몇몇 공리를 전제로 모든 명제가 연역적으로 서로 연결되는 하나의 정합적 체계를 말한다. 자본주의적 기계의 공리계는 그 속에서 흘러가는 모든 흐름을 자본을 중심으로 하는 공리계에 편입시켜 새롭게 조직한다. 예를 들어 자본주의 체제가 해방한 과학과 기술 코드의 흐름들은 '기계에 의한 잉여가치'*를 낳는데, 이 잉여가치는 과학과 기술에 직접 의존하지 않고 자본에 의존한다. 다시 말하면 과학과 기술이 나름대로 특수한 공리계를 만들 수 있다 하더라도 그것에 의한 생산 방향과 정도는 과학과 기술 그 자체가 결정하지 않고 자본이 결정한다는 것이다.

자본주의적 기계에서는 국가 및 경찰과 군대도 자본주의 공리계에 편입된다(들뢰즈·가타리, 2000: 350 이하 참조). 이들은 많은 잉여가치를 흡수함으로써 '반생산(anti-production)'의 측면을 나타내는 것처럼 보인다. 그러나 이러한 반생산 장치가 오히려 자본주의적 생산성을 조정하고 그 기계에 의한 잉여가치를 현실화하는 기능을 담당한다. 예를 들면 국가가 수행하는 전쟁은 분명히 반생산적 측면을 나타내지만, 또 다른 측면에서 전쟁은 과잉 자원을 흡수하고 전체 속에 어떤 결여를 만들어냄으로써 새로운 생산을 가능하게 하는 조건이 되기도 한다.

여기서 주목할 점은 자본주의적 기계가 자신의 내재적 한계를 재생산함으로써 가변적인 한계를 갖게 된다는 것이다. 이것은 자본주의적 기계가 흐름들을 조절하기 위해 모든 흐름을 공리계 속에 편입시킴으로써 자신의 한계를 구축하면서도, 동시에 자신을 확장하기 위해 스스로 그 한계를 위반하지 않으면 안 된다는 것을 의미한다. 이러한 점에서 자본주의적 기계는 한편의 탈코드화 혹은 탈영토화, 다른 한편의 공리계화(axiomatiser) 혹은 재영토화를 동시에 수행한다.

이 때문에 들뢰즈와 가타리는 현대사회가 편집증(paranoïa)과 분열증(schizophénie)이라는 두 방향 사이에 놓여 있다고 본다. 즉, 현대사회에서 살아가는 사람들은 반동적이고 편집증적인 위에서의 짐과 혁명적이고 분열증적인 아래에서의 짐 사이에서 갈피를 잡지 못하고 왔

• 마르크스는 인간에 의한 잉여가치만을 인정한다. 그러나 들뢰즈와 가타리는 자동화 등 기술혁신에 의해 기계들 역시 노동하고 가치를 생산하므로, 불변자본이 생산한 기계에 의한 잉여가치가 있다는 모리스 클라벨(Maurice Clavel)의 주장을 수용한다(들뢰즈·가타리, 2000: 346 이하 참조).

탈주(fuite)
인생에서의 도피 혹은 상상의 세계
나 예술 속으로의 도피가 아니라,
새로운 현실을 생산하고 새로운 인
생을 창조하는 무기를 발견하는 일
을 의미한다.

다 갔다 한다(들뢰즈·가타리, 2000: 384 이하 참조). 예컨대 현대인은 한편
으로 과거의 모든 일을 통합해 짊어지고 가면서 계속해서 쟁취하고 축
적하려는 편집증적 성향을 띠면서, 동시에 다른 한편으로는 순간순간
마다 과거의 모든 일을 백지화하고 항상 제로 상태에서 다시 시작하는
끝없는 차이화의 삶을 살아가고자 하는 분열증적 성향을 띤다.

3) 탈주

'앙띠 오이디푸스(anti-Oedipe)'는 말 그대로 '오이디푸스'라는 이름으
로 대표되는 프로이트의 정신분석적 욕망이론에 대한 비판이다. 이를
통해서 들뢰즈와 가타리는 '정신분석(psycho-analysis)'이 그 무엇을 생
산하는 힘으로서의 욕망의 흐름을 파괴하고 오히려 욕망을 질서 정연
한 표상체계로 형식화함으로써 자본주의의 발전과 이에 기인한 억압
적 현실을 정당화한다고 비판한다. 그들에 따르면 정신분석이 주장하
는 오이디푸스적 가족구조는 자본주의사회에서 욕망을 제한하는 기본
적인 방식들 중 하나이고, 정신분석은 이러한 개인적 욕망의 제한을 정
당화하고 강화하는 이론적 장치이다. 이리하여 그들은 이러한 억압적
현실에서 새로운 현실로의 '탈주(fuite)'를 위한 독특한 방법으로서 '분
열증 분석(schizo-analysis)'을 제시했다.

앞 절에서 보았듯이 분열증은 순간순간마다 과거의 모든 일을 백지
화하고 항상 제로 상태에서 다시 시작하는 끝없는 차이화의 삶을 살아
가고자 하는 성향을 나타낸다. 이러한 점에서 들뢰즈와 가타리의 분열
증 분석은 이러한 분열증적 성향의 의미를 분석하는 것이라고 할 수 있
다. 말하자면 욕망의 질료적 흐름이 특정한 사회체의 사회적 생산을
위한 도구(기관)로 포획되지 않는 삶, 자신이 특정한 신체 기관으로 고
착되지 않는 삶, 그러므로 끊임없이 탈영토화하고 탈코드화하는 삶의
의미와 가치를 탐색하는 것이 바로 분열증 분석이다.

『앙띠 오이디푸스』의 속편으로 출판된『천 개의 고원(Mille Plateaux)』 (1980)은 이러한 분열증 분석의 확장을 시도한 저서라고 할 수 있다. 여기서 사용된 '고원(plateaux)'은 말의 의미상 앞에서 본 '존립지반(plan de consistance)'과 같다고 볼 수 있다. 이것은 지금까지 진행되어온 욕망의 흐름들을 과감하게 절단하고 항상 다시 새로운 흐름이 이루어지게 할 수 있는 수많은(mille) 지반(고원)을 보여준다.

여기에 등장하는 단적인 예를 하나 들어보자.

> 마조히스트의 몸체. …… 그는 사디스트나 창녀에게 눈이나 항문, 요도, 가슴, 코를 꿰매게 한다. 그는 기관들의 작동을 정지시키기 위해 목을 매달게 하며, 모든 것이 전부 단단히 막혀 봉인되도록 기관들이 마치 피부에 딱 달라붙기라도 한 것처럼 피부를 벗기고 비역질 당하고 숨이 막히게 된다(들뢰즈·가타리, 2001: 289).

이 마조히스트는 신체 기관의 고착된 기능과 다른 방식으로 신체를 사용한다. 요컨대 신체 기관들에 부여된 일정한 기능에 고착되지 않는 것, 이것이 말 그대로의 기관 없는 신체이다.

물론 우리가 모두 이 마조히스트처럼 실제로 신체의 어떤 기관을 꿰매거나 구멍 내는 일을 하자는 것은 아니다. 들뢰즈와 가타리가 말하는 것은 우리가 우리 자신도 모른 채 현재의 사회체가 부여하는 코드에 얽매여 노예와 같은 삶을 살고 있지 않은지 끊임없이 반성하고, 만약 그렇다면 기존 코드를 벗어나서 탈주하는 삶의 가능성을 끊임없이 탐색하라는 것이다.

이러한 점에서 『천 개의 고원』은 현재의 코드인 자본주의적 질서가 아닌 '다른' 질서의 가능성을 탐색하는 책이라고 할 수 있다. 여기서 들뢰즈와 가타리는 뿌리·줄기·가지가 유기적으로 조직된 '나무'로 비유되는 기존 질서 개념과 달리 무질서하게 땅속을 달리면서 여기저기서 땅

위로 줄기를 내밀고는 다시 방향을 바꾸어 계속 나아가는 '리좀 (rhizome, 땅속줄기)'으로 비유될 수 있는 이질적인 질서의 여러 특성을 보여준다. 이로써 그들은 고유한 영토를 갖고 거기에서 안주하면서 그 곳을 중심으로 모든 것을 집적하면서 살아가는 정주민(定住民)이 아니라 특정한 목적지나 방향이 없이 그저 풀이 있는 곳을 찾아 이리저리 헤매는 유목민(遊牧民)으로서 살아갈 수 있는 '비질서의 법'으로서의 '유목론(nomadologie)'을 제공했다.

참고문헌

『論語』.

『孟子』.

『荀子』.

『朱子語類』.

김형효. 1989.『구조주의의 사유체계와 사상』. 인간사랑.

들뢰즈·가타리(Gilles Deleuze and Félix Guattari). 2000.『앙띠 오이디푸스: 자본주의와 정신분열증』. 최
 명관 옮김. 민음사.

_____. 2001. 김재인 옮김.『천 개의 고원: 자본주의와 정신분열증2』. 새물결.

라캉, 자크(JaquesLacan). 1994.『욕망이론』. 민승기·이미선·권택영 옮김. 문예출판사.

리처드 도킨스(Richard Dawkins). 1993.『이기적 유전자』. 홍영남 옮김. 을유문화사.

마르쿠제, 허버트(Herbert Marcuse). 1982.『에로스와 문명-충동구조와 사회』. 김종호 옮김. 양영각.

바르트, 롤랑(Roland Barthes). 1995.『신화론』. 정현 옮김. 현대미학사.

보드리야르, 장(Jean Baudrillard). 1991.『소비의 사회-그 신화와 구조』. 이상률 옮김. 문예출판사.

_____. 1992.『시뮬라시옹』. 하태환 옮김. 민음사.

_____. 1994.『생산의 거울』. 배영달 옮김. 백의.

_____. 1999.『사물의 체계』. 배영달 옮김. 백의.

비어즐리, 먼로(Monroe C. Beardsley). 1995.『미학사』. 이성훈·안원현 옮김. 이론과 실천.

아리스토텔레스(Aristoteles). 1984.『니코마코스 윤리학』. 최명관 옮김. 서광사.

_____. 2001.『영혼에 관하여』. 유원기 옮김. 궁리.

아우구스티누스(Augustinus). 1983.『신국·고백』. 윤성범 옮김. 을유문화사.

유명종. 2000.『한당유학사』. 경인문화사.

젤러, 에두아르트(Eduard Zeller). 1991.『희랍철학사』. 이창대 옮김. 이론과실천.

코트 잘라드·스키립차크·리샤르(M. F. Cote Jallade, J. F. Skrzypczak and M. Richard). 1993.『오늘을 위
 한 프랑스 사상가들』. 이상률·양운덕 옮김. 청아출판사.

코플스턴, 프레드릭(Frederick Copleston). 1988.『중세철학사』. 박영도 옮김. 서광사.

_____. 1998.『그리스 로마 철학사』. 김보현 옮김. 철학과현실.

05 윤리적 규범과 사회적 삶

인간이 한 사회의 구성원으로서 살기 위해서는 여러 가지 사회적 규범을 지켜야 할 의무가 있다. 이 사회적 규범에는 관습·윤리·법이 속한다. 그런데 무의식적으로 관습에 따라 행동하는 것은 유전자 프로그램에 따라 무의식적으로 군집생활을 하는 벌이나 개미와 유사하다. 또 강제적인 처벌이나 보상이 있다는 이유로 법에 따라 행동하는 것은 먹이와 채찍으로 훈련되어 온갖 재주를 넘는 서커스장의 동물들과 유사하다. 반면, 윤리는 오직 인간의 자발성과 자율성에 호소한다.

이 장에서는 지금까지 동서양 지식인들이 제시한 윤리적 규범의 다양한 근거를 살펴보고, 오늘날 우리가 이 근거들에 대해 다각적인 차원에서 논의해야 할 이유가 무엇인지를 생각해볼 수 있는 실마리를 제공할 것이다.

1. 사회적 삶과 규범

모일 사(社)와 모일 회(會)로 이루어진 '사회'라는 낱말의 의미는 말 그대로 '모여 있음'이다. 그러나 서양의 경우 고대 그리스어 ekklēsia 혹은 koinōnia, 라틴어 societas는 모두 단순히 '모여 있음'을 넘어 '공동 목표를 달성하기 위해 서로 협력적인 관계를 형성하고 있음'까지 의미 한다. 이것은 오늘날 영어 'society'가 '동호회'를 지칭하는 용어로도 쓰 인다는 사실에서 충분히 확인할 수 있다. 결국 '사회'는 그 모임에 속하 는 구성원들이 공동적으로 지향하는 목적을 달성하기 위해 서로 협력 하는 관계를 이루고 있는 모임이라고 할 수 있다.

그런데 이 규정은 '사회적 존재'로서의 인간의 삶을 다소 복잡하게 만드는 하나의 근본적인 문제를 내포한다. 그것은 바로 '개인으로서의' 인간의 삶이 지향하는 것과 '한 사회의 구성원으로서의' 인간의 삶이 지향하는 것이 서로 일치하지 않을 수 있다는 점이다. 다시 말해서 개 인으로서의 인간은 이기적 욕구의 충족을 지향하지만, 사회 구성원으 로서의 인간은 공동 목적을 위해 이기적 욕구의 충족을 포기하도록 강 요당하기도 한다.

이 때문에 사회적 존재로서의 인간은 행위에 일정한 제약을 받을 수 밖에 없다. 즉, 한 사회에 속한 개인은 자신이 속한 사회의 공동 목적을 성취하는 데 좋지 않은 영향을 줄 수 있는 행위를 해서는 안 된다는 제 약을 받을 수밖에 없다. 그런데 이와 같이 개인의 어떤 행위가 제약될 수 있다는 것은 이미 하나의 사회적 규범이 작용하고 있다는 것을 의미 한다. '규범(規範)'이란 옳고 그름, 좋고 나쁨, 아름답고 흉함 등을 평가 하기 위한 기준을 말하지만, 그것은 평가 기준일 뿐만 아니라 그 규범의 영향을 받고 있는 사람들에게 긍정적 가치의 실현을 장려하거나 부정 적 가치의 실현을 금지하는 효력을 발휘하기 때문에 사람들이 장려되 는 행위를 피할 수 없게 하거나 금지되는 행위를 하지 못하게 하는 제약을 가할 수 있다. 이와 같이 사회적 규범은 개인으로서의 나의 행위에 일정한 제약을 가하지만 내가 속한 사회의 유지를 위해서는 반드시 있어야 할 것이다. 그런데 이러한 규범은 누가, 어떻게 만드는 것일까?

2. 전 윤리적 규범으로서의 관습

1) 관습의 무의식성

가장 먼저 고려해야 할 사회적 규범은 관습이다. 관습은 개인적 차원에서 '습관'과 같다. 습관은 살아가는 동안 특정한 내외적 자극에 대한 특정한 방식의 반응이 반복되면서 어느 순간부터 그 자극에 대한 자동적 반응으로 굳어진 행동양식이다. 사람들이 이와 같은 습관적 행동을 하는 것은 무엇보다도 일정한 상황에서 그렇게 행동하는 것이 그 자극에 대응하는 가장 효율적인 방식이기 때문이며, 특히 그것이 무의식적으로 일어나기 때문일 것이다.

사회적 차원에서의 습관이라고 할 수 있는 관습도 이와 같다. 특정한 삶의 환경에서 사회를 이루고 살아가는 사람들이 그 구성원의 특정한 행위에 대해 좋다거나 나쁘다는 반응(평가)이 반복되면서 어느 순간부터 그 행위에 대해 좋다거나 나쁘다고 평가하는 것이 자연스러운 것으로 굳어진 규범이 바로 관습이다.* 이러한 점에서 습관과 마찬가지로 관습도 어떤 특정한 상황에서 사회를 위협하는 내외적 도전에 대한 가장 효율적인 반응이 정형화된 것이며, 그 사회 구성원들에게 무의식적인 규범이라고 할 수 있다.

• 미국 사회학자 윌리엄 섬너(William Graham Sumner)도 관습의 이러한 의미에 주목했다. 그에 따르면 "관례나 전통을 비록 어떤 권위가 조정하지 않는다 할지라도, 그것들이 사회복지에 도움이 되는 판단을 내포하고 개인이 그것들을 따르도록 강제력을 발휘할 경우" 이 관례나 전통을 '관습'이라고 한다(사하키안, 1988: 217에서 재인용).

관습의 이러한 특성을 잘 드러내는 예로 인도의 암소 숭배 관습을 들 수 있다. 인도에서 암소는 신성한 존재로 여겨진다. "힌두교인들은 암소를 받들어 모실 만큼 숭배한다. 암소는 모든 살아 있는 것의 상징이기 때문이다. …… 그러므로 힌두교인들에게는 암소를 죽이는 일보다 더 큰 신성모독이 없다"(해리스, 2000: 22). 이 때문에 인도에서는 암소가 늙거나 병이 들더라도 소 양로원에 수용해 꽃으로 장식하고 경배한다. 이러한 암소 숭배 관습은 당연하게도 소의 도살뿐만 아니라 먹는 행위를 금지하는 사회적 규범으로서 기능한다.

그런데 『베다(Veda)』의 기록에 따르면 인도에서는 기원전 600년경까지 공동체의 육식성 축제를 위해 소를 도살하고 그 고기를 먹었다고 한다(무어, 2002: 290 참조). 그러나 인구가 증가하고 목초지를 농경지로 개간하기 시작하면서 쇠고기 가격이 올라 결국 특권 계층만 소의 육식을 전유하게 되었다. 그러자 기원전 5세기부터 불교나 자이나교와 같은 살생을 금하는 종교들이 나타나기 시작했다. 그리고 이 살생금기의 계율들은 다시 힌두교에 포섭되어 암소 숭배 사상으로 정착되었다.

이러한 인도의 암소 숭배 관습은 정치의 주된 화제이기도 하다. 파키스탄과 인도, 즉 무슬림과 힌두교인 사이의 끊임없는 알력은 쇠고기를 먹는 생활태도와 관련된다. 힌두교인들은 쇠고기를 먹는 무슬림들을 소 살해자로 규정해 증오하기 때문이다. 또 모한다스 간디(Mohandas Karamchand Gandhi)는 영국인들이 쇠고기를 먹는다는 점을 부각해서 인도 민중의 독립 의식을 고취하기도 했다. 최근 인도 의회에서는 다수당과 암소 숭배 의례를 지키는 급진적 힌두교 소수당 사이의 극심한 갈등 사례가 나타나기도 한다.

이처럼 인도의 종교와 정치는 암소 숭배 관습에 따라 소의 도살과 소의 육식을 금지하는 규범들을 만들고 이 규범들을 계속해서 강화해왔다. 그러나 그것들은 이러한 규칙이 존재해야 하는 근본적인 이유를 설명해주지 않을 뿐만 아니라 돼지나 말이 아니라 왜 암소인가 하는 점도 역시 설명해주지 않는다.

　서구인들의 눈에는 인도의 이러한 암소 숭배 관습이 매우 불합리하게 여겨졌다.

　　여러 전문가가 연구한 바에 의하면, 인도인들이 굶주리고 가난하게 살고 있는 가장 큰 이유는 암소 숭배 전통 때문이다. 그들은 암소 도살 금기 때문에 '아무 쓸모없는' 1,000만 마리의 동물들이 생명을 유지하고 있다고 주장한다. 그들은 또한 암소 숭배 전통이 농업능률을 저하하고 있다고 주장한다. 그 까닭은 그 '아무 쓸모없는' 동물들은 우유도 고기도 공급하지 못하면서도 유용한 가축 및 인간과 식량이나 땅을 갖고 경쟁하기 때문이다(해리스, 2000: 22).

　이들의 주장처럼 정말 인도인들이 암소 숭배 관습을 버리고 소를 도살해 섭취하면 더 잘 살 수 있게 될까? 미국 인류학자 마빈 해리스(Marvin Harris)는 이러한 서구인들의 진단에 반대한다. 그에 따르면, 단기적으로 본다면 소를 도살하여 먹는 것이 일시적으로나마 농가의 식생활을 개선할 수도 있겠지만, 장기적으로 본다면 소의 도살을 금지하는 것이 오히려 인간 생존에 더 유리하게 작용할 수도 있다(해리스, 2000: 29 참조). 즉, 그는 인도의 암소 숭배 관습이 유지되는 데 다른 합리적인 이유가 있다고 본다.

　해리스에 따르면, 인도에서 암소는 우선 수소를 생산하는 막중한 업무를 담당한다. 인도에서 수소는 농업에 필수적인 쟁기 끌기 및 짐 운반용 가축이다. 인도의 농업 인구 대부분을 차지하고 있는 영세 농가에서 수소가 병들거나 갑자기 죽게 되면 이 농가는 거의 해체될 수밖에 없다. 따라서 수소를 확보하기 위한 암소가 필수적이다. 그리고 암소는 젖을 생산해 가난한 인도 농촌 지역민에게 최소한의 동물성 단백질을 제공한다. 또 인도에서 쇠똥은 취사와 난방을 위한 땔감으로 사용된다. 또 쇠똥을 물에 개서 반죽을 만들어 마루에 발라 매끄럽게 만들면 먼지가 잘 흡착되고, 이렇게 흡착된 먼지를 비로 쓸어내면 단단하고 깨끗한 마루를 항상 유지할 수 있다. 이처럼 인도에서는 소가 놀라울 정도로 일상생활 깊숙이 사용된다.

인도의 암소 숭배 관습에 대한 해리스의 분석에서 관습의 두 가지 특성을 발견할 수 있다. 하나는 관습이 특정한 환경에서 한 사회가 존속하는 데 크게 기여한다는 점이다. 예컨대 일교차가 심하고 인구밀도가 높은 인도에서 땔감으로 나무나 석유를 사용하는 경우를 생각해보자. 그렇게 된다면 아마도 인도에는 나무가 남아 남지 않을 것이며, 사회적 에너지의 상당량을 석유를 수입하는 데 써야 할 것이다. 이러한 상황은 인도인들의 삶을 더욱 어렵게 만들 것이며, 결국에는 인도인들의 사회관계가 무너지게 되는 사태를 초래할 것이다. 그러므로 인도에서의 암소 숭배는 "낭비나 나태가 들어설 여지가 전혀 없는 저에너지 생태계 속에서 인간이 지속적인 삶을 유지할 수 있도록 유도하는"(해리스, 2000: 39) 자연스럽게 형성된 관습이라고 할 수 있다.

이러한 사실은 관습이 그 사회에 속한 구성원들에게 무의식적이라는 다른 하나의 특성을 드러낸다. 여기서 '무의식적'이라는 것은 관습에 따른 행위를 하는 사람이 왜 그렇게 행해야 하는가에 대한 이유나 의미를 스스로 알지 못한다는 것이다. 예를 들어 암소를 신성한 존재로 숭배하는 인도인들은 그것이 인도의 특수한 상황에서 자연스럽게 형성된 효율적인 경제체제라는 사실을 의식하지 않는다. 그들은 각각 무조건적인 신앙심으로 행하는 종교의례로서 거의 습관적으로, 따라서 자동적으로 암소 숭배 행위를 한다.

2) 관습에서 윤리로

무의식적인 것으로서의 관습은 사회를 존속 가능하게 하며, 아울러 그 사회의 개인들의 삶도 가능하게 한다. 개인들은 사회적 관습에 대해 무의식적이므로 그 관습을 자연적인 규범으로 받아들인다. 이 경우 개인들은 그 관습 때문에 발생하는 개인적인 욕망의 억압에 대해서도 의식하지 못한다. 관습은 다만 그가 속한 사회와 그 사회 안에서 자신의 삶을 가능하게 해주는 긍정적인 기능으로서만 이해된다. 역으로 말하면 자연적인 관습은 개인의 삶을 무의식적으로 규정하며, 그만큼 개인은 관습을 절대적 가치로서 인정한다.

그러나 아무리 무의식적이라 하더라도 그것이 의식될 때가 있다. 개인들이 직간접적으로 외래문화를 접할 때, 그리하여 유사한 상황에서 전혀 다른 방식으로 사고하거나 행동하는 경우를 볼 때, 개인들은 자신을 무의식적으로 규정하고 있는 관습을 의식하게 된다. 또 개인들의 삶에서 관습의 우연적인 일탈이 일어날 때 개인들은 그것을 의식하게 된다. 다시 말해서 개인들은 관습이 일상적인 것으로 존재할 때는 그것을 의식하지 않지만, 그 관습이 규정하는 생활 방식을 우연히 위반하게 될 때는 그것을 의식한다.

개인이 관습을 의식한다는 것은 관습의 긍정적인 측면보다는 부정적인 측면에 더 주목하게 되었다는 것을 의미한다. 관습의 부정적인 측면은 그것이 개인의 여러 가지 욕구를 억압하는 효력을 발휘하고 있다는 점이다. 이처럼 개인들이 관습을 자신의 욕구를 억압하는 것으로 의식하기 시작하면 개인들은 지금까지 무의식적으로 인정했던 관습의 절대적 가치를 의심하게 된다.

관습의 가치가 무가치화된다면 사회 존립이 문제될 수 있다. 왜냐하면 관습은 이미 사회 존립을 위한 무의식적 하부구조에서 탄생했기 때문이다. 그러나 사회 존립 조건은 정태적이지 않다. 말하자면 어떤 하나의 관습이 형성될 때의 사회 존립 조건은 영구적이지 않으며, 시간이 지남에 따라 사회 존립 조건이 바뀔 수 있다는 말이다. 예컨대 앞에서 본 인도의 암소 숭배 관습도 인구밀도가 높고 일교차가 극심한 자연환경인 인도에서는 사회의 기본적인 존립 근거이지만, 그러한 특수한 상황들이 바뀐다면 그 관습이 사회 존립에 큰 영향을 미치지 못할 수도 있다. 이 때문에 하나의 관습이 관습으로 의식됨으로써 그것의 절대적 가치가 무화된다 하더라도 항상 사회 존립이 문제 되는 것은 아니다.

그렇다고 해서 관습의 위기를 맞이한 사회가 아무 일도 없었다는 듯이 지금까지 운영되어왔던 그대로 운영될 것이라고 예상할 수는 없다. 만약 기존 관습이 무가치화된다면 사회적 행위 규범이 상실되는 것이고, 따라서 지금까지 유지되어온 사회'질서'가 무너지는 일이 발생할 수도 있을 것이다.

그러나 사회질서가 무너지는 것과 사회 자체가 존립할 수 없다는 것은 분명하게 구별된다. 사회 자체의 붕괴는 모든 사회 구성원의 문제이지만, 사회질서의 붕괴는 그렇지 않다. 현행 사회질서의 붕괴에 직면해 어떤 구성원은 위기감을 느낄 수 있겠지만 다른 구성원은 해방감을 느낄 수도 있을 것이다. 이때 전자는 기존 사회질서를 계속 유지할 수 있는 방안을 모색하겠지만, 후자는 기존과 다른 새로운 사회질서를 세울 수 있는 방안을 모색할 것이다. 단적으로 말해서 전자는 관습에 의해 지탱되던 사회질서를 그대로 유지하기 위해서, 그리고 후자는 기존 질서와 다른 질서를 구축하기 위해서 '의식적으로' 새로운 사회적 규범을 만들려고 할 것이다. 여기서 '윤리' 문제가 발생한다.

3. 윤리적 규범의 근거들

관습이 무의식적이라면 윤리는 의식적이다. 이것은 우선 사람들이 윤리적 규범을 '의식적으로' 만든다는 것을 의미한다. 나아가 윤리적 규범이 의식적이라는 것은 그것이 규범으로서의 효력을 낼 수 있는 가치를 모든 사회 구성원이 의식적으로 인정할 수 있다는 것, 다시 말해서 규범 때문에 야기될 수 있는 억압을 모든 사회 구성원이 의식적으로 용인할 수 있다는 것을 의미하기도 한다. 그러므로 윤리적 규범을 형성하는 데 가장 중요한 것은 모든 사회 구성원이 의식적으로 인정할 수 있는 정당성의 근거를 확보하는 일이다.

전통적인 의미에서 윤리학은 규범윤리학, 즉 윤리적 규범의 정당성을 확보하기 위한 이론을 말한다. 동서양의 지성사에서 개진된 규범윤리학은 규범의 근거를 어디에서 구하느냐에 따라 몇 가지 사상으로 분류될 수 있다. 여기에서는 그것을 자연에서 구하는 '자연주의', 자연을 넘어서서 그것을 주재하는 형이상학적 원리에서 구하는 '초자연주의', 보편적인 선을 인식할 수 있는 인간의 지성에서 구하는 '지성주의', 좋은 감정을 느낄 수 있는 인간의 감성에서 구하는 '감성주의' 등으로 나누어 간략하게 살펴볼 것이다.

1) 자연주의

자연주의 윤리학은 윤리적 규범의 근거를 자연 혹은 자연 세계의 이법에서 구하는 이론이다. 이 이론은 인간도 자연의 일부이므로 인간 행위가 자연의 이법에 합치할 때 가장 좋은 행위가 된다고 본다. 그러나 이러한 이론이 성립하기 위해서는 우선 자연의 이법이 어떤 것인지 밝히지 않으면 안 된다. 동서고금을 막론하고 다양한 자연주의 윤리 사상이 개진되었는데, 각 사상의 차이는 자연의 이법에 대한 인식 혹은 해석의 차이에 기인한다고 할 수 있다. 이제 이 차이에 주목하면서 동서고금의 유명한 자연주의 윤리 사상을 몇 가지만 살펴보자.

중국 지성사에서 자연주의 윤리 사상의 대표라고 할 수 있는 것은 단연 노자(老子)가 개진한 사상이다. 노자는 자연의 이법을 '도(道)'라는 글자로 나타낸다. 그러나 억지로 '도'라는 글자로 그것을 나타내기는 하지만, 도에 해당하는 그것을 '도'라는 문자로 고정하는 순간 그것은 그것의 진실한 의미를 상실해버린다. 그러므로 도는 '이름 붙일 수 없는 것', 즉 무한정자(無限定者)이다.* 그런데 세상의 사물들은 그것이 하나의 이름을 얻음으로써 비로소 그 무엇으로서 존재한다고 할 수 있다. 이러한 점에서 "'이름 붙임[有名]'이 만물을 낳는 어미이다(有名 萬物之母)"(『道德經』1章).** 그러나 그 어떤 것도 이름이 붙기 전에는 이름이 없었다. 따라서 "존재 세계는 오히려 이름 없음[無名]에서 비롯되었다(無名 天地之始)"라고 할 수 있다(『道德經』1章). 이러한 점에서 무한정자인 도가 만물의 뿌리이고 세계의 근원이다.

그렇다면 도에서 비롯된 존재 세계는 어떻게 존재하는가? 이에 대해 노자는 "도가 그것[만물]을 생겨나게 하고, 덕(德)이 그것을 기른다(道生之 德畜之)"(『道德經』51章)라고 한다. 여기서 덕이 만물을 기른다고 했지만, 이 말을 오해해서는 안 된다. 기른다는 의미의 '축(畜)'을 외과적 시술, 종의 인위 선택, 유전자 조작 등을 통해 인위적 목적에 따라 동식물을 기르는 오늘날의 농축산업과 관련시켜서는 안 된다. 반대로 노자의 '기름'은 동식물이 그 자신의 본성에 따라 커가도록 내버려두는 것이다. 이 때문에 노자는 '높은 덕(上德)'과 '낮은 덕(下德)'을 구별한다. 이에 따르면 "높은 덕은 인위적인 것을 가하지 않고(無爲) 기르는 것이며, 낮은 덕은 인위적인 것을 가해 기르는 것이다(上德無爲而無以爲 下德爲之而有以爲)"(『道德經』38章).

인위적인 것이 가해지지 않으면 모든 사물은 그 자신의 본성에 따라 길러진다. 이러한 사물생성의 특성을 한마디로 말하면 '자연', 즉 스스로[自] 그렇게 되어감[然]이다. 노자는 사람도 이와 다르지 않다고 한다. 말하자면 사람도 인위적인 예(禮)로써 억지로 그의 행동을 통제하지 않아도 그의 본성에 따라 몸과 마음이 커가게 된다. 왜냐하면 본성적으

- * 『도덕경(道德經)』의 유명한 첫 구절 "도를 도라고 [한정]할 수 있는 것은 항상적인 도가 아니다(道可道 非常道)"라는 말은 도의 무한정성을 잘 드러낸다(『道德經』1章).
- ** 그것에 이름을 붙여주지 않았을 때는 아무것도 아니었지만, '꽃'이라는 이름을 붙이면서 그것은 꽃이 되었다는 내용을 담고 있는 시인 김춘수의 꽃 연작시도 이러한 이름과 존재의 의미를 나타내는 것이다.

로 "사람은 땅을 법으로 삼고 땅은 하늘을 법으로 삼으며, 하늘은 도를 법으로 삼고 도는 자연을 법으로 삼기 때문이다(人法地 地法天 天法道 道法自然)"(『道德經』25章).

그렇다면 자연에 따르는 삶은 어떤 모습일까? 노자는 인위적인 '예'에 얽매이지 않는 태도를 강조한다. 이러한 점에서 노자는 가르치는 사람이나 다스리는 사람이 다만 그 자연을 보충할 뿐 인위적인 틀에 가두어서는 안 된다(輔萬物之自然 而不敢爲)고 주장한다(『道德經』64章). 나아가 노자는 이와 같이 사람들을 그 자연적인 본성에 따라 살도록 내버려 둔다면 결코 다툼이 없는[不爭] 인간 사회가 실현될 것이라고 본다. "높은 수준의 선(善)은 물[水]과 같다. 물은 만물을 이롭게 하고 다투지 않는다. …… 다만 다툼이 없으니 허물이 없다(上善若水 水善利萬物而不爭 …… 夫惟不爭 故無尤)"(『道德經』8章). 결국 노자는 인위가 아닌 자연에 내맡기는 삶(無爲自然)이 가장 좋은 삶이라는 것, 다시 말해서 자연이 인간 삶의 규범이라는 것을 주장하는 자연주의 윤리 사상을 펼친 것이다.

서양에서도 자연주의 윤리 사상은 지성사 초기부터 개진되었다. 서양 지성사의 시작은 일반적으로 고대 그리스의 자연철학으로 알려져 있다. 자연철학은 말 그대로 '퓌시스(physis)', 즉 자연을 탐구하는 학문이다. 고대 그리스 용어인 퓌시스는 '생겨나다', '분출하다' 등을 뜻하는 동사 'physaō'라는 말에서 파생된 말로서, '외부에서의 힘의 작용이 없이 그 자체의 힘으로 생겨남'을 뜻하는 말이다.＊ 이 시대의 자연 개념은 자연 세계를 구성하고 있는 구체적인 자연물들의 운동 혹은 상태변화(물리적·화학적 변화)를 중시하는 근대적인 자연 개념과 달리 생성(生成), 즉 있다가 없어지든지 없다가 있게 되는 과정을 더 중시한다. 따라서 고대의 자연철학은 반복적 경험을 통해 자연현상의 인과법칙을 알아내려는 근대적 자연과학과 달리 자연적 생성 전체를 지배하는 이법

＊ 이것은 '스스로[自] 그렇게 되어감[然]'이라고 풀이할 수 있는 한자어 '자연'이라는 낱말의 본래 의미와도 잘 통한다.

을 알고자 했다.

자연적 생성 전체를 지배하는 이법을 탐색한 자연철학자들은 사람들도 이 자연의 이법에 따라 살아야 한다고 생각했다.* 이러한 윤리적 자연주의는 고대 그리스 자연철학 전반에서 나타나는 일반적 특징이지만, 여기서는 대표적으로 헤라클레이토스(Heracleitos) 사상만 택해 살펴보고자 한다.

헤라클레이토스의 세계관은 흔히 "만물은 유전(流轉)한다(panta rhei)"라는 말로 집약된다. 이것은 말 그대로 세계의 모든 사물이 계속해서 변화함을 의미한다. 그래서 그는 "같은 강에 두 번 발을 담글 수 없고, 가사적인 것을 고정된 상태에서 두 번 접촉할 수도 없다. 그것은 변화의 급격함과 빠름에 의해서 흩어졌다 또다시 모이고, 합쳐졌다 떨어지며 다가왔다 멀어진다"(김인곤 외, 2005: 243~244)라고 했다.

헤라클레이토스에 따르면 만물의 변화는 사물과 사물 사이의 투쟁에 의해서 일어나는데, "전쟁은 모든 것의 아버지이고 모든 것의 왕이다"(김인곤 외, 2005: 249). 그가 말한 이 투쟁에 의한 생성 개념을 가장 잘 나타내는 예는 '불'이다. 불은 이질적인 것들(대립자들)을 태우고 그것을 자신으로 변형함으로써 산다. 반대로 불은 이질적인 것들이 없으면 죽는다. 이처럼 불의 생성이 투쟁에 의존하듯이 만물의 유전은 투쟁에 의존한다.

그러나 헤라클레이토스는 만물의 변화가 무질서하고 임의적으로 일어난다고는 생각하지 않았다. 그에 따르면 만약 불이 이질적인 것을 태움으로써 그것을 자신으로 전환해 취한다면, 불은 그것이 취한 만큼 내어놓는다. 이것은 상품의 매매가 있을 때 상품을 양수하는 것만큼 금(돈)을 지불해야 하는 것과 같다(김인곤 외, 2005: 246). 이러한 점에서 볼 때 헤라클레이토스가 말한 투쟁은 투쟁을 위한 투쟁이 아니라 활[弓]

• 여기에는 퓌시스와 노모스(nomos: 법이나 관습과 같이 인위적으로 만들어진 행위 규범)를 동일시하는 인간 사유의 원초적 경향성이 작용한다(콘포드, 1997: 90~91 참조).

이나 현악기에서 볼 수 있는 것처럼 서로 맞선 대립자들 사이의 조정과 균형을 위한 투쟁이며(김인곤 외, 2005: 237~238), 이러한 조정과 균형을 위한 투쟁의 원리가 바로 '로고스'이다.

로고스는 참으로 존재하는 존재자들의 원리로서, 모든 존재자를 지배하며 결합하는 신적인 힘이다(김인곤 외, 2005: 221, 236~237). 이처럼 로고스가 만물을 지배하는 이법이라면 인간도 이 로고스의 이법에 따라 살지 않으면 안 된다. 여기에서 헤라클레이토스의 윤리 사상이 등장한다. 그에 따르면 인간의 삶에서 최고의 덕이라고 할 수 있는 것은 '지혜'를 얻는 것이다. 여기서 지혜라고 하는 것은 사물을 그 본성에 따라 이해하고, 그것을 지배하는 이치를 알며, 진실을 말하고 행하는 것이다(김인곤 외, 2005: 233~234). 그러므로 지혜로운 인간은 로고스를 인식하고, 로고스의 이법에 따라 사는 사람이다(김인곤 외, 2005: 222, 236). 이러한 점에서 헤라클레이토스의 윤리 사상은 자연의 이법인 로고스가 곧 인간 행위 규범이기도 하다는 윤리적 자연주의를 표방한다.

자연주의 윤리 사상 중에서 또 하나 주목할 만한 것은 최근에 상당한 관심을 끌고 있는 진화윤리학이다. 이것은 찰스 다윈(Charles Darwin)이 제시한 자연선택(natural selection)의 원리를 인간 행위 규범으로 삼자는 이론이다.

다윈은 『종의 기원(On the Origin of Species)』(1859)에서 이 원리에 대해 다음과 같이 규정했다.

이러한 (생존) 경쟁에 입각해서 보면, 사소한 변이들이라 하더라도, 그리고 어떠한 원인들에서 발생하는 변이들이라 하더라도, (그러한 변이를 갖고 있는) 한 종에 속하는 개체들이 다른 유기체들과 그것들의 물리적인 생활 조건들에 대해 무한하게 복잡한 관계를 맺을 때 바로 그 변이들이 조금이라도 유리하게 작용할 수 있다면, 그 변이들은 그러한 개체들을 보존하는 경향을 띨 것이며 일반적으로 자손들에게 유전될 것이다. 이 때문에 자손들도 역시 생존에 더 좋은 기회를 잡을 것이다. 왜냐하면 주기적으로 태어나는 특정 종의 수많은 개체 중에서 소수만 생존할 수 있기 때문이다. 나는 각각의 사소한 변이가 (생존에) 유용한 경우에만 보존된다는 이 원리를 '자연선택'이라고 지칭할 것이다(Darwin, 1998: 88).*

나아가 다윈은 『인류의 기원(The Descent of Man, and Selection in Relation to Sex)』(1871)을 통해서 인간도 진화의 원리에서 벗어나 있지 않다는 것을 명시적으로 주장했다. 특히 그는 이 저서에서 '자연선택'을 보완해 '성 선택(sexual selection)'의 원리를 정식화했다(다윈, 1991: 200 이하 참조). 자연선택이 자연환경에 대한 적응능력에 따라 개체들과 종들에서 선택과 도태가 이루어진다는 원리라면, 성 선택은 유성생식 생물의 경우 성교를 할 수 있는 기회의 유무에 따라 특정한 형질의 선택과 도태가 이루어진다는 원리이다. 예컨대 목이 긴 기린의 기원은 목이 짧은 기린보다 목이 긴 기린이 성교의 기회가 많았기 때문에 그 형질을 갖는 새끼들이 많이 태났고, 또 이러한 과정이 몇 세대 반복되는 동안 목이 짧은 기린의 형질이 사라져버림으로써 이루어졌다는 점으로 설명할 수 있다. 결국 이 성 선택에 관한 다윈의 이론도 인간과 동물이 동일한 진화의 원리에 따라 발생했으며 앞으로도 계속 진화해갈 것이라는 사실을 주장했다.

20세기에 들어 다윈의 진화론은 유전학과 결합되면서 생물 개체가 아닌 유전자를 선택의 단위로 삼는 새로운 진화론으로 발전했다. 이 이론에 따르면, 모든 생물 개체는 자신이 속한 생물 종의 유전자 풀 (gene pool)에 포함된 유전자의 일부를 담지하고 있으며, 자신의 복제된 유전자를 자손에게 물려주고 사라지는 유전자의 일시적인 담지자

---

* 이러한 점에서 '자연선택'은 어떤 종이 생존하도록 '선택'하느냐 하는 문제이다. 여기서 선택하는 주체가 '자연'이라는 것이 바로 '자연선택'이다. 그러나 실제로 자연이 그러한 선택의지를 갖는 '주체'라고 할 수는 없다. 이 때문에 최근에는 개체의 처지를 중심으로 하는 '적응'이라는 용어가 많이 쓰인다.

이자 전달자이다. 진화론적 원리에서는 모든 생물 개체가 이러한 유전자의 담지자이자 전달자로서의 임무를 다할 때 선이고, 그렇지 못할 때 악이다. 물론 인간도 예외가 아니다.

이러한 사실에 입각해 미국 사회생물학자 에드워드 윌슨(Edward Osborne Wilson)은 항구적인 윤리적 규범을 세울 수 있는 세 가지 기본 가치를 제시했는데, 첫째, 인간 유전자 풀의 보존, 둘째, 유전자 풀의 다양성 강화, 셋째, 보편적 인권 존중이다(윌슨, 2000: 269 이하 참조). 현대 진화론을 수용한다면 첫 번째가 기본 가치가 될 수 있다는 점은 의문의 여지가 없다. 두 번째는 유전자 풀에 속하는 유전자가 다양해질수록 일정한 유전자들의 조합으로 이루어지는 개인의 유전적 특성들이 다양해질 것이고, 그래야만 특출한 재능이 있는 사람이 생겨날 가능성이 높아져서 인류의 생존에 더 유리할 것이라는 전망을 포함한다(윌슨, 2000: 271 참조). 이러한 점에서 첫 번째를 기본 가치로 받아들이는 한에서 두 번째도 역시 기본 가치로 받아들일 수 있을 것이다. 세 번째는 인권에서의 불평등이 장기화되면 사회적 차원에서 심각한 위험을 초래해 결국 첫 번째와 두 번째의 가치를 침해할 것이기 때문에 기본 가치로 수용되어야 한다. 윌슨에 따르면, 인간을 포함한 포유류의 경우 자신, 친족, 집단의 순서로 중요성이 각인되지만, 진화적으로 가장 고도의 사회성을 이루고 있는 개미라면 오히려 정반대의 순서로 중요성을 인식할 것이다(윌슨, 2000: 272 참조). 결국 보편적인 인권을 존중하는 것이 장기적으로 첫 번째와 두 번째의 가치를 실현할 수 있는 조건이 될 수 있다.

2) 초자연주의

'자연'은 스스로 그렇게 되어가는 과정이지만, 거기에서 어떤 '질서'를 발견했던 사람들 중에는 그 질서의 원천이 자연 바깥에 있을 것이라고 생각한 사람들도 있었다. 이러한 사고방식에서 이른바 '형이상학'이 시작되었다. 형이상학은 자연 세계 바깥의 존재자나 원리를 끌어들여 자연 세계의 기원이나 질서를 설명하는 학문이다. 따라서 형이상학에 서는 초자연적·초현실적 존재자나 존재 원리가 있다는 것을 가정하고 그것이 어떻게 자연 세계를 있게 하는지 논리적으로 설명하는 내용을 포함한다.

형이상학은 기본적으로 세계의 기원이나 질서를 해명하기 위한 학 문이지만, 궁극적으로 세계 안에서 살아가는 인간의 질서가 어떤 것인 지를 밝히는 것으로 확장될 수 있다. 이것은 결국 인간 삶의 윤리적 규 범을 제시하는 하나의 윤리학이 된다. 여기에서는 자연 세계의 기원이 나 질서를 부여하는 형이상학적 존재자나 원리가 동시에 인간 삶의 질 서를 부여하는 것으로 이해된다. 따라서 이 이론에서는 초자연적인 형 이상학적 존재자나 원리를 윤리적 규범의 근거로 상정한다.

중국 초자연주의 윤리 사상을 대표하는 것은 송나라 주희가 체계화 한 성리학(性理學)이다. 성리학은 인간 본성으로서의 '성(性)'과 세계의 형이상학적 원리로서의 '이(理)'를 논하는 학문이다. 주희는 "태극은 무 극이다(太極而無極)"라는 형이상학적 체계 아래, 자연과 인류의 통일성 을 주장한 주돈이(周敦頤), 태허(太虛)와 기의 이합집산(離合集散)으로 우주만물의 생성을 설명한 장재(張載), 음양의 이치로써 천리를 설명한 정호(程顥), "성이 곧 이이다(性卽理)"를 주장한 정이(程頤) 등 이른바 북송사자(北宋四子) 사상을 종합해 세계와 인성(人性)을 통일적으로 설 명하는 형이상학체계를 수립했다.

세계관으로서의 이기론(理氣論)은 이와 기의 개념을 통해 만물의 생 성을 설명하는 형이상학체계이다. 여기서 기는 근원적인 에너지의 흐 름과 같은 것이고, 이는 이 에너지의 흐름을 특정한 방식으로 제어하는 질서와 같은 것이다. 이와 기는 따로 있을 수 없다. 이는 그 자체로 드 러날 수 없고 오직 기를 통해서만 드러난다. 그러나 주희는 기가 없는 이의 관념은 가능하지만 이가 없는 기의 관념은 불가능하기 때문에 논리적 차원에서 보면 이가 기에 선행한다고 주장한다.

존재론적 차원에서 본다면 이는 특정한 종의 사물들이 보편적으로 갖는 본질이라고 할 수 있다. 그렇다면 사물의 종적 차이에 따라 그 이도 다르다고 해야 할 것이다. 이와 같이 갖가지 사물마다 갖고 있는 특수한 이를 '분수(分殊)의 이'라고 한다. 그러나 갖가지 사물이 세계 전체에서 아무런 원칙 없이 존재하거나 생성한다고 생각할 수 없다. 그리하여 주희는 갖가지 사물이 전체적인 조화를 이룰 수 있게 하는 어떤 원리가 있다고 보았다. 그것은 갖가지 사물이 갖는 분수의 이들이 질서를 갖추게 하는 그 이상의 어떤 무엇이다. 주희는 이것을 '이일(理一)의 이'라고 한다.

주희는 이 이일의 이라는 관념을 주돈이의 '태극' 관념에서 따왔다.

태극은 형이상의 도이고, 음양은 형이하의 기구이다. 그것이 드러나 있는 측면에서 살펴보면, 고요함과 움직임이 같은 시간에 있을 수 없고 음양이 같은 자리에 있을 수 없다. 그것이 드러나지 않은 측면에서 살펴보면, 텅 비고 조용해 아무 조짐도 없으나, 동정과 음양의 이치는 모두 그 가운데에 갖추어져 있다("太極 形而上之道也 陰陽 形而下之器也 是以自其著者而觀之 則動靜不同時 陰陽不同位 而太極無不在焉 自其微者而觀之 則沖穆無眹 動靜陰陽之理", 라오쓰광, 1987: 330에서 재인용).

여기서 보듯이 태극은 음양오행의 이치로서 만물의 존재와 생성에 관여하지 않는 곳이 없다. 주희는 여기서 만물이 각각 태극의 이치를 분유(分有)하고 있다는 착상을 얻었다. 그에 따르면, "사람마다 또 사물마다 하나의 태극을 가지고 있다(人人有一太極 物物有一太極)"(『朱子語類』卷94). 태극은 하나일 뿐이므로 그것은 각각의 인간을 포함하는 갖가지 사물에 분유된다.

이렇게 본다면 모든 인간은 선천적으로 태극의 이치를 갖추고 있다.

그런데 태극은 그 자체로 드러나는 것이 아니라 기를 타고 드러나므로, 인간에게 갖추어져 있는 태극도 몸이든 마음이든 인간의 어떤 활동을 통해 드러난다고 해야 한다. 그러나 주희는 몸보다 마음의 작용에 더 큰 비중을 실어준다. 그에 따르면, "인간이 천부적으로 받은 것 중에서 마음이 오직 빼어나고 가장 영특하며, 이 때문에 그 본성의 온전함을 잃지 않을 수 있다(人之所稟 獨得其秀 故其心爲最靈)"(라오쓰광, 1987: 351에서 재인용). 단적으로 말하면 태극의 이치를 가장 잘 보존할 수 있는 것은 바로 마음이라는 것이다.

그리하여 주희는 인간의 마음에 깃든 태극의 이치를 인간 본성이라고 한다. 그에 따르면, "본성은 바로 마음이 갖고 있는 이치이며, 마음은 바로 이치가 깃든 장소이다(性便是心有所有之理 心便是理之所舍之地)"(『朱子語類』 卷5). 그런데 앞에서 보았듯이 이는 그 자체로 드러나는 것이 아니라 반드시 기를 타고 드러나야 한다. 그런데 성을 마음의 이라고 한다면 이 이는 어떻게 드러나는가? 다시 말해서 마음의 기의 흐름 혹은 마음의 구체적 작용은 무엇인가? 이를 해명하기 위해 주희는 인간의 마음이 성(性)과 정(情)으로 이루어져 있다는 장재의 '심통성정설(心通性情說)'을 수용한다. 그리고 그는 이 성과 정을 각각 마음의 이치와 동정으로 규정한다(性者心之理 情者心之動)(『朱子語類』 卷5).•

이러한 마음에 관한 이론은 인간 행위의 선악을 평가하는 학적 근거가 된다. 특히 주희는 정호에게서 표명되는 천리의 선함이라는 하나의 형이상학적 가설 아래에서 인간 본성의 선함을 논증하고자 했다.•• 그렇다면 인간 행위의 선함은 그것이 '천리=태극=성=도심'을 구현하고 있느냐 그렇지 않느냐에 따라 평가될 수 있다. 결국 인간의 좋은 삶의 규범은 본성에 있지만, 본성 역시 천리의 선함에 의거하고 있기 때문에

• 다른 곳에서는 성을 도심(道心), 정을 인심(人心)이라는 용어로 사용하기도 한다.
•• "(마음의 이러저러한 작용에서) 천리가 사라지는 것, 이것이 곧 악이다(…… 天理滅矣 方是惡)"(『朱子語類』 卷94).

규범의 궁극적 근거는 천리에 있다고 해야 한다. 이러한 점에서 주희의 윤리 사상은 초자연주의를 표방한다고 할 수 있다.

서양의 경우 초자연주의 윤리 사상의 대표자는 인간 행위 규범을 초현실적인 이데아 세계의 존재 원리인 선의 이데아에서 구한 플라톤이다. 고대 그리스어 '이데아'라는 말의 근본적인 의미는 '본', '본보기', '원형(原型)'이다. 강의 이데아가 강의 원형이라면, 한강이나 낙동강은 그 원형의 모형(模型)이다. 모형은 원형과 닮았다. 모든 모형의 모양이 서로 다르다 하더라도 그것들이 각각 원형과 닮았다는 점에서 서로 닮았다고 할 수 있다. 이러한 점에서 이데아는 '보편적 정의'와 같다. 예컨대 강의 이데아는 '넓고 길게 흐르는 내[川]'라고 생각될 수 있는 그 무엇이고, 삼각형의 이데아는 '세 개의 변으로 둘러싸인 다각형'이라고 생각될 수 있는 그 무엇이다.

이데아 세계는 갖가지 이데아로 이루어진 세계이다. 여기서 갖가지 이데아는 이데아 세계를 구성하는 요소들로서, 이것들 하나하나는 전체 안에서 서로 균형과 조화를 이룬다. 이 이데아 세계의 균형과 조화를 뒷받침해주는 것이 다른 아닌 '선의 이데아'이다(Platon, 1937: 505A 참조). 즉, 이데아 세계는 선의 이데아가 부여하는 균형과 조화를 이루기 때문에 '좋은(선)' 것이며, 이러한 부분들의 균형과 조화가 곧 좋음의 기준이기 때문에 현실 세계에서 좋다고 할 수 있는 것의 근본 조건은 전체를 이루는 부분들이 균형과 조화를 이루는 것이다.

인간의 삶이 좋게 되기 위해서는 자기 자신과 자신이 몸담고 살아가는 사회가 이데아 세계처럼 좋게 구성되어야 한다. 따라서 자신과 자신의 사회를 좋게 만들기 위해서는 더 우선적으로 이데아 세계를 인식할 수 있어야 한다.

이데아에 대한 인식은 현실에서 이데아를 실현하기 위한 것이다. 이러한 점에서 선의 이데아는 모든 인간의 삶의 궁극적인 목적이기도 하다. 플라톤에 따르면 인간의 삶의 주체인 영혼(psychē)은 '지성(nous)',

'기개(氣槪, thymoeides)', '욕구(epithymētikon)'로 구분된다. 이들 세 부분은 각각 그것의 이데아에 해당하는 '덕(aretē)'을 발휘하지 않으면 안 된다. 지성의 덕은 지혜(sophia)이고, 기개의 덕은 용기(andreia)이며, 욕구의 덕은 절제(sophrosynē)이다. 그리고 이 세 가지가 조화를 이루는 경우, 즉 영혼의 최고 부분인 지성이 기개와 욕구를 지배해 각각의 기능이 전체적으로 조화와 균형을 이룰 때 정의(dikaiosynē)가 실현된다. 이 정의의 상태는 인간에게 '좋은' 상태, 즉 선의 이데아가 실현된 상태라고 볼 수 있다.

나아가 선의 이데아는 플라톤의 국가관에서도 나타난다. 그에 따르면 인간 영혼의 세 부분에 대응해, 국가에도 통치자 계급, 보조자(군인) 계급, 생산자 계급의 세 가지 계급이 있다. 영혼에서 각 부분이 서로 조화함으로써 정의를 실현하는 것과 마찬가지로, 국가에서도 각 계급이 자신의 고유한 임무에 충실하면서도 동시에 서로 조화를 이룸으로써 사회적 정의를 실현할 수 있다.

이러한 사회적 정의를 실현하는 데 가장 중요한 것은 역시 통치자 계급의 지혜로운 지배일 것이다.

> 어떤 기회가 철학자들이 원하든 원하지 않든 …… 이러한 철학자들의 청렴한 자취가 국가를 맡아 운영할 수 있도록 시민들을 그들에게 복종하도록 강요하지 않는 한, 또는 현재 집권자와 주권자인 사람들 자신이나 아니면 그 자식들이 어떤 신적인 영감에 의해 참된 철학에 대한 진실한 열정을 갖지 않는 한 국가도 정치조직도 사람들도 결코 완전하게 될 수 없을 것이다(Platon, 1937: 499B).●

왜냐하면 지성을 통해서만 '좋음'의 기준, 즉 선의 이데아를 인식할

● 이를 두고 '철인정치'라는 말을 하기도 한다. 그러나 '철인'이 오늘날 전문학자로서의 철학자로 이해되어서는 안 된다. 철인(philosophos)이란 말 그대로 '지혜를 사랑하는 사람'이다.

수 있으며, 이 지성의 덕인 지혜를 탁월하게 발휘해야 할 사람들, 따라서 지혜를 사랑해야만 할 사람들은 바로 통치자들이기 때문이다.

3) 지성주의

지성주의 윤리 사상은 윤리적 규범의 정당성 근거를 인간의 지적 능력(지성)에서 구하는 이론이다. 이 이론이 설득력을 갖기 위해서는 먼저 인간의 지성이 선을 인식하고 실천할 수 있는 능력이라는 사실이 입증되어야 하며, 나아가 인간이라면 누구나 이러한 지성을 갖추었다는 사실도 입증되어야 한다.

고대 중국에서 지성주의의 대표는 맹자라고 할 수 있다. 맹자는 '성선설'의 주창자로 널리 알려져 있다. 성선설이란 말 그대로 '성(性)'이 선(善)하다고 주장하는 학설을 뜻한다. 여기서 성은 무엇이고, 선하다는 것은 어떤 것을 의미하는가?

우선 맹자가 말하는 성은 다른 존재자의 타고난 성품과 구별되는 한 존재자의 특별한 성품이다. 그렇다면 인간 각각의 본성이 다르다고 해야 하는가? 맹자는 본성이란 하늘이 부여하는 것이고, 하늘은 차이가 없기 때문에 본성도 차이가 없다고 본다. 만약 같은 종에 속하는 개별자 사이에 차이가 나타난다면 그것은 성장 배경과 본성의 함양 정도에 따른 것이다.* 이러한 맥락에서 맹자가 말하는 인성은 보편적인 인간 본질을 뜻하고, 그의 성선설은 바로 이 보편적인 인성이 선하다는 것을 주장하는 학설이라고 할 수 있다.

그렇다면 맹자는 인성이 '선하다'는 것을 어떻게 논증하는가? 그는 우선 인성이란 구체적인 마음 현상을 통해 드러난다고 전제한다. 그리

---

* 맹자는 성품의 보편성에도 사람마다 성장 배경과 본성의 함양 정도에 따라 구체적인 행위에서 차이를 나타낼 수 있다는 사실을 설명하기 위해 동일한 종자를 심은 경우라도 밭의 상태나 농사하는 사람의 정성에 따라 수확을 달리한다는 예를 든다(『孟子』, 「告子」 上 참조).

고 그는 인간의 여러 마음 현상 중에 본성으로 통하는 네 가지 실마리(四端)가 있다고 본다. 불쌍하게 여기는 마음(惻隱之心), 악함을 부끄러워하고 미워하는 마음(羞惡之心), 양보하는 마음(辭讓之心), 옳고 그름을 가릴 줄 아는 마음(是非之心)이 그것이다. 이 본성의 실마리를 잡고 따라가면 결국 인(仁)·의(義)·예(禮)·지(智)라는 인간 본성을 인식할 수 있다(『孟子』, 「公孫丑」 上;『孟子』, 「告子」 上 참조).

맹자가 인성을 선한 것이라고 주장할 때 그것이 다른 존재자와 구별되는 인간 본질이라고 한 것은 결국 인간 본질의 중심이 육체가 아니라 마음이라는 것을 함축한다고 볼 수 있다. 실제로 맹자 사상에서 인간의 마음은 '양심(良心)'이라고 표현되고, 이것은 다시 '양지(良知)'와 '양능(良能)'이라는 두 가지 능력으로 나누어 표현된다. 양지는 배우지 않고서도 좋은 것을 알 수 있는 능력이고, 양능은 배우지 않고서도 좋은 것을 행할 수 있는 능력이다(『孟子』, 「盡心」 上 참조). 양지는 선천적인 도덕지이고, 양능은 선천적인 도덕적 행위능력이라고 할 수 있다. 그러므로 인간은 양심에 충실함으로써 도덕성을 실현할 수 있다. 이러한 점에서 양심이 인간 행위의 최고 규범이라고 할 수 있다.

맹자의 지성주의 윤리 사상은 먼 훗날 송나라 육구연(陸九淵)에서 명나라 왕수인(王守仁)에 이르는 중국 심학자들에게 계승되어 새로운 모습으로 전개된다. 심학(心學)은 '마음이 곧 이치이다(心卽理)'라는 사상을 표방하는 학문이다. 송명 시대 신유학에서 이치는 천지만물의 법칙성이면서 동시에 도덕적 가치의 원천이다. 주희로 대표되는 송대의 성리학이 이 이치의 독자성을 주장했다면, 심학은 이 이치가 마음에서 분리되어 따로 있다고 보지 않는다. 그러므로 '심즉리'인 것이다.

송명 시대의 이치 개념은 만물생성의 법칙성이면서 동시에 도덕적 규범성이다. 따라서 마음이 곧 이치라고 한다면 법칙성과 규범성의 근거가 바로 마음이라고 할 수 있다. 이에 대해 육구연은 "마음은 하늘에서 나에게 부여된 것이기 때문에 선천적으로 이치를 갖추고 있다(天之

所以與我者 即此心也 人皆有是心 心皆具是理 心卽理也)"(『象山全集』卷11)라고 논증하는데, 이것은 철저한 지성주의라고 보기 어려운 모호함을 드러낸다. 반면 왕수인은 "천하에 마음 바깥에 일이 있으며 마음 바깥에 이치가 있는가?(天下又有心外之事 心外之理乎)"(『傳習錄』上)라고 해 마음이 모든 것의 근원이라고 주장함으로써 철저한 지성주의를 표방했다.

그런데 마음 바깥에 이치가 없다는 왕수인의 주장은 어떻게 정당화될 수 있는가? 왕수인은 지각이 존재에 논리적으로 앞선다는 사실을 통해서 이를 논증한다.

당신이 이 꽃을 보지 못했을 때 이 꽃은 당신의 마음과 더불어 고요하게 된다. 당신이 와서 이 꽃을 볼 때 이 꽃의 색깔이 일시에 명백하게 된다. 그러므로 이 꽃이 당신의 마음 바깥에 있지 않다는 것을 알 수 있다 ("儞未看此花時 此花與汝心同歸於寂 儞來看此花時 則此花顏色一時明白起來 便知此花不在儞的心外", 『傳習錄』下).

이와 같이 지각이 존재에 앞선다는 것은 존재의 질서나 도덕적 가치역시 마음이 부여한다는 것을 의미한다.

도덕적 가치를 마음이 부여하는 것이라면 마음은 이미 도덕적 가치의 원리를 갖추고 있어야 한다. 왕수인은 이 도덕적 가치 원리를 갖추고 있는 마음을 맹자를 좇아 '양지'라고 한다. 누구라도 자신의 삶에서 도덕적 가치를 실현하기 위해서는 이 양지를 충분히 발휘해야 한다. 이것이 바로 '치양지(致良知)', 즉 '양지를 다한다'는 도덕적 생활태도이다. 결국 왕수인의 사상은 도덕적 규범의 근거를 양지에서 구하는 지성주의를 표방했다.

서양의 지성주의 윤리 사상의 대표자는 칸트일 것이다. 계몽사상의 성숙기인 18세기 유럽에서 살았던 칸트는 뉴턴이 확립한 근대 자연과학의 성과를 무시할 수 없었다. 잘 알려졌듯이 뉴턴은 관성의 법칙, 운동량의 법칙, 작용반작용의 법칙이라는 자연운동의 세 가지 법칙을 확립했다. 칸트는 뉴턴이 천명한 이 세 가지 운동법칙을 경험의 보편적 원칙, 즉 지각으로 객관을 규정하는 인식의 보편적 원칙으로 수용했다.

뉴턴이 천명하고 칸트가 수용한 이 세 가지 운동법칙에서 나타나는 근대적 자연관의 근본 특징은 모든 자연현상이 인과법칙의 지배를 받는다는 것이다. 그런데 이와 같이 모든 자연현상이 인과법칙에 따라 발생한다면, 인간 행위도 인과법칙에 따라 발생한다고 설명할 수 있을 것이다. 그렇다면 인간이 자유로운 존재라고 할 수도 없다.

그러나 칸트는 인과법칙의 지배를 받는 자연 세계와 인과법칙의 지배를 받지 않는 지성 세계가 구별된다고 주장한다. 이러한 주장의 논거는 『순수이성비판』에서 개진된 현상의 세계와 사물 자체 세계의 구별이다. 그에 따르면 우리의 이성이 사물 자체를 인식할 수는 없다. 그런데도 이 사물 자체가 여러 현상의 원인으로서 존재한다는 것을 '생각'할 수 있는 것은 바로 우리의 이성에 의해서이다. "이성은 이념들이라는 이름으로 너무나도 순수한 자발성을 보이는데, 그 자발성을 통해 이성은 감각적인 것이 자기에게 제공할 수 있는 모든 것을 훨씬 넘어갈 정도이다"(칸트, 2002: 123). 이처럼 이성이 감각적인 것을 넘어갈 수 있는 자발성을 보인다면, 이성적 존재로서의 인간은 자연법칙에 구속되지 않는 존재, 즉 자유로운 존재라고 할 수 있다.

그런데 인간이 이처럼 자유로운 존재라고 하더라도 인간 행위가 무원칙적으로 행해져서는 안 될 것이다. 이것은 무엇보다도 인간이 근본적으로 이성적 존재이기 때문이다. 그리하여 칸트는 지성 세계를 지배하는 어떤 법칙이 있다는 사실, 그리고 그것이 바로 '도덕법칙'이라는 사실을 논증하고자 했다.

자유라는 이념은 자율성이라는 개념과 분리될 수 없게 결합되고, 이 자율성이라는 개념은 도덕성이라는 보편적인 원칙과 결합된다. 이 도덕성이라는 원칙은, 자연법칙이 모든 현상의 근거가 되는 것과 마찬가지로 이념 안에서 이성적인 존재의 모든 행위의 근거가 된다(칸트, 2002: 124).

그런데 도덕법칙은 누가 세우는가? 고대에서 중세에 이르는 철학의 역사는 도덕법칙의 근거를 인간 외적인 곳에서 찾았다. 그러나 칸트는 개인의 주관적인 특수한 관심이 완전히 제거된 순수한 이성의 실천적 능력이 도덕법칙을 세우는 입법자라고 주장한다. 그렇다면 또 이 순수한 실천이성은 어떻게 도덕법칙을 세우는가?

여기서 주목할 것은 우리가 우리의 이성의 실천적 능력을 순수한 상태로 만들고 난 후에 어떤 구체적인 도덕법칙을 세우는 것이 아니라는 사실이다. 도덕법칙은 이성적인 존재자라면 누구나 당연히 따라야 할 행위법칙이기 때문에 우리가 실천이성을 순수한 상태로 만들면 그때 이미 우리가 어떻게 행위를 해야 할 것인지 분명한 길이 제시된다. 그러므로 문제는 우리가 우리의 실천이성을 어떻게 순수한 상태로 만드느냐 하는 점이다.

칸트에 따르면 이성은 다른 어떤 것, 이를테면 충동과 같은 것의 영향을 받지 않고 자기 자신의 이념에 따라 행할 때 순수한 상태가 된다(칸트, 2002: 116 참조). 여기서 이성이 다른 것의 영향을 받지 않는다는 것은 이성의 이념이 곧 자유라는 것을 의미한다. 그렇다면 이성이 이 자유 이념에 충실할 때는 다른 어떤 것의 영향도 받지 않으므로 '순수하다'고 할 수 있다. 이와 같이 이성이 자유 이념에 충실해 다른 어떤 것의 영향을 받지 않는다면, 이성은 스스로 자신의 원칙을 창시할 수밖에 없다. 이러한 점에서 순수한 실천이성은 도덕법칙의 입법자가 된다.

4) 감성주의

감성주의 윤리 사상은 인간 행위 규범을 감성에서 구하는 이론이다.

그런데 '감성'이라는 말의 의미가 너무 광범위하기 때문에 감성의 어떤 측면을 규범의 근거로 삼는지 명확하지 않다. 동양 윤리 사상사에서는 감성주의에 해당하는 것이 거의 없으며, 서양의 경우에는 쾌감을 주는 행위에 대해 좋다고 평가하자는 '쾌락주의'가 대세를 이룬다. 따라서 여기에서는 서양에서 개진된 쾌락주의 윤리 사상의 한두 가지 사례만 살펴볼 것이다.

고대 쾌락주의의 대표적 사례는 에피쿠로스(Epicouros) 사상에서 나타난다. 그는 데모크리토스(Democritos)의 원자론을 계승해 세계의 생성변화를 원자들의 이합집산으로 설명하고, 감각적 지각(hē aisthēsis)을 진리의 기준으로 삼았다.

이러한 감각주의는 윤리적 문제에도 그대로 나타난다. 에피쿠로스는 쾌락, 즉 "신체에 고통이 없는 것과 영혼에 혼란이 없는 것"(라에르티오스, 2008: 10권 131 참조)이 모든 선악의 기준이라고 한다.

우리가 태어나면서 지니고 있는 쾌락을 첫째의 선으로 인정하기 때문이고, 그리고 이 쾌락을 출발점으로 해서 모든 선택과 기피를 행하며, 또 쾌락으로 되돌아가면서 이 감정을 기준으로 해서 모든 선을 판정하기 때문이다(라에르티오스, 2008: 10권 129).

이것은 쾌락 그 자체를 선으로, 고통 그 자체를 악으로 보는 윤리적 쾌락주의의 전형이라고 할 수 있다.

그런데 에피쿠로스의 쾌락주의는 쾌락이면 즉시 택하고 고통이면 즉시 피하라는 식의 순간적인 선택의 원리가 아니다. 오히려 여기에는 인생 전체에서 쾌락의 총량이 고통의 총량보다 많도록 계산할 수 있는 이성적 통찰이 요구된다. 왜냐하면 "우리는 때에 따라서 선한 것을 나쁜 것으로 다루고, 역으로 나쁜 것을 선한 것으로서 다룰 수 있기 때문이다"(라에르티오스, 2008: 10권 130). 이러한 점에서 이 사상은 육체적 쾌락보다도 영혼의 쾌락을 더 높이 평가한다. 왜냐하면 육체적 쾌락은 쾌락을 느끼는 그 순간에만 있지만 영혼의 쾌락은 능력에 따라 오랫동안 지속될 수 있기 때문이다.

쾌락에는 욕망을 채움으로써 얻을 수 있는 적극적인 쾌락도 있지만 영혼의 안정에서 느낄 수 있는 소극적인 쾌락도 있다. 에피쿠로스는 전자보다 후자를 더 중시해, 최고의 쾌락을 '아타락시아(ataraxia)'라고 했다. 아타락시아는 문자적으로 타락스(tarax)가 없는(a-) 상태를 뜻한다. 여기서 타락스란 마음이 갈피를 못 잡고 혼란되어 이리저리로 흔들리는 상태를 말하므로 아타락시아는 '영혼에 혼란이 없는 것', 즉 쾌락이 된다.

그러므로 영혼의 아타락시아에 도달하는 것이 행복한 삶의 목적이다(라에르티오스, 2008: 10권 128 참조). 여기에 도달하기 위해서는 무엇보다도 마음의 혼란이나 공포심을 제거하는 것이 중요하다. 당시 사람들은 대체로 죽음을 두려워했는데, 이러한 두려움에 마음이 흔들리는 것을 막기 위해서 에피쿠로스는 다음과 같은 말을 남겼다.

죽음은 …… 사실 우리에게 아무것도 아니다. 왜냐하면 사실상 우리가 살아서 존재하고 있을 때 죽음은 우리가 있는 곳에는 없고, 죽음이 실제로 우리에게 닥쳐왔을 때에는 우리는 이미 존재하지 않기 때문이다(라에르티오스, 2008: 10권 125).

에피쿠로스의 쾌락주의 윤리 사상은 개인적 삶의 완성을 목적으로 할 때 그때그때의 행위를 평가하는 데 쾌락을 기준으로 삼자고 제안한다. 이러한 개인 윤리에서의 쾌락주의와 달리 쾌락주의의 원리를 행위에 대한 사회적 평가에까지 확대 적용하자는 주장이 가능하다. 근대 영국의 공리주의(功利主義, Utilitarianism)가 바로 그러한 이론이다. 공리주의 사상은 오늘날까지 다양한 이론가에 의해 계속 보정되면서 다양한 갈래로 발전하고 있지만, 모든 형태의 공리주의 사상은 제러미 벤담(Jeremy Bentham)이 제안한 '공리성(功利性)의 원리(the principle of utility)'를 제일원리로 삼고 있다.

공리성의 원리란 그 이익에 문제 되는 사람들의 행복을 증대하는 것처럼 보이는가 아니면 감소하는 것처럼 보이는가 하는 경향에 의해 …… 모든 행위를 긍정하거나 아니면 부정하는 원리를 의미한다(벤담, 1986: 48).

이 원리에 따르면, 어떤 사람의 특정한 행위는 그 행위로 이해를 입게 되는 사람들의 행복(쾌락·이익)을 증대하는 것처럼 보일 때 '좋다'고 평가되고, 반대로 불행(고통·손해)을 증대하는 것처럼 보일 때 '나쁘다'고 평가되어야 한다.

내가 어떤 행위를 한다면 그것은 당연히 나의 행복을 증진하려고 할 것이다. 따라서 나의 행위에 대한 나의 평가는 항상 긍정적일 것이다. 문제는 나의 행위에 대한 다른 사람들의 평가이다. 왜냐하면 나의 그 행위로 자신이 이익을 보거나 손해를 입을 수 있기 때문이다. 그런데 생각해보면 여기에도 큰 문제는 없다. 나의 행위로 이익을 보는 사람들은 나의 행위를 좋다고 평가할 것이고, 손해를 보는 사람은 나쁘다고 평가할 것이 자명하기 때문이다. 그러므로 진정한 문제는 다른 데 있다. 나의 행위가 모든 사회 구성원에게 똑같이 좋다거나 나쁘다고 평가되면 문제가 없지만, 일부 구성원에게는 좋다고 평가되고 나머지 일부 구성원에게는 나쁘다고 평가되면 어떻게 될까?

이 경우 그 유명한 "최대 다수의 최대 행복(the greatest happiness of the greatest number)" 원리(벤담, 1986: 51 참조)가 적용된다. 이것은 개개인의 행복량(쾌락량)의 총합이 가장 큰 것이 가장 좋은 것이라는 원리이다. 예를 들어 나의 어떤 행위에 대해 사회 구성원들 각각의 쾌락량을 +로, 각각의 고통량을 −로 계량한 다음 그것을 총합했을 때, 잔량이 +이면 사회적으로 좋은 것이고 -이면 사회적으로 나쁜 것이라고 해야 한다(벤담, 1986: 78 참조). 또 다른 형식으로 정형화된 하나의 예를 들면, 내가 선택할 수 있는 두 가지 가능한 행위 A와 B 중에서 A를 선택할 경우와 B를 선택할 경우의 사회 구성원의 행복량을 각각 측정해 개인별 행복량의 총합이 큰 쪽이 사회적인 차원에서 더 좋다고 평가해야 한다는 것이다.*

　그렇다면 어떤 행위에 대한 개인별 행복량은 어떻게 측정할 수 있는가? 벤담은 행복량 측정을 위한 세밀한 표준을 세웠다. ① 강력성, ② 지속성, ③ 확실성, ④ 원근성, ⑤ 다산성, ⑥ 순수성, ⑦ 범위가 그것이다(벤담, 1986: 76 이하 참조). 이 표준에 따르면 우선 쾌락은 그 정도가 강력할수록, 오랫동안 지속될수록, 쾌의 감정을 일으킬 가능성이 확실할수록, 빠른 시간 안에 일으킬수록 더 좋다. 그리고 하나의 쾌락이 다른 쾌락을 많이 생산할수록, 하나의 쾌락이 그에 반대되는 고통을 수반하지 않을수록, 그것을 느끼는 사람의 수가 많을수록 더 좋다. 쾌락에 질적인 차이가 있을 수 없고, 모든 쾌락은 이와 같은 표준에 의해 양으로 환원될 수 있다.

　이와 같이 개인의 행복량이 측정될 수 있고, 그것의 계산으로 사회적 선악을 확정할 수 있는 가능성이 있다고 하더라도 또 하나의 문제가 남는다. 개인은 누구나 자신의 행복을 위해 행위를 하는 경향이 있지만, 자신이 지향하는 행위를 공리성의 원리 때문에 포기해야 하는 경우가 있을 수 있다. 다시 말해서 사익과 공익이 불일치할 경우 사람들은 생리적 구조상 사익을 더 중시하는 경향이 있기 때문에** 최대 다수의

---

* "사회의 이익이란 …… 사회를 구성하는 개개 구성원의 이익의 총계이다"(벤담, 1986: 48).

** 사람들이 생리적 구조상 공익보다 사익을 더 중시한다는 점은 벤담의 근본 전제이다. 이러한 점은 그의 『도덕 및 입법의 제원리 서설(An Introduction to the Principles of Morals and Legislation)』(1789) 첫 부분에 명시되었다. "자연은 인류를 고통과 쾌락이라는 두 주권자의 지배3에 두어왔다. 우리가 무엇을 하지 않으면 안 되는가를 지시하고, 또 우리가 무엇을 할 것인가를 지시하는 것은 다만 고통과 쾌락뿐이다"(벤담, 1986: 47).

최대 행복 원리가 사회적으로 아무 의미가 없다고 할 수도 있다.

이에 대해 벤담은 인간의 고통과 쾌락이 동물의 그것과 본질적으로 다르다는 점을 들어 풀어간다. 그에 따르면 동물의 쾌락과 고통은 직접적인 물리적 자극에 의해서만 생기지만, 인간의 쾌락과 고통은 특정한 행동양식을 준수하도록 속박하는 힘으로서 작용하는 여러 제재(制裁, sanctions)에 의해서 생긴다(벤담, 1986: 72 이하 참조). 예컨대 인간에게는 물리적(physical, 또는 신체적) 제재, 정치적 제재, 도덕적(또는 사회적) 제재, 종교적 제재가 있는데, 인간은 이 제재들을 따를 때 쾌락을 얻고, 위반할 때 고통을 당한다. 이 제재들은 오랜 역사를 통해 사회적 이익을 지향하는 문화적 힘으로서 형성되었기 때문에 개인과 사회 사이의 이해(利害)의 일치를 낳게 한다.

4. 민주적 삶과 윤리에 관한 논의의 의미

지금까지 우리는 윤리적 규범의 근거를 그 자체로 좋다고 인식된 자연의 이법이나 초자연적인 형이상학적 원리, 선을 인식하는 인간의 보편적 이성의 판단, 좋음을 느끼는 인간의 일반적 감성에서 구하는 다양한 윤리 사상을 살펴보았다. 앞서 보았듯이 윤리 사상의 의미는 한 사회의 구성원들이 사회적 선을 실현하기 위해서 개인적 욕구의 억압을 감수하도록 요구한다는 데 있다. 이러한 점에서 윤리 사상은 사회 운영의 기술, 즉 통치와 밀접한 관련이 있다.

예를 들어 사회를 통치하는 데 법은 필수적이다. 그런데 법을 어떻게 세우느냐에 따라 사회 구성원 하나하나의 이해관계가 극단적으로 갈릴 수 있으며, 이 때문에 이해를 달리하는 사회 구성원들 사이에 입법의 방향을 두고 심각한 갈등이 생길 수 있다. 따라서 사회 운영의 주체는 어느 방향에서 법을 세우는 것이 좋을지를 고민할 수밖에 없다.

이러한 경우 윤리가 입법의 기초를 제공할 수 있다. 즉, 현재 사회적 규범으로서 통용되는 윤리적 규범은 그것의 근거에 대한 사회 구성원들의 암묵적인 인정을 받는 것이라고 할 수 있기 때문에, 입법의 방향이 현행 윤리에 입각해 정해진다면 입법과 관련된 이해관계에 따른 사회 구성원의 반발이 정당성을 얻지 못하게 된다.

이러한 점은 민주주의 사회에서 윤리에 대한 논의가 어떤 의미를 갖는지 말해준다. 통치자와 피통치자가 분명하게 나누어졌던 전근대사회와 달리 모든 사회 구성원이 주권을 갖는 오늘날의 민주주의 사회에서는 사회 구성원 각자가 평소 윤리에 관한 다각적인 논의를 할 필요가 있다. 이 논의가 없는 상황에서는 법의 제정이나 개정이 필요한 경우 새롭게 만들어질 법에 따른 각자의 이해관계가 갈려 입법의 방향을 쉽게 정하지 못할 가능성이 생기기 때문이다. 물론 모든 사회 구성원이 그것에 대해 충분히 논의할 수 있는 시간이 있다면 큰 문제가 없을 수도 있다. 그러나 시급한 법의 제정이나 개정을 요하는 경우에는 그 방향을 정하기 위한 논의에 상당한 시간과 에너지를 소모하게 되어 그 시기를 놓칠 수도 있고, 또 충분한 논의 없이 법을 제정하거나 개정함으로써 악법을 양산할 수도 있다. 그러므로 민주주의 사회에서는 모든 사회 구성원이 평소 윤리적 문제들에 대해 다각적으로 논의하는 자세를 가져야 한다.

그런데 우리는 윤리와 관련해 무엇을 어떻게 논의해야 할까? 이와 관련해서 우리가 우선적으로 전제해야 할 사항은 사회적 삶의 여건들이 부단하게 변화하고 있다는 사실이다. 이 때문에 우리는 두 가지 방향에서 새로운 윤리적 문제들을 만나게 된다. 하나는 예전에 없었던 새로운 윤리적 문제들이 생겨난다는 것이다. 예를 들어 가상 세계와 가상 자아, 인간 배아복제 연구, 안락사(euthanasia) 혹은 존엄사(death with dignity) 등과 같은 문제들은 예전에는 없었던 새로운 문제이며, 따라서 이와 관련된 법의 제정을 위한 기초로서 다각적인 윤리적 논의가 요구된다. 또 다른 하나는 앞에서 본 관습의 경우와 마찬가지로 오늘날 통용되고 있는 윤리적 규범뿐만 아니라 법적 규범까지도 사회적 삶의 여건들이 변화함에 따라 규범 본래 의미를 상실하고 불필요하게 사회 구성원들의 욕망을 억압하는 기제(機制)로서만 기능하게 될 가능성이 있다는 사실이다. 이 경우 우리의 논의는 기존 모든 규범을 비판하는 방향으로도 나아가야 한다.

전자와 같이 새롭게 나타나는 사안에 따른 윤리적 문제가 어떤 것인지, 그러한 문제들을 어떻게 해결하는 것이 좋을지를 다각적으로 논의하는 것은 크게 어렵지 않을 것이다. 그런데 후자는 한층 복잡한 다른 여러 가지 문제들과 얽힐 수 있다. 예컨대 현존하는 모든 규범을 비판한다면 사회가 너무 혼란스러워지는 것이 아닌가 하는 또 다른 문제들이 생겨날 수 있다. 물론 실제로 우리가 현존하는 모든 규범을 부정하고 폐기한다면, 그리하여 모든 개개인이 아무런 내외적 장애 없이 자신의 이기적 욕구만을 추구하려고 한다면, 우리 사회는 극도의 혼란 상태에 빠질 것이다. 그러나 여기서 현존하는 모든 규범을 비판한다는 것은 현존하는 모든 규범을 부정하고 폐기하자는 말이 아니다. 진정한 의미에서 비판은 사람들이 모든 것을 '문제'로서 보고, 그 문제에 대해 '의식적으로 사유하는' 태도를 갖도록 한 번 들쑤시는 것이다.

앞에서 말했듯이 한 사회의 모든 규범은 사회 구성원 개개인의 욕구를 억압하는 힘을 발휘하지만, 옛날이나 오늘날이나 사람들은 윤리나 법과 같은 규범들에 대해 대체로 무의식적이다. 이와 같이 사람들이 규범들과 그 규범들의 억압적 힘에 대해 의식하지 않는다면, 그리하여 사람들이 규범들의 힘에 대해 의식적인 사유를 통해 반응하지 않고 반사적으로 반응한다면, 기존 윤리나 법은 무의식적 관습과 같이 고정되고 절대화될 수 있다. 이러한 사태는 특정한 규범이 고정되고 절대화된다는 문제를 넘어서 민주적인 주권 상실이라는 새로운 결과를 야기할 수 있다. 그러므로 우리는 기존 모든 규범을 문제로서 보고 그 규범들이 행사하는 힘에 대해 의식적으로 사유하는 태도를 잃지 않아야 한다.

이러한 점에서 민주주의 사회에서 주권적 개인들의 윤리에 관한 비판적 논의는 '문제 제기적'이어야 한다. 우리의 논의가 기존 모든 규범에 대해 문제 제기적이라고 해서 반드시 어떤 구체적인 '대안'이 있어야 하는 것은 아니다. 기존 모든 규범을 비판적 차원에서 논의하는 경우에는 어떤 대안을 제시한다는 것은 그 자체로 모순이다. 왜냐하면 어떤 대안을 제시한다는 것은 미래의 사회상을 미리 만들어놓고 그 사회상을 실현하는 데 요구되는 개인들의 행위 방식을 결정하겠다는 것을 의미하는데, 이것은 사실상 새로운 억압 형식을 양산하는 것이기 때문이다.

물론 어떤 형태의 사회라도 사회 유지에 필요한 최소한의 억압을 포함하는 규범을 갖지 않을 수 없으므로 억압이 전혀 없는 사회가 있을 수는 없다. 말하자면 인간의 삶이 근본적으로 사회적 삶이라면 한 사회의 구성원으로서 살아가는 인간은 언제나 어느 정도의 억압을 감수하지 않을 수 없다는 뜻이다. 사실상 인간의 사회적 삶에는 이런 종류의 억압이 사라지면 반드시 저런 종류의 억압이 생겨나게 마련이다. 따라서 다만 어떤 종류의 억압을 감수하고 어떤 종류의 억압을 퇴치할 것인가가 문제이다.

사회적 삶의 여건이 항상 변화하고 있다는 사실을 고려한다면, 이 선택의 문제에서 우리의 기준은 마땅히 '현재의' 억압을 퇴치하고 '가능적인' 억압을 감수하는 것이어야 한다. 이것은 현재의 억압보다 가능적인 억압이 덜 위협적이기 때문이 아니다. 여기에는 무엇보다도 한 종류의 억압이 고착되는 것을 피한다는 의미가 있다. 앞에서 말했듯이 한 종류의 억압이 고착된다면, 그것은 자연화되고 절대화될 수 있다. 그러므로 계속해서 새롭게 나타나는 억압적 요소들을 끊임없이 비판함으로써 억압에 대한 의식적 태도를 멈추지 않는 것이 중요하다. 이러한 점에서 현재의 규범에 대한 비판적 논의는 기존 모든 관습적·윤리적·법적 규범에 대한 비판 그 자체를 목적으로 해야 한다.

『道德經』

『朱子語類』

『孟子』

『象山全集』

『傳習錄』

김인곤 외 옮김. 2005.『소크라테스 이전 철학자들의 단편 선집』. 아카넷.

다윈, 찰스(Darwin, Charles R.). 1991.『인류의 기원』. 박봉섭 옮김. 양우당.

라에르티오스, 디오게네스(Diogenes Laertios). 2008.『그리스 철학자 열전』. 전양범 옮김. 동서문화사.

라오쓰광(勞思光). 1987.『중국철학사-송명편』. 정인재 옮김. 탐구당.

무어, 제리(Jerry D. Moore). 2002.『인류학의 거장들』. 김우영 옮김. 파주: 한길사.

벤담, 제러미(Jeremy Bentham). 1986.「도덕 및 입법의 제원리 서설」,『벤담; 밀』. 이성근 옮김. 휘문출판사.

사하키안, 윌리엄(William S. Sahakian). 1988.『윤리학의 이론과 역사』. 송휘칠·황경식 옮김. 박영사.

윌슨, 에드워드(Edward O. Wilson). 2000.『인간 본성에 대하여』. 이한음 옮김. 사이언스북스.

칸트, 이마누엘(Immanuel Kant). 2002.『도덕 형이상학을 위한 기초 놓기』. 이원봉 옮김. 책세상.

콘포드, 프랜시스(Francis M. Cornford). 1997.『종교에서 철학으로-서구 사유의 연원에 관한 연구』. 남경
    희 옮김. 이화여대 출판부.

해리스, 마빈(Marvin Harris). 2000.『문화의 수수께끼』. 박종률 옮김. 파주: 한길사.

Darwin, Charles R. 1998. *The Origin of Species*. New York: Random House.

Platon. 1937. *Politeia* in *The Loeb Classical Library*. Harvard Univ. Press.

06 자유 존재로서의 인간의 등장과 쇠락

'인간은 자유롭다' 혹은 '인간은 자유로운 존재'라는 말만큼 강력한 수사는 드물다. 이 명제의 소구력이 워낙 커서, 우리는 종종 과연 우리가 자유로운 존재인가에 대한 성찰에서 아예 벗어나기도 한다.

이 장에서는 '자유' 개념에 대한 명료한 이해와 더불어, 이것이 보편적인 인간 이해의 기반이 된 배경을 검토하고, '인간은 자유로운 존재'라는 명제의 진리성이 오랫동안 철학적 쟁점이었다는 사실에 주목하면서 그 핵심적 내용을 짚어본다. 나아가 이러한 논의를 바탕으로 '자유'에 대한 피상적이고도 맹목적인 의식을 성찰할 수 있는 실마리를 찾아본다.

1. '인간은 자유롭다'라는 말은 애매하다

일상적으로 사용되는 '자유' 혹은 '자유로움'은 말의 맥락에 따라 굉장히 다양한 의미로 사용된다. '몸은 자유롭다'라는 문장처럼 물리적인 연관에서 사용되기도 하고, '몸은 비록 갇혀 있으나 마음만은 자유롭다'라는 문장에서 보듯이 비물리적인 연관에서 사용되기도 한다. 때로는 '두 손이 자유롭다'처럼 구체적인 상황에서 사용되기도 하고, '생각에서의 자유'처럼 추상적인 의미로 사용되기도 한다. 심지어는 '바람은 자유롭다', '하늘을 나는 새는 자유롭다'처럼 인간 외의 존재자들과 관련해 사용되기도 한다. 용례는 다양하지만, 일상적 어법에서 자유란 대체적으로 불쾌하고 불편한 어떤 것에서(원하지 않는 어떤 제약에서) 벗어난다는 의미이거나 소박하게 자신이 원하는 것을 할 수 있음을 의미한다.*

그런데 자유 개념의 일상적 용례에서 상당 부분은 사회적·정치적 기원을 갖는다. 예컨대 참여의 자유, 언론과 표현의 자유, 경제적 자유, 정치적 자유, 종교의 자유 등은 사회적 자유에 대한 의미가 태동된 역사적 배경에서, 또한 정치적 이데올로기로서의 자유주의에서 도출되었다. 따라서 이러한 용례는 사회적·정치적 차원의 자유(liberty) 개념이라고 할 수 있다. 사회적·정치적 자유 개념은 곧 권리 개념과 상응한다. 예컨대 '경제적 자유가 있다'는 것은 직업 활동을 할 권리, 재화를 소유할 권리, 경제활동을 제약하는 것에 저항할 권리 등이 있음을 의미한다. 실제로 현대 자유주의 사회에서 자유 개념은 몇 가지 기본권으로 구체화된다.

현실 사회 속에서 개개인은 누구나 자유롭기를 희망하고, 자신의 권리가 사회적으로 충실히 보장되기를 원한다. 그런데 사회적 삶의 연관

---

* '자유' 개념이 일상적으로 다양하게 사용되거나 그 의미가 확장되는 것은 여기서 문제 삼지 않는다. 어떤 측면에서 그것은 의미의 풍요이고, 개방성이다. 다만 의미의 본질에 대한 성찰이 수반되지 않을 때, 의미의 풍요라는 현상이 오히려 의미를 박탈하는 결과를 초래할 수 있다는 점, 또 그렇게 의미가 혼란·박탈됨으로써 구체적 현실에 대한 이해가 혼란·박탈될 수 있다는 것은 유의해야 한다.

속에서는 개개인의 자유에 대한 희망과 자기 권리의 완전한 보장은 실현되기 어렵다. 사회관계가 개개인의 자유와 권리를 제약할 수밖에 없기 때문이다. 자유의 어원이 한계(limit)라는 사실에서 우리는 사회적·정치적 자유의 한계성을 인식할 수 있다. 그런데 개개인에게 가해지는 사회적·정치적 제약의 효과는 개인의 사회적 상황에 따라 상대적이다. 말하자면 동일한 원리에 의해 자유가 보장되고 어느 정도 자유가 제한되더라도, 실제로 어떤 이는 더 자유롭고 또 어떤 이는 덜 자유로울 수가 있다. 이는 개개인의 사회적 위상과 처지가 서로 다르기 때문이다.

그렇기 때문에 사회적·정치적 자유는 그 원리로서는 보편적 이념이지만 현실에서 자유의 향유 혹은 자유의 제약은 개개인의 특수한 상황에 따라 상대적일 수밖에 없다는 주장이 가능하다. 이 점에서 자유 이념의 현실적 적용은 늘 정당성 문제를 야기한다. 이때 문제의 핵심은 사회적·정치적으로 개개인의 자유에 대한 제약이 어디까지 허용되어야 하는가이다.

그런데 사회적·정치적 자유 개념은 인간의 자유(freedom) 혹은 자유의지(free will)가 전제될 때 비로소 그 유의미성이 있다. 근원적 의미로서의 자유(free) 혹은 자유의지는 철학적 차원에서 다루던 문제이다. 예를 들면 철학적 차원에서 자유 개념은 주로 도덕적 행위와 관련된 '자유의지'를 의미한다. 물론 '자유의지'라는 개념 또한 다의적이기는 하지만, 일상적이거나 사회적·정치적 용례에서 자유의지는 대체로 '자유롭게 활동할 수 있는 의지' 정도로 해석된다. 그러나 이러한 의미 규정은 지나치게 피상적이기 때문에, 이를 기반으로 인간 의지가 진정하게 자유로운지를 논의하기는 쉽지 않다. 그러므로 철학적 차원에서 '자유의지'에 대한 논의는 자유의 다양한 현상의 근원적인 구조, 말하자면 자유의 본질에 대한 논의에서 인간의 도덕적 책임의 근거를 구하며, 나아가 인간의 인간됨을 밝히는 근거를 얻는 데 근본 관심을 두어왔다.

예컨대 칸트는 자유의 본질을 자율(autonomy)과 자기결정(self-determination)으로 규정함으로써 도덕적·이성적 존재로서의 인간을 밝혔다. 말하자면 칸트에게 자유는 이성적·인간적·도덕적 인간이 지니는 자율의 능력과 같다.

2. 자유 존재로서의 인간, 그 역사적 등장 배경

1) 자유의지에 대한 요청 혹은 관념

인간 의지가 자유롭다는 생각은 대체로 도덕적인 문제와 연결된다. 특히 도덕성을 근거로 인간존재를 규정하고자 했던 고대 철학, 더욱이 사회(혹은 국가)의 도덕적 질서를 어떻게 확보할 것인가에 철학적 관심을 집중했던 소크라테스, 플라톤은 윤리적 숙고에서 출발해, 일상의 삶에서 도덕을 실현할 수 있는 힘인 의지를 규명해낸다. 그리고 아리스토텔레스는 인간이 윤리적 행동을 자유롭게 선택한다는 점을 인간적인 탁월성으로 간주했다. 그에 따르면 인간의 정신에도 이성적 요소와 비이성적 요소가 있는데, 이성적 원리가 비이성적 요소에 맞서 저항하는 것에 도덕적 판단이 성립할 수 있다고 한다. 따라서 도덕적 판단은 항상 자유의지와 연관된다. 아리스토텔레스는 이와 같이 인간이 선택적으로 행동하는 자유가 바로 덕의 전제조건이라고 본다.*

이렇듯 고대철학에서 인간이 자유롭다는 이념은 대체로 윤리적 숙고와 관련되었고, 그런 만큼 그것은 인간과 동물을 구별하는 중요한 근거였다. 그 이후 자유의지는 '인간'이라는 개념 자체를 이해하는, 혹은 인간의 자기 이해의 중요한 단서로 간주되었다. 신학적 이념이 지배하던 중세에도 자유의지의 이러한 의미, 즉 인간존재 규정으로서의 자유

---

* 그리스인들에게 자유로움이란 형이상학적 원리를 전제한 것이어서, 근대의 자유의지라는 의미, 즉 절대적 근원으로서의 자유라는 의미와 사뭇 다르다.

의지는 유효했다. 비록 그것이 '신의 뜻을 선택할 수 있는 의지', 즉 신에 대한 복종을 의미할지라도, 신에게서 부여된 인간적 특성이라는 점에서 자유의지는 우주 안에서 인간의 위상을 규정하는 근거가 되었다.

돌이켜보면, 고대와 중세를 관통했던 자유의지에 대한 관념들은 상당히 제한적인 의미로 사용되었다. 고대철학이 퓌시스의 탐구를 통해 인간을 이해했다는 점에서, 자연의 이법인 로고스를 보편적인 구극 원리로 이해하고 로고스를 파악하는 한에서 참된 의미의 인간존재가 있다고 보았다는 점에서, 이데아 혹은 형상이라는 형이상학적 원리 아래에서 인간을 이해했다는 점에서, 그리고 중세 사상이 신이라는 형이상학적 존재 아래에서 인간을 파악했다는 점에서, 당시의 자유 혹은 자유의지라는 관념은 형이상학적 원리에 종속되는 행위와 관련되는 의미였다. '자유' 그 본래 의미에 입각한다면, 형이상학적 원리에 종속된 고대와 중세의 자유의지라는 관념은 자기모순적인 개념이다. 그럼에도 이 개념은 인간이 존재 세계에서 어떠한 위상을 지니는지, 그리고 인간으로서 어떻게 존재해야 하는지를 밝히는 데 없어서는 안 될 관념이었다. 달리 말하면 도덕적 존재로서의 인간과 사회적 존재로서의 인간을 정립하기 위해서는 자유의지가 요청될 수밖에 없었던 것이다.

그러나 이러한 현실적 요청에도, 계몽기라고 불리던 근대 초반에는 그 이전까지 자명한 것으로 여겨져 온 '인간 의지는 자유롭다'라는 자명한 명제에 대한 도전적인 논의가 등장한다. 물론 근대라는 역사적 전환에도 인간 이해의 근간으로서 자유의지에 대한 관념은 지배적인 경향이었다. 다만 새로운 사유가 봇물 터지듯 펼쳐지던 계몽기, 그 중 구난방(衆口難防)의 시대에서 기존 지배적인 관념에 도전하는 성찰적 발상이 등장했다. 그 대표적인 예가 볼테르(Voltaire)이다. 그의 생각을 읽어보자.

우리는 어떤 의미에서 '인간은 자유롭다'라고 말할 수 있을까? 우리는 건강이나 힘 혹은 행복에 관해 이야기할 때와 동일한 의미로 인간이 자유롭다고 말할 수 있다. 인간이 항상 건강한 것도, 항상 강한 것도, 항상 행복한 것도 아니다. 커다란 격정과 장애는 인간에게서 자유와 행동능력을 빼앗아간다. 따라서 자유와 자유의지라는 말은 아름다움이나 선 혹은 정의라는 말처럼 추상 개념, 즉 일반 개념이다. 이 개념들이 곧 모든 인간이 항상 아름답거나 선하거나 올바르다는 의미는 아니다. 따라서 모든 인간이 항상 자유로운 것도 아니다(Voltaire, 1985: 236).

글에서 보는 바와 같이, 볼테르는 자유의지를 부정한 것이 아니다. 다만 그는 자유가 추상 개념이고, 인간의 상태를 나타내는 개념일 뿐임을 지적한 것이다. 따라서 그는 자유의지 역시 존재의 관계 양상 속에서 인간 의식의 상태를 말하는 것임을 주장했다.

어쩌면 볼테르의 지적은 인간의 자유에 대한 정직한 통찰인지 모른다. 그러나 형이상학적 원리를 요청하지 않을 수 없는 인간 사유의 맥락에서 역사적으로 자유의지 관념은 요청되었고, 볼테르의 통찰은 계몽기의 재기발랄한 사유 정도로 평가되고 만다.

고대와 중세의 제한적인 의미와 달리, 계몽기를 거치면서 논의된 근대적 자유 개념은 근원적인 의미를 띠게 된다. 더불어 도덕성의 근거로서의 자유의지는 칸트에 이르러 그 본질과 의미가 확고하게 규정된다.

칸트는 자연 세계와 자유세계를 구분한다. 자연 세계인 현상계는 가능적 경험의 대상 세계로서 인과율이 지배하는 반면, 자유세계는 필연적인 인과율의 지배를 벗어나 있다. 우리가 경험하는 현상계는 분명 필연적인 인과율의 지배를 받는다. 그러나 인간은 인과율의 지배를 받는 현상계의 존재이기도 하지만, 인간 행위가 오직 인과율에 의해서만 규정되지는 않는다. 인간은 '마땅히 해야 한다'는 의식의 무조건적인 명령에 따른 도덕적 행위를 하는 존재이기 때문이다. 이때 '행해야 마땅하다'는 도덕률(도덕법칙)을 자기 자신에게 부여하는 의식이 순수 실

도덕률(도덕법칙)

'정언명령' 혹은 '정언적 명법'으로 알려져 있다. 정언명령이란 무조건적 명령이라는 뜻으로, 현상계에서 통용되는 가언명령에 대비되는 개념이다. 현상계의 행위는 어떤 이유를 조건으로 그 행위로써 실현되는 어떤 것을 목표로 한다. 예컨대 "출세를 원한다면 불의의 세상과도 타협해야 한다"라는 명령과 같은 것이다. 여기서 출세가 이유이고 타협은 실천의 교훈이다. 이런 가언명령은 인과의 원리에 구속된 것이다. 따라서 가언명령에 따르는 행위는 자유로운 행위가 아니다. 이에 비해 어떤 이유나 조건 없이, 즉 일체의 인과의 필연을 초월해 행위의 내용에 의해서가 아니라 단지 '마땅히 해야 한다'는 형식에 의해서만 의지를 규정하는 것이 정언명령이다.

인간의 자유

고대 그리스 도시국가의 데모크라시(democracy)에서 '자유' 개념은 사회 공동체의 형성에 참여할 수 있는 가능성이었고, 그리스어로 '안트로포스(Anthropos, 인간)'는 시민권을 갖는 존재만을 가리키는 말이었다(이규호, 2005: 227~229 참조).

천이성이고, 그 이성은 인과율에서 독립적인 자유의지이다.

그런데 칸트는 경험적 의지와 자유의지를 구분한다. 경험적 의지는 자기만족을 충족하는 행위의 동기로서, 행위자가 욕구하는 대상이 의지를 규정한다. 반면 자유의지는 욕구의 경험적인 대상이 없다는 점에서 순수의지이고, 도덕적 행위의 동기라는 점에서 선의지(guter-Will)이다. 그리하여 자유의지란 '마땅히 해야 한다'는 입법적 형식만을 자기규정 근거로 삼는 의지로서 그 본질은 '자율(Autonomie)'이다.

결론적으로, 칸트가 확립한 근대적 자유 개념은 '자기규정' 또는 '자기 입법'의 의미가 있고, 이러한 '자율로서의 자유' 개념이 근대적인 인간 이해, 나아가 도덕성의 근거로 성립하게 되었다.

2) 근대 자유 이념의 전개

흔히 인식적 관점의 획기적인 전환을 서양 근세의 기점으로 보는데, 실제로 오늘날 '근대성(modernity)'으로 규정되는 것은 전환된 인식적 관점을 그 내용으로 한다. 고대부터 근세 이전까지 자연은 우주적 질서의 근원이었고, 인간은 그 자연의 원리에 의존하는 존재였다. 그러나 근세에 들어서면서 자연은 형이상학적 위상을 상실하고 단지 하나의 물리 세계인 기계론적 체계로, 동시에 인간은 사유능력인 이성을 통해 자연 세계를 대상화할 수 있는 자율적인 존재로 인식되었다. 드디어 자연은 인간의 대상물로 전락하고, 지각하고 사유하는 인간은 자연 위에 군림하는 존재론적 위상을 차지하게 되었다.

앞에서 보았듯이 그리스적 자유 개념은 우주적 원리인 자연을 그 근거로 했고, 그리하여 인간의 자유는 도덕성을 위한 전제이자 사회질서를 위한 담보였다. 그러나 근세에 이르러 세계관이 전환되면서, 자유 개념의 의미도 전환되었다. 간단히 말하면, 고대의 자유 개념은 도덕성과 공동체의 전제였지만, 근대의 자유 개념은 더 이상 윤리적 영역에 머물지 않을 뿐더러 개별적인 것, 즉 개체성의 근거로 이해되었다. 이러한 근대적 자유 개념은 자연에 대한 인간 정신의 우위를 나타내는 표징이라고 할 수 있다.

물론 근세로의 전환이 중세와의 급격한 단절은 아니다. 중세에도 공동체를 통한 자율성의 경험이 축적되기도 했고, 세계 안에서의 인간 정신의 우위에 대한 관념이 형성되었으며, 또 윌리엄 오컴(William of Ockham) 사상에서 드러나는 바와 같이 개체성에 대한 새로운 인식 등이 있었다. 이러한 중세적 경험은 르네상스와 종교개혁을 통해 증폭되었고, 시대적 연속성의 차원에서 근대적 자유 관념을 형성하는 모티브가 되었다.*

아직까지도 우리의 사회의식을 지배하는 근대성은 단적으로 기계론적 자연관의 등장과 자유 존재로서의 인간의 자기 이해를 축으로 한다.

근대성의 화신이라고 불러야 마땅할 토머스 홉스(Thomas Hobbes)에서(틱 외, 1993: 130 이하 참조) 로크, 샤를 몽테스키외(Charles Louis de Secondat Montesquieu), 장 자크 루소(Jean-Jacques Rousseau)에 이르기까지 개인주의적인 인간 이해를 바탕으로 한 사회계약론 사상이 한 세기에 걸쳐 지속적으로 개진된 것은 자유에 대한 의식의 성장과 더불어 개인의 자유로운 결단을 존중하는 정치제도를 요청하는 시대적 현상이라 하지 않을 수 없다. 나아가 이러한 사회사상의 전개는 자유 내지 자유의지의 가치를 촉진하는 최고의 변수였다. 실제로 일련의 사회계약론을 관통하는 핵심적 가치는 자유와 정의이다. 달리 말해서 통치는 귀속적 권력이 아니라 개개인의 의지(will)라는 것, 그리하여 정치 질서의 기초는 권력의 무력(might)이 아니라 의지의 합의에 의한 정당함(right)이라는 것이 사회계약론의 핵심이다.

역사적 상황을 되돌아보면, 개체성과 자유의지에 기반을 둔 사회계

---

* 자세한 내용은 이 책 9장과 10장을 참고하라.

약론을 여러 철학자가 공통적으로 논의한 것은 당시의 정치 상황에서 초래되었다. 즉, 사상적으로는 개인의 자유에 대한 의식이 성장했으나, 당시 절대왕권의 시대라는 정치적 상황은 시대의 의식을 좇아가지 못했다. 따라서 자유에 대한 의식과 현실의 괴리라는 시대적 상황이 오히려 정치이론가들로 하여금 더욱더 자유 개념에 천착하게 했다.

역시 오늘날 우리가 자명하게 받아들이는 자유로운 개인이라는 이념, 그리고 개인의 자유를 이념으로 하는 자유주의는 개인주의적인 인간 이해를 토대로 한 사회계약 사상과 초기자본주의의 시민 사상에 의해 등장한 이데올로기였다.

그리하여 자유주의적인 자유의 이념에 대한 논의는 개인과 국가(및 공동체)의 관계에서 개인이 어떻게 억압 없이 자신의 권리를 누리는가 하는 문제, 그리고 개인의 자유가 제한되는 것은 어떤 경우에 정당화되는가 하는 문제에 집중되었다. 여기서 로크의 소유권의 자유, 루소의 정치적 자유, 애덤 스미스(Adam Smith)의 시장 자율성이라는 명제가 성립했으니, 바야흐로 근대에서의 자유 이념이 구체성을 띠고 현시되었던 것이다. 로크의 다음과 같은 발언은 개인주의·자유주의의 적극적인 표명임과 동시에 자본주의적 시민사회의 등장을 정당화하는 것이었다.

> 자연의 모든 사물은 공유물로서 주어졌지만 인간은 자기 자신의 주인이며 자신의 몸과 행동 또는 노동의 소유자로서 그 자신 안에 소유권의 주된 기초를 갖고 있었다. 따라서 인간의 발명이나 기술이 의식주의 편의를 개선한 다음부터는, 한 인간이 생존 유지나 위안을 위해 그가 이용한 대부분의 것은 전적으로 그의 소유이지 다른 사람과 공유하는 것은 아니다(로크, 2008: 318).

자유주의적 자유 이념을 철학적 분석의 중심에 놓은 이로는 존 스튜어트 밀(John Stuart Mill)을 도외시할 수 없다. 밀은『자유론(On Liberty)』

(1859)에서 "사회가 개인에 대해 정당하게 행사할 수 있는 권력의 본질과 한계를 주제로 삼았음"을 머리말에서 미리 밝히면서(밀, 2008: 123), 개인이 국가의 개입이나 여론의 억압 없이 자유롭게 발전할 수 있는 권리를 갖는다는 점을 강조한다. 요컨대 그는 사회가 개인의 내면적인 영역에 대해서 개입할 권리를 전연 가질 수 없고, 인간의 사회적이고 외면적인 영역에만 개입할 수 있으나 그것도 제한된 권리밖에 갖지 않음을 천명했다.[*]

결론적으로 근대에서 자유 개념은 정치적·경제적 이데올로기의 정당화와 맞물리면서 이념성을 띠는 한편, 시민적 혹은 사회적 자유의 내용을 규정한다.

3. 오래된 논쟁: 자유의지론과 결정론

1절과 2절에서 자유 개념의 다양한 용례와 역사적 시기마다 자유 개념이 어떻게 다른 의미를 내포했는가를 살펴보았다. 이 개념이 그렇게 다양한 차원에서 여러 의미를 지녀왔다는 것은 그만큼 자유 개념이 인간 이해의 근간이었음을 반증한다. 그러나 철학사에서 인간의 자유 혹은 자유의지는 늘 자명한 사실로 받아들여지지는 않았다. 역사상 숱한 철학자들이 이 문제에 대해 서로 다른 주장을 피력해왔으며, 그 논쟁도 만만치 않아 이 문제는 '악명 높은 쟁점'[**]으로 불리기도 한다.

---

[*] 밀은 오직 자신에게만 영향을 미치는 행동 영역이야말로 인간 자유의 기본적인 영역이라고 하면서 그 영역을 세 부분으로 나누었다. 첫째, 양심의 자유와 사상과 감정의 자유가 포함되는 의식이라는 내면적 영역, 둘째, 기호의 자유와 목적 추구의 자유, 셋째, 결사의 자유가 그것이다(밀, 2008: 137). 여기서 한 개인의 행동이 다른 사람에게 영향을 끼치게 되는 경우 사회는 개인의 자유에 간섭할 수 있으나, 사회의 간섭이 언제나 정당할 수 없다는 점을 다양한 예를 들어 설명한다(밀, 2008: 제5장 참조).

[**] 최용철은 『자유의지와 결정론의 철학적 논쟁』「들어가는 말」에서 "자유의지 vs. 결정론만큼 악명 높은 철학적 주제도 드물다. 참으로 흥미로운 주제이긴 하지만, 너무도 엄청난 소모적 논쟁을 불러일으킨다"라고 말했다.

쟁점의 핵심은 '인간존재는 근본적으로 자유인가, 아닌가?'이다. 사실 이 물음은 '자유' 개념을 논하는 데 본질적인 문제이다. 만약 인간이 근본적으로 자유로운 존재가 아니라면 일상적으로 사용되는 자유의 다양한 의미나 다양한 형태의 자유는 모두 허사(虛辭)에 불과할 것이기 때문이다.

한편 이 쟁점에 대해 다르게 접근하는 학자들도 있다. 이들은 인간에 대해 자유의지의 존재인가, 아닌가라는 양자택일적인 접근을 하지 않는다. 오히려 이들은 두 주장의 양립 가능성을 동시에 모색한다.

그리하여 이 악명 높은 쟁점에 대한 이론은 크게 세 범주로 나눌 수 있다. 첫째, 인간이 전적으로 자유의지를 갖는다는 자유의지론, 둘째, 인간은 자유의지를 갖는 것이 아니라 어떤 원인에 의해서 그 행위가 불가피하게 이루어진다고 하는 결정론(강한 결정론), 셋째, 인간은 자유의지를 부분적으로 갖는다는 견해로서 자유의지론과 결정론이 서로 모순되지 않고 양립한다는 양립가능론이다. 첫 번째와 두 번째는 세 번째와 달리 자유의지론과 결정론 중 어느 하나만 성립된다고 보는 견해이므로 양립불가능론이라 불린다.

1) 자유의지론

'인간은 자유의지가 있다'라는 명제만큼 상식적으로 명쾌한 것이 있을까? 인간은 일상적으로 자신의 의지에 따른 행동을 경험한다. 여러 선택지 중에서 특정한 것을 우리가 선택하는 경우가 모두 이에 해당할 것이다. 그뿐만 아니라 일반적인 행위와 다른 행위를 선택하는 자들에 대해서도 우리는 많은 경험을 하고 있다. 육식이 미각에 맞지 않아서가 아니라 동물 사육에 반대해 채식주의자가 되는 자도 있고, 땅의 생명력을 염려해 대량생산할 수 있는 농법을 거부하는 자도 있다. 자신의 생명을 담보하면서 참사의 현장에서 봉사하는 자도 있고, 자신의 재산을 모두 털어내어 불우한 자를 돕는 자도 있다. 안락을 거부하고 고달픈 삶을 자청하는 자도 있고, 역으로 자신의 안락을 위해 타인을 희생시키는 자도 있다.

이 사례들은 자유의지에 대한 우리의 상식적 신념을 입증하는 증거처럼 보인다. 이 사례들은 모두 어떤 행위든 자신이 원했고, 선택했다는 것, 따라서 행위란 그 자신에게 달려 있다는 것을 보여준다. 그런데 과연 이러한 예들이 자유의지의 증거로서 적합한 것일까? 의지의 자유란 도대체 어떤 의미일까?

흔히 우리는 '원하는 것을 하는 행위의 자유'를 의지의 자유라고 쉽게 이해한다. 그런데 해리 프랭크퍼트(Harry Gordon Frankfurt)의 말을 빌리자면, 어떤 동물이 자기가 원하는 어느 방향으로든지 달려가는 데 자유로울 수 있다는 것을 인정하지만 동물이 의지의 자유를 향유한다고 상정하지는 않는다. 따라서 우리가 하기를 원하는 것을 할 자유를 갖는다는 것은 자유의지를 갖는다는 것의 충분조건도, 필요조건도 아니다(프랭크퍼트, 2004: 205). 따라서 '하기를 원하는 것을 하는 행위의 자유'라는 것은 의지의 자유라고 하기 어렵다. 같은 맥락에서 행위의 자유가 없다는 것이 의지의 자유가 없다는 것과 같은 뜻은 아니다. 비록 행위의 자유가 없을 때라도 의지는 자유로울 수 있다는 것을 우리는 경험적으로 알고 있다. 그리하여 프랭크퍼트는 의지의 자유를 갖는다는 것을 "원하기를 원하는 것을 원하는 데 자유롭다", 즉 "의지하기를 원하는 것을 의지하는 데 자유롭다" 또는 "원하는 의지를 소유하는 데 자유롭다"라고 정의했다(프랭크퍼트, 2004: 206).

프랭크퍼트의 분석은 분명 우리의 상식적 신념을 넘어서는 좀 더 본질적이고 근원적인 통찰을 보여준다. 자유의지는 단순히 선택할 수 있다는 상황에서 드러나는 현상적인 것이라기보다는 선택의 기원의 문제이고, 그러한 선택이 이루어지는 과정, 즉 '숙고'에 관한 문제이다. 그리하여 자유의지론자들에 따르면, 자유의지는 어떤 목적이나 목표를 스스로 숙고하고 결정하는 의지로서, 인간이 자신의 행동과 결정을 통제할 수 있는 능력이다. 간단히 말하면 자유의지는 스스로에 의해 이루어지는 자유로운 선택능력인 것이다.

그런데 '능력'이라는 점에서 자유와 자유의지는 구별될 필요가 있다. 자유를 '강제나 강요에서 벗어난 상태' 혹은 '자기 자신에 의한 결정의 상태'라고 본다면, 자유의지는 그러한 상태를 만들어내는 능력 혹은 의식의 활동이다. 이렇듯 자유의지를 '능력' 혹은 '자기의식활동'이라는 개념으로 이해할 때, 자유의지와 관련된 인간 문제는 상당히 명료해진다.

무엇보다 자유의지에 근거해 인간은 세계 안에서 아주 독특하고 우월한 존재론적 위상을 확보했다. 자유의지가 숙고하고 스스로 결정하는 의지인 한, 인간은 자신이 몸담은 세계의 종속적 존재가 아니라 세계를 향해 가능성을 열어놓고 있는 존재이기 때문이다

비록 자유의지를 쟁점으로 삼지는 않았지만, 인간을 "아직 확정되지 않은 동물"이라 일컬은 니체, 인간 본질은 바로 세계 개방성이라고 통찰한 현대의 철학적 인간학자들, 예컨대 막스 셸러(Max Scheler)와 아르놀트 겔렌(Arnold Gehlen) 등은 자유의지론자들의 인간 이해와 맥을 같이한다.

특히 철학적 인간학의 태두인 셸러는 "인간 본질 그리고 인간의 특수지위라고 사람들이 부를 수 있는 것은 지능과 선택능력이라고 불리는 것을 훨씬 넘어서 있다"(셸러, 2001: 62)라고 하면서, 인간을 인간으로 되게 하는 미지의 원리를 '정신'이라고 한다. 그는 다시 "정신은 강제에서, 압력에서, 유기적인 것의 예속에서, 생명에서, 생명에 속하는 모든 것에서, 따라서 또한 그 자신의 충동적인 '지능'에서도 해방된다"는 점에서, 정신은 자유라고 단정한다(셸러, 2001: 64). 셸러는 '환경(Umwelt)에서 자유롭다'는 것을 '세계가 열려 있는 것(Weltoffen)'이라고 한다. 요컨대 셸러는 인간과 동물의 본질적 차이, 즉 인간을 동물과 최종적으로 구별하는 것은 환경 세계와 관계 맺는 방식이라고 보았다.

즉, 동물은 환경만을 가지며, 환경 속에 망아적(忘我的)으로 몰입하지만(환경에 종속되지만), 정신적 존재인 인간은 충동과 환경에 구속되지 않고, 세계 개방적이라는 것이다(셸러, 2001: 64~67 참조). 그리하여 셸러에게 세계 개방성은 자유로운 존재로서의 인간을 설명해주는 원리이며, 바로 이것이 인간만이 갖는 독특성이다.

의지가 자유롭다는 것, 즉 모든 행위의 원인이 의지에 달려 있다는 것에서 인간은 자신의 선택에 대해 도덕적 책임을 져야 한다는 자명한 원리가 도출된다. (2절에서 이미 언급되었던 바) 고대부터 인간의 도덕성을 정립하려는 모든 철학적 노력은 필수적으로 자유의지를 전제했다. 사회질서가 개개인에게 도덕적 책임을 지움으로써 성립한다는 점을 생각할 때, 도덕적 책임의 근거로서 의지가 전제된다는 것은 너무나 당연한 일이다. 그럼에도 개인의 의미가 미처 발견되지 못했던 고대의 전체주의 사회에서는 선을 추구하고 덕을 실현해낼 수 있는 품성의 실천적 탁월성을 자유의지로 소급해가기보다는 이성적 영혼 혹은 이성의 숙고에 호소했다.

한편 인간 이해의 자세가 전체 구성원에서 '개체적 존재'로 급격하게 전환된 근세 이후, 자유의지와 도덕적 책임의 연관성을 정합적으로 밝힌 대표적인 학자는 칸트이다. 그는 인간을 이원적 존재자로 본다. 즉, 인간은 능동적 존재이면서 동시에 수동적 존재, 이성적 존재이면서 동시에 감성적인 존재, 인과율이 지배하는 현상계(자연적 세계)에 속한 존재이면서 동시에 인과율에서 벗어난 예지계(도덕적 세계)에 속한 존재라는 것이다. 요컨대 그는 인간이 현상계에 속한 이상 인과법칙의 지배를 받지만, 그러한 자연적 경향성에도 도덕적 행위를 선택하는 자유로운 의지의 존재임을 주장했다. 이는 또한 인간은 오직 예지적 존재인 한에서만 자유로울 수 있음을 주장한 것이다.

칸트의 주장에서 우리는 자유의지론이 의미하는 바의 핵심을 파악할 수 있다. 인간의 자유의지를 주장한다는 것은 인간이 언제나 자유

인과적 결정론(강한 결정론, hard determinism)

신학적 결정론이나 운명적 결정론이 믿음과 관련된다는 점과 달리 인과적 결정론은 합리적 분석을 전제로 한다는 점에서 철학적 결정론이라고도 한다.

롭다는 것을 의미하지는 않는다. 다만 도덕성이 문제 되는 갈등 상황에서 인과법칙이 아니라 자율적인 자기 입법에 따라 행위를 할 때만 현실적으로 인간은 자유롭다는 것이다.

그리하여 자유의 본래 의미, 즉 '무엇을 그 자신에게서 시작할 수 있는 능력'인 자유는 인간에게 도덕적 입법능력, 의지의 자율능력이고, 그렇기 때문에 인간은 자신의 자율적 선택에 따른 행위에 마땅히 도덕적으로 책임을 져야 한다는 당위성이 성립한다.

그런데 '의지가 원하는 것을 의지한다'는 상황을 우리는 실제적으로 경험하거나 검증하기 어렵다. 실제 상황에서는 의지에 작용하는 다른 요인들이 있을 수 있고, 자신의 의지를 작용시키는 요인에 대해 인간이 인지하지 못할 수도 있기 때문이다. 바로 이 점에서 자유의지론을 부정하는 인과적 결정론이 대두된다.

2) 결정론

결정론(Determinism)이란 발생하는 모든 일에는 원인이 있고, 그 원인에 의해 사건이나 사태가 일어난다는 견해이다. '원인'의 내용에 따라 결정론은 다양한 범주로 구분되기도 한다. 모든 사건이 신이라는 원인에 의해 일어난다는 신학적 결정론, 모든 사건은 우리와 무관하게 운명이라는 원인에 의해 일어난다는 운명적 결정론, 모든 사건은 자연세계에 있는 선행하는 사건과 조건에 의해 일어난다는 과학적 결정론 등이 그것이다.* 그런데 여기서 다루는 것은 자유의지 개념과 관련된 **인과적 결정론(강한 결정론, hard determinism)**이다. 물론 인과적 결정론은 물리적 세계 전체에 적용될 수 있는 개념이기는 하나, 여기서 인과적 결정론은 인간 의지가 인과법칙의 지배를 받는다는 것을 의미한

* 결정론의 다양한 범주에 관해서는 안건훈(2006: 80~102) 참조. 학자에 따라서는 이 개념을 심리적 결정론, 윤리적 결정론, 논리적 결정론 등으로 확장해서 적용하기도 한다.

다. 즉, 인간 의지는 결코 자유롭지 않으며, 의지작용을 야기한 원인이 있고, 그 원인에 의해 의지작용은 필연적으로 결정된다는 것이다. 따라서 결정론은 인간의 자유와 양립할 수 없다는 신념이다.

우리의 일상적 경험에 비추어볼 때 자유의지론이 타당하게 여겨지는 것만큼 결정론적 견해의 타당성 또한 일상적 경험에 부합하기도 한다. 동일한 상황에서 서로 다르게 대처하는 사람들에게서 우리는 그들의 서로 다른 대처를 만들어내었던 성격이나 처지를 원인으로 간주하기도 하고, 나아가 서로 다른 성격을 만들었던 유전인자, 성장환경, 신체조건 등을 성격 형성의 원인으로 간주하기도 하기 때문이다. 간단히 말해서 결정론은 인간 의지에 작용하는 요소가 존재하고, 그것이 인간 행위의 원인이라고 주장한다.

그런데 인간에게 일어나는 모든 사건에 반드시 원인이 있을까? 이 물음에 답하기 위해 먼저 '원인'이라는 개념을 명확히 하자.

A가 B를 일으킨다고 했을 때, A와 B의 관계를 인과관계라고 하고, 이 양자는 필연적으로 결합된다고 한다. 흄은 필연적 연관의 본성을 탐구하면서, A와 B의 인과관계는 A와 B의 성질에 전혀 의존하지 않고 다만 A와 B의 인접성과 원인인 A가 시간상 결과인 B에 선행하는 것이라고 한다. 말하자면 인과의 본질은 인접과 계기(繼起)로서 이것에 의해 원인과 결과는 변함없이 결합한다고 본다(흄, 2009: 97~99 참조).* 그런데 밤과 낮의 결합처럼, 인과적으로 결합되지 않아도 변함없이 결합하는 경우가 많이 있다. 또한 성냥과 불처럼, 변함없이 결합하지 않는데도 인과관계를 유지하는 경우도 많이 있다. 따라서 흄은 인접과 계기라는 인관관계들은 불완전하고 불충분하다고 한다(흄, 2009: 100 참조).

밀은 흄의 설명에서 미흡한 점을 보완하기 위해 **필요조건과 충분조**

필요조건과 충분조건
필요조건이란 일정한 조건들이 갖춰지지 않으면 결코 특정한 사건이 일어나지 않는 조건들이다.
충분조건이란 일정한 조건들이 갖춰지면 언제나 특정한 사건이 일어나는 조건들이다.

• 흄은 인과관계가 인접과 계기라는 것에 관한 하나의 실례를 들었는데, 다음과 같다. 어떤 물체운동은 다른 물체에 충격을 주었을 때 그 물체의 운동 원인으로 여겨진다. 이때 우리가 발견할 수 있는 것은 한 물체가 다른 물체에 접근했다는 것, 한 물체의 운동이 다른 물체의 운동보다 앞선다는 것뿐이다(흄, 2009: 99).

건이라는 개념을 도입한다. 그런데 일상적으로 필요조건은 원인이라 할 수 없다. 필요조건이 갖춰져도 어떤 사건이 어김없이 일어나는 것은 아니기 때문이다. 따라서 밀은 그것이 갖춰지면 일정한 결과가 항상 그리고 무조건 일어나는 조건들의 집단인 충분조건을 원인이라고 한다. 말하자면 어떤 사건의 원인이란 그 사건을 어김없이 일어나게 하는 조건들의 집단으로서 반드시 어떤 결과를 야기하는 것이다.

이제 다시, 인간의 모든 행위에는 원인이 있는가? 혹자는 일상적 경험 속에서 어떤 행위가 원인 없이 일어나는 경우가 있다고 할지 모른다. 그런데 결정론자의 견해에서는 그것은 원인이 없는 것이 아니다. 충분조건은 여러 조건이 모인 것이니만큼 인간 행위를 일으키는 원인이 단일하지도, 그 시점이 동일하지도 않다. 즉, 원인은 다수성이다. 그렇기 때문에 우리가 원인을 알지 못할 수는 있다. 하지만 원인을 알지 못한다는 것이 원인이 없다는 뜻은 아니다. 원인은 시간적으로 현재와 가까운 원인과 먼 원인이 복합적으로 작용할 수도 있고, 다양한 관계 속에서 우리가 인지하지 못하는 미묘한 원인이 작용할 수도 있는 것이다. 그래서 결정론자들은 단호한 어조로 이렇게 말한다.

사건 하나하나에는 여전히 원인 조건이 있지만 너무나 복잡해서 발견하지 못할 뿐이다. 원인은 없을 수 없다. 그것을 발견하기가 어려울 뿐이다(호스퍼스, 1997: 476).

사실 우리는 우리가 처하는 모든 상황에서 끊임없이 '결정'을 내린다. 자유의지론자들은 그 '결정'과 다른 행위를 할 수 있었음에도 우리가 바로 그 '결정'을 선택했다고 한다. 따라서 '다르게 할 수 있었다'라는 것은 사람에게 자유의지가 있다는 증거가 되는 셈이다. 그런데 결정론자의 견해에서 어떤 결정을 내린다는 것은 자유로운 선택을 의미하지는 않는다. 즉, '다르게 할 수 있었다'고는 하나, 그 행위를 결정한 당사자의 처지에서는 그의 결정이 그가 할 수 있는 유일한 것이었다는 의미이다.* 왜냐하면 우리가 어떤 결정을 하든 그 결정에는 자신이 선호하는 것과 혐오하는 것, 과거에 축적된 경험, 주어진 사회적 조건과 상황, 또 자신의 상황을 예측하는 상상, 자신이 추구하는 가치·욕망 등이 개입되기 때문이다. 따라서 결정론자들은 우리의 어떤 결정도, 어떤 행위도 '다르게 할 수 없었다'고 한다. 결정론의 대표자인 존 호스퍼스(John Hospers)의 말을 빌려보자.

> '내부에서' 보면 우리는 모두 인생 드라마의 배우이며, 새로운 사건 계열의 창시자이다. …… 선택지는 우리에게 열려 있고, 어느 길로 갈 것인가는 우리가 선택한다. 그러나 '외적 견해'에서 보면 인간은 자신과 주변을 통해서 흘러가는 인과적 흐름의 표류물이다. 이 흐름 속에서는 이 일련의 조건은 이 사건을 일으키고, 다른 일련의 조건은 저 사건을 일으킨다. 그래서 당신의 결심이나 나의 결심이 조건들 가운데 들어 있다 하더라도, 그것 역시 일어난 결과 이외에 다른 어떤 결과도 일어날 수 없는 인과적 흐름 속에서 그에 앞선 어떤 사건이나 조건에 의해 일으켜진 것이다(호스퍼스, 1997: 511).

그런데 이러한 결정론적 견해에서 궁극적으로 인간 행위는 인과에 의한 필연일 뿐, 인간이 자율적 선택을 할 여지는 없다. 만약 자유로운 의지의 자기결정이 불가능하다면 인간이 자신의 행위에 대해 도덕적 책임을 질 수 있을까? 이 경우, 마치 우리가 우리 자신의 의지가 개입할 여지가 없는 유전적 요인에 대해 책임이 없는 것처럼, 자신의 행위에 대한 도덕적 책임 역시 질 수 없다. 따라서 앞에서 언급된 결정론자들

---

* 결정론을 지지하는 피터 반 인와겐(Peter Van inwagen)은 "사람들이 자유의지를 갖는다는 것의 부정은 곧 누군가 실제로 행위를 한 것이 그가 할 수 있는 것과 일치한다는 주장과 같다"라고 서술한다(인와겐, 2004: 122).

은 이구동성으로 결정론과 도덕적 책임도 양립할 수 없다고 한다.

만약 결정론의 견해에서 개인의 행위에 도덕적 책임을 물을 수 없다면, 심각한 문제가 야기된다. 무엇보다 도덕적 선악의 개념이 성립되기 어려울 것이며, 개인의 특정한 행위에 대한 찬사와 비난 역시 가능하지 않게 된다. 더욱이 개개인의 도덕적 책임이 사회질서를 이루는 근간이 되어온 역사를 감안하면, 결정론적 주장은 사회질서의 기초를 뒤흔들게 된다.

여기서 아주 현실적인 과제가 제기된다. 바로 인과적 결정론의 타당성을 용인하면서도 자유의지의 여지를 마련할 수는 없을까 하는 문제이다.

3) 양립가능론

양립가능론은 자유의지와 결정론이 서로 모순되지 않으며 양립할 수 있음을 주장한다. 이 주장은 전통 철학에서도 이미 논의된 바 있다.

17세기 새로운 과학의 방법과 이념을 받아들였던 홉스는 세계란 운동하는 물체들로 구성되어 질서 정연한 패턴으로 배열되고 인과법칙을 따르는 것으로 간주했다. 나아가 유물론적 우주관을 인간과 사회관에 반영했으니, 그에 따르면 인간은 단순한 일개의 물체 혹은 기껏해야 운동하는 기계라고 보았다. 따라서 인간에게 발생하는 무엇이든지 그 원인이 있다고 보았다. 그럼에도 홉스는 '자발적인 행위(voluntary action)'와 의지(will 혹은 the act of willing)라는 개념을 사용했다. 그는 자발적 행위의 일반적인 동기는 원망(願望, desire)과 혐오(aversion)인데, 숙고에 의해 최종적으로 욕구하거나 혐오하는 것은 의지, 즉 의지의 활동이라 한다(홉스, 2008: 77~89). 요컨대 홉스의 주장은 인간 행위가 인과적으로 불가피하다고 할지라도 그 불가피함의 직접적인 원인이 의지라는 것이다. 따라서 그는 자유의지와 결정론을 동시에 인정한다. 그런데 홉스에게 서로 대립되는 자유의지와 결정론이 양립할 수 있었던 것은 자유 혹은 자유의지에 대한 개념 규정이 앞에서 논의한 자유의지론자들의 의미와 달랐기 때문이다. 철저한 유물론자였던 홉스에게 '의지'는 결코 정신작용이거나 정신적 차원의 의식활동일 수는 없었다. 다만 그는 '자유(방해받지 않고 자신의 원하는 바를 실행할 수 있는 것)'를 자기 행동에 대한 경험과 자신에 대한 숙고로 이해했고, 그러한 자유의지는 도덕적 책임을 지기 위한 조건이 될 수 있다고 보았다.

홉스의 경우에서 보듯이, 양립가능론의 핵심은 결정론을 받아들이면서도 어떻게 도덕적 책임을 물을 수 있는가의 문제이다. 20세기 후반부터는 이러한 문제에 대한 본격적인 논의가 일어나며, 양립가능론이 자유의지론·결정론 논쟁의 주류 사조로 등장한다.

양립가능론은 크게 두 가지 유형으로 대별된다. 하나는 자유의지론의 견해에서 결정론을 수용하려는 이론이고, 다른 하나는 결정론의 견해에서 자유의지론을 수용하려는 이론이다. 전자는 적극적 자유의지론으로 불리며, 후자는 약한 결정론으로 불린다.

적극적 자유의지론은 소극적 자유의지론에 대별되는 개념이다. 양립불가능의 자세를 견지하는 자유의지론을 소극적 자유의지론이라 일컫는 데 비해, 적극적 자유의지론은 결정론과의 양립을 모색한다.

적극적 자유의지론자들은 이유에 의한 행위(human action)와 원인에 의한 행동(human behavior)을 구별한다. 이들은 인간이 단순히 원인에 의한 행동을 한다고 보지 않는다. 인간은 상황과 그 상황에 따른 정보를 고려하고 숙고하면서 합리적인 '이유'에 따라 행위를 선택한다. 그리고 그 선택이 합리적이란 점에서 이들은 인간 행위가 예측 가능하다고 한다. 사실 자유의지의 본질적 의미에 충실하다면 인간 행위는 예측 불가능하다. 그러나 적극적 자유의지론자들은 어떤 행위에 대해 합리적 선택의 이유가 있고, 그것이 또 숙고에 의한 결정이기 때문에 행위가 예측 가능하다는 것이 결코 자유의지의 결여를 의미하는 것이 아니라고 한다. 따라서 이들은 자유의지와 결정론은 모순되지 않으며, 나아가 행위자가 자신의 행위에 대한 도덕적 책임을 면제받을 수도 없다고 한다.

한편 결정론의 견해에서 양립가능론을 옹호하는 약한 결정론자들은 결정론이 옳다는 것을 인정하면서 자유의지를 수용하고자 한다. 이들이 자유의지를 수용하려는 것은 그것만이 도덕적 책임을 구제할 수 있기 때문이다. 약한 결정론이라는 개념을 창안해낸 윌리엄 제임스(William James)가 결정론을 강한 결정론과 약한 결정론으로 구별한 의도 역시 도덕이 자리 잡을 수 있는 터전을 마련하기 위해서였다. 그리하여 이들은 자유의지와 대비를 이루는 것은 결정론이 아니라 강제나 강요*라고 하면서, 자유의지는 결정론과 모순을 일으키지 않음을 주장한다. 달리 말하면 이 이론에서 강제나 강요는 자유의지를 방해하는 것이지, 행위를 야기하는 원인이 아니다. 따라서 인과성에 근거한 결정을 따르는 것이 자유의지이다.

그런데 양립가능론이 결정론과 자유의지론의 갈등을 해소할 수 있을까? 이들이 서로 다른 견해에서 출발했는데도 도덕적 책임을 정당화하는 이점이 있다는 점은 충분히 고려할 만하다. 또한 바로 이 점에서 양립가능론이 최근의 경향을 주도하고 있기는 하다. 그럼에도 양립가능론자들의 논의는 지나치게 각각의 명제에 사용되는 개념의 의미를 재해석하는 데 머물고 있다.

앞서 보았듯이 적극적 자유의지론자들은 행위와 행동, 이유와 원인이라는 개념을 구별하면서 행위와 이유의 의미를 해석함으로써 강한 결정론의 주장을 약화하고 있다. 그리고 약한 결정론자들은 자유 개념을 강제나 강요가 부재하는 상황으로 해석함으로써 결정론을 반박하는 소극적 자유의지론을 약화하고 있다. 그런데 개념의 의미를 재규정

• 모리츠 슐릭(Moritz Schilick)은 *Problems of ethics*(1939)에서 자유의지는 결정론과 대비되는 것이 아니라 강요나 강제와 대비된다는 점을 강하게 제시한다. 즉, 자유로운 행위와 자유롭지 못한 행위의 차이는 그 원인이 있느냐 없느냐에 달린 것이 아니라 강제냐 아니냐에 달려 있다는 것이다(Schilick, 1939: 149~150).

하는 것으로는 양자 간의 갈등이 해소되기 어렵다. 왜냐하면 자유의지론과 결정론의 대립을 만들어낸 근본적인 문제가 그대로 남아 있기 때문이다.

근본적인 문제는 인간관과 세계관의 문제이다. 말하자면 자유의지론은 물리적 세계에 속하지 않는 정신적 세계를 전제하는 이원론적 견해이고, 결정론은 인간마저도 물리적 세계에 속한다는 일원론적 견해이다. 이 근본적인 문제를 도외시한 채 자유의지론과 결정론의 양립가능성을 모색하는 것은 그것이 도덕적 책임을 구제한다는 유용성이 있다고 할지라도 문제 해결을 겉돌 수밖에 없다.

그러기에 호스퍼스는 약한 결정론도 결국에는 강한 결정론으로 환원된다고 보았으며, 같은 자세에서 폴 에드워즈(Paul Edwards) 역시 약한 결정론을 비판했다. 또한 약한 결정론자로 분류되는 앨프리드 에이어(Alfred Jules Ayer)조차도 다음과 같이 말했다.

> 만약 '자유'라는 단어에 대해 우리가 바라는 대로 어떤 의미를 부여할 수 있다면, 분명히 우리는 자유와 결정론을 화해시킬 수 있는 어떤 의미를 실제로 발견해낼 수 있다. 그렇지만 이것이 우리의 현안 문제에 대한 해결은 되지 못한다(에이어, 2004: 59).

4. 결정론, 유리한 고지에 서다

앞에서 살펴본바, 자유의지론과 결정론, 그리고 양립가능론 중에서 어느 것이 참인가 하는 문제는 끊임없는 논쟁의 연장선에 있다. 논쟁이 종식될 수 있는 유일한 통로는 인간관과 세계관이 이원론과 일원론 중 어느 하나로 통일되는 것이다. 그러나 현실적으로 이것은 가능하지 않다. 한편에서는 정신세계(초월적 세계를 포함한) 내지 인간의 내면세계를 자명한 진리로 간주해온 오랜 역사와 문화, 그리고 도덕과 종교의 세계가 있다. 다른 한편에서는 자율적인 의지의 세계 혹은 인간의 정신현상을 물리적으로 설명하는 자연과학적 연구의 설득력이 점점 높아지고 있다. 또한 상호 양립할 수 없는 이원론과 일원론이 오늘날 인간적 삶의 영역에서 각각 어느 정도씩 정당성과 유용성을 발휘하면서 공존하고 있다. 이런 상황에서 어떻게 문제가 해결될 것인가?

게다가 오늘날 '인간에게는 자유의지가 없다' 혹은 '인간은 자유로운 존재가 아니다'라는 담론이 점점 득세하고 있다. 뇌과학과 신경생물학은 인간의 정신현상이 뇌와 독립적으로 존재할 수 없고, 우리가 고유한 정신현상들 — 감정·욕구·기억·성격 등 — 로 알고 있는 것이 기껏해야 뇌의 전기적·화학적 신호에 따른 결과라고 설명하고 있다. 따라서 자유의지라는 정신현상이 실재한다는 어떤 근거도 없다고 단언한다.

저명한 생물학자이자 과학철학자인 프란츠 부케티츠(Franz M. Wuketits)는 다음과 같이 주장한다.

> 예전에는 형이상학적 사변에만 일임했던 정신현상을 이미 오래전부터 자연과학적으로 설명하는 것이 근본적으로 가능해졌으며, 우리 뇌에 대한 인식이 성장함에 따라 그러한 현상에 대한 이해도 점점 깊어지고 있다(부케티츠, 2009: 129).

요컨대 그는 인간의 정신은 물리현상이라는 것이다. 그러한 그가 놀랍게도 자유의지의 존재를 인정한다. 그런데 그가 인정하는 자유의지는 실체가 아니라 단지 이념일 뿐이다.* 즉, 자유의지 이념은 우리 뇌가 만든 것으로서 인간이 삶을 더 잘 감당할 수 있게 하는 환상이고, 문

---

* "자유의지는 실제로 존재한다. …… 그것은 이념으로서 …… 많은 사람이 특히 도덕적 행동의 근거로 삼으려 하는 이념으로서 존재한다. 물론 이때 그들은 그것을 이념이라고 생각지 않고 의지 그 자체라고 생각한다"(부케티츠, 2009: 48).

화적 산물이라는 것이다. 그런데 부케티츠는 여타의 물리주의자들과 달리 자유의지라는 이념(환상)이 개인의 삶에 의미를 부여하고 사회를 작동시키는 유용성이 있음을 역설한다.

한편 자연과학 영역에서만이 아니라 철학 영역에서도 자유의지론을 약화하는 사조가 20세기를 강타했다. 구조주의는 단적으로 '인간은 구조에 갇힌 수인(囚人)일 뿐인 존재'라고 역설한다. 즉, 구조주의는 인간을 언어와 사회구조가 구성한 존재이고, 심지어 무의식조차도 언어 구조가 구성한 것임을 밝힘으로써 주체, 주체의 자유, 이성 등이 신화에 지나지 않는 허구라고 주장한다. 물론 후기구조주의는 인간이 역동적으로 구조에 개입할 수 있는 여지를 열어놓기는 하지만, 여기서도 인간에게 작용하는 구조의 막강한 위력이 부인되지는 않는다. 이러한 구조주의 인간관을 하나의 사조일 뿐이라고 여기기에는 그 설득력과 영향력이 너무 강하다.

이처럼 인간의 자유의지를 부인하거나 약화하는 사상적 주장들이 득세하면서, 이제 인간에게는 자유의지가 있다는 관념이 거의 박탈될 위협을 받고 있다. 어떻게 할 것인가?

5. 자기모순에 빠진 자유 존재

자유 존재로서의 인간을 위협하는 것은 비단 이론 영역의 상황만은 아니다. 오늘날 개개인이 겪는 현실적 삶의 상황에서 그러한 위협은 더욱 심화되는 실정이다. 그러나 일반적으로 자유 존재가 부인되는 이러한 상황은 심각하게 검토되거나 쉽사리 수용되지 않는다. 아직도 여전히 인간은 자유로운 존재라는 명제를 자명하게 받아들이고, 사회적으로는 누구나 자유롭기를 희망하고 있다.

자율적이고 자유로운 의지에 대한 관념이 아직까지도 사회 통념이 되는 이유는 무엇일까? 무엇보다도 우리의 느낌 때문이다. 즉, 우리는 자신이 자유롭다고 느끼고(믿고), 자유롭게 스스로 결정한다고 느낀다(믿는다). 때로는 자유롭지 않은 상황에 우리 자신이 놓이기도 하지만, 그것은 우리의 의지 문제가 아니라 우리를 강제하는 외부 환경의 문제라고 '느낀다'. 여기서 필자가 '…… 라고 생각한다'거나 '…… 라고 알고 있다'가 아니라 '느낀다'라고 표현한 것에 주목하기 바란다. '자유롭다고 느낀다'는 것은 실제로 자유롭다는 것을 보증하지 못한다. 게다가 우리가 느끼는 자유가 구체적으로 무엇인지 우리 자신이 가늠하기 어렵다. 우리가 구체적으로 자유롭다고 느끼는 대표적인 것은 생각의 자유, 결정의 자유, 표현의 자유, 행동의 자유 등일 것이다. 그런데 과연 실제로 우리는 이러한 자유를 누리고 있는가? 이 물음 앞에서 우리는 선뜻 그렇다는 대답을 하기 어렵다. 열거된 자유를 강제하고 규제하는 사회적 힘들이 강력하게 작동하고 있음을 우리는 도저히 부인할 수 없기 때문이다.

논의를 좀 더 쉽게 하기 위해, 자유라는 이념에 근거하는 자유주의 사회 현실을 문제 삼아보자. 모든 사람이 보편적으로 희구하는 자유 혹은 자유주의의 희망과 달리 현대에서는 모든 영역에 대한 국가의 개입이 점점 증대되고, 또한 그 개입이 반드시 필요하다고 인식된다. 자유의 이념이 전개되던 근대에 개인의 자유가 보장되기 위해 국가권력이 제한되어야 한다는 주장들이 제기되었다는 사실을 상기하면, 오늘날 개개인이 처한 사회적 상황은 자유의 이념을 무색하게 한다. 그리고 모든 조직사회에서 효율성을 증대하기 위해 도입되는 수단적 장치들은 '자유' 개념의 의의를 상실하게 한다. 게다가 각종 미디어들의 기술적 가능성의 증대는 의식을 통제하는 역할까지 담당한다. 더욱이 후기 자본주의의 사회적 조건에서 첨단 과학기술 문명이 생활세계의 모든 영역을 침투하고 있는 오늘날의 상황, 즉 개개인의 자유가 박탈되는 것이나 개개인의 선택이 사회적으로 강제될 수밖에 없는 것은 이 시대의 가장 역설적인 상황이라 하지 않을 수 없다.

다시, 자유롭다는 느낌으로 돌아가자. 우리가 종종 이러한 느낌을 갖는 것은 자신이 어떤 생각을 자유로이 떠올릴 수 있거나, 여러 선택지에서 하나를 선택하기를 결정하거나, 자신의 선택을 행동으로 옮기거나 하는 경험을 하기 때문이다. 우리는 이러한 경험을 통한 주관적인 느낌에서 자유롭다고 말하는 것이다. 그러나 우리가 자유롭다고 느끼는 것이 우리에게 자유의지가 있다는 증거는 아니다. 설사 자신의 의지에서 생각하고 결정하고 행동했다고 하더라고 의지가 있다는 것과 자유의지가 있다는 것은 다르다. 의지는 의지를 촉발하는 그 무엇이 전제되고 그런 점에서 이차적이다. 그러나 자유의지는 그것 자체가 일차적인 원인이어야 한다.

현대 산업사회 문제를 다룬 많은 사회철학자는 한결같이 체계의 지배를 문제 삼는다. 이는 달리 말하면 지배에 의해 개인, 구체적으로는 개인의 자유가 억압당한다는 것이다. 아도르노가 사회 구성원의 욕구·태도·성향에 영향을 미치는 문화산업을 문제 삼는 것, 마르쿠제가 선진 산업사회에서 통제의 새로운 형식인 테크노크라시를 비판하는 것, 안토니오 그람시(Antonio Gramsci)와 루이 알튀세르(Louis Althusser)가 널리 침투되는 이데올로기적 통제와 조작을 문제 삼는 것, 들뢰즈와 가타리가 자본의 욕망에 호락호락 호명 당하는 인간 욕망을 문제 삼는 것 등 일일이 열거하기 어려우리만큼 통제와 지배의 새로운 형식에 대한 비판은 넘쳐난다. 드디어 인간의 죽음이니, 개인의 종말이라는 담론도 힘을 얻고 있다. 하버마스는 국가적인 개입이 확대되고 인간조종의 기술이 완벽하게 되어가는 상황을 생각하면서 후기 자본주의사회의 민주주의를 '자유 없는 복지(Wohlstand ohne Freiheit)'를 가능하게 하는 민주주의라고 표현한다. 자유 이념을 향해 전개된 역사가 '자유 없는' 역설적인 상황을 만들어낸다.

가장 심각한 문제는 이러한 상황에서도 여전히 '자유로운 인간'이라는 관념은 '자유 없는 역설적인 상황'의 정당화를 위해 존속된다는 점이다. 이쯤에서 자유의지를 환상이라고 단정한 부케티츠의 경고는 현실적으로 다가온다. 그는 자유의지 환상은 일반적으로 유용하지만, 그에 상응하는 위험성도 감추고 있음을 다음과 같이 지적한다.

> 문제는 자유의지에 대한 믿음의 어두운 면이다. …… 그 믿음이 사회생활의 굳건한 구성 요소가 되면 위험한 것이 된다. …… 우리는 '인간의 자기 이해의 일부가 …… 사회적으로 조직된 압력, 심지어 사회적으로 규정된 압력에 근거를 두고, 그것이 인간의 태도에 영향을 미치기 위해 인간에게 자유의지라는 형태를 은연중에 불어 넣는다'고 추측할 수 있다. 압력 수단으로서 자유의지라는 이념에 대해 우리는 숙고해야 한다(부케티츠, 2009: 200).

드디어 우리는 아주 난감한 자문을 할 시점에 이르렀다. 욕구와 태도와 의견을 교묘하게 조종하는 현대사회에서 우리는 우리 자신을 어떻게 이해해야 하는가? 자유 존재로서 우리가 다만 강제되고 있다고 해야 할 것인가? 아니면 자유의지의 부재를 인정해야 할 것인가? 그것도 아니면 급격하게 변화된 현대사회의 복잡한 구조 속에서 인간 본질도 변형될 수밖에 없다고 할 것인가? 뿐만 아니라 오랫동안 이어진 자유의지·결정론 논쟁을 어떻게 보아야 하는가? 우리 자신은 자유의지가 있다고 하면서, 사회적 삶의 문제에 대해서는 결정론적 시각을 받아들일 것인가?

이런 물음 앞에서 우리가 직면하는 것은 자신에 대한, 인간에 대한 우리 자신의 인식이 모순적이라는 사실이다. 이러한 자기모순에서 쉽게 빠져 나오는 방법은 역시 이원론적 견해를 활용하는 것과 양립가능론을 차용하는 것이다.

전통 사상에서는 인간의 도덕성과 의지의 자유를 연결시켜 이해했다. 말하자면 의지의 자유를 전제함으로써만 도덕적 책임을 그 개인에게 귀속할 수 있다는 관점에서 자유의지 문제가 논의되었다. 따라서 도덕적 책임이 뒤따르는 상황에서는 자유의지가 작용하고, 그렇지 않은 영역에서는 결정론적 시각을 받아들인다는 방법이다. 그럴 듯하다. 그러나 어떤 행위가 도덕적 책임이 따르는 행위인지 어떻게 구별할 수 있는가? 구별할 수 없다!

다른 한편 양립가능론자인 게리 왓슨(Gary Watson)의 방법을 따를 수도 있겠다. 그는 이렇게 말한다.

인간은 전형적으로는 자유롭지 못하지만, 어느 정도까지는 자유로운 유일한 행위 주체이다. 그들은 몇 가지 면에서만 자유로운 행위자들이다. 갈망 및 정념과 연관된 인간의 동기체계는 그들의 가치체계와 가끔 분리되기도 하는데, 분명히 이러한 상황은 자유로운 행위자 개념과 부합되지 않는다. 말하자면 사람들은 때때로 갈망과 정념들에 따라 움직임으로써 자신의 실천 판단들과 갈등을 겪게 된다(왓슨, 2004: 247).

요컨대 왓슨은 인간이 인과성의 원리에 지배를 받기도 하지만, 다른 한편으로는 자신의 가치체계와 동기체계가 일치하는, 즉 자유로운 행위를 할 수 있다는 점을 강조했다. 그러나 이 또한 자기모순을 해소할 바람직한 방법은 되지 못한다. 우리의 동기체계와 가치체계가 일상적으로 얼마나 괴리되는지를 반성한다면, 또 우리의 가치체계가 인간을 사물화하는 사회적 힘에 종속되어 있는지를 성찰한다면, 이 역시 자유의지를 살려낼 방도가 되지 못한다.

6. 다시, 자유의지를 생각할 시점

인간에게 실제로 자유의지가 없다면, 인간의 존재론적 위상은 흔들린다. 인간에게 자유의지가 있다는 것은 인간의 존재론적 위상을 결정 짓는 주요 특성이기 때문이다. 그런데 인류 역사를 통관해보면, 그것을 가능케 한 근간이 자유였음을 부인하기 어렵다. 역사의 흐름을 관장하는 원리를 도출하려는 철학적 노력이 있었지만,* 그 어떤 원리로도 역사라는 장(場)을 구성하는 복합적이고 역동적인 인간 행위를 설명하기 어렵다는 것은 곧 인류 역사가 자유의 역사임을 반증하는 것이라 하겠다. 따라서 인간은 자유 존재라는 주장을 단순히 하나의 이데올로기로 치부하기는 어렵다.

그럼에도 자유의지론·결정론 논쟁에서 보듯이, '인간은 자유의지가 있다'는 명제는 늘 '인간은 자유의지가 없다'는 모순명제를 야기한다. 이런 상황에서 우리는 '자유'라는 말의 의미를 어떻게 받아들여야 하는가?

사실 자유의지는 물리 세계의 현상이 인식되는 방식으로 인식되지는 않는다. 그런데도 오늘날 물리현상을 탐구하는 접근방법으로 자유의지가 부정되고 있다. 한편 현대 자본주의사회의 통제와 지배 형식이 개개인의 자유를 억압하는 상황에서 자유의지는 무력하기만 한 개념이다. 이런 와중에 인간은 자유 존재라는 맹목적인 담론은 자유가 더 이상 불가능해 보이는 현실을 은폐한다.

이렇듯 역설적인 상황을 고려하면 오늘날 우리가 다시 자유의지 문제를 숙고해야 할 필요성 혹은 당위성이 생긴다. 그러나 그것은 근원적으로 자유의지가 있는가 없는가의 문제는 아니다. 이 문제는 끊임없는 논쟁만 야기한다는 것을 앞에서 이미 살펴보았다. 물론 논쟁의 전개가 의미가 없다거나 필요 없다는 것은 아니다. 이러한 논쟁은 행위와 책임 사이의 관계, 그것의 정당화와 직결되기 때문에 사회적 실천과 관련해 심각한 문제이긴 하다. 다만 여기서 말하고자 하는 것은 역사적 현실, 즉 자유에 대한 맹목적인 환상과 자유의 억압 내지 부정이 공

• 이에 관해서는 이 책 8장을 참고하라.

존하는 현실을 문제화하자는 것이다. 그리하여 이제 우리가 던져야 하는 물음은 '자유의지가 왜 인간의 자기 이해의 근거로서 요청되어야 하는가'이다.

　그런데 이 물음은 암묵적인 전제를 내포한다. 즉, 인간의 경험적 인식의 한계 안에서는 자유의지의 실재를 증명할 수 없다는 전제이다. 역사적으로 칸트를 비롯해 자유의지에 대한 여러 논변이 있었으나 그것은 어디까지나 형이상학적인 논변이었다. 다른 한편 현대의 뇌과학과 신경생물학에서는 자유의지라는 정신현상 자체를 부인하지만, 엄밀하게 말한다면 자유의지는 비물리현상을 지시하는 심리용어이기 때문에 물리현상을 분석하는 방법으로 접근할 수 있는 영역이 아니다. 따라서 자유의지는 인간의 경험적 인식으로는 불가능한 대상이기에 요청될 수밖에 없는 것이다. 여기서 '요청'은 정당화를 위해 요구되는 조건이다. 따라서 위의 물음은 '자유의지가 왜 인간의 조건으로 요구되는가?'로 번역될 수 있다.

　이 물음에 대해 우리는 우선 인문(人文)의 기초 개념으로서 자유의지를 생각할 수 있겠다. 인문은 가능성과 선택의 영역이고 소통과 성찰의 영역이다. 인간 문화가 전개된 그 역사가 이를 증거한다. 그런데 인문의 본질적 특성은 인간의 자유의지를 전제하지 않는 한 성립되지 못한다. 따라서 자유의지는 인문을 가능케 한 인간의 조건으로서 요청되지 않을 수 없다. 이렇게 요청된 자유의지 개념은 단지 도덕적 결단이나 도덕적 행위와 연관되는 개념이 아니다. 그것은 오히려 인간의 좋은 삶을 위해 여러 가능성을 모색하고 그 가능성 중에서 선택할 수 있는 인간의 능력이다.

　이 논의의 연장선에서 앞의 물음은 사회적 현실과 연관될 수 있겠다. 앞 절에서 고찰한바, 오늘의 사회적 현실은 삶의 모든 영역이 체계의 통제와 지배에 놓이게 된 상황, 그리하여 자유의 이념을 향해 전개된 역사가 '자유 없는' 현실이 된 역설적인 상황이다. 이러한 현실을 문제 삼고 다시 인간적 삶의 지평을 열어갈 가능성을 우리가 희망한다면, 그 희망의 단초는 역시 자유의지일 수밖에 없다. 자유의지란 오직 자신만이 제한할 수 있는 것이기 때문에, 체계의 통제와 지배가 전적으로 자유의지를 고사시키지 못한다. 자유의지가 있다는 것은 어떤 선택을 하는 능력이 있다는 말이다. 그리고 이러한 선택은 선택 이후의 사태에 영향을 미친다. 말하자면 인간이 자유의지를 행사한다는 것은 자신의 미래에 영향을 미칠 행위를 선택한다는 것이다. 그렇다면 이제 인간의 조건으로 요청된 자유의지 개념을 우리가 받아들인다면, 달리 말해서 인간이 아직도 자유의지와 자율성을 자기 이해의 기반으로 삼는다면, 체계의 지배가 박탈한 자유를 되찾기 위한 선택과 결단을 해야 한다. 선택과 결단의 가능성은 오로지 자유의지에 달려 있을 뿐이다. '인간의 종말'이 공공연하게 회자되는 지금이야말로 오히려 절실하게 자유의지를 다시 생각해야 할 시점이다.

로크, 존(John Locke). 2008. 『통치론』. 김현욱 옮김. 동서문화사.

밀, 존 스튜어트(John Stuart Mill). 2008. 『자유론』. 김현욱 옮김. 동서문화사.

부케티츠, 프란츠 M.(Franz M. Wuketits). 2009. 『자유의지, 그 환상의 진화』. 원석영 옮김. 열음사.

셸러, 막스(Max Scheler). 2001. 『우주에서 인간의 지위』. 진교훈 옮김. 아카넷.

안건훈. 2006. 『자유의지와 결정론』. 파주: 집문당.

에이어, A.J(A. J. Ayer). 2004. 「자유와 필연」. 최용철 편역. 『자유의지와 결정론의 철학적 논쟁』. 간디서원.

왓슨, 게리(Gary Watson). 2004. 「자유로운 행위」. 최용철 편역. 『자유의지와 결정론의 철학적 논쟁』. 간
    디서원.

이규호. 2005. 『사회철학』. 연세대출판부.

인와겐, 피터 반(Peter Van inwagen). 2004. 「자유의지와 결정론의 양립불가능성」. 최용철 편역. 『자유의
    지와 결정론의 철학적 논쟁』. 간디서원.

최용철 편역. 2004. 『자유의지와 결정론의 철학적 논쟁』. 간디서원.

턱, 리처드(Richard Tuck) 외. 1993. 『홉즈의 이해』. 강정인 편역. 문학과 지성사.

프랭크퍼트, 해리 고든(Harry Gordon Frankfurt). 2004. 「의지의 자유와 인간의 개념」. 최용철 편역. 『자유
    의지와 결정론의 철학적 논쟁』. 간디서원.

호스퍼스, 존(John Hospers). 1997. 『철학적 분석 입문』. 이재훈·곽강제 옮김. 담론사.

홉스, 토마스(Thomas Hobbes). 2008. 『리바이어던』. 진석용 옮김. 나남.

흄, 데이비드(David Hume). 2009. 『인간이란 무엇인가: 오성·정념·도덕 本性論』. 김성숙 옮김. 동서문화사.

Schilick, Moritz. 1939. *Problems of ethics*. translated by David Rynn. New York: Prentice-Hall.

Voltaire, F. M. 1985. *Philosophisches Wörterbuch*. Frankfurt/M: Insel Verlag.

07 불평등의 문제와 사회정의

인간은 개별적인 특성이나 각자의 조건에서 제각각 다르다. 그런데 대개 인간의 이질성·다양성·복합성 등을 간과한 채 평등 혹은 불평등을 논한다. 현실적으로 평등과 불평등의 개념은 그것이 '무엇'에 대한 것인지 구체적인 한계를 정하지 않는 한 무한히 반복적인 문제 상황을 만들어내는 개념쌍이다.

이 장에서는 평등과 불평등에 대한 논의가 사회정의라는 이념과 연관해서 역사적으로 어떻게 전개되었는지, 특히 근대 이후 분배적 정의에 대한 논의가 어떻게 전환되었는지를 살펴본다. 이를 통해 궁극적으로 분배 문제로 수렴될 수밖에 없는 불평등 문제에서 '정당한 불평등'이란 무엇이며, 불평등을 수용할 수 있는 조건은 무엇인지를 성찰하고자 한다.

1. 너무 모호한 개념, 정의

어떤 사회가 좋은 사회인가? 우리는 이 물음에 대한 대답으로 흔히 '정의로운 사회'를 거론한다. '사회정의' 혹은 '정의로운 사회'는 누구나 희망하는 이상이다. 역사적 단계마다 특히 한국 사회에서 '정의 사회 구현'이라는 쟁점은 단 한 번도 빛바랜 적이 없는 사회적 과제였음을 우리는 익히 알고 있다. 그런데 구현되어야 할 정의란 어떤 것인가? 이 물음에 선뜻 답하기 어렵다. 그래서 이 물음은 좋은 사회=정의 사회라는 등식을 당연시하는 사람들을 일순 당혹하게 한다. 돌이켜보면, 우리는 정의 사회 구현이 공허한 구호에 불과했던 기억을 공유하고 있다. 또한 서로 다른 정치적 자세, 제각기 자신의 주장을 사회정의라고 주장하는 이율배반적인 사태에 대한 경험이 있다. 이런 경험을 떠올리면, 우리는 적어도 한 가지 사실, 즉 '구현되어야 할 정의'에 대한 단언적인 주장을 하기가 쉽지 않다는 사실 정도는 깨닫게 된다.

실상 정의(justice, Gerechtigkeit)는 추상적인 개념이고 형식적인 이념, 즉 모든 사람에게 보편적으로 적용되는 형식적 원칙이다. 그렇기 때문에 '정의란 무엇인가?'라는 문제에 대해 역사상 수많은 논의가 전개되었다. 같은 맥락에서 정의(正義)에 대한 수많은 정의(定義), 정의에 대한 다차원적인 접근(도덕적·종교적·정치적 차원 등)이 있었다.

그런데 비록 정의론의 역사가 다차원적으로, 그리고 정의 개념이 다의적으로 전개되었다고 할지라도 우리는 최소한 정의에 관한 논의가 인격성 및 정치적 실천과 연관되었다는 사실은 확보할 수 있다. 달리 말하면 정의가 논의되는 구조는 개인과 개인 간의 관계에서 행위의 올바름의 문제, 개인과 사회 전체 간의 관계에서 올바른 질서를 만들어내는 문제로 이루어진다. 그런 점에서 "정의는 객관적으로는 법의 내용이 옳음을 뜻하고, 주관적으로는 한 인격의 공정성을 뜻하기도 한다" (회페, 2004: 11)는 오트프리트 회페(Otfried Höffe)의 정의는 정의의 기본적인 성격을 잘 지적한 것이라 하겠다.

그런데 정의가 인격성 및 정치적 실천과 연관이 있다는 것은 정의에 관한 논의가 한 시대의 정신적·정치적 상황과 밀접하게 연관될 수밖에 없음을 짐작하게 한다. 특히 정치적 상황 내지 정치적 실천이 권력의 역학적 관계에서 이루어지는 것인 한, 정의에 대한 체계적인 정의는 자칫 권력관계를 정당화하는 기제가 될 수 있고, 그래서 자칫 정의로 통용되는 형식들이 오히려 부정의를 초래할 수 있다. 이런 점을 감안하면 정의를 정의하는 행위에는 위험이 내재한다는 것을 도외시할 수 없다.

현대사회의 부정의에 대한 비판적 논의를 전개했던 라인홀드 니부어(Reinhold Niebuhr)가 정의를 정의하지 않은 채 정의론을 전개한 것은 정의를 정의하는 것에 내재된 위험 때문일 것이다.* 니부어의 이러한 인식은 전혀 새롭지 않다. 정의의 문제가 제기되는 장소가 공동생활, 즉 정치공동체라는 점에서 이 위험성은 정의의 본질적 성격 중에 하나일 터이다. 그렇기 때문에 정의를 논해온 철학자들은 대부분 현실 정치 상황을 뛰어넘은 보편적인 정의의 원리를 탐구하고자 했고(그럼에도 시대적 한계를 드러내기는 한다), 더러는 실제로 이 위험성을 적나라하게 지적하기도 했다.

이미 기원전 5세기 아테네에서 활동했던 소피스트 트라시마코스(Thracymachos)는 다음과 같이 말했다.

정의란 한층 강력한 자의 이익 이상의 것이 아니다. …… 모든 정부는 자기의 이익이 되도록 법률을 만든다. 민주정치는 민주적인 법률을, 전제정치는 전제적인 법률을, 그리고 그와 다른 정부도 마찬가지이다. 그리하여 일단 그들이 법률을 만들면 그들 자신에게 이익이 되는 것을 인민에 대해서는 정의라고 고집한다. 그리하여 이를 침해하는 자를 법과

---

* 니부어는 『도덕적 인간과 비도덕적 사회(Moral Man and Immoral Society)』(1932)에서 사회정의의 실현 문제를 현실적인 차원에서 논했지만, 그럼에도 정의에 대한 개념을 정립하지 않았다.

정의를 위반한 자라고 처벌한다(플라톤, 1976: 34).

트라시마코스의 주장은 단적으로 '권력(힘)이 정의를 만든다'는 것인데, 파스칼은 말을 바꾸어 "정의, 힘 …… 가장 강한 것이 지속되는 것은 필연적이다"(파스칼, 1999: 72)라고 단언한다.

정의의 본질을 정치 현실의 차원에서 규명한다면, 고대의 저 소피스트에서 니부어에 이르는 통찰을 도무지 부정하기 어렵다. 이들의 통찰에 입각한다면, 그것도 좀 더 긍정적인 용어를 차용한다면, 정의란 '한 사회의 정치 현실에서 정당화되는 사회가치'라고 정의해도 무방할 것이다. 이쯤 되면 역사상 끊임없이 제기되었던 정의에 대한 논란이나, 사회정의에 대한 열망에서 일어난 모든 투쟁은 결국 가치 갈등, 가치 수호, 가치 재정립을 위한 투쟁의 범위에서 이해될 수 있다. 그리고 이 이해는 역사 경험적인 차원에서 설득력을 얻지만, 이는 기껏해야 정의의 문제를 둘러싼 정치 현실의 현상적 설명일 뿐이다.

그리하여 정의에 관한 원리적 차원의 논의, 말하자면 정의와 부정의를 판단하는 기준과 그 기준의 타당성, 정의의 본질, 정의의 의미 등 정의와 관련된 여러 문제의 기본 원리를 규명하는 것은 다시 철학의 과제로 고스란히 남겨진다. 실상 앞에서 거론된 주장들도 정의의 본질을 규명하고자 한 점에서는 여타의 철학적 접근과 다를 바 없다. 다만 그들이 정의의 본질을 정치 현실과의 연관성에서 파악했다면, 또 다른 숱한 철학자들은 각각의 정치 현실을 뛰어넘는(초정치적인 혹은 초법률적인) 정의의 원리, 시대와 장소를 뛰어넘는 보편적인 정의의 원리를 탐구하고자 했다.

정의를 탐구해온 긴 역사적 여정에서 정의의 원리를 밝히는 공통적인 핵심 개념으로 등장하는 것은 평등(equal), 형평(balance, equilibrium), 공정(fairness, equity) 등인데, 정의론의 맥락에서 이러한 개념들은 공통적으로 정당함이라는 의미를 내포하는 **가치적 개념**이다. 가치적 개념

가치적 개념

사실적 혹은 구체적 개념과 대별되는 의미이다. 예컨대 평등은 '같은 상태'를 의미하기도 하고 '같이 대우해야 함'을 의미하기도 한다. 형평은 '균형이 맞는 상태'를 의미할 수도 있고, '균형을 맞게 해야 함'을 의미하기도 한다. 이때 각각의 전자는 사실적 개념이고, 각각의 후자는 가치적 개념이다.

아리스토텔레스의 정의

아리스토텔레스는 '정의의 덕' 또는 '덕성의 한 부분으로서 정의'라는 용어를 사용했는데, 이런 용어로써 그는 정의가 덕이라는 것, 그러면서도 정의가 여타의 덕과 구별됨을 드러냈다. 그는 '정의는 이웃 사람과 관계하는 것' 또는 '덕은 다른 사람과의 관계에서는 정의'라는 구절을 통해 정의가 사회적 도덕임을 드러냈다. 또한 그는 정의가 국가를 통해 실현된다는 것을 다음과 같이 밝혔다. "…… 법과 같은 하나의 단일한 방식에 따라, 국가적 공동체를 위한 행복 혹은 행복의 조건들을 만들어 내고, 보전하는 것을 정의로운 것이라고 부른다"(아리스토텔레스, 2007: 106~107 참조).

이기에 당위를 요구하는 것이고, 그리하여 그 개념들은 정의의 원리로서 정립될 수 있는 것이다. (물론 당위의 근거를 규명하는 작업은 필수적이고, 그 작업이 곧 정의에 관한 논구이다) 그런데 '평등'은 의미적 차원에서 '형평' 혹은 '공정'이라는 개념을 함축한다. 이 점에서 정의론을 논구한 학자들은 공통적으로 '정의의 핵심은 평등'이라거나 혹은 '정의의 내용은 평등'이라는 명제를 주장해왔다.

이쯤에서 우리를 당혹하게 했던 '정의란 무엇인가?'라는 물음을 다시 떠올리자. 그리고 그 물음이 우리를 당혹하게 했던 이유를 떠올리자. 그 이유 중 가장 핵심은 정의라는 개념이 추상적이고 관념적이라는 점이다. 그런데 정의론의 역사에서 가장 핵심적인 원리로 주장된 '평등'이라는 개념 역시 추상적이고, 실제적인 차원에서 지시하는 바가 모호하기는 마찬가지이다.

따라서 불평등 문제를 사회정의의 차원에서 밝히고자 하는 이 글은 우선 '평등'에 대한 논의에서 시작해, 사회적·역사적 변화와 더불어 평등(그리고 불평등)에 대한 논의가 어떻게 다른 양상으로 전개되었는지 살펴볼 것이다. 그리고 이러한 고찰을 통해 평등한 삶을 구현할 수 있는 가능성을 가늠해볼 것이다.

2. 평등, 가장 공상적인 것

1) 정당한 불평등으로서의 평등

'평등'을 정의의 내용으로 다룬 최초의 철학자는 아리스토텔레스이다. 아리스토텔레스가 '평등'을 어떤 의미로 논의했는가를 알기 위해서는 그의 정의론의 기본 골격부터 살펴보자.

아리스토텔레스는 인간을 사회적 동물로 이해하는 맥락에서 정의는 사회적 도덕이라 보았다. 그는 사회적 도덕인 정의를 보편적 의미와 특수적 의미로 구분한다. 보편적 정의는 인간 행동을 공동생활의 일반 원칙에 적합하게 하는 것, 즉 정당한 질서 자체로서 '적법함(합법적인 것, what is lawful)'이다. 한편 특수적 정의란 '공정한 것(what is fair)'을 지향하는 것으로서 '같은 것은 같게, 다른 것은 다르게'라는 원칙으로 설명된다.

이 특수적 정의는 다시 두 가지로 구분되는데, 하나는 무차별적인 등치의 원리에 따른 평균적 정의이고, 다른 하나는 비례적 균등의 원리에 따른 분배적 정의이다. 이 둘은 서로 다른 두 가지 형태의 평등인데, 아리스토텔레스는 이 둘에 관해 다음과 같이 설명한다.

상품과 가격, 손해와 배상, 범죄와 형벌 사이, 즉 급부와 반대급부 사이에 평등관계가 있어야 하며, 이것이 깨어지면 누구나 정의롭다고 하지 않는다. 이를 기하는 것이 평균적 정의이다. 이러한 정의는 개인 사이의 자유로운 거래(계약 등)나 자유롭지 않은 거래(범죄 등)에 관련된다. 어쨌든 이러한 거래에서의 평등은 '물(物)'과 '물'의 등치 원리에 따라 이루어진다. 따라서 평균적 정의는 개인 사이의 횡적 질서관계를 전제한다.

그러나 재화나 명예 또는 공직을 여러 사람에게 분배하는 경우 이를 위와 같은 절대적 평등의 원리에 의거해 분배할 수 없다. 따라서 여기에서 불가피하게 접하게 되는 것은 비례적 평등이다. 각각 다른 사람에게 그에 알맞은 몫을 분배해야 하는 경우에 각각에게 돌아갈 몫은 각각의 공적에 비례해야 한다는 것이다. 각각의 공적은 다른데 같은 몫을, 다시 말해서 평등한 평가를 부여하는 것은 오히려 평등을 깨는 일이다. 이러한 평등은 **정당한 불평등**으로서 배분적 정의이다. 배분적 정의는 평균적 정의와 달리 분배하는 자와 분배받는 자의 관계인 종적 질서관계를 전제한다(아리스토텔레스, 2007: 5권 참조, 강조는 필자).

이 글에서 보듯이 아리스토텔레스에게 분배적 정의는 정당한 불평등으로서의 평등이다. 따라서 그에게 '평등'은 무차별적인 평등과 차별적 평등(불평등한 평등 혹은 비례적 평등)을 포괄하는 개념이다. 아리스토텔레스가 평등 개념 속에 불평등을 포섭한 것은 인간의 능력·특질·필요·이해관계·관심 등에서 서로 동등하지 않음을 인정하기 때문이고, 그리하여 다른 것은 다르게, 불평등한 것은 불평등하게 하는 것이 실제적인 평등이라는 점을 통찰했기 때문이다. 이를 아리스토텔레스는 구체적으로 다음과 같이 설명한다.

> 균등한 사람들이 균등치 않은 것을 받게 되거나, 균등치 않은 사람들이 균등한 몫을 차지하게 되는 경우 분쟁과 불평이 생긴다. 그리고 이것은 공적 내지 가치에 따라 상을 주어야 한다는 생각에서 보아도 자명하다. 분배에서 옳음은 어떤 의미에서의 공적 내지 가치를 따라야 한다는 데 대해서 누구나 동의하기에 말이다. 물론 그 가치가 어떤 것이어야 하느냐에 대해서는 모든 사람이 생각을 같이하는 것은 아니다(아리스토텔레스, 2007: 109~110).

여기서 아리스토텔레스가 가치의 예로 신분·문벌·덕 등을 지적한(아리스토텔레스, 2007: 110) 점을 감안하면, 그가 가장 공정한 배분의 원리로 제시한 공적(merit)에 따른 분배는 정치적 지위의 측면에서 자신의 공적에 따라 보상을 해야 한다는 원칙이다. 단순화해서 말한다면, 아리스토텔레스가 이해한 공적은 귀족적이었다.* 이는 아리스토텔레스의 진술뿐만 아니라 당시의 정치 구조가 신분적 노예제사회였다는 사실에서 충분히 유추된다. 물론 당시에도 분배의 대상에 재화가 포함되지

---

* 새뮤얼 플레이쉐커(Samuel Fleischacker)는 아리스토텔레스가 염두에 두고 있었던 공적은 개인(귀족)에게 마땅히 명예를 얻을 자격을 부여할 수도 있는 유덕한 업적이나 마땅히 정치적 직책을 얻을 자격을 부여할 수도 있는 정치적 수완(phronesis) 등이라고 해석한다(플레이쉐커, 2007: 230).

않았던 것은 아니었으나, 그것은 귀족의 정치적 공적에 부수적인 것일 뿐이다.

2) 소유의 정당한 불평등

아리스토텔레스적 의미의 분배적 정의는 근대 이후 자원의 분배 방식이라는 의미로 전환하게 된다. 이러한 전환은 자유주의와 자본주의의 등장과 전개 이후에 나타난 양상이다. 말하자면 근대에 이르러 공적은 자유경제체제에서 경쟁을 통해 재화를 획득할 수 있는 능력이라는 의미로 전환됐고, 이에 따라 공적에 따라 분배되어야 하는 것은 바로 재화(자원)로 받아들여졌던 것이다.

분배적 정의의 실제적 내용 혹은 공적의 의미의 근대적 전환과 관련된 중요한 진술은 로크에게서 시작된다. 로크는 『통치론(Two Treatises of Government)』(1689) 제5장 「소유권에 관하여」에서 소유권의 기초 혹은 소유권을 확정하는 것은 '노동'이라는 주장을 거듭해서 강조했다.* 아리스토텔레스의 정의론에서 (노예의) 노동이 소유에 대한 권리를 주장할 아무런 근거가 되지 못했던 것에 비하면, 로크의 이 주장은 분배적 정의의 의미를 획기적으로 전환한 것이라 하지 않을 수 없다. 다만 로크가 소유권의 기초로서 주목한 노동은 토지 소유자가 자신의 소유권을 확립하는 방법으로서의 노동이라는 점에서 현대적 의미의 노동과 약간 차이가 있다.

---

* 이에 관한 내용을 몇 가지 발췌하면 다음과 같다. "모든 인간은 자기 자신의 신체에 대한 소유권을 갖는다. 이에 대해 본인 이외의 누구도 어떠한 권리를 갖지 않는다. 그가 하는 노동과 그의 손놀림은 당연히 그의 것이라 할 수 있다. …… 이 노동으로 다른 사람의 공유권이 배제된다. 이것은 노동자의 의심할 여지없는 소유물이기 때문에"(로크, 2008: 제5장 27절), "내 것인 노동이 그것들을(자원들을) 예전의 공유 상태에서 끄집어냄으로써 그것들에 대한 나의 소유권을 확정하는 것이다"(로크, 2008: 제5장 28절), "그의 노동이 그것을 자연에서 취함으로써 그것은 그의 소유가 된다", "인간은 자기 자신의 주인이며 자신의 몸과 행동 또는 노동의 소유자로서 그 자신 안에 소유권의 주된 기초를 갖는다"(로크, 2008: 제5장 44절), "정당한 소유권의 한계에 대한 기준은 그가 가진 소유물의 크기가 아니라, 그의 수중에 있는 것이 쓸모없게 되었는지 여부이다"(로크, 2008: 제5장 46절).

불균등하고 불평등한 토지의 소유가 사회적으로 정당화된다는 로크의 주장과 같은 맥락에서 흄 역시 재산의 불평등을 변호한다. 흄은『인간이란 무엇인가(A Treatise of human nature)』(1739~1740) 제3편「도덕」에서 인간이 향유할 수 있는 자산으로 정신의 내부적 만족, 우리 신체의 외부적 장점, 우리가 근면과 행운으로 얻은 소유물을 들면서, 이 셋 중 소유물의 향유만이 다른 사람에게 뺏길 수 있고 고스란히 양도될 수 있는 불안정성을 지님을 지적한다. 그런 연후에 소유물과 소유권을 안정적이게 하는 것이 정의의 규칙이라고 언명한다. 따라서 그는 이런 규칙이 어떤 사람들(빈민)에게 고통을 준다고 하더라도 그것은 순간적인 악일 뿐, 사회의 평화와 질서는 오히려 확립된다고 한다. 드디어 분배적 정의의 원천인 '공적'은 단지 '재산을 소유할 수 있는 능력'이라는 의미로 고정되고, 재산의 불균등한 소유가 정의의 원리로서 정당화된다. 흄의 말처럼 정의의 기원은 소유의 기원을 설명하고, 동일한 책략이 정의와 소유의 원천이 되는 것이다(흄, 2009: 531~572 참조).

3) 현실적으로 불평등한 인간

아리스토텔레스에게서 시작된 '평등'이라는 정의의 관념이 불평등한 소유의 정당화로 전환되는 바로 그 시점에, 로크나 흄과 달리 루소와 볼테르는 '평등' 개념의 허구성을 고발한다.

볼테르는 "평등, 가장 자연적인 동시에 가장 공상적인 것이다"라고 하면서, 인간 사회의 냉혹한 현실을 적나라하게 표현했다. 그는『철학사전(Dictionnaire philosophique portatif)』(1764) 〈평등〉항목을 통해 인간은 욕구를 갖지 않으면 필연적으로 평등할 것이지만 불행한 지구 위에서 사회생활을 하는 인간은 각자가 양상의 차별을 지닐 수밖에 없음을 이렇게 표현했던 것이다(볼테르, 1982: 253). 여기서 그가 사용한 '자연적'이라는 낱말은 두 가지 의미가 있는 것처럼 보인다. 하나는 사회를 구성하지 않은 동물적인 상태라는 뜻, 다른 하나는 '인간은 각기 마음속으로 다른 사람과 전적으로 평등하다고 믿을 권리가 있다'는 의미이다. 그런데 인간적 현실에서 볼 때 전자는 이미 불가능한 상태이고, 다른 한편의 현실적 사회관계에서는 평등에 대한 믿음 혹은 신념이 도무지 구체화될 수가 없다. 그래서 볼테르는 평등을 공상적인 것이라고 했던 것이다. 요컨대 인간은 누구나 다른 사람과 평등하다는 신념이 있지만, 현실적으로 인간은 서로 불평등하기 때문에 평등하다는 신념은 공상에 불과하다는 것이 볼테르의 주장이다. 그래서 가장 자연적인 것이 공상에 불과한 것이 되는 인간 현실을 빗대어 볼테르는 '불행한 지구'라는 은유를 썼던 것이다. (그러나 볼테르는 소유의 불평등 자체를 비판할 의도는 없었던 것으로 보인다.)

루소는 볼테르보다 한 걸음 더 나아간다. 루소는 인간이 원천적으로 불평등한 존재임을 통찰한다. 그는 『인간불평등기원론(Discours sur l'origine et les fondements de l'inégalité parmi les hommes)』(1755)에서 불평등의 두 가지 원천인 자연적·육체적 불평등과 사회적·정치적 불평등을 밝히는데, 그가 문제 삼는 것은 후자이다. 그가 전자를 문제 삼지 않는 것은 자연 상태에서는 비록 불평등이 있을지라도 연민의 정이 작용할 뿐더러 그 불평등의 정도가 실제적인 삶의 양식에서 차이를 드러낼 정도가 아니어서 불평등은 거의 없는 것이나 마찬가지라고 보기 때문이다.

그러나 "어떤 토지에 울타리를 두르고 '이것은 내 것이다'라고 선언하는 일을 생각해내던"* 그때부터, 불평등은 "우리 능력의 발달과 인

• 『인간불평등기원론』 제2부 첫머리 일부이다. 이 문장은 루소가 사회적 불평등의 기원을 사유제로 보았음을 암시한다. 첫머리 전체는 다음과 같다(루소, 2007: 94). "어떤 토지에 울타리를 두르고 '이것은 내 것이다'라고 선언하는 일을 생각해내고, 그것을 그대로 믿을 만큼 단순한 사람들을 찾아낸 최초의 사람은 정치사회(국가)의 창립자였다. 말뚝을 뽑아내고 개천을 메우며, '이런 사기꾼이 하는 말 따위는 듣지 않도록 조심해라. 열매는 모든 사람의 것이며 토지는 개인의 것이 아니라는 것을 잊는다면 너희들은 파멸이다!'라고 동포들에게 외친 자가 있다고 한다면, 그 사람이 얼마나 많은 범죄와 전쟁과 살인, 그리고 얼마나 많은 비참함과 공포를 인류에게서 없애 주었겠는가?"

간 정신의 진보에 의해 희망을 갖게 되고 또 증대되었으며, 마지막으로 소유권과 법률의 제정을 통해 안정되고 합법적인 것이 되었다"(루소, 2007: 123).

불평등이 합법적으로 되었다는 것, 달리 말해 사유(私有)가 일단 인정되었다는 것은 '평등'이라는 관념이 얼마나 공상적인 것에 지나지 않는가를 여실히 보여준다. 실제로 불평등한 사유가 합법적이 됨으로써 인간은 자신의 사유를 늘려 타인과 더욱더 불평등해지기 위해 치열하게 경쟁한다. 그러기에 루소는 경쟁과 대항의식, 이해관계의 대립과 항상 타인의 희생으로써 자기 이익을 얻으려는 욕망 등은 사유가 만들어 낸 효과(루소, 2007: 105)라고 하면서, 여기서 정의의 규칙이 생겼다고 본다. 말하자면 재산의 불평등이 용인되는 사회 상태는 강자의 횡포를 가능하게 하면서 결과적으로 약자는 억압되며 모든 불평등이 확대 재생산되는 비참한 사회 상태가 된다는 것, 그리하여 비참한 사회 상태를 벗어나기 위해 정의의 규칙이 필요하게 되었다는 것이다.

그러나 루소는 정의의 규칙이 작동하는 국가 상태에 대해 낙관적이지 않다. 왜냐하면 정의의 규칙(계약)에 의한 국가라고 할지라도 그것은 어디까지나 강자(부자)의 국가이기 때문에 사회적 불평등은 심화될 뿐이기 때문이다. 그의 말을 그대로 옮기면 다음과 같다.

약자에게 새로운 속박을, 부자에게 새로운 힘을 주어 천부의 자유를 완전히 파괴해버리고 사유와 불평등의 법을 영원히 확정하고 교활한 찬탈을 취소할 수 없는 권리로 만들고 약간의 야심가를 돕기 위해 전 인류를 노동과 예속과 빈곤에 복종시켰다(루소, 2007: 107).

지금으로부터 3백여 년 전 자본주의가 막 싹트던 시대상에서 루소는 불평등 문제에 관해 놀랄 만한 통찰을 했다. 즉, 모든 불평등의 근원은 재산의 불평등이라는 것, 그런데 재산의 불평등은 정치적으로 합법적

이 되었다는 것, 더불어 재산의 축적이 거대해지면 질수록 빈곤과 억압의 축적 역시 광범위해졌다는 것이다.

물론 루소는 비참한 사회 상태에 대한 대안으로서 '일반 의지에 따르는 정치'를 제시한다. 그가 말하는 일반 의지란 '공동체의 공동선을 향한 의지' 내지 '항상 전체의 복지와 일치하는 의지'이다. 그의 대안에 따르면 개인의 재산권은 어느 정도 제약되지 않을 수 없다. 그런데 소유권 내지 재산권이 정의의 핵심 내용으로 전환된 근대에 루소의 주장은 시대와 화해할 수 있는 것이 아니었다. 그렇기에 루소의 주장은 당시 '위험한' 사상으로 지목되었고, 그의 책은 금서로 규정되었으며, 그는 체포되기까지 했다.

실제로 근대 이후 인간 평등이 사회의 근본이념으로, 혹은 사회 발전의 근본이념이 되고 있는 상황에서 인간을 원천적으로 불평등하다고 주장한 루소는 '위험한' 존재임에 틀림없다. 게다가 재산의 불평등을 막기 위해 부자에게서 재산을 빼앗는 것이 아니라 재산을 축적하는 모든 수단을 제거하고 시민이 빈곤해지는 것을 막는 것이 필요하다는 루소의 주장은 자본주의사회의 근간을 흔드는 '위험한' 사상임에 틀림없다. 그런데 역사적 경험에 비추면, '위험하다'는 것은 사실을 적나라하게 드러내는 것이거나 기성 질서를 뒤흔드는 것에 붙여지는 수식일 경우가 허다하다. 루소가 이에 해당한다. 정의의 규칙이란 결코 '불평등한 평등'이 아니라 다만 사회적·정치적으로 조장된 불평등을 정당화하는 정치적 수사라는 것, 또 역사적 시기마다 불평등은 정의의 이름 아래 용인되었다는 것, 그래서 불평등을 용인하는 규정이나 개개인의 처지에서 불평등을 만들어내는 조건은 바뀔 수 있고, 또 바뀌어야 한다는 것 등 루소는 평등 이념 아래 숨겨진 사실을 적나라하게 드러냈던 사람이었다. 드디어 아리스토텔레스 이후 정의의 핵심으로 강조된 평등이 비현실적이고 가장 공상적인 것임이 드러난 셈이다.

빈민의 고통이 더욱 구체적으로 드러나는 시기에 루소가 불평등 문제를 제기한 것과 유사한 상황에서, 빈민의 고통에 대한 지대한 관심에서 정의론을 전개한 이가 벤담*이다.

빈곤은 여러 가지 불평등 중에서도 모든 불평등의 궁극적인 시발점이자 귀착점이다. 무엇보다 빈곤은 모든 가능성을 박탈하는 것이고 그리하여 자유를 박탈하는 것이기 때문이다. 이제 빈민의 고통에 대한 지대한 관심에서 출발한 벤담과 공리주의가 정의의 내용을 어떻게 바꾸는지 살펴보자.

3. '최대 다수의 최대 행복'이라는 불투명한 희망

1) 최대 다수의 최대 행복을 가져오는 분배

정의의 문제에 국한해서 본다면, 18세기는 정의의 역설이 가시화된 시기라 할 만하다. 아리스토텔레스 이래 줄곧 '평등'의 실현을 정의의 내용으로 전개해온 결과 비참한 시민을 양산하는 불평등이 곧 정의가 되고 말았기 때문이다.

빈민들이 겪는 심각한 고통을 정치적·도덕적 사실로서 진지하게 다루고자 했던 벤담**은 어떤 한 개인이 다른 많은 사람보다 특별히 우월한 처지에서 재산을 소유하고 있다는 사실, 그러한 불평등한 소유가 정의로 옹호되는 사실을 '올바른' 것으로 받아들일 수가 없었다. 달리 말하면 공적이나 능력을 (분배적) 정의의 정당한 원리라고 인정할 수 없었다. 이유는 분명하다. 그 결과가 많은 사람을 빈민으로 만들고 그들

---

* 벤담이 빈민의 삶에 큰 관심을 보였다는 것은 많이 알려져 있거니와, 그는 최초의 복지 프로그램 중 하나를 제안하기도 했다.

** 벤담은 가치 탐구를 주로 하던 도덕철학의 방향을 과학적이고 정치적인 활동으로 바꾸고자 했다. 그리하여 그는 "모든 정치적·도덕적 물음은 사실의 문제로 다뤄져야 한다"라고 하면서 인간 고통을 덜어줄 수 있는 도덕적 원리를 탐구했다(플레이쉐커, 2007: 174 참조).

의 삶을 고통스럽게 하기 때문이다.

벤담의 견해에서 볼 때 도덕과 입법(정치)이 추구해야 할 목표는 사회 구성원 각자의 행복을 증대하는 것, 사회 전체적으로는 행복의 총량을 증가시키는 것이었다. 이것이 곧 그 유명한 '최대 다수의 최대 행복'이라는 공리(功利)의 원리이다. 말하자면 벤담은 많은 사람의 고통을 유발하는 공적 혹은 능력에 따른 분배 원리에 대한 대안으로서 '최대 다수의 최대 행복을 가져오는 분배'를 제시했고, 그것이 가장 정의로운 분배라고 생각했던 것이다. 그의 이러한 주장은 소위 공리주의라고 일컫는 사조*의 출발점이다. 공리주의적 정의론의 핵심적인 전제가 담긴 다음 글을 보자.

> '공리성' 혹은 '최대 행복의 원리'는 어떤 행동이든 행복을 증진할수록 옳은 것이 되고, 행복과 반대되는 것을 낳을수록 옳지 못한 것이 된다는 주장이다. 여기서 행복이란 쾌락을 의미하며, 고통이 없는 것을 의미한다(밀, 2007: 24).

이 글에는 **공리주의의 쾌락주의적 인간관과 윤리관**이 함축되어 있다. 공리주의에서는 인간을 쾌락(preasure)을 추구하고 고통(pain)을 피하려는 존재로 이해한다. 때문에 공리주의는 이러한 인간 본성에 근거해 쾌락과 고통을 선·악의 가치 기준으로 보며, 효용·비효용과 행복·불행도 바로 이와 연관된다고 본다. 따라서 올바른(정의로운) 행위는 더 많은 사람의 '행복을 증진하는 경향', 즉 공리(효용)가 있는 행위이다.

이렇듯 효용(공리)과 사회 전체의 복리 증진이 공리주의 정의관인 한, '각자에게 그의 것을'이라는 전통적인 정의의 명제는 설 자리를 잃

공리주의 쾌락

공리주의의 쾌락 계산법에 따르면, 부자들의 소유에 대한 적은 침해로서, 더 많은 사람의 고통을 줄이는 것이 언제나 선 혹은 정의가 되지는 않는다. 여기에는 단서가 있다. 부자들의 소유에 대한 침해를 ─로, 빈민의 고통이 줄어드는 것을 +로 계산해 결과적으로 총량이 +로 나타날 때만 이 행위는 정의가 된다. 만약 부자들이 받는 침해의 고통이 막대해 빈민의 고통이 줄어드는 것을 능가한다면 이 행위는 정의가 될 수 없다. 본문의 내용은 계산의 결과가 +가 될 것이라고 예상되는 일반적 경우를 전제한 것이다.

• 19세기 후반부터 20세기 초반에 이르기까지의 대표적 공리주의자로는 벤담, 제임스 밀(James Mill), 존 스튜어트 밀, 헨리 시지윅(Henry Sidgwick), 조지 무어(George Edward Moore) 등인데, 이 글에서는 주로 벤담과 존 스튜어트 밀을 중심으로 논의한다.

는다. 예컨대 고통을 줄여주는 행위가 선한 행위이고 정당한 것이라는 공리주의 이론에서, 부자들의 소유에 적은 침해를 함으로써 더 많은 사람의 고통을 줄일 수 있다면 그것은 정당하고 또 마땅히 행해야 하는 행위이다. 극단적으로 말한다면, 더 많은 사람의 더 많은 쾌락, 즉 더 많은 선이 행해질 수 있다면 개인의 권리는 무시될 수 있다.

이는 참으로 놀라운 전복이다. 정의라는 말은 어원적으로 이미 '권리'의 우선적 가치를 인정하는 것이었고, 더불어 역사적으로 내내 정의론에서 중요했던 계명은 '각자에게 그의 것을'이었다. 그런데 드디어 공리라는 원리에 의해 각자의 권리는 그 우선권을 박탈당한 것이다. 이것이 과연 정당할 수 있는가?

이에 대한 밀의 논의는 흥미롭다. 밀은 무엇보다도 정의가 무엇인가 하는 문제에 대해 벌어지는 숱한 논쟁이 그 자체로는 끝날 수 없다는 점을 지적한다. 즉, 무엇이 정의인가에 대한 각각의 주장이 정의의 한 측면만을 문제 삼는 한, 모든 주장은 지극히 타당한 것이 되므로 그 주장들에 대해 비판을 가하기 어렵다는 것이다.* 그런데 정의에 대한 각각의 주장에 나름대로 타당한 근거가 있다는 바로 그 점에서, 각각의 주장은 상대방의 관점을 수용할 수 없다. 따라서 밀은 논쟁을 끝낼 수 있는 방법은 공리성인 사회적 효용(social utility)이라는 개념을 동원할 수밖에 없음을 추론해낸다.

공리성이 논쟁을 끝낼 수 있는 것은 정의에 관한 각각의 주장이 지니는 도덕적 요구보다 사회적 공리성이 상위의 것이기 때문이고, 따라서 사회적 공리성이라는 상위의 도덕적 요구는 그 어떤 요구보다 더 신성하고 구속력이 강하기 때문이다. 그래서 밀은 정의의 도덕적 위상을 다음과 같이 말한다.

* 밀은 이 점에 관해 사로 다른 개인들, 민족들 사이뿐 아니라 개인이 처한 상황에 따라 정의가 달라진다는 점을 강조하면서, 여러 사례를 들었다. 예컨대 처벌은 어떤 경우에 용인되어야 하는가, 협동산업체에서 재능이나 기술에 따라 더 많은 대우를 해주는 것이 정의로운가, 세금을 어떻게 부과하는 것이 정의로운가 등의 문제에 대한 다양한 주장에 제각기 타당한 근거가 있음을 검토했다(밀, 2007: 115~118 참조).

정의라는 것은 인간의 삶을 이끄는 어떤 규칙보다 더 진지하게 인간의 참된 복리에 대해 염려하고, 따라서 어느 것보다도 더 절대적인 구속력을 지닌 종류의 도덕적 규칙을 지칭한다(밀, 2007: 118~119).

더불어 주목할 점은 밀이 '권리' 개념에 대해 새로운 해석을 강조한 점이다. 그는 정의와 여타의 도덕적 요구가 어떻게 다른가를 설명하기 위해 절대적 의무와 절대적인 강제력을 띠지 않은 의무의 구분을 끌어온다. "절대적 강제력을 지닌 의무란 이것으로 인해 단수 또는 복수의 사람에게 상관 권리가 부여되는 상황을 가리킨다"(밀, 2007: 102).

예컨대 A가 B를 정당하게 대우해야 한다는 것은 B는 A에게서 정당하게 대우받을 권리가 있다는 말이다. 이에 비해 절대적 강제력을 띠지 않는 의무는 선행 또는 관대함에 해당되는 것으로서, 이것은 어느 누구도 타인에 대해 선행을 행하라고 요구할 권리가 없다는 의미이다.

밀은 정의의 영역이 절대적 강제력을 띠지 않는 의무가 아니라 절대적인 강제력을 띠는 의무라고 본다. 그에 따르면 "정의라는 것은 그렇게 하는 것이 옳고 그렇게 하지 않으면 나쁜 것이 될 뿐만 아니라, 어떤 사람이 우리를 향해 자신의 도덕적 권리를 주장할 수 있게 하는 것이기도 하다"(밀, 2007: 102~103).

밀은 '권리' 개념에 대한 새로운 해석으로 공리성이라는 원리의 우선성을 재확인하고 동시에 '각자에게 그의 것을'이라는 정의의 핵심 계명의 위상을 되살려놓는다. 밀은 '받아들이는 쪽의 권리'를 정당화함으로써 각자는 '타인에 대한 배려', 즉 자기 헌신(self-devotion)의 도덕성을 발휘할 의무를 정의의 영역으로 끌어들인다. 따라서 '각자에게 그의 것을'이라는 계명의 내용은 확장된다. 근대적인 의미에서 이 계명은 자신의 소유권에 대한 주장이었다. 그러나 밀에게서 이 계명은 자신의 소유권에 대한 주장을 뛰어넘어 자신의 행위와 관련되는 모든 사람의 행복의 총량을 증대할 수 있는 희생까지 포함하는 것으로 확장되었다.*

간단히 말해서 타인을 위한 자기 희생도 '각자의 몫'이 되는 것이니, 밀의 논의에서는 '각자에게 그의 것'이라는 정의의 계명과 공리는 일치된다. 밀의 주장은 다음과 같은 말에서 그대로 드러난다. "다른 사람이 해주었으면 하는 바를 너 스스로 해라, 네 이웃을 네 몸처럼 사랑하라는 예수의 가르침이야말로 공리주의 도덕의 완벽한 이상을 담고 있다"(밀, 2007: 41~42).

그러나 밀은 이상주의적인 도덕을 강조하기만 한 것이 아니다. 그는 "사회는 마땅히 자격이 있는 모든 사람을 동등하게 취급해야 한다"(밀, 2007: 123)라는 것을 사회적·배분적 정의의 가장 추상적인 기준으로 제시하면서, 사회는 마땅히 그러한 권리가 있는 사람들이 행복을 증진할 수 있도록 배분해야 한다는 것을 다음과 같이 주장한다.

첫째, 모든 개인의 행복 또는 이익이 전체 이익과 가능하면 최대한 조화를 이루도록 법과 사회제도를 만들어야 한다.
둘째, 교육과 여론은 자신의 행복과 전체 이익 사이에 요구되는 긍정적이고 부정적인 행동양식이 바로 자신의 행복과 끊을 수 없는 관계임을 분명히 깨닫게 해주어야 한다(밀, 2007: 42).

밀이 교육과 여론을 강조한 이유는 그것이 사람의 성격 형성에 지대한 영향을 끼치기 때문이다. 그에 의하면 교육과 여론을 통해 공공 이익을 증진하고자 하는 직접적인 충동이 개인의 습관적인 행동 동기 중 하나가 되고, 이런 과정에서 발생하는 감정이 일상을 영위하는 데 중요한 기능을 하기 때문이다.

• 이에 관한 밀의 주장을 옮기면 다음과 같다. "스토아학파나 초월주의자 못지않게 공리주의자들도 자기 헌신을 주장할 자격이 있음을 알아야 한다. 공리주의 도덕률에서는 인간이 다른 사람을 위해 자신에게 소중한 것마저 희생할 수 있음을 인정한다. 다만 희생 그 자체가 가치 있는 것은 아니다. 행복의 총량을 증대하지 않거나 증대할 경향이 없는 희생은 한마디로 낭비에 지나지 않는다고 보기 때문이다"(밀, 2007: 41).

2) 공리주의의 역설

벤담과 밀이 공통적으로 주장하는 '최대 다수의 최대 행복' 원리가 실현될 수 있다면, 현실 사회에서 불평등은 훨씬 완화될 것이다. 그런데 공리주의는 현실적으로 실현되기 어렵고, 그 원리에 내재한 문제점에 대한 공격 또한 만만치 않다. 공리주의를 공격하는 논거 중에 결정적인 것은 인간 본성이 공리주의의 원리를 실천하기에 너무 나약하다는 점, 동시에 양심적인 사람조차 행위의 방향을 결정하는 데 혼란스러운 경우가 많다는 점이다. 사실 나의 행위가 초래할 타인의 행복과 불행, 쾌락과 고통을 어떻게 판단할 수 있겠는가? 그러한 판단이 어렵다면 또한 어떻게 나의 행위의 방향을 결정할 수 있겠는가? 이 점에 대해서 밀은 인간사의 복잡함이 우리 행위를 혼란스럽게 한다는 점을 인정했다. 그럼에도 그가 공리주의를 견지하는 것은 요컨대 개인적인 욕망과 편견, 다양한 도덕률의 권위 사이의 갈등 속에서도 인간이 궁극적으로 공리와 최대 행복이라는 원리를 체화해야 함을 강조한다.

공리주의적 원리는 인간이라면 누구나 심정적으로 동의할 수 있는 이상(理想)이다. 그러나 밀 자신이 부분적으로 인정한 것처럼 인간 현실은 행위자의 판단을 언제나 공리주의적 이상에 적합하게 이끌지 않을 뿐더러, 실제 현실에서 도덕적 구속력을 발휘하지 못할 경우가 허다하다. 그뿐만 아니라 행복의 총량을 위한 '자기 헌신'이나 '자기 희생'의 의무는 자칫 심각하게 개인의 자유를 위협하거나 기본적인 인권을 박탈할 수가 있다. 예컨대 아홉 사람의 행복을 위해 한 사람을 희생하는 일이 행복 총량만 증대될 수 있다면 얼마든지 정의로운 행위가 될 수 있는 것이다. 과연 이러한 일이 정의로울 수 있는가? 이 물음은 상식적인 도덕에서조차 용납되기 어렵다. 무엇보다 공리주의는 현존하는 민주주의 정치체제, 즉 개인의 자유를 최우선적 가치로 가정하는 정치체제와 화해할 수 없다.

공리주의는 역사적으로 다양한 형태로 전개되었다. 무엇을 본래의 선으로 보는가에 따라서 쾌락공리주의와 다원공리주의로 나누어지고, 선의 극대화를 위한 계산 방식에 따라서 행위공리주의와 규칙공리주의로 나누어지며, 어떤 행위나 제도가 최대의 선을 산출하는지를 확인하기 위한 공리계산을 하는 데 어떤 관점에서 그 계산이 이루어져야 하는가에 따라 전체공리주의와 평균공리주의로 나누어져 논의가 전개되었다.

공리주의에 심각한 문제가 있는데도 공리주의의 도덕적 타당성을 지지하는 사람들은 공리주의 원리를 지속적으로 논의해왔다. 이렇게 공리주의가 생명력을 유지할 수 있었던 것은 아무래도 공리주의가 공동선이라는 가치를 지향한다는 것, 공리에 바탕을 둔 정의가 도덕성의 중요한 부분이고 구속력도 강하다는 점 때문일 것이다.

그런데 역사는 종종 역설적인 상황을 만들어내곤 한다. 공리주의도 예외일 수는 없다. 공리주의가 출발하게 된 배경을 돌이켜보면, 그것은 근대적 분배 정의가 초래하는 심각한 불평등과 빈민의 고통을 문제 삼으면서 대안으로서 강구된 것이었다. 그러나 현존하는 자본주의 체제가 재화의 총량을 지속적으로 증대함으로써 빈민에게도 편의와 쾌락을 확산시킬 수 있다면, 빈민의 고통을 줄인다는 공리주의의 본래 의도는 어느 정도 충족될 수 있다. 실제로 현대 자본주의사회는 공리주의 원리에 반해 심각한 불평등을 용인하면서도 사회복지체계로 빈민의 심각한 고통을 어느 정도 줄이고 있다는 평가를 받는다. 이런 상황이라면 공리주의의 출발점에서의 의도가 결과적으로 근대적 분배 정의의 주장을 정당화하는 배경이 될뿐더러, 오히려 그것을 강화하는 결과를 낳게 된다. 말하자면 공리주의가 공동선의 극대화라는 정의의 평가기준을 강조하는 한, 공동선은 증대되면서도 정의롭지 않은 사회는 얼마든지 존재할 수 있는 것이다. 이러한 공리주의의 역설을 어떻게 이해해야 할까? 역시 공리주의는 하나의 불투명한 희망에 불과하다고 해야 할까?

4. 뿌리 깊은 불평등의 해결을 위하여

1) 다수의 빈민에서 소수의 빈민으로

빈민의 고통에서 출발했던 공리주의 논의는 20세 이후 서구 선진 산업사회의 경제 상황과 맞물려 새로운 국면을 맞게 된다. 즉, 경제 규모의 획기적인 확대 속에서 선진 산업사회는 전반적으로 물질적 풍요의 시대에 접어들었고, 그에 따라 대부분의 사람들은 곤궁한 상태를 벗어 났다. 그러나 그 와중에도 빈곤 문제는 여전히 존재했다. 그뿐만 아니라 곤궁 상태를 벗어난 계층조차도 더욱더 격차가 커지는 경제적 불평등으로 상대적 빈곤감을 겪어야만 했다. 간단히 말해서 20세기 중반이후에 빈곤 문제는 새로운 양상으로 접어들었다.

그런데 (공리주의가 출범했던 그 당시까지만 해도) 상대적 빈곤감은 사회문제로 부상할 만한 것은 못되었다. 상대적 빈곤감이란 자유경쟁 체제(자유주의 체제)가 정상적으로 기능하기 위해서는 불가피하다는 기능주의적 인식이 설득력을 얻었기 때문이다. 다른 한편 경제적 우위를 점할 수 있는 가능성을 모든 사회 구성원에게 열어놓고 있는 자유경쟁 체제에서 상대적 빈곤감은 오히려 자유경쟁 체제를 강화하고 존속시키는 심리적 기제이기도 했다.

그러나 실제적인 빈곤 문제는 인권 차원에서 하나의 심각한 사회문제로 인식되었다. 하지만 빈곤이 문제 되는 상황은 벤담의 시대 혹은 선진 산업사회에 진입하기 전과 사뭇 달랐다. 즉, 벤담의 시대에는 다수가 고통 받는 빈민이었으나, 선진 산업사회에서는 스스로 빈곤 계층으로 인식하는 자 혹은 사회적으로 빈곤 계층이라고 규정되는 자는 소수에 불과했다. 말하자면 선진 산업사회에서는 상대적 빈곤감을 느끼는 자들이 자신을 빈곤 계층이라고 인식하지는 않았던 것이다. 따라서 소수의 빈곤 계층에게 어떻게 재화를 나누어줄 것인가가 분배적 정의의 관심사로 떠올랐다. 달리 말하면 다수 시민의 재화를 어느 정도 소수의 빈곤 계층에게 재분배하는 것이 어떻게 정당화될 수 있는가라는 문제가 정의론의 관심사가 되었다. 그런데 공리주의적 계산법에 따르면, 소수의 빈민을 위해 다수의 시민이 자신의 재화를 나누는 상황은 사회 전체의 행복 총량이 증가하기보다 오히려 감소할 수 있다. 다수의 시민이 자신의 재화를 나누는 것에서 발생하는 고통이 그 재화를 재분배 받는 소수의 행복의 양보다 크다면, 이러한 분배는 공리주의적 의미에서는 부정의가 되기 때문이다. 결국 선진 산업사회에서 분배적 정의의 원리는 기존 논의에서 탈피하지 않을 수 없었다.

그렇기는 하지만 경제적 불평등으로 발생한 빈곤 문제와 그 정치적 쟁점은 자유주의와 자본주의가 확충되어가는 정치적 상황 속에서, 또 학문 영역에서 실증주의 패러다임이 득세하는 분위기 속에서 큰 주목을 받지 못했다. 정치적 차원에서 빈곤 문제는 시장의 확충으로 해결될 수 있는 것이었고(해결될 수 있다는 인식이 지배적이었고), 실증주의 패러다임에서 도덕적·규범적 명제들은 무의미한 것이었다! 다만 마르크스주의자들과 20세기에 다양하게 전개된 공리주의자들만이 미약하게나마 이 쟁점에 대한 논의를 계속하고 있을 뿐이었다.

그런데 분배적 정의에 대한 관심이 새로이 점화된 것은 종교적 관점에서 가난하고 억압받는 사람들의 문제를 제기한 일련의 움직임(이론들)이었다. 대표적인 이가 파울 틸리히(Paul Johannes Tillich)이다. 틸리히는 선진 산업사회의 심각한 불평등, 고통 받는 빈민 문제를 해결할 수 있는 정의의 원리를 기독교적 '사랑, 즉 아가페(agape)'로 제시한다(Tillich, 1954 참조). 그는 아가페적 사랑의 의미를 'listening(불우한 사람의 처지를 이해하는 것)', 'giving(자기의 몫을 나누어주는 것)', 'forgiving(불우한 자의 불행이 그 자신에게 책임이 있다고 하더라도 그것을 용서해주는 것)'으로 이해하면서, 이러한 사랑에 기초한 분배의 개선은 불우한 자의 몫을 증대할 수 있다고 주장한다.

그러나 틸리히의 이러한 주장은 종교적·도덕적 심정에 호소하는 것이라는 비판을 면할 길이 없다. 정의의 문제란 본질적으로 개인의 몫으로 주장할 수 있는 정당한 권리의 문제이지 자비나 자선의 문제가 아니기 때문이다. 다른 한편 틸리히의 논의는 절대적 정의의 원리를 제시한다는 점에서 기존 정의론과 다를 바 없다. 즉, 공리주의가 '공리'라는 절대적·객관적 정의의 원리에 기초한 것과 같은 맥락에서 틸리히는 아가페적 사랑의 원리에 기초해 분배적 정의를 논했다.

이렇듯 절대적·객관적 정의의 원리에 기초하는 기존 논의 방식을 탈피하는 새로운 정의론은 존 롤스(John Rawls)에게서 시작되어 로버트 노직(Robert Nozick)으로 이어진다. 이들의 새로운 방식은 흔히 절차론적 정의론으로 불리는데, 이는 정의의 원리를 도출하는 절차의 정당성을 통해 정의의 원리의 정당성을 확보한다는 의미이다. 이들이 절차에 주목한 것은, 정의론의 역사에서 드러났듯이, 보편타당한 객관적 정의를 도출하는 것이 불가능하다는 인식과 분배적 정의는 실제적인 정치문제라는 사실 때문이다. 그리하여 타당한 절차를 통해 정의의 원리를 도출한다는 이들의 발상은 자유주의 체제의 정치적 의사결정의 원칙에 부합하는 것으로서 정의론의 새로운 지평을 여는 것이었다.

2) 롤스의 '공정으로서의 정의'

현대 정의론의 역사에서 롤스의 위상은 대단하다. 무엇보다 사회정의 문제를 새로운 철학적 관심으로 부상시켰다는 점에서, 20세기 정치 상황에서 최우선적으로 요구되는 개인의 권리와 자유를 정의론의 기초로 재정립했다는 점에서 그렇다.

그는 『정의론(A Theory of justice)』(1971) 머리말과 제1장 첫머리에서 자신의 목표가 공리주의에 대한 체계적인 대안을 제시하는 정의관임을 밝혔다. 그는 정의를 공정(fairness)으로 이해하면서, 그의 '공정으로서의 정의(justice of fairness)'의 일차적인 목표가 기본적 권리와 자유의 우선성에 대한 설득력 있는 근거를 제시함과 동시에 아리스토텔레스 이후 저 해묵은 과제인 '평등'에 대한 민주주의적 이해를 결부하는 것이라고 밝혔다(롤스, 2003: 개정판 서문 16 참조).

그런데 롤스가 자신의 과제를 수행해가는 과정에서 공리주의를 다루는 기교는 절묘하다. 그는 공리주의의 기본 원리를 부정하고 공리주의에 대항하면서도 공리주의 정의론의 의도를 버리지는 않는다. 롤스와 공리주의의 이중적 관계를 살펴보자.

롤스는 자신의 작업이 공리주의의 대안을 제시하는 것인 만큼 책의 첫머리부터 공리주의의 기본자세에 철퇴를 가한다. 사회 전체 행복의 총량을 증대하기 위해 공리를 개인의 권리(이익)보다 우선하는 공리주의를 향해 롤스는 일갈을 던진다.

> 모든 사람은 전체 사회의 복지라는 명목으로도 유린될 수 없는 정의에
> 입각한 불가침성을 갖는다. 그러므로 정의는 타인들이 갖게 될 더욱 큰
> 선을 위해 소수의 자유를 뺏는 것이 정당화될 수 없다고 본다. …… 따라
> 서 정의가 보장하는 권리들은 어떠한 정치적 거래나 사회적 이득의 계산
> 에도 좌우되지 않는 것이다(롤스, 2003: 36).

여기에서 롤스의 주장은 이미 선명히 드러난다. 즉, 개인의 자유를 보장하는 것은 정의이고 공리를 앞세우는 것은 부정의가 될 가능성이다. 이렇게 '자유'를 정의론의 가장 중요한 원칙으로 앞세우는 롤스의 견해는 사회의 이익이 개인의 이익보다 우위에 선다고 가정하는 공리주의에 대한 세간의 반감과 부합되면서 롤스 자신이 제시한 정의론의 설득력을 높였다.

나아가 공리주의가 인간의 궁극적인 선인 행복을 정의와 연관하려고 한 데서 난점이 발생했다고 진단한 롤스는 정의관의 뚜렷한 역할을 기본적인 권리와 의무를 구체적으로 명시해주고 적절한 배분의 몫을 정해주는 것(롤스, 2003: 39)*이라고 한정했다. 이는 정의론의 논의가

---

* 다른 곳에서 롤스는 그의 논의의 한계를 다시 강조했다. "나는 앞으로 정의의 원칙들이나 그와 밀접하게 관련된 것만을 고려하게 될 것이며, 여러 덕목을 체계적으로 논의하려고 하지는 않을 것이다"(롤스, 2003: 52).

(공리주의처럼) 지나치게 확장되어 난관에 봉착하게 될 여지를 원천적으로 차단하기 위함이다.

한편 롤스는 벤담과 마찬가지로 불우한 자들의 처지에 주목하는데, 벤담이 단순히 빈곤의 고통을 문제 삼은 데 비해 롤스는 빈곤의 고통이 발생한 배경을 문제 삼는다. 즉, 사회의 기본 구조에는 여러 가지 사회적 지위가 있고, 서로 다른 지위에서 태어난 인간은 정치체제와 경제적·사회적 여건들에 의해 인생에서 서로 다른 출발점에 서게 된다는 것이다. 실제로 어떤 사람은 아주 유리한 조건에서 출발하며 어떤 사람은 자신의 인생을 펼칠 수 있는 기회마저 주어지지 않는 불리한 여건에 놓이기도 한다. 롤스는 이러한 현상을 '뿌리 깊은 불평등'이라 부르면서, 좀 더 유리한 조건에 놓인 자에게 더 많이 분배되는 것은 능력이나 공적이라는 개념을 적용할 수 없는 사안이라고 단언한다. 같은 맥락에서 뿌리 깊은 불평등에 의해 생겨난 빈곤, 사회의 기본 구조 속에 있는 거의 불가피한 불평등은 사회정의의 원칙에서 우선적으로 적용되어야 할 부분이라고 강조한다(롤스, 2003: 40 참조). 그리하여 이러한 발상에서 최소 수혜자의 처지를 고려하는 정의의 제2원칙이 제안되었으니, 롤스는 사회현상에 대한 철학적 분석을 통해 공리주의의 저 의도를 훌륭하게 살려냈다고 하겠다.

이렇듯 롤스는 공리주의와 절묘하게 이중적 관계를 맺고 있지만, 공리주의와 확연히 구별되는 것은 롤스가 정의의 원칙을 합의의 대상이라고 본 점이다. 그러나 모든 사회 구성원이 특정한 정의의 원칙에 합의할 가능성은 없다. 분배적 정의가 각자의 몫을 나누는 것인 한, 모든 구성원은 서로 다른 위치에서 자신에게 유리한 원칙에 동의하려고 할 것이기 때문이다. 그래서 롤스는 정의의 원칙을 이끌어낼 수 있는 합의 장치를 가상적으로 구성하는데, 바로 '무지의 베일'이라는 가상적 상황(원초적 입장, original position)에서의 계약이다. 말하자면 합의 당사자들이 자신의 타고난 능력과 재능, 심리 상태와 가치관, 사회적·경제적 지위 등에 전혀 무지하다는 가상적 상황을 전제하고, 그러한 상황에서 합리적이고 공정한 정의의 원칙을 도출하는 것이다. 그리하여 그가 가상적 상황에서 도출해내는 두 가지 정의의 원칙은 다음과 같다(롤스, 2003: 105).

첫째, 개개인은 다른 사람들에게 마찬가지의 자유를 허용하는 한, 최대한으로 광범위한 기본적 자유를 누릴 권리를 가져야 한다.

둘째, 사회적·경제적 불평등은 다음 두 조건을 만족할 경우에만 용납된다.

① 그것이 모든 사람의 이익이 되리라는 기대를 하는 것이 합당할 때.

② 그 불균형의 모체가 되는 지위나 직무가 모든 사람에게 개방될 때.

첫째 원칙은 기본적 자유의 평등이다. 이것은 기본적인 권리와 의무를 할당하는 데 평등을 요구한다. 둘째 원칙은 기회균등 원리와 차등 원리이다. 이것은 사회 모든 구성원이 공직 등에 접근할 수 있는 동등한 기회를 가져야 한다는 것과 사회적·경제적 불평등을 허용하되 그것이 모든 사람, 그중에서도 특히 사회의 최소 수혜자에게 그 불평등을 보상할 만한 이득을 가져오는 경우에만 정당성을 확보할 수 있다는 것이다.

그런데 시장경제가 지배하는 사회에서 누구나 자신의 이익을 증대하는 행위를 한다는 것은 당연한데, 오직 사회의 최소수혜 계층의 이익을 증대하는 조건에서 자기 이익을 증대하게 하라는 둘째 원칙에 일반적인 합의가 이루어질까? 이에 대한 롤스의 대답은 인간은 합리적 존재이기 때문에 자신의 상황을 고려할 수 없는 '무지의 베일' 상태에서라면 누구라도 이 원칙에 합의할 것이라는 것이다. 이것이 인간의 합리적 선택을 전제한 롤스의 계약론적 견해이다.

롤스는 '계약론'이라는 용어를 사회계약론에서 차용하는데,[*] 롤스에게 '계약론'이라는 의미는 가상의 원초적 입장에서 합의를 통해 정의의 원칙을 도출해냈다는 데 그치지 않는다. 분배적 정의의 핵심이라고 할 수 있는 소유(재산권)의 문제에 대해 롤스는 사적 소유를 정당하게 하는 근거를 가상의 계약 상태에서 이루어진 합의의 산물, 즉 계약의 산물이라고 본다. 이 점에서 롤스의 계약론은 로크와 상당히 다른 의미를 지닌다. 로크에게는 재산권이 개인의 '노동' 행위의 결과물로 간주되었기 때문에 재산권의 정당화를 위해 사회적 합의가 필요 없으며, 따라서 자신의 노동능력에 따른 분배-소유가 그 자체로 정당하다고 이해되었다. 그러나 롤스에게 재산권은 (비록 그 결과가 사회적으로 상당한 불평등을 양산한다고 할지라도) '사회적 합의, 즉 계약의 산물'이기 때문에 계약내용에 따라 개인의 재산권에 대한 자유가 어느 정도 포기될 수 있는 여지가 있다.[**] 그것이 바로 제2원칙인 차등 원칙이다.

흔히 롤스의 차등 원칙을 복지의 원리로 이해하거나 차등 원칙의 적용을 복지국가 모델이라고 이해한다. 그러나 롤스의 의도는 차등 원칙을 통해 복지 정치를 구현하고자 했던 것이 아니다. 롤스는 『정의론』 개정판 머리말에서 복지국가라는 관념과 재산 소유 민주주의(property-owning democracy)라는 관념을 더욱 예리하게 구분하기를 희망하면서, "차등 원칙은 복지국가의 맥락에서가 아니라 재산 소유 민주주의의 맥락에서 이해되어야 한다"라고 주장했다(롤스, 2003: 22).

그가 이 둘의 구분을 요구하는 것은 이 둘의 본질적인 목적과 결과가 상당히 다르기 때문이다. 복지국가의 목적은 사회 구성원 누구라도

[*] 롤스는 자신의 작업을 "로크, 루소, 그리고 칸트에게서 흔히 알려진 사회계약이론을 고도로 추상화함으로써 일반화된 정의관을 제시하는 일"이라고 밝혔다(롤스, 2003: 45).

[**] 롤스가 재산권을 사회적 합의의 산물로 보는 견해는 칸트의 전통을 이어받은 것이다. 칸트는 '나의 자유로서 나의 소유'가 '타자의 자유로서 타자의 소유'와 충돌하지 않아야 한다고 했는데, 따라서 칸트의 견해에서 사유재산의 성립 근거는 타자의 동의, 즉 집단의 정치적 승인이다(김만권, 2007: 139 참조).

기본적인 생존이 가능하게 하는 것이고, 이를 위해 생존권을 보호받아야 하는 각 순간에 재분배를 시행하는 것이다. 반면 재산 소유 민주주의의 목적은 자유경쟁체계를 유지하면서도 부 및 자본 소유의 분산을 시도함으로써 소수가 정치경제적 삶을 통제하는 것을 방지하는 것이다. 따라서 재산 소유 민주주의는 소득을 재분배하는 것이 아니라 소득을 발생시킬 수 있는 생산적 자산과 인간 자본(교육된 능력과 훈련된 기예)의 광범위한 소유를 보장한다. 이는 곧 사회의 기본 구조에 내재된 뿌리 깊은 불평등을 해소할 수 있는 방안이기도 하다.

롤스가 다분히 사회주의적 성격을 내포한 재산 소유 민주주의를 강조한 것은 복지국가는 실제로 과도한 소득 격차와 큰 규모의 부의 불평등을 상속하는 것을 허용하여 기회의 공정한 평등을 보장하기 어렵기 때문이다. 실제로 그 자신도 재산 소유 민주주의를 자유주의적 사회주의 체제(liberal socialist regime)의 맥락이라는 점을 인정한다.

롤스의 정의론은 그 이념적 측면에서 볼 때 사회 구성원 상호 간에 지켜야 할 '호혜성의 원칙'에 새로운 철학적 정당성을 마련했다고 평가된다. 나아가 도무지 화해할 수 없었던 개인의 자유와 평등을 정의의 두 원칙 속에서 조율했다는 것은 대단한 의의를 지닌다.

그럼에도 롤스의 정의론은 여러 각도에서 비판을 받을 수 있다. 아무리 절차적 민주주의를 옹호하기 위한 장치라고 할지라도, 자신의 사회적 상황에 대해 전혀 알지 못하는 '무지의 베일'이라는 가상 상태에서 정의의 원리를 도출하는 것이 하나의 계약론이 될 수 있을지 의문이다. 게다가 설사 그러한 가상 상태라고 할지라도 모든 인간이 합리적인 결정을 한다는 가정이 정당할지도 의문이다. 더욱 곤란한 점은 철저히 개체적인(원자적인) 자유 존재들이 공동체적인 연대에서 협력할 것이라는 가정은 자기 모순적이 아닐 수 없다. 왜냐하면 원자적 자유 존재에게는 그 어떤 연대나 협력도 자기 이익을 위한 도구 이상 아무것도 아니기 때문이다. 그러나 이 문제들은 어디까지나 이론적 가정에 대한 비판이다.

이와 달리 현실적 차원에서 롤스의 정의론은 그것이 이윤 증식을 최대 가치로 삼는 자본주의체계와 조화할 수 있는가 하는 또 다른 난점이 있다. 자본 집중 방식으로 이윤을 증식하고 끊임없는 이윤 증식으로 생명력이 담보되는 자본주의체계에서 부 및 자본 소유의 분산을 의도하는 롤스의 제안인 차등 원칙은 자본의 자기 증식에 중대한 걸림돌이 될 수 있다.

5. 개인의 권리 침해를 방지하라: 노직의 소유권리론

롤스의 정의론은 숱한 옹호자를 낳았지만, 그와 함께 여러 반론자도 양산했다. 그 반론의 핵심은 롤스의 정의의 원리를 제도적으로 실현할 때 국가의 강제적 개입이 필요 이상 요구되고, 그리하여 개인의 자유를 정부의 간섭이나 강제가 침해한다는 것이다. 즉, 그들은 정의를 실현하기 위해 강권을 사용해 자유권을 침해하는 것은 부정의라고 반론했다. 노직의 이런 주장을 대표하는 것이 『아나키에서 유토피아로(Anarchy, State and Utopia)』(1974)이다.

롤스와 노직의 논쟁은 정의론의 역사에서 너무 유명하다. 이들 논쟁의 핵심에는 국가의 역할 문제가 있다. 노직의 용어를 빌려 말한다면, 롤스의 분배적 정의를 수행하기 위해 요구되는 국가 모델은 포괄적 국가(extensive state)이고, 노직이 제시하는 국가 모델은 최소 국가(minimal state)이다. 노직이 최소 국가를 옹호하면서 포괄적 국가가 정당화될 수 없음을 주장한 이유는 선명하다. 즉, 공공선을 위한 국가의 의도가 아무리 고귀할지라도 개인의 권리를 침해하는 것은 본질적으로 부당하다는 것이다.

노직은 포괄적이고 강력한 국가를 정당화하는 다양한 도덕적 논변에 대해 반례를 제시하면서 그 논변들의 부적합함을 논증한다. 노직의 폭넓고 기발한 논증들은 기존 분배적 정의의 원리가 정형적 원리라는 것, 정형적 원리는 소유권리의 역사성을 도외시한다는 것, 게다가 정형적 원리는 재분배 행위를 필연적이게 함으로써 국가의 강제력이 개인 권리를 침해하게 된다는 것의 논의로 수렴된다. 이를 좀 더 자세히 살펴보자.

노직은 분배적 정의에 관해 제시된 거의 모든 원리가 정형적(patterned)이라는 점을 지적한다. 즉, 기존 분배적 정의의 원리는 '그의 …… 에 따라서 각자에게'라는 공식에서 '……'의 여백을 채우는 것이다. 그런데 이러한 정형적 원리는 차별적인 소유권리를 창출하는 과거 행위 및 과거의 상황을 전혀 고려하지 않는다는 점에서 비역사적이다. 이에 따르면 차별적인 소유권리나 응분의 자격은 그러한 소유 및 자격을 갖게 된 과거의 상황과 과거의 행위에서 정당화된다는 점에서 권리의 역사성을 고려하지 않는 비역사적 원리이고, 이러한 정형적 원리*는 정의의 원리가 될 수 없다. 더불어 노직은 프리드리히 하이에크(Friedrich August von Hayek)의 말을 빌려, "의도적으로 선택된 분배의 정형을 사회에 강요하려는 모든 시도"는 옳지 못함을 주장했다(노직, 1997: 201).

노직은 비역사적인 원리의 부당함을 논증하기 위해 좀 더 여러 구체적인 예를 드는데, 그중 하나를 재구성해보자.**

A   사람들의 기본적 욕구가 충족되었다고 전제되는 그런 사회에서 왜 어떤 사람들은 초과근무를 할까?

B   아마도 그들은 기본적인 욕구사항들과 다른 것들을 갖고 싶기 때문일 것이다.

---

* 노직은 분배의 정형적 원리들을 비역사적 원리라고 규정하면서 이러한 비역사적 원리들을 종국결과원리(end-result principles) 또는 종국상태원리(end-state principles)라고 했다(노직, 1997: 198 참조).
** 이 예는 노직의 광범위한 논의를 필자가 간략하게 재구성했다(노직, 1997: 204~220 참조).

A 그런데 더 많은 일을 해서 얻은 소득에 대해 정부가 과세하는 것은 정당할까?

B 근로소득에 대한 과세는 사회의 공공선을 위해 재분배되는 것이므로 합법적이다.

A 공공선을 위한 과세가 합법적이라면, 왜 히피나 여가를 즐기는 사람들에게 더 일을 하게 강요해서 과세하지 않는가?

B 스스로 소득을 창출하려고 하지 않는 자에게 일을 하라고 강요하는 것은 비합법적이다.

A 어떤 사람의 여가 일부를 취해 일하게 강요하고 그 소득에 과세해 재분배하는 것이 비합법적이라면, 일한 사람의 재화 일부를 취해 재분배에 사용하는 것은 어떻게 합법적일 수 있는가?

이 예를 통해 노직이 말하고자 한 바는, 재분배를 전제로 하는 정형적 원리가 개개인이 어떤 행동을 선택했는지에 대한 고려 없이 결과적으로 더 많은 소득을 창출한 자에게 재분배를 위한 과세를 강요하는데, 이는 논리적으로도 또 정의의 차원에서도 부당하다는 것이다. 따라서 노직은 (재분배를 위한) 근로소득에 대한 과세는 강제 노동과 동등한 것*으로서 개인들의 권리를 침해하는 심각한 문제라고 한다.

나아가 노직은 정형화된 원리들은 사회 구성원이 그 원칙들을 회피할 이유를 제공하고 동시에 그 실행을 위해 과도하고 부당한 정부의 간섭을 허용한다는 점을 지적한다. 이에 근거해 그는 모든 유형화된 분배의 원칙, 즉 '각자에게 …… 에 따라 분배'하려는 모든 시도는 전적으로 포기해야 한다고 주장한다.

• 이 점에 관한 노직의 논변은 다음과 같다. "n시간 분의 소득을 (세금으로) 취하는 것은 그 노동자에게서 n시간을 빼앗는 것과 같다. 이는 마치 그 사람에게 다른 사람을 위해 n시간 일하게 하는 것과 같다"(노직, 1997: 214).

노직은 이렇게 분배적 정의의 정형적 원리의 비역사성을 비판하면서 정형적 정의의 원리의 대안으로 비정형적 정의의 원리인 소유권리론(entitlement theory)을 제시한다. 이 이론은 모든 사람이 '자신에게 소유권리가 있는 것'을 갖는다면 그 분배는 정의롭다는 것이다. 노직의 소유권리론의 핵심은 다음과 같다(노직, 1997: 193).

> 첫째, 취득에서 정의의 원리에 따라 소유물을 취득한 자는 그 소유물에 대한 소유권리가 있다.
> 둘째, 이전에 정의의 원리에 따라 취득한 소유물을, 이 소유물에 대한 소유권리가 있는 자에게서 취득한 자는 그 소유물에 대한 소유권리가 있다.
> 셋째, 어느 누구도 첫 번째와 두 번째의 (반복적) 적용에 의하지 않고서는 그 소유물에 대한 소유권리가 없다.

여기서 세 번째 내용은 소유물의 불의(不義)에 대한 교정을 요구할 수 있는 권리로 해석된다. 그리하여 노직의 소유권리론의 핵심은 취득(取得)·이전(移轉)·교정(矯正) 세 원리가 된다. 말하자면 소유물의 최초 획득은 그것이 타인의 권리를 침해하지 않는 한 공정하고, 이전은 자발적으로 이루어질 때 정당하며, 이러한 것들과 관련해 과거의 부정의는 시정될 수 있다는 것이다. 결국 소유권리론은 모든 사람이 그가 정당하게 획득한 거의 모든 것에 소유권리를 갖는다는 귀결로 유도된다. 이러한 노직의 정의론은 자본주의적 이념과 복지국가 이념의 갈등을 그대로 반영하면서 17세기 로크류의 개인주의의 전통을 그대로 계승하는 것이다. 또한 하이에크, 밀턴 프리드먼(Milton Friedman)과 같은 경제학자들의 주장과 그 착상에서 유사하다.* 이들의 공통적 주장은

---

* 하이에크와 프리드먼은 공통적으로 자유민주주의이론과 자유시장 경제체제를 옹호했다. 흔히 하이에크는 신자유주의의 사상적 아버지 혹은 신자유주의의 이론적 태두라고 불리며, 프리드먼은 신자유주의의

개인의 자유라는 권리가 최우선의 가치라는 것이고, 따라서 정의의 핵심은 마땅히 자유의 권리, 구체적으로는 재산권이 보호되어야 한다는 것이다. 그런 점에서 이들 견해는 자유지상주의(libertarianism)로 분류된다.

그런데 이들 자유지상주의자들의 주장은 종종 복지권을 무시한다는 비판을 받는다. 이런 비판에 대해 노직은 도덕적 정당성과 합법적 강제의 정당성을 구분하라고 응수한다. 즉, 노직은 빈민의 복지를 고려하는 것은 도덕적으로 정당하지만, 그것을 정치력을 통해 강제할 수는 없다고 주장했다. 이런 주장의 근거가 자유의 최우선적 가치라는 것은 말할 나위 없지만, 노직은 더불어 자신이 '평등'을 고려하고 있음도 부언한다. 즉, 노직은 자신의 주장이 '모든 인간은 자유롭고 평등하다'는 전제에서 출발했음을 밝힌다. 그러나 평등 개념이 사용되는 맥락은 사뭇 다르다. 롤스를 비롯해 많은 사상가가 사회적 약자의 권리를 보호하기 위해 평등의 권리를 강조한 데 비해, 노직은 어느 누구에 의해서도 개인의 권리를 박탈할 수 없음을 밝히기 위해 평등의 권리를 강조한다. 따라서 사회적 강자의 권리 역시 사회적 약자 때문에 상실될 수 없는 것이다. 좀 더 구체적으로 말하면 누구라도 자신이 사유재산으로 획득한 것이 아닌 물질적 재화에 대해 권리를 가질 수 없는 것이다. 노직의 논의에서 드러나는 것은 경제적인 배타 소유권의 확보가 개인 권리의 핵심이라는 것이고 그러한 권리를 각자가 지닌다는 점에서 평등하다는 것이다.

자유의 우선적 가치를 전제하는 한 역사적 정의의 원리에 관한 노직의 논의는 타당하다고 인정하지 않을 수 없다. 그의 논의가 지니는 타당성은 일반적으로 사회적 약자에 대한 배려 혹은 박애라는 심정적 원리 때문에 훼손되지는 않는다. 정의의 원리를 수립하는 것은 합리적으

수장 혹은 대부라고 불린다.

로 결정해야 할 정치적 문제이기 때문이다.

정작 문제는 다른 곳에 있다. 소유권리론 내지 자유로운 선택의 원리가 적용되는 범위는 어떻게 설정되어야 할까? 의미론적 차원에서 '자유' 혹은 '자유로운 선택'을 결정하는 것은 '자발성'이다. 그렇다면 자발성이 결여된 모든 것에 대해서는 소유권리를 주장할 수 없게 된다.

여기서 잠시 현실 상황으로 눈을 돌려보자. 신자유주의 경제가 지배하는 현실에서 소유의 불평등은 점점 심화되고 있다. 심화되는 소유의 불평등에 대한 불만과 우려도 커지고 있다. 그런데 그 불만과 우려는 자유로운 선택의 결과에 승복하지 못하기 때문에 일어나기도 하지만 (이런 부분도 분명히 있기는 하다) 불평등이 재생산되는 구조 때문에 일어나기도 한다. 예컨대 어떤 사람은 자발적 노력 없이 출신 환경만으로 엄청난 재화를 소유하고, 어떤 사람은 아무리 자발적인 선택으로 노력한다고 하더라도 소유의 심각한 불평등을 경험한다는 것이다. 실제로 최소 수혜자의 처지에 놓이게 되는 것은 자발적으로 선택하지 않은 출신 환경 때문인 경우가 허다하다. 이 점은 롤스가 지적했던 '뿌리 깊은 불평등'의 문제이다. 그렇다면 이제 이런 물음을 던질 수 있겠다. 자발성이 전적으로 결여된 출생 배경과 그에 기인한 불평등의 재생산에도 소유권리론을 적용할 수 있는가?

노직은 구체적인 예를 던지면서 비자발적으로 만들어진 불평등을 해소하고 기회의 균등을 실현한다는 것이 불가능할뿐더러 정의롭지 못하다는 점을 누누이 설명한다. 예컨대 이렇다.

나의 아내가 다른 구혼자를 거절한 이유가 …… 나의 멋있는 용모 때문이라면, 그 거절당한 구혼자는 용모의 불공평성에 대해 합법적인 불평을 할 수 있을까? (그를 나와 대등한 위치에 서게 하기 위해 성형수술 경비를 사회가 지불해야 할까?)

한 어린이가 수영장을 갖춘 집에서 태어나 이를 매일 사용한다는 사실은 그가 그렇지 못한 아이에 비해 그 혜택을 받을 응분의 이유가 없다는 이유로 불공평하다고 해야 할까? 이러한 상황은 금지되어야 하는가?(노직, 1997: 296~297)

이 물음 앞에서 비자발적인 불평등은 반드시 제거되어야 한다고 답하기는 난감하다. 각기 다른 사람들이 제각기 다른 불평등을 경험하는 상황에서 불평등한 현실을 균등하게 할 수 있는 방도가 없다. 유일하게 가능한 방법은 재산의 일부를 불평등한 처지에 놓여 있는 자의 목적 성취를 위해 바치게 하는 것인데, 개개인마다 특정한 배경에 기인한 불평등을 교정하는 문제는 매우 복잡한 것이어서 이 방법 또한 현실적으로 적용하기 어렵다. 그리하여 노직은 '뿌리 깊은 불평등' 역시 역사적 원리에 따라 취급되어야 한다는 견해를 취한다. "그들이 선택하는 바에 따라 각자로부터, 그들이 **선택된 바에 따라** 각자에게"(노직, 1997: 204, 강조는 지은이)라는 그의 슬로건은 단적으로 그의 주장을 대변한다. 같은 맥락에서 노직의 소유권리론을 정당화하는 정의의 역사적 원리(historical principles)는 "과거의 상황이나 사람들의 과거 행위가 사물에 대한 차별적인 소유권리나 차별적인 응분의 자격을 낳는다"(노직, 1997: 198)로 요약된다.

그런데 자유로운 선택에 기초한 소유권리(그들이 선택하는 바에 따라 각자로부터)와 비자발적인 선택에 기초한 소유권리(그들이 선택된 바에 따라 각자에게)가 동시에 타당할 수 있을까? 만약 자유의 우선적 가치를 전제함으로써 전자가 타당할 수 있다면, 그 전제가 결여된 후자는 타당할 수 없다. 그렇다면 노직의 저 슬로건을 어떻게 이해해야 할까? 노직은 범주를 혼동한 것일까? 아니면 슬로건의 두 명제는 각기 다른 전제를 함축했을까?

노직은 두 명제가 각기 다른 전제를 함축했음을 암시했다. 즉, 그는 인류 역사에서 저질러진 과거의 불의가 '뿌리 깊은 불평등'을 만들었다는 것과 과거의 불의를 교정하기 위해서는 단기적으로 포괄적인 국가가 필요함을 인정했다(노직, 1997: 289). 이 암시를 실마리로 한다면, '선택된 바에 따라 각자에게'라는 슬로건은 선택된 그 상황이 만들어진 역사가 불의가 아니라는 전제를 함축한 셈이다. 달리 말해 비자발적인 출생 환경을 불의의 역사가 만든 것이라면 '선택된 바'에 대한 소유권리는 정당성을 상실할 수밖에 없다.

이쯤에서 우리는 노직의 소유권리론에 대한 세간의 오해를 확인할 수 있다. 흔히 노직의 이론은 국가의 복지정책을 부정하고 신자유주의 경제체제를 정당화하는 것으로 여겨지기도 한다. 이런 오해는 이론과 현실을 혼동하거나 아니면 이론을 면밀히 고찰하지 않은 데서 발생한다.

노직이 부정하는 것은 개인의 자유로운 선택이라는 권리에 개입하는 국가의 불필요한 강제력이고, 이것을 '최소 국가' 개념으로 표현했다. 또한 최소 국가는 어디까지나 유토피아를 위한 골격이지 신자유주의 정책(혹은 시장자유주의 정책)을 펼치는 국가의 현실을 옹호하는 의미는 결코 아니다. 마찬가지로 그가 자유의 우선적 가치를 주장했다고 해서 현실 사회의 심각한 불평등을 자유의 결과로만 분석한 것도 아니다.

한편 노직의 이론이 '우리가 상상할 수 있는 최선의 세계(the best world imaginable)'를 그렸다는 점을 상기하면, 우리는 '자유로운 선택'의 의미가 단순히 재화의 소유에 집중된 것이 아니라는 점도 유추할 수 있다. 다음 글은 그가 그린 유토피아가 삶의 모든 국면을 포획하는 자유주의 시장경제, 게임의 법칙이 획일적으로 지배하는 신자유주의 사회와 거리가 멀다는 것을 말한다. 그러나 노직은 이런 유토피아가 어떻게 가능한지에 대해서는 말이 없다.

유토피아에서는 한 종류의 공동체만 존재하는 것도 아니며 한 종류의 삶만이 영위되는 것도 아니다. 즉, 사람들이 서로 다른 제도에서 서로 다른 삶을 영위하면서 사는 많은 수의 서로 다르며 다양한 공동체로 구성될 것이다. …… 모든 사람이 그들 자신의 비전에 따라 이상적인 삶을 추구하고, 이상적 사회에서 이를 실현하려 시도하기 위해 자발적으로 가입할 그런 자유가 보장되며, 그리고 누구도 자신의 유토피아적 비전을 타인에게 강요하지 않는 그러한 장소이다. 유토피아적 사회는 유토피아 사상의 사회이다(노직, 1997: 384).

6. 타인의 소유를 선망하지 않는 사회가 가능할까?

마이클 왈쩌(Michael Walzer)는 『정의와 다원적 평등(Spheres of Justice)』 (1983) 머리말 첫머리에서 "평등이란 배반을 위해 숙성된 이념이다"라는 말을 던졌다(왈쩌, 1999: 15). 그의 이 말은 인간관계의 현실을 적시하는 말이 아닐 수 없다. 구체적인 현실에서 어떤 사람도 타인과 평등할 수 없다. 어떤 사람이 소유한 것이 타인이 소유한 것과 평등할 수도 없다. 어떤 사람의 어떤 재능도 타인의 재능과 평등할 수가 없는 것이다. 특정한 시점에 특정한 재화를 평등하게 배분한다고 할지라도 그 평등은 개개인의 서로 다른 역량과 관심에 의해 곧 불평등한 상황으로 전환된다. 말하자면 평등은 구체적인 현실에서 가능치 않으며, 오직 추상적·이념적으로만 존재한다. 그래서 왈쩌는 평등을 희망하거나 평등을 인위적으로 조작하거나 간에 그것은 곧 평등을 배반하는 현실로 나타난다고 했다. 앞에서 살펴본 노직은 누구나 소유할 수 있는 자유를 지닌다는 점에서 평등하다고 했지만, 그것은 불평등이 실제적 결과가 되는 것을 용인하는 것일 뿐이다.

그런데 사람은 누구나 어떤 측면에서는 불평등하다는 사실을 모르지 않는다. 그럼에도 현대의 불평등에 대한 문제 제기는 점점 격화되고 있다. 이러한 현상의 원인은 크게 두 가지로 요약될 수 있을 것이다. 하나는 인간 사이에서 다양한 불평등을 만들어내는 다양한 가치가 자본주의적 부라는 단일 가치로 수렴되는 시대 현실이다. 다른 하나는 그 단일한 가치의 불평등이 삶을 전면적으로 통제(지배)하는 기제가 된다는 현실이다.

사실 현대 자본주의사회의 문화적 특성을 다양성이라고 보는 담론은 이미 상식이 되었다. '다양성'이라는 문화적 코드를 쉽게 시인할 만큼 상품, 직업, 노동 방식, 지식 생산과 유통, 매체, 조직, 예술, 교육 등 모든 영역에서 다양성·다원성은 증폭되고 있다. 이렇듯 물질적·비물질적인 영역 전반에서 다양성이라는 현상이 드러나는데도, 이 모든 분화된 영역은 자본주의적 시장에 통합된다. 달리 말하면 자본주의적 시장의 메커니즘에 의해 다양한 사회 영역과 다양한 사회적 가치가 재생산된다. 이런 점에서 현대 자유주의 사회란 자본주의적 시장이 획일적으로 통제하는 사회이고, 자본주의적 부가 다양한 가치를 소거하는 사회라 할 수 있다.

이러한 사회상이 불평등에 대한 문제 제기를 격화하는 주요 요인이다. 자본주의적 부가 핵심적이고 지배적인 가치가 되고, 그 가치가 여타의 사회적 가치를 전유(專有, Aneigung, appropriation)하는 상황에서는 '뿌리 깊은 불평등'이 확대 재생산되는 악순환을 거듭할 수밖에 없기 때문이다. 이런 구조 속에서 자유주의(혹은 신자유주의)를 전제로 하는 분배적 정의의 원리는 확대 재생산되는 불평등을 정당화하는 도구가 되기 십상이다. 그래서 롤스가 지적했던 '뿌리 깊은 불평등'이나 노직이 지적했던 '과거의 불의'는 실상 현재진행형이고, 상대적으로 불평등을 경험하는 다수●는 정의의 이름으로 행해지는 것들을 부정의라고 인식하는 것이다.

이제 우리는 오늘날 정의가 문제 되는 상황, 불평등이 문제 되는 상

● 앞(4절)에서 현대사회에서 빈곤한 자는 소수로 인식된다고 언급한 바 있다. 그런데 상대적으로 불평등을 경험하는 자란 다만 빈곤한 자만 의미하지 않고 상대적 빈곤감을 느끼는 대중까지 포함하므로 다수라는 표현이 적합하겠다.

황의 두 가지 근본적인 원인을 도출할 수 있다. 하나는 분배 문제가 다양한 사회적 가치를 도외시한 채 자본주의적 부에 집중된다는 것이다. 다른 하나는 분배적 정의의 문제가 정치의 핵심 영역임에도, 오히려 정치력이 자본주의적 부를 중심으로 움직인다는 점이다. 이 두 가지 원인은 사실 동전의 양면이다. 그렇다면 어떻게 이러한 불의의 상황을 극복할 수 있을까? 왈쩌는 이 물음에 의미 있는 논의를 보여준다.

왈쩌는 기존 분배적 정의에 문제를 제기한다. 그는 "플라톤 이후 현재까지 정의에 관해 논의한 대부분의 철학자가 지니고 있는 가장 심층적인 전제는 '철학에서 옳다고 제시할 수 있는 분배체계는 오직 하나뿐'이라는 점"(왈쩌, 1999: 32)이라고 하면서, 철학자들이 제시한 분배적 정의의 원리가 실상 단순 평등 체제(regime of simple equality)에 불과하다고 지적한다. 최소 수혜자의 최대 이익을 고려했던 롤스조차도 왈쩌의 지적에서 벗어나지 못했다.

왈쩌에 의하면, 단순 평등 체제란 특정한 영역에서 특정한 선(善)에 대한 독점이 다른 영역의 선까지도 독점하는 것이 가능한 체제, 그리하여 지배가 만연하는 체제이다. 예컨대 경제력과 사회적 권위가 있는 집안을 배경으로 출생한 자가 최고의 교육 과정을 통해 다시 사회적 권위를 획득하는 성공을 거두고, 다시 그 성공을 기반으로 부와 권력도 소유하면서 다른 모든 가치를 축적하는 것이 가능한 체제가 단순 평등 체제이다. 왈쩌의 단순 평등 체제 개념은 돈이 권력·명예·안전·사랑·여가 등의 가치와 쉽게 교환되는 현대 자본주의사회를 비추는 거울과도 같다.

그리하여 왈쩌는 사회적 가치들은 다양하고 서로 구별된다는 것을 파스칼의 말을 빌려 역설한다.

서로 다른 집단들이 존재한다. 강한 자들, 선남선녀들, 똑똑한 사람들, 독실한 신자들. 이들 각자는 다른 곳이 아니라 자신들의 고유 영역에서 군림한다. 그러나 그들은 종종 서로 만나며, 또 상대를 굴복시키기 위해 서로 싸운다. 그러나 어리석지 않은가? 왜? 그들 각자가 지닌 우월함은 서로 그 종류가 다른 것이지 않은가! 그들은 서로를 잘못 이해하고 있으며, 상대가 보편적인 지배를 노리는 것으로 잘못 판단하고 있다. 어떤 것도 심지어는 단순한 힘조차도 이런 보편적 지배를 얻을 수는 없다(왈쩌, 1999: 53~54에서 재인용).

같은 맥락에서 왈쩌는(위의 글에서 드러나듯이) 서로 종류가 다른 사회적 가치에서 보편적 지배를 노리는 것, 사회적으로 특정 가치를 소유한 사람들이 그 가치 외의 다른 가치까지 장악하는 상황은 결코 정의로운 상태가 아니라고 본다. 그렇다면 어떤 사회가 정의로운 사회인가? 왈쩌는 단순하게 재능이나 자원의 평등한 분배에 치중하기보다는 서로 다른 사회적 가치의 경계가 지켜지는 사회, 서로 다른 가치 영역 간의 교환을 방지하는 사회가 정의로운 사회라고 한다. 이러한 사회가 어떻게 가능할 수 있을까? 이에 왈쩌는 다원적 평등 체제(regime of complex equality)를 제시한다.

정의의 원칙들은 그 형식에서 본질적으로 다원적이다. 상이한 사회적 가치는 상이한 근거에 따라 상이한 절차에 맞게 상이한 주체에 의해 분배되어야 한다. 이러한 모든 차이는 사회적 가치들 그 자체에 대해 서로 다른 주체가 상이한 방식으로 이해하기 때문에 나타난다. 그리고 이러한 상이한 이해는 역사적이고 문화적인 특수성의 필연적 산물이다(왈쩌, 1999: 34).

왈쩌는 여러 가지 서로 다른 사회적 가치에 적용되는 분배 원칙은 그 가치들의 특성에 따라 필요, 자유 교환, 응분의 몫 등 다원적일 수밖에 없다고 본다. 요컨대 왈쩌의 평등 개념은 가치들의 고유한 특성에 따라 제각기 다른 분배 원칙이 적용된다고 할 수 있겠다.

그런데 왈쩌는 다원적 평등 체제에서 불평등이 종식될 것이라고 기대하지 않는다. 그는 다원적 평등이 실현되는 사회에서도 소규모의 불평등이 존재하겠지만, 적어도 단순 평등 체제처럼 가치 전환 과정을 거치면서 불평등이 증식되거나 상이한 가치가 통합되지는 않을 것이라고 전망한다. 즉, 그는 '지배의 축소', '개별적 가치들이 전환될 수 있는 영역의 축소', 그리고 각각의 가치의 분배 영역이 지배적인 가치에 독점되지 않고 자율성을 확보하는 것이 더욱 정의로운 사회가 될 수 있는 관건이라고 보는 것이다.

그런데 현실적으로 다원적 평등을 가능하게 할 방법이 있을까? 사회 구성원들이 자신이 소유한 가치나 자신이 추구하는 선 이외에 타인의 것마저 점유하려는 욕망을 잠재울 수 있는 방안이 무엇일까?

왈쩌는 다원적 평등이 실현될 가능성이 있는 정치 모델을 '분권화된 민주사회주의(decentralized democratic socialism)'라고 제시한다(왈쩌, 1999: 481). 그러나 왈쩌는 이 정치 모델이 다원적 평등을 실현하기 위해 요구되는 조건을 더욱 강조한다. 그 조건이란 바로 '자존적인 시민'이다. 즉, 사회적 가치와 사회적 의미의 전 분야를 존중하는 시민, 돈의 지배에 직면했을 때 분배상의 독립을 선언할 수 있는 시민, 여러 가치의 범위를 아우르며 자기를 주장하고 자신의 고유한 의미를 방어하는 시민, 다양한 선(good) 사이의 장벽을 주의 깊게 감시하면서 개별 가치 사이의 변환을 방지하는 자존적인 시민이 다원적 평등을 실현할 수 있는 자이다. 이런 자존적인 시민은 타인의 가치(혹은 소유)를 존중하되 강탈하려고 하지 않을 것이다. 이러한 자존적인 시민들이 경계심을 늦추지 않을 때 다원적 평등 체제는 유지될 수 있다는 것이다.

왈쩌의 다원적 평등 체제는 마치 '모든 구성원이 자신의 비전에 따라 이상적인 삶을 추구하는' 노직의 유토피아와 닮았다. 그러나 노직이 유토피아인 최소 국가의 실현을 어렵게 하는 '불의의 역사'를 교정하기

분권화된 민주사회주의
(decentralized democratic socialism)

왈쩌가 민주사회주의에 대해 묘사한 내용은 다음과 같다. "부분적으로는 지방자치적이면서 아마추어적인 공무원들이 운영하는 강력한 복지국가, 규제된 시장, 개방적이고 탈신비화된 대민 서비스, 독립으로 운영되는 공립학교, 힘든 노동과 자유 시간의 분담, 종교 생활과 가족 생활의 보호, 지위나 계급에 대한 온갖 고려에서 벗어난 공적인 명예와 불명예 수여체계, 기업과 공장에 대한 노동자의 통제, 당·운동·회합·공공토의를 위한 정책 등이 그런 민주사회주의적인 편제에 속하는 것들이다"(왈쩌, 1999: 481).

위해 잠정적으로 포괄적 국가를 요구하는 것과 달리, 왈쩌는 자존적인 시민이 만들어낼 수 있는 정치 모델을 제시한다. 이 점에서 왈쩌는 노직보다 구체적인 걸음을 내디딘 셈이다.

다시, 최초의 문제의식으로 돌아가자. 왜 현실 사회에서 삶을 고통스럽게 하는 불평등이 용인되는가? 이 물음은 심각한 불평등이 더욱 심화되는 신자유주의 정치·경제 상황에서는 아주 저항적인 문제 제기이다. 동시에 대중에게 빈곤의 상황을 느끼게 하는 욕망의 경제학이 쉴 새 없이 가속적으로 작동하는 현대 자본주의 체계, 그래서 어떤 재화의 증가도 새롭게 야기되는 빈곤의 의식을 제거할 수 없는 소비사회에서 이 물음은 아포리아(aporia)이다. 그런데 정의에 대한 논의는 본질적으로 저항과 아포리아를 내포한다. 다만 시대 상황에 따라 저항과 아포리아의 내용이 조금씩 다를 뿐이다. 역사적으로 불평등한 현실에 대해 문제 제기를 하는 사람들은 깊은 절망을 경험하면서도 다른 한편으로는 희망을 말해왔다. 희망의 핵심은 불의의 현실을 뛰어넘는 원리가 있다는 것이다.

불평등 혹은 평등을 바라보는 다양한 주장을 더듬어본 이 글은 현실의 불평등 혹은 분배 정의를 개선할 수 있는 묘안을 제시하지는 않았다. 묘안은 좀 더 직접적인 것, 문제 해결을 위한 구체적 전략이나 정책이어야 할 것이다. 정의론은 다만 이론적 틀을 제공할 수 있을 뿐이다. 그럼에도 이러한 이론적 틀을 통해 우리는 불평등에 대한 소박한 인식을 성찰할 수 있고, 동시에 정의로운 사회에 대한 비전을 구상할 수 있다.

그런데 이 글의 말미에서 제시된 다원적 평등 체제는 우리에게 정치적이면서도 가치론적인 물음을 던진다. 과연 타인의 가치를 부러워하지 않는 사회는 가능할 것인가? 이는 현대자본주의 체제에서 수동적 주체에 지나지 않는 우리 자신이 개인의 삶과 정의로운 사회를 위해 숙고해야 할 문제이다.

김만권. 2007. 『세상을 보는 열입곱 개의 시선』. 개마고원.

노직, 로버트(Robert Nozick). 1997. 『아나키에서 유토피아로: 자유주의 국가의 철학적 기초』. 남경희 옮김. 문학과지성사.

니부어, 라인홀드(Reinhold Niebuhr). 1992. 『도덕적 인간과 비도덕적 사회』. 이한우 옮김. 문예출판사.

로크, 존(John Locke). 2008. 『통치론』. 김현욱 옮김. 동서문화사.

롤스, 존(John Rawls). 2003. 『정의론』. 황경식 옮김. 이학사.

루소, 장 자크(Jean-Jacques Rousseau). 2007. 『인간불평등기원론』. 최석기 옮김. 동서문화사.

밀, 존 스튜어트(John Stuart Mill). 2007. 『공리주의』. 서병훈 옮김. 책세상.

볼테르(F. M. Voltaire). 1982. 『철학서한·철학사전』. 정순철 옮김. 한국출판사.

아리스토텔레스(Aristoteles). 2007. 『니코마코스윤리학; 정치학; 시학』. 손명현 옮김. 동서문화사.

왈쩌, 마이클(Michael Walzer). 1999. 『정의와 다원적 평등: 정의의 영역들』. 정원섭 외 옮김. 철학과 현실사.

파스칼, 블레즈(Blaise Pascal). 1999. 『팡세』. 김형길 옮김. 서울대학교 출판부.

플라톤(Platon). 1976. 『국가』. 조우현 옮김. 삼성출판사.

플레이쉐커, 새뮤얼(Samuel Fleischacker). 2007. 『분배적 정의의 소사』. 강준호 옮김. 파주: 서광사.

회페, 오트프리트(Otfried Höffe). 2004. 『정의』. 박종대 옮김. 이제이북스.

흄, 데이비드(David Hume). 2009. 『인간이란 무엇인가: 오성·정념·도덕 本性論』. 김성숙 옮김. 동서문화사.

Tillich, Paul Johannes. 1954. *Love, Power and Justice*. New York: Oxford University Press.

08

역사
과거의 사실과 현재의 역사

역사는 집단의 기억과 같다. 기억은 과거에 겪은 경험을 저장했다가 필요할 때 회상해 사용하는 것이다. 새롭게 주어진 문제를 어떻게 해결하는 것이 가장 좋은 결과를 낳을지를 예상하려는 경우에 회상이 필요하다. 과거의 경험에서 어떤 원리나 법칙을 발견할 수 있다면 미래의 일을 예상하고 대처하는 데 유용할 것이다. 한편 혼자서 과거를 추억할 때는 기억의 내용이 사실과 달라도 무방하다. 그러나 둘 이상의 사람이 하나의 과거 사건을 두고 현재 이해관계가 얽힐 때는 객관적 사실이 어떤 것인지가 문제 된다.

이 장에서는 이러한 역사와 관련된 다양한 문제에 대한 철학적 사유들을 살펴보고, 오늘날 우리가 우리의 역사를 어떻게 보아야 할지, 우리의 역사가 자신의 삶에 어떤 의미가 있는지 생각해볼 수 있는 실마리를 제공할 것이다.

1. 역사학에서의 역사와 철학에서의 역사

'역사'라는 말에는 '역사 사건'과 '역사 기술'이라는 두 가지 의미가 있다. 역사 사건이란 과거에 실제로 일어났던 일(歷, res gestae)을 가리키며, 역사 기술이란 역사 사건에 대한 기술 또는 기록(史, historia rerum gestarum)을 가리킨다. 그런데 역사 ─ 역사 사건이든 역사 기술이든 간에 ─ 에 대해 다루는 전문적인 학문 분야로서 '역사(과)학'이라는 분야가 엄연히 있는데도 철학에서도 역사에 대해 다루어야 할 이유가 무엇인가 하는 물음을 던지는 사람이 있을는지도 모르겠다. 바꾸어 말하면, 역사학에서 역사에 대해 다루는 것과 철학에서 역사에 대해 다루는 것 사이의 차이가 무엇인가 하는 물음이 된다. 일반적으로 전자를 '역사(과)학'이라고 부르고 후자를 '역사철학'이라고 부르는데, 이 둘의 차이는 무엇일까?

첫째, 개별 학문이 개별적인 대상을 탐구하고 철학이 보편적인 원리를 탐구하듯이, 역사학은 개별적인 사건을 탐구하고 역사철학은 개별적인 사건을 관통하는 보편적인 원리를 탐구한다는 견해가 있다. 여기서 역사학이 개별적인 사건을 탐구한다는 것은 별다른 설명이 없어도 쉽게 이해할 수 있을 것이다. 간단하게 말해서 역사학은 언제 어디서 무슨 일이 일어났는가를 기록하고 탐구한다는 뜻이다. 반면 역사철학이 보편적인 원리를 탐구한다고 할 때 이 보편적인 원리란 개별적인 사건 전체를 통일적으로 지배하는 그 무엇을 말한다. 이 보편적인 원리에 의해 개별적인 사건은 그 고유한 의미와 발생 이유를 갖는다. 바로 이 보편적인 원리를 찾아내고자 하는 작업이 첫 번째 종류의 역사철학이다.

이것은 역사 사건의 측면에 관심을 둔다는 의미에서 '실질적(material) 역사철학'이라고 하며, 역사의 보편적 원리를 순수한 사유 방식으로 추구한다는 의미에서 '사변적(speculative) 역사철학'이라고 한다(드레이, 1993: 7~8 참조). 여기에서는 전체적인 역사를 관통하는 주제가 있는가,

그렇다면 그것은 어떤 방식으로 전체 역사를 지배하는가, 하나하나의 개별적인 사건은 전체 역사와 관련해 어떻게 설명되며 어떤 의미가 있는가, 그리고 역사의 전체 흐름에서 인간의 지위는 무엇인가 하는 문제들이 논의된다.

둘째, 역사학이 개별적인 사건을 대상으로 삼는 이론적 탐구인 반면 역사철학은 역사학 이론을 대상으로 삼는 메타이론적 탐구라는 견해가 있다. 구체적으로 말하면 역사학은 역사적 사실을 대상으로 삼아 그것을 인식하고 기술하지만, 역사철학은 역사학 이론을 대상으로 삼아 그것을 분석하고 비판한다. 이러한 점에서 이것은 역사가의 역사인식이 어떻게 가능한가 하는 역사학의 방법론에 관심을 둔다. 이것이 두 번째 종류의 역사철학이다.

이것은 역사적 인식의 형식에 관심을 보인다는 의미에서 '형식적 (formal) 역사철학'이라고 하며, 역사학 이론에 대한 비판을 담당한다는 의미로 '비판적(critical) 역사철학'이라고 한다(드레이, 1993: 8 참조). 여기에는 개별적인 역사 사건을 인식하고 설명할 때 그 객관성과 엄밀성을 확보하기 위해 물리학과 같은 자연과학적 방법을 사용해야 한다는 실증주의적(positive) 관점과 역사학은 그 대상이 자연과학과 구별되므로 방법론도 구별되어야 한다는 반실증주의적 관점이 있다.

지금까지 본 것처럼 역사학과 역사철학의 차이는 역사학에서 역사를 다루는 것과 철학에서 역사를 다루는 것 사이의 차이를 어느 정도 밝혀준다. 비단 오늘날만의 문제는 아니지만, 사실상 역사철학이라고 해서 철학에서만 문제 삼는 분야는 아닌 것 같다. 말하자면 실제로 역사학계 내부에서도 역사철학을 역사학 연구의 중요한 영역으로 삼고 있다는 것이다.

그렇다면 역사학에서 역사철학에 관심을 두는 것과 철학에서 역사철학에 관심을 두는 것 사이의 차이는 무엇인가? 그것은 역사학과 철학의 학문적 문제의식과 그것을 해명하는 태도의 차이를 통해 해명될 수 있을 것이다. 단적으로 말해서 역사학은 역사철학에서 역사를 문제 삼지만, 철학은 역사철학에서 철학을 문제 삼는다. 이 장에서는 이 후 자의 측면, 즉 역사와 관련된 논의들 속에서 철학적 문제들이 무엇이며 이 문제들에 대한 철학적 해명이 어떤 의미가 있을 수 있는지를 고찰할 것이다.

2. 역사가 어떻게 진행되었는가에 대한 관점들

사건으로서의 역사란 과거에 있었던 인간 행위나 사건의 총체를 말 한다. 그런데 이 인간 행위나 사건은 시간성을 띤다. 말하자면 과거의 사건들은 물리적 시간에 따라 순서대로 나열될 수 있다는 말이다. 사 람들은 이러한 사건들의 시간적 나열 속에서 어떤 연속성을 찾으려고 시도했다. 말하자면 그들은 과거의 사건들이란 임의적으로 그때그때 그러그러하게 1발생한 것이 아니라 어떤 전체적인 연관성을 가지고서 발생했다고 생각했으며, 이 전체적인 연관성에 따라서 하나하나의 사 건에 그 고유한 의미가 있다고 생각했다. 따라서 사람들은 그러한 전 체적인 연관성을 갖게 하는 그 무엇이 있다고 생각했다. 그것은 현실 로 드러나는 개별적인 사건의 배후에서 개별적인 사건을 지배한다. 이 때문에 사람들은 개별적인 사건을 통해서 그것들을 지배하는 배후의 그 무엇을 찾으려고 시도했다. 이것을 찾음으로써 역사의 전체적인 방 향을 알아내고, 그때그때 제기되는 삶의 문제들을 거기에 맞추어 처리 할 수 있다고 생각했기 때문이다.

1) 역사를 지배하는 형이상학적 실체

개별적인 사건의 배후에서 개별적인 사건에 고유한 의미를 부여하

보편적인 역사관

서양에서 역사를 최초로 기술한 사람은 고대 그리스인들이었다. 그러나 "그들은 시간에 대한 의식을 확실하게 지니지 못했으므로 시간의 '연속성'이나 '발전'이라는 개념에는 도달하지 못했던 것이다"(이상신, 1993: 64). 따라서 역사를 보편사로서 형성시켰던 최초의 형태는 초기 기독교의 역사가들이라고 보는 것도 무리는 아닐 것이다.

고 지배하는 그 무엇에 대해 우리가 가장 쉽게 생각해볼 수 있는 것은 신이다. 실제로 신을 역사의 지배자로 설정하면서 보편적인 역사관을 형성한 초기 기독교의 역사관은 거의 최초로 나타난 역사의식 형태였다. 다시 말하면 이전의 그리스인들이나 로마인들과 달리 기독교적 역사관은 역사의 시원과 종말을 분명히 설정함으로써 과거에 대한 관심과 미래에 대한 전망을 포함하는 보편사의 이념을 실현했던 것이다.

이러한 기독교의 역사관을 최초로, 그리고 가장 전형적으로 보여준 사람은 아우구스티누스이다. 그에 따르면 역사는 신이 그 자신의 뜻을 이 지상에 펼쳐서 결국 신의 나라를 건설하게 되는 과정이다. 이러한 과정에서 발생하는 모든 개별적인 사건은 신의 의지를 드러내어 보여주는 징표이다. 이를 통해 인간은 신의 의지를 발견하고 그것을 실현함으로써 역사를 통해 자신의 나라를 건설하려는 신의 계획에 동참할 수 있고, 결국은 신의 나라의 인민이 된다.

그러나 이러한 역사 과정을 설명하기 위해서는 우선 신의 존재와 의지에 대한 논증이 선행되어야 한다. 그러나 아우구스티누스는 이러한 문제들을 논증하는 대신 "우리는 …… 신의 지상의 권능과 예지(豫知)와 함께 그 의지를 긍정한다"라고 하면서 이것들을 기정사실로 받아들인다(아우구스티누스, 1983: 41). 여기서 신의 권능은 신이 만물의 창조자이며 만물의 운동에 질서를 부여하는 자라는 사실로 나타나고, 신의 예지는 역사의 과정 전체를 이미 알고 있다는 사실로 나타나며, 신의 의지는 그러한 역사의 과정이 그의 뜻에 의해서 일어난다는 것을 의미한다.

그런데 이와 같이 모든 일이 신의 의지에 의해 일어나고 심지어 그 일이 어떻게 될지 신이 미리 알고 있다면, 역사는 결정론적인 과정이 아닐까? 그러나 아우구스티누스는 인간에게 자유의지가 있다고 한다. 물론 인간 의지는 신의 의지에 종속되기는 하지만, 이것은 약자를 자기 권능 안에 쥐고 있는 강자의 의지가 약자에게는 숙명으로 여겨지는 것과 같은 상황이다(아우구스티누스, 1983: 42). 따라서 대체로는 인간이 신의 의지에 종속되지만 경우에 따라서는 그것을 위반할 수도 있다는 것이다.

그렇다고 해서 아우구스티누스는 신의 역사가 달라질 수는 없다고 한다. 왜냐하면 역사는 인간의 타락과 신에 의한 구속(救贖)을 주제로 신이 계획한 '우주적인 각본(cosmic drama)'이기 때문이다(케언스, 1990: 252 참조). 이 각본에는 영(spiritus)을 좇아 살려는 사람들로 구성된 '신국(civitate dei)'과 육(corpus)을 좇아 살려는 사람들로 구성된 '지상국(civitate terrena)'이라는 두 나라가 있다(아우구스티누스, 1983: 89 이하 참조). 역사는 이 두 나라 사이의 투쟁이다. 신국의 시민들은 지상에서 이방인 혹은 순례자로서 고통을 당하지만, 결국 최후의 심판에서 구원되어 신국에서의 영원한 삶을 영위한다.

이와 같이 미리 정해진 각본에 따라 진행되는 역사는 선을 이기는 악처럼 보이는 지상의 현상이 전부가 아니며, 궁극적으로 선이 악을 이길 수밖에 없다는 아우구스티누스의 신앙을 표현하는 이야기이다. 또한 이것은 이러한 신앙관을 사람들에게 가르치려는 그의 교육 사상을 담고 있다. 따라서 이러한 역사의식은 기독교 신앙에 근거한 것이므로 기독교를 신봉하지 않거나 다른 종교적 이념이 있는 사람들에게는 효력을 미치지 못한다.

한편 헤겔의 역사철학은 역사의 지배자를 '절대자'라는 관념적인 개념으로 설정함으로써 특정한 종교적 이념을 넘어 보편적인 역사의식을 수립했다. 그의 역사관에 따르면, 역사란 절대정신이 자신을 실현해 가는 과정이다. 여기서 절대정신은 신과 같은 초월적인 영적 존재를 지칭하는 것이 아니라 모든 개별적 인간의 의식에 깃든 보편적인 관념으로서, 특히 모든 개인이 보편적으로 지향해야 할 삶의 목표로서의 이념을 나타낸다. 헤겔은 이러한 인간의 보편적 이념이 역사를 추동하는 주체라고 보았다.

헤겔에 따르면 이 절대정신의 본질은 '자유'이다(헤겔, 1989a: 77 이하 참조). 따라서 절대정신이 자기를 실현하는 과정이란 자유가 확대되는 진보를 말한다. 그러나 역사는 절대정신의 자기 전개라는 실체적인 부분만 있는 것이 아니라 인간의 자유를 향한 정열이라는 주관적인 부분도 함께 작용한다. 그러나 절대정신은 인간의 보편적인 이념 이외의 다른 것이 아니므로 결국 이 둘은 동일한 것이다. 말하자면 정신이 자신을 구체적인 현실 속에서 실현한다는 것은 자유를 지향하는 인간의 보편적 이념이 실현된다고 하는 것과 같다는 것이다.

이러한 점에서 정신의 자기실현은 인간의 구체적인 활동을 통해서만 이루어질 수 있다. 이때 인간의 구체적인 활동을 이끌어가는 지도적인 사람들이 있을 수 있는데, 헤겔은 이들을 '세계사적 개인'이라고 부른다.* 따라서 역사 추동의 주관적인 부분을 대표하는 것은 바로 이 세계사적 개인들의 정열이다. 그렇다고 해서 이것이 순전히 개인적인 정열이라 해서는 안 된다. 예컨대 율리우스 카이사르(Julius Caesar)는 그의 지위·명예·안전을 확보하려는 개인적 정열에 따라 로마의 독재자가 되었는데, 이러한 그의 활동은 그 자신도 의식하지 못한 채 자유의 정신이 자신을 실현하는 세계사적 흐름을 구체적으로 수행하기 위해서 사용한 물리적인 작용력인 것처럼 보인다. 헤겔도 이러한 경우를 두고 '이성의 책략(List der Vernuft)'이라는 표현을 했다(헤겔, 1989a: 94).

이와 같이 역사 진행의 실체적인 부분과 주관적인 부분이 결과적으로 동일하다고 할 때, 이 두 부분이 모순 없이 조화롭게 만나는 곳이 '국가'이다. 왜냐하면 국가는 최고의 공동체로서 최고의 자유를 확보하는 기반이 되기 때문이다. 말하자면 개인은 국가를 인식하고 신앙하고 의욕하는 경우에 한해서 그 국가 속에서 자유를 확보하며 자유를 향유한다(헤겔, 1989a: 99 참조).

---

* 헤겔은 이 세계사적 개인을 "보편을 그의 목적 안에 간직한 사람"이라고 규정한다(헤겔, 1989a: 90).

따라서 역사의 구체적 과정은 국가 체제에서 자유의 확대라는 형식으로 나타난다. 헤겔에 따르면 국가 체제에서 자유가 확대되는 단계는 군주 한 사람만 자유를 누리는 전제군주주의 체제, 몇 명의 귀족들만 자유를 누리는 귀족주의 체제, 만인이 자유를 누리는 민주주의 체제로 나타난다. 이것은 동양의 전제주의 정체, 그리스의 민주주의 정체와 로마의 귀족 정체, 게르만의 **입헌군주주의**(근대 민주주의) 정체로 진행되는 실제 세계사의 진행과 과정과 같다(헤겔, 1989a: 170 참조). 헤겔에 따르면 이 세 번째 단계, 즉 입헌군주주의 체제의 국가는 절대정신의 실체적 자유와 인간의 주관적 자유가 완전히 합치하는 '최고 공동의 최고 자유'(헤겔, 1989b: 101)라는 역사의 궁극적인 완성 단계가 된다.

이와 같이 기독교적 역사관이나 헤겔의 역사관은 역사의 외부에 실재하는 형이상학적 존재자를 역사의 지배자로 설정한다. 이러한 생각은 역사에서 인간의 지위를 격하하는 경향이 있다. 신과 인간 의지의 일치, 절대정신의 실체적 자유와 인간의 주관적 자유의 일치에서 중심축은 어디까지나 신이나 절대정신 쪽에 있을 수밖에 없다. 왜냐하면 신이나 절대정신은 그 개념상 이미 영원불변한 것이기 때문이다. 그러므로 이 두 가지 역사관에서 역사의 진행 방향과 궁극적인 도달점은 이미 결정되었으며, 인간에게는 그것을 인식하고 수용하느냐 그렇지 않느냐의 여지만 남는다. 심지어 이 양자택일의 여지도 이미 신이 결정해두었다고 생각될 수 있는 가능성(기독교의 예정설)이나, 역사를 올바로 인식하고 따르는 인간이 있다 하더라도 그 인간이 신이나 절대이성의 꼭두각시에 불과한 것으로 생각될 가능성(헤겔의 '이성의 책략')도 남는다.

2) 역사의 흐름을 지배하는 원리

이와 달리 역사의 형이상학적 지배자가 아니라 경험적으로 파악된

게르만의 입헌군주주의

여기서 그리스의 민주주의 정체는 노예와 구별되는 시민들만 자유를 향유하는 체제이므로 '몇 사람만 자유로운' 국가 형태이다. 반면 헤겔이 게르만의 군주주의 정체라고 한 것은 사실상 모든 시민이 자유를 향유하는 근대 민주주의 체제로서의 입헌군주주의를 지시한다. 그러나 이것은 그 당시의 프로이센을 지칭한다기보다는 헤겔 자신이 모두가 자유로운 국가 형태라고 규정한 이상적인 국가, 즉 실제로 '있는' 국가가 아닌 '있어야 할' 국가를 나타낸 것이라고 할 수 있다.

지배 원리를 통해서 역사를 설명하려는 시도들이 있다. 마르크스의 역사관과 아널드 토인비(Arnold Joseph Toynbee)의 역사관이 그 대표적인 사례이다.

마르크스는 '생산양식의 변화'를 역사 발전의 지배 원리로 본다. 여기에서 생산양식이란 무엇이고, 그것은 어떻게 변화하는가? 이를 설명하기 위해서 마르크스는 인간의 가장 본질적인 활동이 '노동' 또는 생산 활동이라는 전제에서 출발한다. 왜냐하면 인간이 스스로 생활 수단을 생산하기 시작하면서 비로소 자신을 동물과 구별할 수 있었기 때문이다(마르크스·엥겔스, 1989: 58). 따라서 인간은 본질적으로 생존하기 위해서뿐만 아니라 자신을 인간으로서 의식하기 위해서 노동을 한다.

그런데 자연을 가공하고 변형해 자신의 필요를 충족하는 생산물을 만들어내기 위해서는 생산도구도 있어야 하고 또 이 도구를 조작하는 인간 자신의 활동도 있어야 한다. 이 두 가지 조건을 '생산력(생산물을 만들어낼 수 있는 힘)'이라 부른다. 더욱이 인간의 생산 활동은 본질적으로 사회적 활동이기 때문에 여러 사람이 다양한 형태로 생산 활동에 참여한다. 이때 생산을 위해 맺게 되는 사람들 사이의 사회관계를 '생산관계'라고 부른다. 생산력과 생산관계는 '생산양식'의 두 가지 구성 요소이다.

그렇다면 이 생산양식은 어떻게 변화하는가? 마르크스의 설명에 따르면 생산양식은 생산력과 생산관계의 모순을 통해 변증법적으로 발전한다.

> 일정한 발전 단계에 접어들면 사회의 물질적인 생산력은 기존 생산관계와 모순을 일으키고, 지금까지 그들이 작용해온 구조 안에서의 소유관계와 모순을 일으킨다. 이러한 관계 속에서 생산력의 발달양식은 그 자체에 대한 하나의 질곡으로 변한다(마르크스, 2007: 7).

생산력과 교류 수단이 오직 재앙만을 낳을 뿐이고 더 이상 생산력이
아니라 파괴력에 지나지 않는 시기가 온다. 그리고 이와 관련해 사회에
서 아무런 이익도 향유하지 못한 채 사회의 모든 부담을 도맡아야 하면
서도 사회에서 밀려나 다른 모든 계급과 첨예하게 대립하지 않을 수 없
는 그러한 계급이 출현한다(마르크스·엥겔스, 1989: 121~122).

이때 기존 계급과 새로운 계급 사이의 계급투쟁이 발생한다. 여기에
서 새로운 계급이 승리한다면 기존 생산관계를 무너뜨리고 새로운 생
산관계를 형성하게 된다. 이것이 바로 생산양식의 변화이다.

여기서 보듯이 생산력과 생산관계의 변증법이 바로 역사 진행 원리
이지만, 실질적인 생산양식의 변화를 위해서는 계급투쟁이라는 역사의
추동력이 필요하다. 마르크스는 구체적인 역사 연구를 통해 다음과 같
은 사실을 확인했다.

생산력과 교류 형태의 이러한 모순은 과거의 역사에서 그 역사의 기초
를 위태롭게 하지 않고서도 몇 차례 나타났지만, 그것은 반드시 그때마
다 하나의 혁명 속에서 폭발했다(마르크스·엥겔스, 1989: 128).

이 때문에 그는 다음과 같이 선언할 수 있었다.

지금까지 모든 사회의 역사는 계급투쟁의 역사이다. …… 그리고 이
투쟁은 항상 사회 전체가 혁명적으로 개조되거나 그렇지 않으면 투쟁하
는 계급들이 함께 몰락하는 것으로 끝났다(마르크스·엥겔스, 1988: 48).

마르크스는 이러한 원리에 따라 구체적인 역사 과정을 설명한다. 원
시사회에서는 사회 구성이 '가족의 확장 형태에 지나지 않는' 평등한
생산관계가 형성되었다(마르크스·엥겔스, 1989: 60 참조). 이 원시적 생산

관계는 모든 사람 사이의 평등한 협동관계를 만들어내고, 이러한 평등한 생산관계는 생산력을 효율적으로 증가시키는 기능을 했다. 이것이 '원시 공산주의 생산양식'이다.

그런데 시간이 지남에 따라 분업과 이에 따른 생산력 발전이 이루어지고, 생산력 발전에 따른 잉여가치의 발생과 잉여가치의 전유에 의한 사적 소유, 특히 불평등한 소유가 생겨나면서 노예와 노예 소유주라는 '계급'이 발생했다. 이 때문에 더 이상 평등한 생산관계가 유지될 수 없게 되었다. 즉, 생산력과 생산관계가 모순 상태에 빠지게 되었다. 여기에서 '노예제 생산양식'이 성립한다.

이 노예제 생산양식에서도 생산력은 계속 발전하는 지속적인 반면에 '노예-주인'이라는 생산관계는 변함이 없다. 그러나 생산력이 극도로 발전해 이 생산관계와 모순을 일으키게 된다. 즉, 극도의 노동소외를 인식한 노예들이 지배계급에 대해 투쟁을 일으켰던 것이다.* 따라서 노예제 생산양식은 '봉건제 생산양식'으로 이행하게 된다. 구체적인 예를 들면 전형적인 노예제 생산양식을 형성했던 서로마제국이 멸망한 이후 남겨진 광활한 대지가 게르만의 종사제(germanische Heerverfassung)의 영향에서 봉건적 소유로 조직된 것이 그것이다(마르크스·엥겔스, 1989: 63 참조).

봉건적 생산양식에서의 생산관계는 '영주-농노'라는 좀 더 완화된 지배-예속관계로 나타난다. 그러나 생산력의 계속적인 발전으로 대규모의 기계적 생산이 이루어지고, 상업이 발달하면서 도시가 형성되었으며 자본이 축적되었다. 이러한 생산력 발전에 대해 영주-농노라는 생산관계는 더 이상 지탱할 수 없게 되었다. 도시를 기반으로 상공업 활동을 하면서 자본을 축적한 신흥 부르주아계급(bourgeoisie)은 산

---

* 마르크스는 사실상 고대 노예들의 투쟁에 대해서는 다소 엄밀하지 못했다. 물론 스파르타쿠스(Spartacus)의 투쟁과 같은 노예투쟁이 있었지만, 이 투쟁은 귀족들의 승리로 끝났고 로마제국이 붕괴되기보다는 오히려 강화되는 결과를 초래했다(쇼, 1987: 173 참조). 물론 로마제국은 몰락했지만, 결코 노예투쟁에 의한 것은 아니다.

업의 규모가 커지고 원거리 무역에도 종사하게 되면서 자신들의 생명과 재산을 보호해줄 수 있는 새로운 권력이 필요했다. 이것은 봉건귀족을 타파하고 자신을 절대적 권력으로 세우고자 한 군주의 이해와 합치함으로써 근대적인 군주 국가를 탄생시켰다(마르크스·엥겔스, 1989: 114 참조). 그럼에도 신분제의 제약에 묶여 있던 부르주아들은 봉건적 지배계급에 대항하는 또 하나의 투쟁을 통해서 봉건적 사회체제를 완전히 무너뜨리는 혁명을 이루어냈다. 이로써 봉건적 생산양식에서 '자본주의 생산양식'으로의 이행이 이루어졌다.

마르크스는 이러한 역사 진행 원리가 앞으로도 계속 작용하리라고 주장한다. 말하자면 생산력 발전은 계속될 것이고, 자본주의 생산양식에서의 자본가-노동자라는 생산관계는 발전하는 생산력과 모순을 일으키게 되어 '사회주의 생산양식'으로 이행하게 된다는 것이다. 이 역사관에서 보면, 인간은 이러한 역사 진행 원리를 올바르게 인식해 역사를 추동하는 — 예컨대 계급투쟁과 같은 — 인간적 활동에 참여함으로써 진정한 역사 주체가 될 수 있다.

다른 한편 토인비는 역사의 단위를 문명(civilization)으로 보고 이 문명의 발생 → 성장 → 쇠퇴 → 해체라는 순환법칙을 역사 진행 원리로 보았다. 그리고 그는 이 순환에서 각 단계의 이행이 '도전과 응전(challenge and response)'의 원리에 따라 일어난다고 주장한다. 즉, 하나의 문명에는 언제나 자연의 위협이나 다른 문명의 침입과 같은 외적 도전들과 그 자체의 정치적·경제적·도덕적 위기와 같은 내적 도전들이 있는데, 이 문명이 그러한 내·외적 도전들에 대해 적절하게 응전하면 성장하고 적절하게 응전하지 못하면 쇠퇴한다는 것이다.

인류는 처음부터 사회를 이루고 살아왔다. 그러나 문명을 역사의 단위로 보는 토인비에게 모든 인간 사회가 역사 영역에 포함될 수는 없다. 왜냐하면 어떤 사회는 정적인 사회이고 다른 어떤 사회는 동적인 사회라면, 전자의 경우에는 역사를 이야기하는 것이 불가능하기 때문이다. 그렇다면 그에게 역사의 시작은 사회가 정적인 상태에서 동적인 활동으로의 이행과 더불어 가능한 것이라고 할 수 있다. 그리고 그는 사회가 이와 같이 동적으로 활동할 때 문명이 발생할 수 있다고 본다(토인비, 2007: 76 참조). 바로 이러한 점에서 문명의 발생과 더불어 인류 역사가 시작되었다고 할 수 있는 것이다.

그렇다면 정적 상태에서 동적 활동으로의 이행, 즉 문명은 어떻게 발생할 수 있는가? 앞서 말한 도전과 응전의 원리에 따르면 수많은 원시사회 중에서 여러 가지 도전에 대해 성공적으로 응전한 사회만이 문명을 발생시킬 수 있었다. 토인비는 문명 발생을 위한 도전들로 가혹한 자연환경, 새로운 땅으로의 이주, 갑작스러운 외적의 침입, 지속적인 외적의 압박, 사회 내부의 특정 계급에 의한 압제 등을 든다(토인비, 2007: 123 이하 참조). 이러한 도전들에 성공적으로 응전한 사회는 문명사회를 이루었지만 그렇지 못한 사회는 사멸하고 말았던 것이다.

이미 발생한 문명에서도 갖가지 도전이 계속된다. 그런데 이 경우에는 외적 도전들보다는 오히려 내적 도전들이 더 강력하게 엄습한다(토인비, 2007: 267 참조). 물론 이에 대한 응전에 계속 성공하면 이 문명은 지속적으로 성장하게 된다. 이를 위해서는 갖가지 도전에 응전하면서 터득한 인간 행위들이 습관화(고착화)되는 것을 방제하고 끊임없이 동적인 활동을 할 수 있게 하는 것이 중요하다. 따라서 여기에는 습관의 굴레를 타파할 수 있는 창조력이 필요한데, 이 창조력은 창조적 개인 혹은 창조적 소수자들(creative minority)이 발휘한다(토인비, 2007: 275). 그리고 비창조적인 다수자는 창조적인 소수자의 지도에 따라 도덕적 태도를 훈련하거나 그들을 모방(mimesis)함으로써 응전의 힘을 강화해야 한다.

그러나 창조적 소수자가 창조력을 상실하고 지배적 소수자로 변모하고, 이에 호응해 다수자의 모방이 기계적인 모방이나 강제적인 훈련으로 변질됨으로써 사실상 모방이 중단되며, 그 결과 소수자들의 지배에 예속하려는 다수자들과 저항하려는 다수자의 분열로 사회 전체의 사회적 통일성이 상실되면, 문명이 쇠퇴하는 길로 들어선다(토인비, 2007: 311). 이 단계에서는 계속해서 일어나는 내외적 도전들에 대해 성공적으로 응전하지 못하고 결국은 문명의 성장이 정지되고 심지어 문명 자체가 해체되기에 이른다.

문명의 쇠퇴 단계에 들어서도 문명이 사멸하지 않고 성장 정지 상태로 존속되는 경우가 있다. 토인비는 이것을 '문명의 화석화'라고 하고, 그 결과적 상태를 '화석 문명'이라고 한다. 그는 이러한 화석 문명의 대표적인 사례가 이집트 문명이라고 본다. 그에 따르면 이집트 문명은 기원전 16세기 힉소스족의 침공으로 쇠퇴기에 이르렀으나 사멸하기를 거부하고 수명을 늘리면서 기원후 5세기까지 대략 2,000년간 존속되었는데, 이 기간 동안 이집트 사회의 생활은 '살아 있는 송장'이었다(토인비, 2007: 443~444). 말하자면 이 시기의 이집트 사회는 내외적 도전에 창조적으로 응전하지 못하면서도 침체와 회복을 거듭하면서 문화적으로 역동적이지 못하고 마치 원시사회처럼 정체한 상태였다는 것이다.

한편, 문명 해체는 부분적으로 '탄생의 되풀이' 혹은 '재생'이라는 결과를 낳기도 한다. 이러한 형태는 문명의 쇠퇴기에 나타나는 사회적 분열이 단순한 분열로 끝나는 것이 아니라 그것을 운동에너지로 파악할 때 일종의 '분열 재생'이 될 수 있다는 사실로 설명된다(토인비, 2007: 454). 예컨대 쇠퇴기의 사회는 지배적 소수자와 그 지배에 저항하는 내외적 **프롤레타리아**로 분열되는데, 프롤레타리아의 분리는 도전에 응해 음(陰)에서 양(陽)으로의 전환을 실현하는 역동적인 행위로서, 이를 통해 '자식 문명'이 탄생할 수 있는 것이다(토인비, 2007: 110). 위에서 언급한 이집트문명이나 안데스문명과 같은 화석화된 문명들과 달리 미노스문명이나 인더스문명은 해체되어 헬레네(고대 그리스)ー서구문명이나 인도ー힌두문명으로 이어지는 아들 문명을 낳은 문명들이다. 물론 이와 같은 자식 문명이 발생하면, 그것은 다시 성장 → 쇠퇴 → 해체

프롤레타리아

토인비는 '프롤레타리아'라는 용어를 "어떠한 사회 역사의 어떠한 시기에 그 사회 '안'에 속하기는 하나, 어떤 점에서는 '속하지 않는' 사회적 요소 또는 집단"으로 규정한다(토인비, 2007: 463). 문명 쇠퇴기의 사회에서는 사회 내부에 있으면서 지배적 소수자에 저항하는 내적 프롤레타리아와 사회 외부에서 저항하는 외적 프롤레타리아가 생겨난다.

의 과정을 겪는다. 그런데 이러한 문명의 순환은 신이나 절대자와 같은 초월적인 어떤 힘에 의해 결정되지 않고, 그 문명을 위협하는 여러 가지 도전에 대한 인간의 응전 결과에 따라 이루어진다. 토인비는 그만큼 인간의 주체성을 강조했다. 그러나 역사를 '도전과 응전'이라는 하나의 원리로 설명하려는 견해는 견고하다.

지금까지 살펴본 바와 같이 역사에서 경험적인 역사 진행 원리를 찾아내어 그것으로 역사의 흐름을 설명하려는 노력들은, 앞에서 다룬 형이상학적인 실체를 역사의 지배자로 설정하려는 시도들보다 역사 진행에서 인간의 주체성을 더 많이 인정하는 것처럼 보인다. 그러나 이 주장들도 궁극적으로 하나의 원리로써 역사 전체를 설명하려고 하기 때문에 인간의 주체성이 얼마나 허용될 수 있는지 논란이 있을 수 있다. 또한 이러한 주장들은 세부적인 사건들을 이 원리에 따라 재구성하거나 사건들의 의미를 이 원리에 따라서만 이해하려는 한계가 있을 수도 있다. 이러한 문제들에 대해서는 더 깊은 논의가 요구된다.

3) 포스트모던 사상과 푸코의 불연속적 역사관

앞에서 본 두 가지의 역사철학, 즉 형이상학적 실체로 역사를 설명하는 역사철학과 하나의 원리로 역사를 설명하는 역사철학의 공통점은 전체 역사를 하나의 '이야기'로 구성하려 한다는 점이다. 그런데 최근에는 이를 거부하고 역사를 다원적으로 보려는 경향이 나타났다. 이러한 경향은 모던(modern) 사회와 포스트모던(postmodern) 사회를 구별하고, 새로운 포스트모던 사회에서의 지식 조건과 의미를 논했던 리오타르에 의해 널리 확산되었다. 리오타르는 헤겔의 정신의 변증법, 계몽주의적 사유, 노동하는 주체의 해방과 같은 하나의 통일적 원리에 입각해 구축되는 모든 형태의 이야기를 '큰 이야기(grand récit)' 혹은 '메타이야기(metarécit)'라고 부른다(리오타르, 1992: 13). 이에 따르면 지금까지의 서양문화사를 지배해온 합리성은 모든 이질적인 것을 관통하고 재단하고 통일하고 평가하는 큰 이야기이다.

그러나 이러한 큰 이야기는 오늘날의 포스트모던 사회에서는 더 이상 그 보편적 영향력을 발휘할 수 없다. 왜냐하면 리오타르가 "수많은 서로 다른 언어게임, 즉 요소의 이질성이 존재하는 사회"(리오타르, 1992: 14)로 규정한 포스트모던 사회는 바로 그러한 '큰 이야기에 대한 불신'에 기초해 세워진 사회이기 때문이다(리오타르, 1992: 14 참조). 따라서 포스트모던 사회 각각의 영역에서 제기되는 문제를 해결하기 위해서는 서로 이질적이고 통약 불가능한(incommensurable) 수많은 '작은 이야기(petit récit)'가 필요하다(리오타르, 1992: 133 참조).

예컨대 오늘날 종교 문제와 과학 문제를 하나의 보편적 기준에서 어느 것이 참인지를 논하는 것은 무의미하다. 종교 문제는 그와 관련된 언어게임에 속하고, 과학 문제는 그와 관련된 언어게임에 속한다. 따라서 종교 문제와 과학 문제는 각각 작은 이야기들로 설명되어야 하며, 이 경우 동일한 현상에 대한 종교적 설명과 과학적 설명이 극단적으로 다르게 나타나는 일이 일어나더라도 각각의 작은 이야기에 의해 둘 모두 정당화 될 수도 있는 것이다.

이러한 포스트모던 사유 방식을 역사 영역에서 구체적으로 개진한 사람은 푸코이다.* 그는 하나의 핵심적인 원리나 개념을 통해서 전체 역사를 포착할 수는 없다고 말한다. 이것은 역사를 이른바 하나의 큰 이야기로 구축하려는 시도를 포기해야 한다는 것을 의미한다. 그리하여 그는 불연속적이고 단층적인 작은 이야기들로서의 '역사들'을 서술한다. 다시 말하면 그는 역사를 여러 개의 단층으로 분절함으로써 우

* 실제로 푸코의 작업들이 리오타르의 착상을 역사 영역에 적용한 것이라고 보아서는 안 된다. 시기적으로 리오타르의 사상이 1979년에 출간된 『포스트모던적 조건(Le Condition postmoderne)』에서 개진된 것에 비해 푸코의 작업은 1960년대에 이루어졌기 때문이다. 또 지적해둘 것은 사실상 푸코의 작업이 구조주의라는 방법론적 틀 속에서 수행되었기 때문에 그것을 포스트모던 사상과 직접적으로 연결할 수는 없다. 다만 여기서는 포스트모던 역사의 의미를 서술하기 위해서 논지를 임의적으로 구성했다.

리가 앞에서 고찰했던 것들과 같은 고전적인 의미의 역사철학에서 수행한 '총체화(totalisation)'를 해체하려고 했다(푸코, 1992: 28 참조).

이러한 맥락에서 그는 전체사(histoire globale)라는 개념을 버리고 일반사(histoire générale)라는 개념을 제시한다(푸코, 1992: 30). 전체사가 하나의 원리를 중심으로 모든 현상을 통일적으로 구성하려는 총체화의 시도인 데 반해, 일반사는 모든 현상이 어느 한 곳을 향해 결집하지 않고 단지 산만하게 흩어져 있다는 분산의 공간을 전개한다. 이러한 일반사의 구체적인 사례들로 나타나는 것이 '광기(狂氣)의 역사', '임상의학의 역사', '지식의 역사' 등과 같은 것이다.

광기의 역사는 '광기(folie)'를 어떻게 인식했는가, 특히 줄곧 서로 맞은편에 서 있는 것으로 설정되어온 광기와 이성의 관계가 어떻게 이해되었는가에 따라 여러 가지 단층으로 분절된다. 푸코에 따르면 이러한 광기의 역사에서 광기와 이성 사이의 교통이 시대의 언어를 근본적으로 변경한 시대는 고전주의 시대(17~18세기)였다(푸코, 1991: 10). 이것은 이전의 중세부터 르네상스 시대까지 어느 정도 통용되던 광기와 이성 사이의 관계가 고전주의 시대에 이르러 근본적으로 변화되었다는 것을 말한다. 결국 이것은 광기의 역사가 불연속적인 단층으로 분절됨을 보여준다.

푸코에 따르면 중세에는 광기가 한편으로는 악령으로서 인간 영혼의 주권을 혼란하게 하는 무리 중 하나로 여겨졌지만, 다른 한편으로는 현명한 정치가를 만드는 야망, 부유하게 만드는 욕심, 철학자와 과학자를 고무하는 호기심 등과 같이 보통 사람에게는 없는 신비한 마력으로 여겨졌다(푸코, 1991: 36~37 참조). 따라서 중세 사람들에게 광인은 두려움과 호기심이 교차하는 모호한 의미가 있다. 이것은 그들이 광인들을 성 밖의 수용소에 격리하기는 했지만, 이 격리가 동시에 구원이라는 모호한 의미가 있다는 데서 확인된다.* 이러한 사실은 아직도 광기가 이성과 엄격하게 구분되지 않았음을 보여준다.

르네상스 시대에도 큰 변화는 없다. 이 시대의 광인은 당대의 연극에 등장하는 광대들의 대사에서 나타나듯이 광인 혹은 광대는 익살스러우면서도 혼란스럽지만 거칠고 길들일 수 없는 언어로 어떤 진실을 예고하는 자들이다. "광인은 도무지 이성적인 점은 찾아볼 수도 없는 숙맥 같은 자신의 언어를 통해서 희극 속에서 희극을 해체하는 이성의 단어들을 발설한다"(푸코, 1991: 26). 따라서 이 시대에도 광기는 이성을 넘어서 있는 어떤 것이면서도 동시에 이성적인 어떤 것으로서 이해된다. 이 시대에 광인들을 이른바 광인들의 배(Narrenschiff)에 태워 보냄으로써 격리한 것도 마찬가지이다. 이 항해는 반은 현실이고 반은 상상인 중세의 지리를 통해서 중세적 관심의 지평 위에 광인의 한계적인 지위를 지정하는 것이었기 때문이다(푸코, 1991: 23).

그러나 17~18세기에 이르러서는 상황이 전혀 달라진다. 17세기 초 문학에서 광기는 그것의 극적인 심오함을 박탈당하고 전적으로 죄의 현상이나 죽음의 환상에만 연결되었다(푸코, 1991: 45 이하 참조). 이 시대에 광기는 거짓을 진리로, 죽음을 삶으로, 남자를 여자로 오인하는 총체적인 형태의 착오였다. 이 시대는 "이상하게도 광기에 대해 적대적이었다"(푸코, 1991: 50). 푸코는 그 이유를 인간의 동물성에서 찾았다. 이 시대는 광인의 발작과 광포함을 인간의 동물적인 변형으로 규정했다. 그러나 이 변형은 외부의 악마적인 힘이 개입된 것이 아니라 인간 자신 속에 있는 '비이성'의 드러남이다.* 이것은 르네상스 시대까지 다소 모호하게 이성과 동거하고 있었던 광기가 고전주의 시대에는 이성과 대척(對蹠)적으로 구별되는 비이성으로 재규정된 것이라는 의미이다.

이것은 계몽주의적 합리성에 기인한다. 그리고 이 합리성은 효율성이

---

* "부잣집 문 앞에서 죽은 문둥병자처럼 그대로 곧바로 천국으로 가게 될 것이니라"라는 예수의 말대로, 축출이 곧 구원이며, 격리가 또 다른 형태의 화해를 제공할 것이라는 의미이다(푸코, 1991: 19).

* "인간 속에 들어 있는 동물은 자기 자신 이외의 어떤 다른 것과도 매개되지 않고 바로 광기로 변형된다"(푸코, 1991: 81).

라는 부르주아적 질서를 정당화하는 이론적 메커니즘으로 작용한다. 이 것은 1656년 광인들을 감금하기 위해 탄생한 일반 병원(Hôpital générale) 이 의학상의 치료를 목적으로 한 의료기관이 아니라 경찰(police)의 기능을 수행하는 행정기관이었다는 사실에서 확인된다. "고전주의 시대의 정확한 의미에 따르면 여기서의 경찰은 노동이 없이는 살아갈 수 없는 사람들에게 노동을 가능하고 필요한 것으로 만들어주는 수단의 총체를 말한다"(푸코, 1991: 57). 단적으로 말해서 이 시대의 일반 병원은 광인들을 감금하고 가혹한 처벌과 잔인한 처사로 다룰 수 있다는 것을 보여줌으로써 노동할 수 없는 사람이 된다는 것이 얼마나 불행한 것인지를 효과적으로 홍보한 것이다.

19세기에 들어서면서 실제적인 의료기관으로서의 정신병원(asile d'aliénés)이 나타난다. 이 시대에는 정신치료 요법들이 연구되기 시작하고 병원에 의료 종사자들(의사·간호사)이 일하기 시작한다. 더욱이 19세기 후반에는 정신병을 전적인 심리 문제로 접근해 치료하려는 현대적인 심리치료학이 등장했다. 단순한 의학의 역사라면 이것은 새로운 전기가 되는 사건일 수 있다. 그러나 푸코가 말한 광기의 역사에서는 이 새로운 의학적 체계마저도 비이성에 대한 이성의 우월성을 관철하는 부르주아적 권력의 한 지배 메커니즘이라는 사실만큼은 그대로 유지하고 있다.

광기의 역사를 이루는 중세-르네상스 시대와 고전주의 시대라는 두 개의 단층은 사실상 서구의 보편사에서 일반적으로 채택되는 시대 구분에 익숙한 우리에게 그렇게 낯설지 않다. 그러나 이러한 시대 구분이 다른 모든 영역의 역사에 보편적으로 적용될 수 없다는 것이 푸코의 역사 서술에서 나타나는 또 다른 중요한 특징이다. 이 때문에 푸코의 역사 서술은 리오타르식으로 말해서 하나의 큰 역사 이야기가 아니라 역사의 무수한 작은 이야기를 서술하는 것이기 때문에 포스트모던 역사라고 불릴 수 있는 것이다.

앞에서 본 광기의 역사와 전혀 다른 방식으로 단층이 나누어지는 의학의 역사는 이러한 포스트모던 특성을 잘 보여준다. 푸코는 『임상의학의 탄생(Naissance de le Clinique)』(1963)에서 1760년경부터 1830년에 이르기까지의 근대 의학의 역사를 세 가지 단층으로 분절해 서술했다. 우리는 이 의학의 역사에서 나타나는 단층이 나누어지는 방식이 광기의 역사를 중세-르네상스 시대와 고전주의 시대라는 두 개의 단층으로 나누었던 방식과 무관하게 그 독자적인 이야기를 형성한다는 것을 확인할 수 있다.

푸코가 서술한 근대 의학의 역사의 첫 번째 단층은 1760년경부터 1800년경에 이르기까지 의학적 시선을 지배했던 '분류하기(classificatrice)의 의학' 혹은 '종(espéces)의 의학'이다(푸코, 1993: 34 이하 참조). 여기서는 린네(Carl von Linné)의 생물분류법과 마찬가지로 질병을 그 증상의 상·하위 관계와 이웃관계에 따라 과(科, familles)·속(屬, genres)·종(種, espéces) 등으로 분류해 일종의 병리학적 계통수(系統樹)를 만드는 것이 중요하다. 따라서 여기서는 질병의 기원이나 원인은 중요하지 않고 오직 그것이 분류된 지식의 표면적인 공간이 어디냐 하는 것만 중요하다.

> 의학적 시선이 진실에 도달하기 위해서는 질병이 스스로 자신을 드러내고 아픔이 질병의 성격을 묘사하기를 기다리는 수밖에 없기에, 분류하기의 의학적 시선은 언제나 움츠리고 있는 것이다(푸코, 1993: 42).

푸코가 파악한 근대 의학의 역사의 두 번째 단층은 18세기 말 갑작스럽게 **임상의학의 구조**가 변하면서 등장한다. 즉, 일상적인 치료 현장에서 환자를 세심하게 관찰하면서 수집한 이전의 의학적 경험들을 기록함으로써 다음 단계의 의료 시술을 위한 준비 과정을 담당했던 것에 불과했던 임상의학이 18세기 말에 이르러서는 그 자신이 직접 전문적인 의료 행위에 개입할 수 있는 지위를 가짐으로써 자신을 증명하고

임상의학의 구조

근대 의학을 통해 기술로서의 의술과 구별되는 과학으로서의 의학이 출발한다. 의술은 구체적인 치료 기술과 관련되고 의학은 의학적 이론과 관련된다. 그런데 프랑스혁명기에 형성된 의료와 관련된 법령에는 학교에서 3년간 수업을 받거나 병원에서 5년간 실습을 하거나 6년간 전문의사의 조수생활만으로 일상적인 의료적 처지를 할 수 있는 '보건 담당관(officer de santé)'과 달리, '의사(docteur en médecine)'가 되기 위해서는 반드시 정규 의학 교육을 이수하고 이론 분야의 4개 과목뿐 아니라 2개 과목의 임상의학 시험을 통과해야 된다는 것을 규정했다(푸코, 1993: 148 이하 참조). 이 글에서 말하는 임상의학의 구조 변화는 이전과 달리 전문 의사들도 반드시 임상의학적 지식과 실천능력이 있어야 한다는 것, 따라서 임상의학의 지위가 매우 중요하게 되었음을 의미한다.

자 했던 것이다(푸코, 1993: 121 참조). 이러한 임상의학의 구조 변화는 질병을 인식하는 방법 혹은 틀이 완전히 바뀌는 계기가 되었는데, 여기서 이른바 '증상(symptôme)의 의학'이라고 부를 수 있는 근대 의학의 두 번째 단층이 형성되었다.

푸코에 따르면 증상의 의학에서는 "형태론적 차원에서뿐만 아니라 의미론적 차원에서도 증상이나 징후를 통해 하나의 질병이 다른 질병과 구분될 수 있게 된다"(푸코, 1993: 165). 이것은 증상의 의학이 기호학과 같은 방식으로 작동함을 의미한다. 예컨대 기침, 열, 늑골의 통증, 호흡곤란 등은 그 자체로 질병이 아니라 이러저러한 방식으로 해석됨으로써 늑막염이라는 특정한 질병의 증상들로서의 의미를 얻게 된다.

그런데 이 각각의 증상은 얼마든지 다른 질병의 증상들로도 나타날 수 있다. 이러한 점에서 갖가지 증상은 한편으로 그저 신체상에 나타나는 하나의 자연적 현상들일 뿐이지만 다른 한편으로는 특정한 질병을 지시하는(signifiant) 역할을 하는 것이다(푸코, 1993: 168).* 이때 증상들과 질병의 연결은 필연적인 것이 아니라 그것을 해석하는 의학적 시선에 의해 이루어진다. 그러나 이러한 시선은 질병을 하나의 실체로서가 아니라 증상들의 특정한 조합을 지칭하는 이름 이상의 그 어떤 것도 아닌 지극히 추상적인 것으로 만들어버린다(푸코, 1993: 208~209).

그럼에도 의학적 시선은 증상들과 질병의 연결을 더욱 정교하게 만들기 위해 끊임없이 노력한다. 이를 위해 의학적 시선은 시각을 넘어 촉각으로써 그것을 확인하고자 한다(푸코, 1993: 213~214). 그런데 이러한 촉각의 도입은 임상의학에서의 새로운 의학적 단층이 형성되는 계기가 되었다. 그것은 바로 기관의 부피를 동질적인 막 조직의 표면이나 동질적인 영역으로 환원하는 수학적 분석을 채택한 마리 비샤(Marie François Xavier Bichat)의 병리해부학이 의학적 시선의 중심을 차지하게

• "증상은 그 자체로는 아무것도 아니지만 다른 요인들과 결합하기 시작한다면 새로운 의미와 가치를 가지면서 자신의 언어로 말하기 시작할 것이다"(푸코, 1993: 208).

되었다는 것이다.*

그러나 해부학의 방법론은 사물의 공간을 나누어 개념을 정의함으로써 이전의 분류하기의 의학이 부활할 기회를 제공했다. 이에 반해 병리해부학을 이러한 분류하기의 의학에서 완전히 해방한 사람은 프랑수아 브루세(François-Joseph-Victor Broussais)였다. 비샤가 가시성이라는 절대적인 원칙을 먼저 세우고 이에 따라 질병의 위치를 결정하려고 한 데 반해 브루세는 가시성의 원칙보다는 위치 결정에 우선성을 두었다. 그에 따르면 질병의 위치는 자극적인 요인이 등장할 수 있는 곳이다.

> 병리학적 현상은 유기체의 그물망 안에서만 존재하는 것으로, 그 구조는 공간적이며 인과관계에 따라 결정되는 해부학적·생리학적 특성을 갖는다. 따라서 질병은 자극에 대한 반응으로서 조직의 복잡스러운 운동일 뿐이다(푸코, 1993: 307).

3. 역사적 사실을 인식하는 방법들

역사란 과거에 일어난 일이다. 그리고 이것은 인간에 의해 일어난 일이다. 그렇다고 해서 한 개인이 과거에 행한 사소한 일을 모두 역사적 사건이라고 말하지는 않는다. 그것은 역사적인 의미가 있는 한에서만 역사적인 사건이다. 여기에 역사인식의 어려움이 있다. 즉, 자연적 사건이 아니고 인간의 사건이라는 점에서 역사적 사건은 비물리적이므로, 현재 사실이 아니고 과거 사실이라는 점에서 직접 관찰이 불가능하므로 역사인식이 어렵다. 그럼에도 역사학이 하나의 '학'인 이상 역

---

* 이와 같이 상이한 신체 기관을 동질적인 조직이라는 단위로 환원해 분석한다는 점에서 근대 의학의 이 세 번째 단층을 '조직(tissu)의 의학'이라고 부를 수도 있을 것이다(김형효, 1989: 318 참조).

사적 사실은 엄밀하고 객관적인 방식으로 설명될 수 있어야 한다. 여기서 이른바 역사인식의 방법론에 관한 문제가 나타난다.

1) 콩트와 버클의 실증주의

역사인식에서 엄밀성과 객관성의 요구는 프랑스 실증주의(positivism) 철학자 오귀스트 콩트(Auguste Comte)에게까지 거슬러 올라간다. 그는 인간의 지성이 본질적으로 진보적인 것이라고 생각했다. 그는 인간 지성의 진보를 신학적 단계, 형이상학적 단계, 실증적 단계로의 발전으로 설명한다(콩트, 2001: 64 참조). 여기서 신학적 단계란 신의 직접적인 작용으로 모든 현상을 설명하려는 사유 방식이고, 형이상학적 단계란 자연의 이법이나 추상적인 존재의 작용 원리로 모든 현상을 설명하려는 사유 방식이며, 실증적 단계란 경험적 관찰과 논리적 추론에 의한 일반 법칙으로 모든 현상을 과학적으로 설명하려는 사유 방식이다. 이 실증적 단계는 인간 지성의 진보가 완성되는 단계로서, 자연현상뿐만 아니라 인간의 개인적이고 사회적인 현상까지도 과학적 탐구의 주제로 포함한다. 이러한 맥락에서 본다면 역사학도 일종의 과학이며, 역사인식에도 과학적인 인식방법이 그대로 적용되어야 한다.[•]

이러한 실증주의적 사유 방식을 구체적으로 역사학에 적용하려고 하는 실증주의적 역사관을 대표하는 역사학자 중 한 사람은 영국의 헨리 버클(Henry Thomas Buckle)이다. 그는 위에서 본 콩트의 실증주의 사상을 수용해 인간의 삶과 사회활동이 자연현상과 같이 일정한 규칙을 따른다고 보았다(이상신, 1993: 653). 그리하여 그는 인간과 사회에 대한 모든 연구가 귀납과 비교를 통해 법칙을 발견해내고 이를 증명하는 자연과학적 방법에 따라 이루어져야 하며, 그런 한에서 역사학도 일

• 콩트는 당대에 이미 인류의 과거에 대한 최초의 완전한 조합을 통해 불변의 법칙이 존재한다는 사실이 밝혀졌다고 믿었다(콩트, 2001: 63).

종의 과학적인 학문이라고 보았다.

　버클은 이러한 역사학의 과학화를 뒷받침하는 중요한 보조 학문으로서 '통계학'을 든다(차하순, 1991: 68 참조). 왜냐하면 인간 활동의 규칙성은 개인의 개별적인 활동보다도 집단 행위를 통해서 더 잘 드러나기 때문이다. 예컨대 언제 누가 살인을 하고 언제 누가 사망할 것인지는 법칙적으로 드러나기 어렵지만, 1년에 살인이 일어날 횟수와 사망할 사람들의 수는 통계학적으로 얻을 수 있는 것이다. 이러한 점에서 과학으로서의 역사학은 자료 수집과 비판적 분류를 통해서 역사 진행의 규칙성을 찾아내는 학문이 된다. 따라서 여기에서는 자연과학에서의 개별 현상이 일반 법칙에 준해 설명되는 한에서 그 의미가 있듯이, 개별적인 역사적 현상을 파악하는 것이 문제가 아니라 사회 집단적이고 총체적인 현상을 파악하는 것이 문제이다.

2) 딜타이의 방법론적 이원론

　역사인식 문제에서 실증주의에 반대되는 관점이 역사주의(historicism)이다. 역사주의적 방법론의 근본적 특성은 반복적이고 규칙적인 자연 세계와 일회적이고 개성적인 역사 세계 사이의 근본적인 이질성을 인정해야 한다는 것이며, 따라서 인식의 방법론에서도 자연 세계의 인식과 역사 세계의 인식 사이에 엄격한 구별이 필요하다는 것이다(차하순, 1991: 41 이하 참조). 이러한 맥락에서 대상의 구별에 따른 방법론적 이원론을 체계화한 사람은 19세기 말부터 20세기 초까지 활동한 독일 철학자 빌헬름 딜타이(Whilhelm Dilthey)이다.

　딜타이는 대상의 성질에 따라 정신과학과 자연과학을 구별한다. *

---

* 딜타이가 '대상의 성질'에 따라 자연과학과 정신과학을 구분한 반면, 빌헬름 빈델반트(Wilhelm Windelband)와 하인리히 리케르트(Heinrich Rickert)와 같은 신칸트학파 철학자들은 '학문방법'에 따라 문화과학과 자연과학을 구분한다. 문화과학은 개별적인 대상의 성질을 기술하는 방법을 채택하며, 자연과학은 개별적인 사실 속에서 일반 법칙을 정립해내는 방법을 채택한다[신칸트학파의 역사철학에 대해서는 슈내델바흐(1986:

간단하게 말하면, 정신과학은 인간의 삶이 투영된 대상을 대상으로 다루며, 자연과학은 인간의 삶과 무관한 독립적인 실재를 대상으로 다룬다. 이러한 구별은 동일한 하나의 대상에 대해서도 엄격하게 적용된다. '인간'을 예로 들면, 해부학자가 인간을 해부 대상으로 삼을 때 인간은 자연과학의 대상이 되고, 역사학자가 인간을 역사 주체로서 간주할 때 인간은 정신과학의 대상이 된다. 이에 따라 학문방법론도 달라지는데, 정신과학적 대상을 인식하는 방법은 이해(Verstehen)이고 자연과학적 대상을 인식하는 방법은 설명(Erklären)이다(Dilthey, 1964a: 143~144). 설명이란 개별 현상의 발생을 일반 법칙에 따라 인과관계로 밝히는 것이며, 이해란 감정이입(Einfühlung)의 신비로운 과정을 통해 대상이 담고 있는 인간의 삶의 연관으로 파고들어 가는 것을 말한다.

딜타이에게 '삶'이란 '역사'와 같은 의미이다. 왜냐하면 삶의 재료와 역사의 재료는 동일하며, 역사란 하나의 연관을 형성하는 인류 전체의 삶이기 때문이다. 여기서 삶은 하나의 의미에 의해 통일적으로 묶일 수 있는 다양한 개별적인 체험으로 이루어져 있다. 그러나 체험은 주관적이다. 이것이 인식되기 위해서는 어떻게든 객관화되지 않으면 안 된다. 체험이 객관화되어 드러난 것이 '표현'이다. 이 표현을 통해 인간의 내적인 체험으로 거슬러 올라감으로써 삶을 파악하는 것(Nacherleben, 추체험)이 바로 이해이다(Dilthey, 1964b: 214). 이러한 점에서 역사인식은 곧 모든 정신과학적 대상 속에 있는 삶의 연관을 이해하는 것이 된다.

그런데 이와 같은 이해방법은 너무 주관적인 것이 아닌가? 그렇다면 이해를 통한 인식은 객관적 타당성을 어떻게 확보할 수 있는가? 이에 대해 딜타이는 이해의 기술적 특성이 '귀납(Induktion)'이라고 한다(Dilthey, 1964b: 220). 그러나 여기서 말하는 귀납이 전통적인 논리학에서 규정하는 귀납추리와 같은 것은 아니다. 전통적인 의미의 귀납이

172 이하를 참고하라].

일련의 특수한 사례들에서 '일반 법칙'을 도출하는 사고 과정이라면, 딜타이가 말하는 귀납은 일련의 특수한 사례에서 '하나의 구조'를 도출하는 사고 과정이다. 이때 '구조(Struktur)'는 특수한 사례들을 하나의 전체에 속하는 부분들로 자리매김하게 해주는 '질서체계'와 같다.

이러한 귀납으로서의 이해는 특수한 사례들에서 하나의 구조를 도출하고, 다시 이 구조를 통해서 이 특수한 사례들을 전체의 부분들로서 그 전체 속에서 특정한 위치를 차지할 수 있도록 조정하는 과정이라고 할 수 있다. 이것은 텍스트 해석에도 그대로 적용될 수 있다. 즉, 해석자는 주어진 텍스트를 읽으면서 낱말 하나하나의 의미를 고찰하면서 거기에서 텍스트 전체를 의미적으로 지배하는 하나의 구조를 도출해내고, 이 구조를 통해서 각각의 낱말을 텍스트 전체의 부분들로 자리매김하게 하는 이른바 '전체와 부분의 해석학적 순환'에 의거해 각 낱말의 의미를 끊임없이 재규정함으로써 의미의 객관성을 확보해가야 한다.

3) 신실증주의의 방법론적 일원론

대상의 구분에 따른 방법론적 이원론을 개진한 딜타이와 달리 20세기 초 칼 헴펠(Carl Gustav Hempel), 칼 포퍼(Karl Raimund Popper) 등은 동일한 하나의 방법으로 모든 현상을 설명하려는 방법론적 일원론을 주창했다. 이들은 모든 현상을 자연과학적 방법으로 설명하려 한 점에서 19세기 실증주의를 따랐으며, 이 때문에 '신실증주의'라 불린다. 게다가 이들은 언어 분석적이고 논리분석적인 관점을 취한다는 이유로 '논리 실증주의' 또는 '논리 경험주의'라 불리기도 한다.

우리는 실증주의적인 차원에서 이들의 방법론적 일원론의 이론적 근거를 추적해볼 수 있다. 즉, 딜타이와 같은 방법론적 이원론자들이 역사적 사건의 특성이 일회적이고 반복 불가능하다는 점을 들어 자연과학적인 방법을 역사적 대상에 적용할 수 없다고 주장한 데 반해, 신

일반 법칙들(general Laws)
자연과학에서 일반 법칙은 언제나 반복되는 자연현상에서 귀납적으로 얻어지는 결론들이다. 일회적이고 반복 불가능한 역사적 사건에서 그와 같은 법칙이 자연과학에서와 같은 일반 법칙으로 성립될 수 있는지에 대해서는 많은 논란이 있었으며, 사실상 부정적인 의견이 더 강했다. 따라서 헴펠은 역사에서의 설명 형식을 '설명 스케치'라 하며 다소 불충분한 설명임을 인정했다. 그러나 비록 그것이 불완전하다 하더라도 '계속적인 탐구'로 완전한 설명에 가까이 접근할 수 있다고 보았으며, 완전한 설명과 설명 스케치 사이의 차이는 정도상의 차이에 불과하다고 보았다(이한구, 1986: 165 참조).

실증주의자들은 역사적 사건들에 대한 서술도 일반적인 개념을 사용해 기술한다는 점을 들어 방법론에서 자연과학과 다를 바가 없다고 주장한다(이한구, 1986: 162 참조). 예를 들면, 1789년 프랑스혁명과 1917년 러시아혁명은 각각 고유하고 일회적인 역사적 사건들임에도 둘 다 '혁명'이라는 일반적인 개념을 사용한다. 바로 이러한 특성 때문에 신실증주의는 방법론적 일원론을 주장한다.

신실증주의의 방법론을 대표적으로 보여주는 사례는 헴펠이 제안한 '설명의 연역법칙적(Deductive-Nomological) 모델'이라고 불리는 하나의 설명 방식이다(헴펠, 1989: 106 이하 참조).

$C_1, C_2, C_3, \cdots\cdots C_n$: 초기 조건들
$L_1, L_2, L_3, \cdots\cdots L_n$: 일반 법칙들
E ; 발생하는 사건

우선 자연과학적인 현상에 이 설명 모델을 적용해보자. 예를 들어 아침에 일어나서 자동차를 보니 라디에이터가 터져 있었다는 하나의 현상을 연역법칙적 모델로 설명해보자. '라디에이터가 터졌다'는 것이 우리가 설명하려고 하는 사건 E(Event)이다. E를 설명하기 위해서는 E의 발생에 선행하는 초기 조건들(initial Conditions)을 찾아내어야 한다. 예컨대 어젯밤에 기온이 영하로 내려갔고, 라디에이터에 물을 가득 채워놓았고, 라디에이터의 뚜껑을 꽉 닫아놓았다는 것들이 초기 조건들이다. 다음으로는 이 조건들이 적용될 만한 **일반 법칙들**(general Laws)을 찾아야 한다. 예컨대 물(H_2O)은 영하의 기온에서는 고체(얼음)로 되고, 물이 얼음으로 변하면 부피가 늘어난다는 것들이 일반 법칙들이다. 이러한 초기 조건들과 일반 법칙들에서 논리적 연역을 통해 라디에이터가 터진다는 사건이 설명될 수 있다.

이러한 설명 방식이 역사적 사건에도 동일하게 적용된다는 것이 신

실증주의자들의 주장이다. 1789년에 프랑스혁명이 일어났다는 역사적 사건을 이 모델로 설명해보자. 루이 14세의 압제로 전 국민적 불만이 싹트기 시작했고, 그 당시 귀족 지배계급은 지극히 부패했으며, 루이 16세에 이르러 부르봉왕조는 재정적인 파탄에 직면했다는 초기 조건들을 발견할 수 있다. 그리고 지배계급의 부패는 국민의 불만을 야기한다, 정권에 대한 전 국민적인 불만이 일어나면 100년 이내에 혁명이 일어난다는 일반 법칙들을 적용할 수 있다. 이러한 초기 조건들과 일반 법칙들에서 논리적 연역으로 프랑스혁명의 발발을 설명할 수 있다.

그런데 여기서 우리는 일정한 초기 조건들과 일정한 일반 법칙들만 찾아내면 어떤 사건이 발생할 것이라고 예측(prediction)할 수도 있다. 왜냐하면 설명 방식과 예측 방식은 언제나 일치하기 때문이다. 다만 설명이란 발생 사건이 이미 알려져 있는 것을 말하고, 예측이란 초기 조건들이 이미 알려져 있는 것을 말한다는 것만 서로 다를 뿐이다. 이러한 설명 방식과 예측 방식의 동일성에서 중요한 것은 일반 법칙의 역할이다.

4) 방법에 대한 비판과 지평의 융해

지금까지 고찰한 역사인식방법들은 방법론적 일원론이든 이원론이든 역사를 객관적으로 인식하려는 방법을 제시했다. 이에 반해 가다머는 어떤 하나의 '방법(Methode)'으로 진리(Wahrheit)에 도달하려는 시도 자체가 헛된 것이라고 주장한다.

가다머는 우선 자연과학적 방법의 한계를 숙고한다. 그에 따르면 "과학은 항상 확고한 방법적 추상의 조건들 아래 서 있다. 근대과학의 성과는 다른 물음을 물을 수 있는 가능성들이 그러한 추상에 의해서 차단된다는 사실에 기인한다"(Gadamer, 1986: 226). 이 지적에서 주목할 만한 것은 우리가 세계에 대해 다른 물음을 물을 수 있는 가능성을 추상이 차단한다는 것이다. 말하자면 본래 우리가 세계를 경험할 수 있는 가능성은 다양하게 열려 있는데도, 과학은 우리에게 한 가지의 길만을 제시할 뿐만 아니라 우리가 다른 길로 나아갈 수 있는 가능성을 근원적으로 차단함으로써 자신이 제시하는 그 길 이외의 다른 길을 따르지 못하도록 강요한다. 이러한 과학의 강요로 우리는 지금까지 세계에 대해 물을 수 있는 다양한 물음의 가능성을 상실당했다는 것이다.

다른 한편 가다머는 딜타이의 방법론에 대해서도 만족하지 못한다. 왜냐하면 그가 보기에 딜타이는 정신과학의 방법적 독립성을 정당화하고자 했음에도 자연과학의 모범에 깊이 사로잡혀 있었기 때문이다 (Gadamer, 1972: 4). 예컨대 딜타이가 주장하는 '이해'의 방법이 확실히 '설명'이라는 자연과학적 방법과 구별되긴 하지만, 이 이해의 방법은 정신의 삶을 대상적으로 인식하는 '객관적으로 타당한 인식'을 목표로 하기 때문에 자연과학의 방법과 똑같은 객관주의의 이상에 사로잡혀 있는 것이다. 단적으로 말해서 딜타이가 불가피하게 삶의 객관화를 시도한 것은 "객관화(대상화)되지 않은 것은 이해할 수 없다"라는 객관주의의 전통을 극복하지 못했다는 것이고, 이러한 점에서 이해의 방법은 자연과학적 경험 방식과 근본적으로 다르지 않다는 것이다.

결국 가다머가 기존 방법론들을 비판한 핵심은 세계의 객관화 혹은 대상화라고 할 수 있다. 언제나 우리의 삶에 이러저러한 방식으로 개입하는 세계 안에서 살아갈 수밖에 없는 우리는 세계를 결코 객관적으로 인식할 수 없다는 것이다. 역사도 이러한 우리의 세계이다. 그리하여 그는 역사 탐구의 주체가 역사 외부에서 역사를 객관적으로 바라보는 상황이 아니라 역사 안에 속한 상황, 즉 언제나 역사의 영향을 받는 자신의 상황을 고려하지 않으면 참된 역사인식이 불가능하다고 본다.

그렇다면 구체적으로 인간을 제약하고 인간에게 영향력을 행사하는 역사의 모습은 무엇인가? 가다머는 그것을 '전통(Tradition)'이라고 한다 (Gadamer, 1972: 265). 전통은 나의 삶과 인식에 영향을 미친다. 이러한 점에서 전통은 나의 삶과 앎이 거기에 속하고 그것에 의해 제약을 받는 나의 지평(Horizont)을 구성한다. 그러나 과거의 모든 문화적 유산이 무조건 나에게 전통으로 이해되지는 않는다. 때로는 그것이 나에게 낯선(거리가 먼) 것으로 간주된다. 이 경우 그것은 아직 나의 삶의 지평이라고 할 수 없다. 그것은 나의 지평 바깥에 있으며, 나의 삶과 무관하게 그 자체만의 독립적인 지평을 형성하고 있다. 그러므로 그것이 나에게 낯선 것으로서가 아니라 나 스스로 나의 삶에 유의미한 그 어떤 것으로서 받아들일 수 있을 때, 그것은 비로소 나에게 전통으로서 이해된다. 이것이 가다머가 말하는 이른바 '지평의 융해(Horizontverschmelzung)', 즉 전통의 지평과 나의 지평이 융해되는 것이다(Gadamer, 1972: 288). 이러한 지평의 융해를 통해 역사를 바로 나의 삶의 지평으로서 확충해 가는 것이 진정으로 역사를 이해하는 일이다.

가다머는 지평의 융해가 이루어지는 구체적인 형식을 물음과 대답의 구조라고 말한다. 이러한 물음과 대답의 구조는 구체적으로 소크라테스적인 대화를 말한다(원키, 1993: 168 이하 참조). 이것은 첫째, '무지의 지'를 전제한다. 즉, 인간은 자신이 아무것도 모르는 무지한 자라는 사실을 먼저 깨닫고 알아야 한다는 것이다. 이것은 인간의 유한성과 인간적 인식의 오류 가능성을 인정하는 태도이다. 이것을 전제하는 한에서만 진정한 대화가 가능하다. 둘째, 대화는 대화 상대자(의 의견)에 대한 존중을 전제한다. 진정한 대화란 상대방의 의견에 대한 존중과 수용 가능성을 전제하지 않으면 안 된다. 이것은 대화를 하는 데 개방적인 태도를 말한다. 이러한 방식의 대화는 대화에 참여하는 각각이 애초에 가졌던 관점을 모두 버리고 하나의 새로운 관점에 서게 되는 계기가 된다. 우리의 역사적 경험도 이러한 대화 참여자의 태도로 이루어져야 한다. 현재 자신의 지식의 한계와 오류 가능성을 자각하고 개방적인 태도로 끊임없이 역사와 대화하는 것, 이것이 바로 진정한 역사 이해이며 역사의 진리에 한 걸음 더 가까이 나아가는 길이다.

4. 현재적 의미와 현재의 역사

서양 역사학의 역사에서 일반적으로 최초의 역사가라 여겨지는 고대 그리스의 역사가 헤로도토스(Herodotos)는 『역사(Historiai)』 첫머리에서 "인간계의 사건이 시간이 흘러감에 따라 잊혀가는 것, 헬레네인들과 이방인들이 이룬 놀라운 위업들을 세상 사람들이 알지 못하게 될 것을 우려해 스스로 연구하고 조사한 바를 서술한다"(헤로도토스, 1987: 23)라고 그의 역사 서술의 목적을 밝혀두었다. 헤로도토스의 관점에서 보자면 이것은 그 당대의 위대한 업적들이 후세인들에게 훌륭한 교훈으로서 작용하기를 바란다는 의미가 담겨 있다. 이것을 일반적인 역사학에서 보자면 역사 연구의 목적이 과거의 인간 행위에 대한 올바른 인식을 통해 오늘날과 후세 사람들의 삶의 지침으로 삼게 하는 데 있음을 말한다. 이것이 바로 역사 연구의 교훈적·실용적 목적이다.

그런데 이러한 방식의 역사 서술은 역사적 사실 자체를 왜곡할 가능성이 있다.

> 교훈적·실용적 의도가 사건들의 전체 모습을 사실 그대로 재현하는 작업보다 선행되어서 사실들이 온통 이 목적에 이바지되도록 선택되고 해석된다면, 진실은 왜곡될 수밖에 없다(이상신, 1993: 63).

다시 말하면 역사가는 그의 도덕 사상이나 윤리관에 따라 그 자신이 교훈적인 것으로 생각하는 것에 부합하는 사실만을 역사적 사실로 채택할 수도 있고, 또 사실의 의미를 해석할 때도 다른 여러 가지 가능한 의미를 무시하고 오직 그것의 교훈적인 의미에만 더 큰 관심을 두게 될 수 있는 것이다. 따라서 이 관점에서 역사란 역사가가 그의 도덕 사상이나 교훈적 내용을 펼치는 하나의 소재로서의 지위만 있을 뿐이며, 이러한 방식의 역사 연구를 하나의 학문으로 인정하기에도 많은 어려움이 있을 것이다. 그러나 역사를 사실 그대로 올바르게 인식하고 거기에서 나름대로의 교훈을 찾을 수 있다면, 그것은 역사 연구의 커다란 이점이 될 것이다. 이러한 맥락에서 그것이 실증주의적이든 반실증주의적이든 과거적 사실을 있는 그대로 인식하려는 객관주의적 태도도 일종의 실용적·교훈적 측면을 갖추었다고 볼 수 있다.

다른 한편 우리는 앞에서 역사 진행의 큰 줄기를 찾으려고 시도했던 다양한 시도를 보았다. 만약 그러한 주장을 펼쳤던 사람들이 발견했던 그 줄기들이 실제 역사가 진행되는 필연적인 과정이라고 한다면, 그러한 역사 과정 속에 살고 있는 개별적인 인간, 즉 우리 자신은 어떻게 살아가야 하는 걸까?

물론 그러한 역사의 흐름에 자신을 맡기고 바로 그 역사의 방향에 휩쓸려 표류할 수도 있을 것이다. 그러나 그러한 역사의 필연적 진행을 주장하는 사람들은 개별적인 인간에게 그러한 역사의 흐름에 주체적으로 참여해 그 역사적 흐름의 주인공이 되기를 요구한다. 이러한 요구에서 역사의 주인공은 역사의 필연적인 진행 방향과 역사를 주도하는 근본적인 힘이나 원리에 대해 인식하지 않으면 안 된다. 이러한 인식을 토대로 역사에 주체적으로 참여하는 것이 진정한 자유인의 모습이 되는 것이다.

예컨대 기독교적 역사관이나 마르크스주의적 역사관에서 역사에 대한 참여는 가장 좋은 예가 된다. 역사를 근본적으로 지배하는 신의 섭리와 궁극적으로 신국의 건설이라는 목적을 향해 나아가는 역사의 방향을 참으로 인식하는 자만이 거기에 참여할 수 있다. 비슷하게 생산력과 생산관계의 모순에 따른 생산양식의 발전이야말로 역사가 발전하는 근본원리이며, 역사 발전 과정은 이러한 원리에 따라 공산주의 사회의 실현이라는 궁극적 목표를 향해 나아간다는 사실을 인식하는 자만이 역사에 주체적으로 참여할 수 있다.

이와 같이 과거의 역사적 사실에 대한 탐구에서 현재를 살아가는 우리가 어떤 삶의 지침이나 교훈을 얻으려고 하든지 아니면 우리가 역사 주체로서 역사적 흐름에 참여할 수 있는 길을 모색하든지, 이러한 모든 것은 역사의 현재적 '의미'를 추구하는 것이라 할 수 있다. 영국 역사가 에드워드 카(Edward Hallet Carr)가 역사를 과거와 현재의 대화라고 한 것도 이러한 맥락에서 이해할 수 있다(카, 1985: 38 참조). 말하자면 역사 적 과거가 현재와 아주 멀리 떨어진 고대나 그 이전의 과거라 하더라 도, 또는 불과 몇 시간 전의 일이라 하더라도 그것을 과거적 사실로서 탐구하려는 태도에서는 언제나 현재적 의미와 연관된다는 것이다.

이와 달리, 푸코는 역사란 현재적 의미를 위해서 과거적 사실을 탐 구하는 것이 아니라 단지 '현재의 역사'를 기술하는 것이라는 주장을 개진했다. 과거적 사건의 현재적 의미를 포착하려는 시도들, 과거의 시 대상에 대한 총체적인 그림을 그리려는 시도들, 역사를 지배하는 심층 적인 기본 법칙을 발견하려는 시도들, 현재적 관점으로 과거적 사건을 독해하려는 시도들, 이 모든 것을 푸코는 '현재주의라고 하는 잘 범주 화된 실수'라고 규정한다(드레퓌스·라비노우, 1989: 185 참조). 즉, 푸코가 말하는 '현재주의'는 역사가가 현재의 개념·모델·제도·느낌·상징 등으 로 과거를 밝히려는 태도를 말하는데, 이러한 현재주의는 '자민족 중심 주의'와 '목적원인론'이라는 위험한 발상을 야기할 수 있다.

자민족 중심주의란 예컨대 원시종교의 제사 의식이나 중세 기독교 예배 의식을 그 시대의 계층적이고 우주질서적인 측면을 무시하고 단 지 현대 과학적 심리학의 차원에서 분석하거나 해석하려고 하는 태도 로서, 이것은 과거 역사를 현재를 통해서만 기술한다는 문제점이 있다. 목적원인론이란 과거의 멀리 떨어진 어느 한 지점에서 현재를 있게 한 씨앗을 발견해 바로 그 지점에서 현재까지의 과정을 '현재가 존재하기 위해 있었어야 할' 필연적 과정으로 설명하는 태도로서, 이것은 모든 사건의 의미를 역사의 최종적인 목표점에 입각해 설정한다는 문제점 이 있다.

이러한 현재주의의 위험성을 피하기 위해 푸코는 '현재의 역사'를 기술하려고 한다. 현재의 역사는 현재 용어로 과거를 서술하려는 것이 아니라, 현재적 상황 진단으로 시작하고 동시대의 방향감으로써 과거적 사건을 현재의 역사로서 서술하는 것이다. 이러한 현재의 역사 서술의 단적인 예는 그가 니체에게서 배운 '계보학(Genealigie)'이다.

예전에 우리는 인간의 신성한 혈통을 보여줌으로써 인간의 존엄성을 느끼는 데 이르고자 했다. 그러나 지금 이것은 출입금지된 길이 되어버렸다. 왜냐하면 이 길의 출입문에는 원숭이가 다른 거대한 짐승과 나란히 서 있으면서 이를 드러내고 위협하고 있기 때문이다(Nietzsche, 1971: 49).

이것은 니체 자신이 그의 계보학의 특징을 가장 함축적으로 나타낸 말이다. 일반적으로 우리는 족보를 역추적함으로써 자신이 족보상에 나타나 있는 선조들의 훌륭한 혈통을 이어받고 있다는 사실을 입증하고 싶어 하지만, 사실상 족보를 끝까지 추적해보면 자신의 조상이 종적으로 인간과 다른 영장류의 공동 조상이었다는 사실을 발견하지 않을 수 없다. 이것이 바로 니체의 계보학이다. 말하자면 니체의 계보학은 현상의 기원을 파헤치는 작업방법이긴 하지만, 그렇게 함으로써 현상의 확실한 토대를 구축하려는 것이 아니라 오히려 그 반대로 현상의 우연성과 허위성을 폭로하려고 한다. 이러한 점에서 니체의 계보학은 현재의 특정한 가치들이 가치 있다고 인정되어온 진화 과정을 역추적하면서, 그것들이 어떻게 해서 오늘날 최고의 가치로 확신되기에 이르렀는가를 파헤치는 '해체적 비판'의 방법이라고 할 수 있다(슈리프트, 1997: 311 참조).

푸코는 이러한 니체의 계보학을 좀 더 세련되고 정교하게 발전시킨다. 푸코에 따르면 계보학적 전략은 크게 세 가지 특성이 있다(푸코, 1987: 294 참조). 첫째, 계보학은 하나의 일반적인 주어진 길이 아닌 그 바깥에서 사건들의 고유성을 기록해야만 하며, 정서·사랑·양심·본능과 같은 몰역사적인 곳에서 사건들을 찾아야 한다. 둘째, 계보학은 사건들의 점진적인 진보 곡선을 추적하기 위함이 아니라 각 사건이 각각 상이한 역할들을 수행했던 다양한 장면을 서로 고립시키기 위한 것이다. 셋째, 계보학은 사건들이 부재하는 순간들, 즉 사건들이 실현되지 않은 채 남아 있었던 순간을 규정해야 한다. 이러한 점과 연관해 푸코는 "계보학의 진정한 목적을 기술하는 데는 기원(Ursprung)이라는 단어보다 발생(Entstehung)과 유래(Herkunft)라는 단어가 더 정확하다"(푸코, 1987: 300)라고 말한다. 그리하여 푸코는 니체의 용어 Herkunft와 Entstehung이라는 독일어 단어를 각각 descente(족보)와 émergence(출현)라는 프랑스어 단어와 동일시해 프랑스어에서 이 단어들의 일반적 사용을 정밀하게 검토함으로써 더 세련된 계보학적 전략을 보여준다.

'족보'는 혈통이나 전통이나 사회 계급이 유지하는 어떤 한 집단의 '고대 귀속성'을 나타내준다. 그러나 우리가 족보의 복잡한 경로를 추적하는 것은 족보에 기록된 인물들(혹은 사건들)의 피안에서 작용하는 어떤 연속성을 발견하고자 하는 것이 아니다. 우리가 그렇게 하는 것은 지나간 사건들에서 우연들, 미세한 일탈들을 확인하는 일이요, 완전한 역전들을 확인하는 일이며, 오류들과 그릇된 평가들과 잘못된 계산들을 인식하는 일이다. 이러한 점에서 "계보학은 이전에는 부동(不動)이라고 고려되었던 바를 혼동시키며, 동질적이라고 상상되었던 것의 이질성을 보여주며, 통일된 사고였던 것을 조각낸다"(푸코, 1987: 301~302).

'출현'은 발생의 순간을 뜻한다. 그러나 이 발생의 순간은 연속적인 역사 발전의 첫 지점이 아니다. "출현은 항상 세력들 간의 연관관계에서 하나의 특수한 단계를 통해 이루어진다"(푸코, 1987: 303). 다시 말하면 출현은 항상 세력들 사이의 투쟁을 통해 일어난다. 예컨대 하나의 종(種)은 외부의 다른 종들에 대항하는, 혹은 자기가 억압하는 다른 종들의 준동에 저항하는 영속적인 투쟁에서 이겨 살아남을 때, 비로소 하나의 종으로서 출현한다. 이러한 투쟁의 결과로 지배관계가 이루어진다. 지배관계에서 지배 세력은 자신들의 규칙들의 세계를 만들어낸다. 결국 규칙들의 세계라는 것은 사실상 폭력을 순화하기 위해 서가 아니라 지배 세력의 폭력을 충족하기 위해 설계되었다(푸코, 1987: 305 참조). 따라서 출현의 분석은 모든 현상의 배후에서 작용하는 권력의 실상을 폭로한다.

지금까지 본 것과 같이 푸코의 계보학은 어떤 사건의 기원을 파헤쳐감으로써 오늘날 그것과 관련해서 형성된, 고착된 의미를 뒤흔들고 그속에 함축된 권력의 실상을 폭로하는 전략적 도구이다. 앞에서 말했듯이 이것은 일단 현재의 문제의식에서 시작되지만, 과거 사건을 현재 시선으로 재서술함으로써 그것의 현재적 의미를 만들어내고자 하는 것이 아니라, 과거 사건을 바로 그 시대의 현재적 관점에서 담담하게 기술할 뿐이다. 이것이 바로 현재의 역사이다.

참고문헌

김형효. 1989. 『구조주의의 사유체계와 사상』. 인간사랑.

드레이, 윌리엄(William H. Dray). 1993. 『역사철학』. 황문수 옮김. 문예사.

드레퓌스·라비노우(Hubert Dreyfus and Paul Rabinow). 1989. 『미셸 푸코: 구조주의와 해석학을 넘어서』. 서우석 옮김. 나남출판사.

리오타르, 장프랑수아(Jean-François Lyotard). 1992. 『포스트모던적 조건: 정보사회에서의 지식의 위상』. 이현복 옮김. 서광사.

마르크스, 카를(Karl Marx). 2007. 『정치경제학 비판을 위하여』. 김호균 옮김. 중원문화.

마르크스·엥겔스(Karl Marx and Friedrich Engels). 1988. 「공산당 선언」, 『마르크스·엥겔스 저작선』. 김재기 옮김. 거름.

_____. 1989. 『독일 이데올로기 I 』. 김대웅 옮김. 두레.

비트겐슈타인, 루트비히(Ludwig Wittgenstein). 1994. 『철학적 탐구』. 이영철 옮김. 서광사.

쇼, 윌리엄(William H. Shaw). 1987. 『마르크스의 역사이론』. 구승회 옮김. 청하.

슈내델바흐(Herbert. Schnädelbach). 1986. 『헤겔 이후의 역사철학』. 이한우 옮김. 문예출판사.

슈리프트, 앨런(Alan D. Schrift). 1997. 『니체와 해석의 문제』. 박규현 옮김. 푸른숲.

아우구스티누스(Augustinus). 1983. 『신국/고백』. 윤성범 옮김. 을유문화사.

원키, 조지아.(Georgia Warnke). 1993. 『가다머의 철학적 해석학』. 이한우 옮김. 사상사.

이상신. 1993. 『서양사학사』. 신서원.

이한구. 1986. 『역사주의와 역사철학』. 문학과 지성사.

차하순. 1991. 『사관이란 무엇인가』. 청람.

카, 에드워드(Edward Hallet Carr). 1985. 『역사란 무엇인가』. 안병직 옮김. 청년사.

케언스, 그레이스(Grace E. Cairns). 1990. 『역사철학: 역사 순환론 속에서의 동양과 서양의 만남』. 이성기 옮김. 대원사.

콩트, 오귀스트(Auguste Comte). 2001. 『실증주의 서설』. 김점석 옮김. 한길사.

토인비, 아널드(Arnold Joseph Toynbee). 2007. 『역사의 연구(축약판)』. 홍사중 옮김. 동서문화사.

푸코, 미셸(Michel Foucault). 1987. 「니체, 계보학, 역사」, 『철학, 오늘의 흐름』. 이광래 옮김. 동아일보사.

_____. 1991. 『광기의 역사』. 김부용 옮김. 인간사랑.

_____. 1992. 『지식의 고고학』. 이정우 옮김. 민음사.

_____. 1993. 『임상의학의 탄생』. 홍성민 옮김. 인간사랑.

헤겔, 게오르크(Georg Wilhelm Friedrich Hegel). 1989a. 『역사철학 강의』. 김종호 옮김. 삼성출판사.

_____. 1989b. 『피히테와 셸링의 철학체계의 차이』. 임석진 옮김. 지식산업사.

헤로도토스(Herodotos). 1987. 『역사』. 박광순 옮김. 범우사.

헴펠, 칼(Carl Gustav Hempel). 1989. 『자연과학철학』. 곽강제 옮김. 박영사.

Dilthey, Whilhelm. 1964a. "Ideen über eine schreibende und zergliedernde Pszchologie." *Wilhelm Dilthey Gesammelte Schriften*. Stuttgart: B. G. Teubner.

_____. 1964b. *Der Aufbau der geschichtlichen Welt in den Geisteswissenschaften*. Stuttgart: B. G. Teubner.

Gadamer, Hans-Georg. 1972. *Wahrheit und Methode*. Tübingen: J. C. B. Mohr.

_____. 1986. "Die Universalität des hermeneutischen Problems." *Hans-Georg Gadamer Gesammelte Werke*. Tübingen: J. C. B. Mohr.

Nietzsche, Friedrich Wilhelm. 1971. *Morgenröte*. Berlin: Walter de Gruyter & Co.

09 테크닉, 테크놀로지, 그리고 호모테크노쿠스

'첨단 기술 시대'는 당대를 지칭하는 가장 대표적인 개념이다. 이 개념은 단순히 기술의 엄청난 발달을 지시하는 데 그치지 않고, 인간의 존재양식에서 사회구조에 이르기까지 근본적이고도 급격한 변화가 야기되었음을 의미한다.

이 장에서는 이러한 시대 현실을 총체적으로 조망하기 위해, 기술의 의미가 획기적으로 전환된 역사적 맥락을 짚어보고, 특히 현대 기술이 개인의 삶과 사회적 삶을 어떻게 근본적으로 바꾸어놓았는지 고찰한다. 기술의 본질, 기술과 인간의 관계, 기술과 사회의 관계에 관한 이러한 논의는 첨단 기술 시대에 인간이 지닌 문제와 기술 시대의 문제점을 극복할 수 있는 실천력에 대해 성찰하는 계기가 될 것이다.

인간의 삶은 역사를 포함하는 그 현재성에서 성립한다. 따라서 인간이 자신과 자신의 삶을 이해하기 위해서는 자신의 삶이 성립되는 역사적 현실을 파악해야 한다. 역사적 현실은 단적으로 드러나지 않고 복합적인 구성 요소, 즉 구조를 갖는다. 그런데 현실이 복합적인 구성 요소를 갖는데도, 흔히 근본적인 징표를 지칭하는 용어로써 시대나 사회를 파악하기도 한다.

우리는 현대라고 불리는 우리의 당대를 기술 시대 혹은 첨단 기술 시대, 글로벌 시대라고 부르기도 하고, 산업사회 혹은 후기 산업사회, 정보사회, 지식사회, 위험 감수 사회 등으로 부르기도 한다. 이 용어들은 시대 혹은 사회를 파악하기 위한 시각이나 방법적 접근이 서로 다른 의견에서 도출된 것이기는 하나, 그 밑바탕에 기술(혹은 첨단 기술)이 연관된다는 점에서는 상관적인 용어들이다. 사실 일반적으로 현대의 근본적인 징표를 문제 삼을 때에도 언제나 '기술', '기술 사회', '첨단 기술 시대' 등의 용어가 전면에 떠오른다. 이 점에서 역사적 현실을 이해하는 핵심을 기술에서 찾아 접근하는 것은 결코 지나친 일이 아니겠다.

물론 인간의 문화가 존재하면서부터 기술은 늘 있었다. 그럼에도 현대에서 특별히 시대적 징표를 기술에서 찾는다는 바로 그 점에서 기술에 관한 철학적 성찰이 절실히 요구되는 하나의 이유가 된다. 더욱이 오늘날 첨단 기술에 의해 인간존재 양식이 급격하게 변화되는 상황을 고려하면, 철학은 첨단 과학기술이라는 조건이 인간존재 양식을 어떻게 규정하는지 해명해야 하는 과제를 떠안게 된다.

기술에 관한 철학적 성찰은 먼저 '기술이란 무엇인가?'를 문제 삼는다. 이 물음은 당연히 기술과 인간의 관계에 대한 성찰을 요구한다. 이러한 성찰에서 오늘날 기술이 인간적 삶의 구성 요소들 가운데 이전 시대에서는 결코 점유하지 못했던 지위를 달성한 이유가 무엇인지를 파악해야 한다. 즉, 왜 현대 기술은 인간의 삶에서 과거의 어떤 시대와도 견줄 수 없을 정도의 역할을 수행하는가라는 문제이다. 이는 곧 현대 기술의 특성에 관한 문제인데, 이를 파악하기 위해서는 기술적 기능 자체가 야기한 변화를 개괄하지 않을 수 없다. 이 개괄을 통해 우리는 기술 사회의 구조와 기술 시대의 사회적 의식, 나아가 기술 시대에 인간이 직면한 문제들, 위기들을 진단할 수 있을 것이다.

1. 자연, 과학, 그리고 기술

1) 테크닉과 테크놀로지

일상적으로 '기술'이라는 용어는 매우 다양한 의미로 사용된다. '기술이 좋다'는 말은 일상적으로 '솜씨 좋음'이라는 의미이다. 게다가 이 때의 '기술'은 사물 및 도구와 연관된 기술이기도 하고, 사랑·설득·지배·경영 기술처럼 어떤 추상적인 기술을 지칭하기도 한다. 한편 기술 개발, 기술혁신, 기술 집약 등에서 기술은 '솜씨 좋음'의 의미라기보다는 현대적인 의미, 즉 기계나 과학 이론과 연관된 의미를 내포한다.

이렇듯 기술이라는 말은 인간 활동 전반에서 사용된다. 달리 말하면 인간의 모든 활동에는 기술이 있다. 장 이브 고피(Jean-Yves Goffi)의 말대로 "활동들이 있는 만큼, 심지어는 무한한 수의 기술이 있다. 너무나 많아서 분류하기가 쉽지 않다"(고피, 2003: 38).*

그러나 우리는 이 다양한 '기술' 현상을 관통하는 요소를 찾아볼 수도 있을 것이다. 기술의 사전적 의미가 이에 해당한다. 이는 대개 다음 두 가지로 정의된다.

---

* 고피는 프리드리히 폰 고틀 오트릴리엔펠트(Fridrich von Gottl-Ottlilienfeld)가 기술을 개인적 기술, 사회적 기술, 지적인 기술, 현실의 기술로 분류한 내용을 제시하면서, 이러한 분류가 흥미롭기는 하지만 논쟁적인 경우에는 취약하다는 점을 지적한다(고피, 2003: 38~39).

첫째, 어떤 일을 이치에 맞도록 솜씨 좋게 하는 재간.

　　　사물을 잘 다룰 수 있는 방법이나 능력.

둘째, 과학을 실제로 응용해 자연의 사물을 인간 생활에 유용하도록
　　　개변·가공하는 수법.

　　　생산적 실천에서의 객관적인 법칙성의 의식적 적용 또는 생산
　　　수단체계.

첫 번째 의미는 기술의 역사로 볼 때 어느 시대에나 통용되는 근본
적인 기술의 의미로서, 영어로는 테크닉(technics)에 해당한다. 두 번째
의미는 적어도 16세기 이후 자연과학의 출현과 더불어, 더 구체적으로
는 18세기 기계기술의 등장으로 생겨난 의미로서, 오늘날 우리가 흔히
테크놀로지(technology)라고 일컫는 것이다.

그런데 이 두 가지 정의를 보면, 기술의 두 가지 의미, 즉 테크닉과
테크놀로지가 상이한 의미를 갖는 계기는 자연과학의 출현인 셈이다.
여기서 우리는 '기술'을 이해하기 위한 몇 가지 의문점을 제기할 수 있
다. 테크닉과 테크놀로지는 병렬적인 개념인가? 자연에 대한 탐구는
인간 문명이 시작되면서 존재했는데, 특히 16세기 이후라는 역사적 시
기가 기점이 되는 배경은 무엇인가? 테크닉은 전 역사적인 개념인데,
개념의 역사성을 고려할 때, 테크닉의 의미에 변화는 없는가? 말하자
면 테크놀로지의 등장 이후 테크닉의 의미는 달라졌는가?

우선 테크닉과 테크놀로지의 관계부터 살펴보자. 사전적 의미에 충
실해서 본다면, 테크닉은 때때로 도구가 개입된다고 할지라도 근본적
으로 인간 행위이고 인간 능력이다. 그런 점에서 테크닉은 테크놀로지
와 확연히 구별된다. 테크놀로지는 기본적으로 기계적이고, 기계적인
방법이며, 기계적인 체계로서, 어디까지나 기계와 연관된 그 무엇을(그
것이 무엇이든) 근본으로 삼는다.

그런데 앞에서 언급한 기술의 사전적 의미 두 가지에 테크닉과 테크

탈은폐

하이데거는 탈은폐를 '은폐성에서 비은폐성으로 끌고 가는 것'으로 보고, 은폐된 것이 비은폐의 상태로 나타나는 것은 바로 탈은폐에 기인하며 그 안에서 전개된다고 했다(하이데거, 1993: 33).

본래적 의미

본래적 의미라는 용어를 쓴 것은 '-logy'가 학문 분야를 지칭하는 접미어이기 때문이다. 그리스어로는 technologia이고, 이는 공예학으로 번역될 수 있다.

놀로지를 대입한 것은 어디까지나 우리가 이 두 가지 낱말을 사용하는 일상적 용례에 입각한 것이다. 실제 의미는 어떤가? 이를 좀 더 자세히 살펴보자면, 이 용어들의 어원을 더듬어보지 않을 수 없다.

테크닉의 어원은 고대 그리스의 '테크네(technē)'이다. 이에 관한 마르틴 하이데거(Martin Heidegger)의 분석에 따르면, 테크네란 "없던 상태에서 있게 하는 것", "밖으로 끌어내어 앞에 내어놓음", "야기하여 있게 하는 방식"이고, 그런 한에서 테크네는 은폐성에서 비은폐성으로 끌고 가는 것, 즉 **탈은폐**의 한 방식이다(하이데거, 1993: 31~37 참조).* 따라서 단적으로 말한다면 테크네는 없던 것(은폐된 것)을 있게 하는 것 혹은 없던 것을 있게 하는 능력이고, 이는 오늘날 우리가 이해하는 '기술'(즉, 테크닉과 테크놀로지를 통칭하는)의 의미에도 그대로 들어맞는다. 이렇게 기술의 의미를 본질적으로 파악한다면, 테크닉과 테크놀로지는 병렬적인 개념이 아니다. 더욱이 테크놀로지를 과학(생산)기술로 이해하거나 그 **본래적 의미**인 기술공학으로 이해한다면, 테크놀로지는 한편으로는 기술의 특수한 형태로서 과학적 기술이고, 다른 한편으로는 기술을 대상으로 취하는 기술의 과학이다(고피, 2003: 41 참조). 따라서 테크놀로지는 테크닉에 부분적으로 포섭되는 의미이다.

그런데 왜 우리는 일상적으로 테크닉과 테크놀로지를 서로 다른 의미로 이해하는가? 고피는 이렇게 지적한다.

현실 기술들은 현재로서는 기술공학(테크놀로지, technologie)이 되었다. 따라서 사람들은 기술과 기술공학을 혼동하는 경향이 있으며, 더 정확히 말해서 기술을 기술공학의 범형 위에서 생각하는 경향이 있다(고피, 2003: 40).

* 하이데거는 테크네를 포이에시스(poiesis)에 속하는 것, 알레테우에인의 한 방식으로 파악한다. 포이에시스란 "밖으로 끌어내어 앞에 내어놓음"(하이데거, 1993: 35)이고, 알레테우에인이란 "스스로 자신을 밖으로 끌어내어 앞에 내어놓지 못해서 아직 앞에 놓여 있지 않은 것, 그래서 금방 이렇게 저렇게 모양새를 바꾸어버릴 수 있는 그런 것을 탈은폐"(하이데거, 1993: 37)하는 것이다.

실제 우리가 '기술'이라는 용어를 사용하는 사례를 더듬어보면, 고피의 지적은 정당하다.

그렇다면 왜 우리는 이러한 혼동을 하는가? 이 문제에 관한 논의는 '현대 기술'을 다루는 3절로 잠시 미루자. 그 전에 우리는 자연에 대한 탐구와 기술의 연관성을 문제 삼을 필요가 있다.

2) 자연과학과 기술이 융합하게 되는 역사적 맥락

기술이 자연과 대립된다는 의미에서 문화적 성격을 지니는 것인 한, 기술은 자연에 대한 탐구와 연관된다. 자연에 대한 탐구는 문명이 생겨나면서부터 면면히 이어져 왔다. 그런데도 특히 16세기 이후 자연과학과 기술이 연관되는 이유는 무엇인가? 간단히 말해서, 이는 자연 탐구의 태도와 연관된다.

고대에는 기술적 발전과 과학적 발전이 상호 연관적이었던 것은 아니었다. 그뿐만 아니라 중세에 이르기까지도 기술은 장인들이 스스로 전통적인 기술을 검토하고 개량함으로써 이루어졌다. 물론 일시적으로는 실제적 기술이 (학적) 이론에 도입되기도 하고, 이론이 실제적 기술에 도입되기도 했다. 회계의 기술, 천체 관측의 기술에서 수리물리학과 기하학이 성립된 것이나, 이러한 학문이 건축기술에 응용된 것, 또 알렉산드리아 시대에 경제의 실질적 요구와 맞물려 실험과학이 부흥한 것 등이 그러한 예이다. 그렇기는 하지만 중세까지 대체적으로 기술 전통과 과학(학문) 전통이 상호 침투하기에는 일정한 제약이 있었다. 이 상호 침투의 제약성은 사회적 신분의 제약이 원인이기도 했으나, 더욱 근원적으로는 자연에 대한 학문적 지식의 이해에 있었다.

고대의 자연은 인간 또는 인간의 기술과 대등한 관계에서의 대상이 아니라 인간보다 월등한 것으로 경외의 대상으로 간주되었다. 달리 말하면 자연은 우주적 원리로서 형이상학적 탐구의 대상이었다. 그렇기

알렉산드리아 시대

알렉산드리아는 그리스 건축가 디노크라테스(Deinocrates)가 알렉산더 대왕의 명으로 이집트의 오래된 마을 라코티스(Rhakotis)에 건설한 도시인데, 기원전 3세기에서 기원전 1세기에 이르는 2세기 동안 이 도시를 중심으로 정치·통상·학예 등 모든 문화가 융성했다. 아르키메데스(Archimedes), 유클리드(Euclid), 아폴로니오스(Apollonios), 프톨레마이오스, 에라토스테네스(Eratosthenes) 등 쟁쟁한 학자들이 이때 활동했다. 알렉산드리아가 헬레니즘 세계의 중심이었기 때문에 이때를 알렉산드리아 시대라고 한다.

때문에 고대의 자연에 대한 탐구는 단지 진리를 추구하고자 하는 열망에 의한 명상적 지식이었다. 아리스토텔레스가 『자연학(The Physics)』에서 "기술은 자연이 실행하지 못하는 것을 실행하거나 아니면 그것을 모방한다"(Aristoteles, 1957: 173)라고 했지만, 이때 '자연'의 의미는 개별적인 현상이었을 뿐 형이상학적 원리로서의 자연은 아니었다. 이 점에서 오늘날 우리는 고대의 자연 탐구를 자연과학이라고 하기보다는 자연철학이라고 부른다.

마찬가지로 서양 중세의 자연에 관한 과학적 탐구 또한 당시 기독교의 막대한 영향력 아래에서 신학의 범주를 결코 벗어나지 못했으며, 따라서 성경상의 교리를 정당화하는 것 이외의 다른 역할은 수행하지 못했다. 그리하여 기원전 4세기에서 17세기에 이르기까지 서양의 과학적 인식과 그 인식에 따른 세계관(자연관)을 지배했던 것은 아리스토텔레스-토마스의 철학체계였다. 말하자면 근세 이전에도 지식에 기반을 둔 탁월한 기술이 있었지만, 그 기술은 어디까지나 당시 지배적인 이념에 배치되지 않는 범위에서만 허용되었다.

그러나 르네상스 이후 위계적인 봉건적 세계관·자연관이 붕괴되면서 인간은 비로소 자연과 대등한 관계에서 자연을 파악할 수 있는 자율적 존재로서 자연 그 자체를 탐구의 대상으로 삼았으니, 일반적으로 이때를 자연과학의 출발점으로 간주한다. 기술의 역사는 점진적이기는 했어도 그 역사를 구분하게 하는 특별한 사건들이 있는데, 그중 대표적인 것이 자연과학의 출현이다. 이것을 기점으로 기술은 그 근본 의도에서, 또 기술 그 자체를 이해하는 데 근본적인 변화를 한다. 즉, 기술은 더 이상 자연보다 열등하거나 또 신의 의지를 수행하기 위한 수단이 아니라, 자연에서 얻은 지식을 통해 자연에 인위적인 변화를 일으켜 자연이 인간에게 봉사하게 하는 힘이다. 이렇듯 인간이 자연에 대한 지배권을 획득했다는 의미에서, 또 자연에 대한 지식이 그 어떤 형이상학적·신학적 이념에 종속되지 않게 되었다는 의미°에서 기술의 의도와 이해는 근본적으로 변화되었다.

자연과학의 발달은 학문적인 성취에만 머무르지 않고 점점 기술적인 도구의 발달로 나아갔다. 나침반·망원경·시계·진자 등이 그 예이며, 19세기에 역학과 화학이 산업혁명의 주요 관심사였던 동력공학과 직물업에 연결되면서 과학은 본격적으로 기술과 연관되기 시작했다.

여기서 자연과학의 발달과 기술의 획기적 성장을 이루게 한 사상적 배경으로 데카르트주의(Cartesianism)와 베이컨주의(Baconism)를 간과할 수 없다.

데카르트는 정신과 물체를 서로 환원될 수 없는 두 가지 실체로 구분했다. 이러한 이분법적 사고에 입각할 때 세계―자연은 물체일 뿐이고, 사유하는 정신이 있는 인간에게 자연은 물체적 대상, 따라서 객관적으로 기술할 수 있는 기계적 조직 그 이상의 아무것도 아니다. 한편 프랜시스 베이컨(Francis Bacon)은 모든 '믿음' 형태를 미신적인 것 ― 우상·편견 ― 으로 배척하면서 철저히 경험과 관찰에 의거하는 것만을 과학적인 것으로 간주했으니, 이를 베이컨주의라고 이른다.

사실 데카르트와 베이컨은 합리론과 경험론의 태두로서 인식론적으로는 서로 견해를 달리한다. 그러나 자연을 인간의 인식 대상으로 보면서, 인간의 위상을 자연에 대한 지배자로, 그리고 그 지배와 이용의 권능은 인간의 인식능력에서 나온다고 본 점에서 두 철학자는 견해를 같이한다.* 그렇기 때문에 이들에게 기술은 자연을 지배할 수 있는 인

- 케플러는 『새로운 천문학(Astronomia nova)』(1609)에서 다음과 같이 말했다. "교회의 모든 박사께는 죄송한 말씀이지만, 내가 철학을 통해 지구가 둥글고 지구 반대편에도 다른 나라들이 있으며, 지구가 보잘것없이 가장 작을 뿐 아니라 별들 사이를 바쁘게 떠다니는 방랑자에 지나지 않는다는 사실을 알았을 때 나에게 이 모든 것보다 성스러운 존재로 다가온 것은 바로 진리이다"(포스트맨, 2001: 51에서 재인용).
- 데카르트는 『방법서설(Discours de la méthode)』(1637)에서 다음과 같이 말했다. "자연(자연학의) 일반적 원리가 내게 가르치는 바는 …… 학교에서 배우는 사변적인 철학 대신에 하나의 실제적 철학을 발견할 수 있다. 그것에 의해서 우리는 …… 우리를 둘러싼 모든 물체의 힘과 그 작용을 마치 우리가 장인(匠人)들의 온갖 솜씨를 알듯이 판명하게 알고, 그것을 장인들이 기술을 사용할 때처럼 저마다 적당한 용도에 사용할 수 있으며, 그리하여 우리는 자연의 지배자이자 소유자가 될 것이다"(데카르트, 1986: 50).
  베이컨은 『신기관(Novum Organum)』(1620)에서 "과학과 인간의 힘은 모든 점에서 일치하며 같은 목표에 이른다. 우리가 어떤 결과를 얻지 못하는 것은 원인에 대해 모르고 있기 때문이다"(베이컨, 2001: 39)

간적 힘으로서 독자적인 가치를 획득하게 된다. 실로 고대부터 이어져 온 관조적 삶을 위한 학문은 드디어 응용 가능성을 확장하기 위한 학문이 되었다. 달리 말하면 이제 기술적 활동보다 우월한 평가를 받았던 명상적 지식 활동은 오히려 기술적 활동을 확장할 수 있는가에 따라 평가되었다.

세계는 인과론적 법칙이 지배한다는 뉴턴 사상에서 비롯된 자연에 대한 철학적 관점의 변화는 사회에 전반적인 영향을 끼치면서 기계론적 자연관*을 형성했다. 기계론적 자연관은 19세기에 들어 한층 정교하게 다듬어지면서 세계-기계로서의 자연은 훨씬 더 복잡하고 미묘한 구조를 갖는 것으로 드러남과 동시에, 과학은 기계, 화학, 전기적 장치를 만들어내면서 자체적으로 기술적 발전의 성과를 이루어냈다. 기술이 이렇게 자연과학적 인식을 응용함에 따라 현실적으로는 자연과학자에게 점증적으로 새로운 과제를 부과하는 상호 교환적 관계가 형성되었으니, 이것이 바로 자연과학과 기술의 융합이라 하겠다.

2. 인간 욕구와 기술의 관계

역사상 기술은 영속적으로 발달해왔다. 인간은 왜 끊임없이 개량하고 변혁하면서 기술을 추구하는가? 또 이러한 기술은 인간에게 어떠한 역할을 하는가? 이 물음은 일견 물음으로서 의미가 없는 듯하다. 인간 존재의 특성과 기술의 본질적 정의에 이미 기술이 변화되는 배경과 기술의 역할이 내포되기 때문이다. 그래서 인간은 새로운 필요와 역사적 변화를 만들어내는 존재이기 때문에 인간의 필요에 따라 기술은 개량·

라고 했다.
* 자연의 모든 과정을 기계론적으로 설명하는 사고방식이다. 이에 관해서는 이 책 10장 2절에서 상세히 다루었다.

변화한다는 것과 인간이 역사적 진보를 성취하는 과정에서 기술은 일정 역할을 한다는 사실은 이미 사회 통념이 되었다.

그러나 여기서 우리가 기술에 대해서 또 기술과 연관되는 인간성에 대해서 좀 더 심도 깊은 이해를 하고자 한다면, 사회 통념을 뛰어넘는 분석이 요구된다.

우선 인간은 왜 기술을 추구하는가? 단적으로 그것은 인간의 여러 필요를 충족하기 위한 가장 단순하고 안전한 방법을 찾기 위해서이다. 오르테가 이 가세트(José Ortega Y Gasset)*의 말처럼 기술의 사명은 인간이 자기 자신이고자 하는 과제 수행에 따르는 그 노동을 경감해주는 데 있다. 그런데 인간이 기술을 추구한다거나 또 기술이 인간적 과제에 따르는 노동을 경감해준다는 등의 표현은 기술이 마치 인간 외적인 어떤 것처럼 들리게 한다. 하지만 기술은 인간 외적인 것이 아니라 당연히 인간의 기술적 능력이다. 인간은 자신의 필요에 따라 기술을 추구하고 동시에 기술은 인간의 기술적 능력이 발휘된 만큼 인간의 필요를 충족해주니, 인간의 필요와 기술은 늘 이렇게 맞물려 동시에 고양된다.

그런데 필요를 고양하고 기술적 능력 혹은 기술 발달을 고양하게 하는 근원은 무엇일까? 이 물음은 인간 본질에 대한 고찰을 요구한다.

인간은 자연적 존재라고만 할 수도 없고, 자연 외적 존재 혹은 초자연적 존재라고만 할 수도 없다. 인간의 필요 내지 욕구에 관한 고찰도 이와 같이 인간이 자연성과 초자연성을 동시에 지닌 존재라는 점에서 성립한다. 인간이 자연적 존재라면 인간 욕구는 본능적인 것에 그치고, 따라서 필요는 생존 조건이라는 범위에 한정된다. 말하자면 본능과 생존이라는 범위를 넘어서는 어떠한 욕구나 필요도 없다. 그러나 인간은 자연적 존재이면서 동시에 언제나 자신을 초월하면서 자기 자신을 만들어가는 초자연적 존재이다. 그래서 인간은 자신의 삶을 생존으로만

* 오르테가 이 가세트는 "Man the technician"(1933)이라는 논문에서 기술의 의미·이익·피해·한계 등을 다루었다. 이 논문은 『인간과 기술』(1989)에 번역 수록되었다.

이해하지 않고 생존 그 이상의 것으로 이해한다. 삶을 생존 이상의 의미로 이해할 때, 인간의 삶은 끊임없는 과제로 점철된다. 따라서 인간은 자신의 삶의 과제를 실현하기 위한 끊임없는 욕구를 갖는다. 즉, 인간은 그 본질에 의해 필요 혹은 욕구가 무한히 상승하는 그러한 존재이다.

그리하여 욕구 충족에서 새로운 욕구가, 필요 충족에서 새로운 필요가 성립한다. 새로운 욕구와 새로운 필요의 뿌리는 인간존재성의 특징인 결핍감이다. 자연적인 유한한 존재이면서 동시에 무한히 자신을 초월하고자 하는 인간은 근원적으로 결핍을 경험할 수밖에 없는 존재이고, 이러한 존재성에서 욕구와 필요의 중지가 불가능하다. 이 점에서 신오현은 기술이란 "인간 이외의 자연 속에 인간의 뜻을 투입해 인간 욕망을 충족할 수 있는 생활 수단을 만들어내는 활동이다"라고 정의한다(신오현, 1987: 402). 이 정의에서 우리는 인간에 대한 몇 가지 존재론적 이해를 읽을 수 있다. 즉, 인간이 자연의 위협 속에서 생존하기에는 여타 동물보다 자연적으로는 미숙하다는 바로 그 점에서 인간의 필요가 발생한다는 것, 필요-욕구는 인간에게 인간적 존재로서 존재하게 하는 전제조건이라는 것, 그리고 의식적 존재인 인간이 자신의 욕망을 실현하기 위해 기술적 활동을 한다는 것이다. 이러한 인간 이해는 철학사에서 가장 영향력 있는 관점으로서 그 근간에는 '자율적 존재로서의 인간'이라는 이해가 깔려 있다.

그런데 오늘날에는 인간과 기술의 관계에 대한 이러한 이해와 어긋나는 논의들이 강력하게 등장하고 있다. 예컨대 다음과 같은 문제들이다. 과연 현대에 현대인이 갖는 욕구는 자율성의 발현인가? 또한 그 욕구는 인간존재 실현의 전제인가? 과연 오늘날의 기술이, 또 기술의 진보가 초래한 엄청난 물질적인 풍요가 인간의 자아실현을 촉구해주는가? 이러한 문제의식은 기술적 디스토피아를 묘사하는 문학작품들*,

---

* 올더스 헉슬리(Aldous Leonard Huxley)의 『멋진 신세계(Brave New World)』(1932), 조지 오웰(George Orwell)의 『1984년(Nineteen Eighty-Four)』(1949)이 그 대표적인 작품이다.

프랑크푸르트학파의 사회비판이론과 기술문명 비판, 포스트모더니즘의 다각적인 탈현대성 담론 등 다양한 논의에서 나타나고 있다.*

비록 심오한 철학적 통찰을 빌리지 않더라도 우리는 이 물음에 대해서 적극적으로 긍정하기 어렵다. 왜냐하면 여기에서는 인간의 부정적인 현실이 전면화되고 있기 때문이다. 즉, 기술이 인간을 노동에서 해방함으로써 부여한 여가가 또 다른 형태의 억압에 의해 박탈되는 현실, 여가조차 기술 지배력을 벗어날 수 없는 현실, 물질적 풍요 속에서 욕구가 사라지는 것이 아니라 다시 늘 새로운 욕구가 인간을 억압하는 현실, 기술문명의 정점에서 드러나는 개별성의 소멸과 획일적 문화, 정신적 균형의 상실과 탈인격화의 현실, 그리하여 변형된 기술의 전반적인 도구가 되어버린 문화, 자유로운 주체가 아니라 다만 영혼을 상실한 테크노크라트(Technokrat, technocrat) 또는 관료주의자(Burokrat)에 지나지 않는 개인, 따라서 자신의 존재에 대한 관심에서 이탈해 소유에 대한 맹목적인 관심으로 점철된 현대인의 삶 등이 바로 그것이다. 이러한 부정적 현상에서 우리는 인간의 자율성 혹은 욕망의 자율성이라는 전제를 수긍하기 어렵다.

이 점에서 오르테가 이 가세트는 기술 시대에 인간 욕망은 자아실현의 성실성과 활력에서 비롯된 것이 아니라 허구에 불과한 진부한 욕망이요, 환상적인 욕망이라고 지적한다(오르테가 이 가세트, 1989: 42 참조). 말하자면 현대인은 삶의 자아실현을 위해 무엇을 욕망해야 하는지 그 방향을 상실했으며, 동시에 기술 또한 누구에게 무엇을 기여해야 하는지가 드러나지 않기 때문에 현대인은 욕망의 맹목성, 삶의 맹목성이라는 위기에 처했다는 것이다.

요컨대 인간 욕망과 기술에 대한 현대의 새로운 논의들은 욕망의 뿌리가 개별적 인간에게 있지 않고 사회적 성격을 띠며, 그것이 바로 자

---

* 이에 대한 심도 있는 논의는 이 책 4장 2절과 3절을 참고하라.

본주의사회 메커니즘이라는 것을 밝혔다. 달리 말하면 인간 욕구와 기술의 관계가 전복되었다는 것이다. 인간의 필요나 욕구에 부응하던 기술, 인간에게 종속적이던 기술이 현대에 이르러서는 오히려 인간 욕망을 종속하게 한다. 이러한 상황이 현대 기술에 대한 철학적 성찰을 요구한다.

3. 현대 기술이 과거와 달리 이해되는 이유는 무엇인가?

역사상 기술은 점진적으로 또는 획기적으로 발전했음에도 기술의 위상이 전복된 이유는 무엇일까? 기술은 늘 있었는데, 특히 현대를 기술 시대라고 지칭하는 이유는 무엇인가? 현대와 현대 이전의 기술에 어떠한 차이가 있기에 우리는 현대만을 기술 시대라고 부르는가?

기술의 기원은 인간이 도구를 사용하던 때로 거슬러 올라간다. 도구의 발달은 인간 노동에 전적으로 새로운 대상을 이용할 수 있게 함으로써 노동의 성격을 변화시켰다. 원시적인 도구 사용에서 발전한 인간은 자연력을 이용해 인간의 노동력을 보충할 수 있게 되었다. 예컨대 인간은 노동에 동물을 이용하거나 동물을 더욱 잘 이용하기 위해 멍에를 씌우게 되었으며, 나아가 바람과 물을 이용해 방아를 돌릴 줄도 알게 되었다. 문화의 전파는 인간의 기술적 행위의 전파를 가능케 했고, 인간이 자신의 노동을 기술적 행위로써 수행하는 일이 자연스러워졌다. 이때 기술적 행위란 도구를 사용하는 것이고, 도구를 사용하는 데 개인적인 재능의 탁월이나 숙련은 기능으로 떠올랐다. 그러나 이러한 역사적 단계에서 기술적 행위는 인간의 삶 혹은 존재에 특별한 의미를 부여하지는 못했다. 말하자면 기술적인 것과 비기술적인 것의 비중에서 기술적인 것이 인간적 삶의 주요한 가치는 아니었다는 뜻이다. 같은 맥락에서 도구는 어디까지나 인간의 기술적 행위 혹은 노동의 보조 수단에 지나지 않았다. 닐 포스트맨(Neil Postman)의 말을 빌린다면, 도구사용문화에서 기술은 자율성이 없고 늘 구속력 있는 사회적·종교적 체계의 영향에 놓여 있었다(포스트맨, 2001: 41 참조).

그런데 기술이 진보하면서, 특히 19세기 동력 기계의 등장 이후, 기술적 행위에서 '도구로서의 기술'이라는 의미는 서서히 퇴색되었다. 기계는 기계로서가 아니라 기계적인 생산으로 존재할 때 비로소 기술의 의미를 획득한다. 기계적인 생산에서 기계라는 도구는 더 이상 인간의 보조역할을 하지 않는다. 오히려 생산이라는 행위에서 더욱 유력한 역할은 기계가 담당하며 인간은 단지 기계를 지원하고 보조할 뿐이다. 베틀에서 베를 짜는 경우와 방적기에서 베를 생산하는 경우를 비교하면, 기계적 기술에 대한 이해는 어렵지 않다. 그리하여 근대적 의미에서 기술은 도구적 기술이라기보다 기계적 기술이었고, 동시에 기술에 대해 구속력을 발휘하던 종전의 사회적 이념체계들의 영향력은 상실되었다. 오히려 기술은 과학의 뒷받침을 받으며 산업을 발전시키는 독자적인 가치가 되었다.

그리하여 드디어 테크놀로지 시대가 시작되었고, 기술은 어떠한 사회적 구속력에서 이탈한 채, 새로운 가치체계의 중핵이 된다. 즉, 기술의 진보는 역사의 진보이고 인간의 진보라고 하는 기술주의가 문화의 중심에 서게 되었다. 19세기의 획기적인 사상가 클로드 생시몽(Claude H. R. Saint-Simon)과 콩트에게서 새로운 가치체계의 등장을 우리는 확인할 수 있다. 그들은 공통적으로 기존 사회적 지배는 더 이상 정당성의 권위를 얻을 수 없으며, 현대의 정신적인 힘은 과학의 힘이고 현대의 물질적 힘은 산업의 힘이라고 확신했다.•

기술의 기능이 인간의 삶을 한층 윤택하게 한다는 측면에서 본다면,

• 콩트는 『현대적인 과거의 개략적 평가』에서 "산업적 능력 또는 기술과 직업들의 능력은 봉건적 또는 군대의 힘을 대치해야 하는 것이다"라고 말했으며, 생시몽은 『산업체계』에서 "사회의 물질적이고 정신적인 힘은 수단을 바꿨다. 진정한 물질적 힘은 오늘날 산업 일꾼들 속에 존재하며 정신적 힘은 학자들 속에 존재한다"라고 했다(고피, 2003: 78~80에서 재인용).

근대의 기계적 기술의 공헌은 더 지대하다고 할 수 있다. 인간이 생산적 행위에서 담당하는 역할이 미약해졌다는 점을 제외하면, 오히려 기술이 독자적 가치가 있게 된 시점부터 인간을 빈곤이나 자연 상태의 속박에서 더 많이 해방한 것은 사실이다. 실로 '기술의 의의는 자연에 대한 자유이다'.

그런데 우리가 기술이 진보한 과정을 살펴보면, 기술은 결코 그 자체로 한정되지 않았다. 기술이 원리상 무한정적이라는 것은 (앞에서 언급한 바) 인간의 무제한적 욕망에 기인하는 것이기는 하나, 그럼에도 현대에서 기술이 진보하는 양상은 그 이전과 다르다. 달리 말하면 기술이 단순한 도구나 도구적 기술에 머물던 고대는 말할 필요도 없고, 중세 또는 르네상스 이후 자연과학과의 융합으로 전개된 테크놀로지 시대는 기술의 양상이 사뭇 다르기는 했으나 기술적 문제나 기술적 상황의 중심은 인간이었다.

그러나 현대 기술의 중심은 인간이 아니라 기술 자체의 정밀성과 진보로 보인다(디지털 기술의 성능이 급속히 변화·발전하는 경우를 생각해보라). 즉, 현대 기술적 활동은 기술 자체의 정밀성과 진보를 목적으로 삼는다는 말이다. 본래 의미에서 기술의 목적은 인간의 실용적인 목적에 봉사하는 것이기 때문에 어디까지나 기술은 수단에 불과하고 따라서 기술 그 자체의 목적이 있을 수 없다. 그러나 오늘날의 양상은 기술이 인간의 실용적인 목적에서가 아니라 기술 그 자체의 영역을 확장하기 위해 기술을 사용한다. 말하자면 현대에서 기술은 자율성을 그 본질로 하는 것이 되었다. 따라서 기술은 그 자체의 가능성을 무한히 가지면서 그것에 대한 끊임없는 탐구를 자신의 과제로 정립하고 있다. 이 특수한 현대 기술의 과제에서 더 이상 수단으로서의 기술이라는 과거의 의미는 흔적을 찾기 어렵다. 현대 기술은 자체에서 무한히 생성되는 창조력의 역동성으로서, 창조의 연속이라는 기술 자체의 목적에 봉사한다. '무엇이든 가능하다(anything goes)'는 것은 기술의 자율성을 드러내는 슬로건인 셈이다.

그런데 어떤 이는 '여하튼 기술의 진보는 인간 활동에 의한 것이 아닌가?'라고 반문할지 모른다. 그렇다면 주인의 부름을 받고 달려가는 하인의 경우를 생각해보자. 하인이 달려가는 것은 자신의 목적 때문인가, 주인의 목적 때문인가? 벌목꾼이 나무를 베는 것은 목재상의 주문 때문인가, 자신의 필요 때문인가? 이런 물음에서 노동의 대가를 염두에 둘 필요는 없겠다. 문제는 그러한 활동이 무엇 때문에 일어났는가이다.

이 점에서 하이데거는 기술이 인간의 목적을 이루기 위한 도구이고 따라서 기술은 인간에 종속된다는 일반 통념을 뒤엎는다. 그는 "기술의 본질은 결코 기술적이지 않다"라는 유명한 명제를 던지면서, 기술의 본질이 갖는 전혀 다른 영역을 우리 앞에 제시한다. 그에 따르면, 기술(technē, thecnic)은 "스스로 자신을 밖으로 끌어내어 앞에 내어 놓지 못해서 아직 앞에 놓여 있지 않은 것, 그래서 금방 이렇게 저렇게 모양새를 바꾸어버릴 수 있는 그런 것을 탈은폐하는" 것, 즉 기술은 "일종의 밖으로 끌어내어 앞에 내어놓음"이다(하이데거, 1993: 37).

나아가 하이데거는 '현대의 기술은 무엇인가?', '현대의 기술은 그 본질이 무엇이기에 정밀 자연과학을 이용하게 되었는가?'를 문제 삼는다. 그는 현대 기술 역시 탈은폐이지만, 과거와 같은 방식이 아니라고 한다. 현대 기술의 본질은 '도발적 요청'으로서의 탈은폐, 즉 "자연적 에너지를 도발적으로 요구하는 '닦아세움(닦달, Ge-stell, enframing)'"이다.

그리하여 하이데거는 인간이 기술을 활용함으로써 기술 자체의 도발적 주문 요청에 관여한다는 점에서, 현대 기술은 단순히 인간 행위도 아니고 더구나 그런 행위 안에서의 단순한 수단도 아니라고 한다. 오히려 현대 기술을 통해 자연과 인간은 기술의 부품으로 드러난다. 요컨대 하이데거는 자연과 인간을 부품화하는 현대 기술의 본질을 닦아세움으로, 또한 그러한 닦아세움이 가능해진 것은 총체적인 자연 통제

닦아세움(닦달, Ge-stell, enframing)

하이데거는 '닦달'의 의미를 드러내는 몇 가지 예를 『기술과 전향(Die Technik und die Kehre)』(1962)에서 들었는데, 이해를 돕기 위해 한 예를 인용해보자. "과거에 경작을 할 때 농부의 일은 씨앗을 뿌려 싹이 돋아나는 것을 그 생장력에 내맡기고 그것이 잘 자라도록 보호하는 것이었다. 그러나 오늘날의 경작은 자연을 도발적으로 닦아세운다. 경작은 이제 기계화된 식품공업으로서 농토에 무엇을 내놓으라고 강요한다. 공기는 이제 질소 공급을 강요당하고, 대지는 광석을, 광석은 우라늄을, 우라늄은 ― 파괴를 위해서든 평화적 이용을 위해서든 ― 원자력 공급을 강요당한다"(하이데거, 1993: 41).

를 가능하게 한 근대과학 때문이라는 점을 지적했다.

현대 기술의 특징

하이데거와 마찬가지로 자크 엘루(Jacques Ellul)는 그 자체에 생명력이 있는 현대 기술을 '자율적 기술(autonomous technology)'이라고 명명했다. 그런데 엘루는 현대 기술이 과거와 어떻게 다른가라는 문제에서, 기술의 본질을 문제 삼지 않고 기술 현상과 사회의 관계를 문제로 삼았다. 엘루는 오늘날의 기술 현상은 과거의 것들과 거의 공통점이 없다고 하면서, 그 차이를 단적으로 '제한/제한없음'으로 서술한다. 전통 사회의 기술은 좁고 한정된 분야에만 적용되었고, 또한 공간적·시간적 제약을 받았다. 그러나 현대의 기술 현상에서 제한은 없어진다.

> 기술은 모든 분야로 확장되었으며 인간 행위를 포함한 모든 활동을 둘러싸고 있다. 기술은 무제한적인 수단의 증식으로 이끌어갔다. …… 기술은 전 세계를 덮을 만큼 지형적으로 확장되었으며, …… 기술자 그 자신을 당황케 만들 정도로 급속하게 발전하고 있다(엘루, 1996: 9).

이는 현대 기술이 과거 기술을 구속했던 한정(limitation)을 완전히 벗어나버렸다는 것이다. 이러한 **현대 기술의 특징**을 한마디로 표현하면 '기술의 자율성'이고, 이 특별한 용어는 인간의 의지적 선택에 별다른 의미가 없음을 함축한다. 여기서 우리가 '기술의 자율성'과 연관해 특히 주목할 필요가 있는 것은 기술의 '자기 확장성'이다.

엘루는 기술의 자기 확장성의 두 측면을 다음과 같이 지적한다. 기술에 지나치게 열광적이고, 기술의 우수성을 확신하며, 기술적 환경에 몰입되어 거의 모두 예외 없이 기술 진보를 지향하는 현대인은 기술의 자기 확장성의 한 요소이다. 즉, 소비자, 자본 축적, 연구소, 실험실과 생산조직 등은 복합적이고 역동적으로 전 세계 거의 모든 곳에서 기술을 발전시킨다. 또 다른 요소는 국가의 부와 기술의 순환적인 관계이다. 즉, 오늘날 한 국가에서 기술이 발전할수록 인력이나 원자재 또는 복잡

현대 기술의 특징

엘루는 오늘날 인간이 전적으로 다른 현상에 직면하게 하는 기술의 특징을 기술적 선택의 자동성, 자기 확장성, 일원주의, 기술의 결합 필요성, 기술의 보편성, 기술의 자율성 등의 여섯 가지로 열거했다. 그런데 필자가 현대 기술의 특징을 단적으로 '기술의 자율성'으로 본 것은 다른 특징들이 바로 이것에 귀결된다고 보기 때문이다.

한 기계 등 더 많은 원료가 필요하고, 이에 부응하는 부를 충당한 국가의 발전된 기술은 다시 그 국가의 부를 증대한다. 이러한 메커니즘에 따라 기술은 무한히 확장된다(엘루, 1996: 101~102 참조). 그리하여 엘루는 기술의 자기 확장성을 두 가지 법칙으로 공식화한다(엘루, 1996: 105).

기술 진보

기술 진보의 이러한 경향은 기술적 요소들의 상호 의존성 때문인데, 엘루는 여기에 다른 요인을 첨가한다. 즉, 기술은 그 발전에서 기술만이 해결할 수 있는 기술적인 문제를 제기하는데, 이에 따라 더 나은 기술 발전이 요구된다는 것이다(엘루, 1996: 107 참조).

① 주어진 문화에서 기술 발전은 뒤집을 수 없는 사실이다.

② 기술 진보는 산술적이 아니라 기하급수적으로 이루어지는 경향이 있다.

마침내 엘루는 기술의 자기 확장성의 두 법칙을 단 하나의 명제로 수렴한다. 즉, "기술은 종점(finality)이 없어지게 된다"(엘루, 1996: 108).

물론 기술 영역이 무한정하게 확장되어 나간다는 것은 곧 인간의 환경 세계의 확장이기도 하다. 본래 인간이 동물과 다른 점은 자연적으로 부여된 환경의 구속을 벗어나 자신의 환경을 만들어간다는 점이다. 과거에 인간이 도구를 마련하고 또 수단으로서의 기술을 사용하는 것은 모두 자신의 환경 세계를 확장하는 작업이었다. 따라서 기술의 연속적 창조는 기술 영역을 확대함과 동시에 인간 영역을 확장하는 역할을 수행한다.

여기서 문제는 기술이 그 자체의 목적에 봉사할 때 인간의 측면에서 세계의 확장 혹은 기술의 사용에 대한 필요는 예기치 못한 것이라는 점이다. 그리하여 인간은 더 정확하게는 대중은 어떠한 필요에서 기술을 수단으로 이용하는 것이 아니라, 전혀 예기치 않았으면서도 전면화되는 기술문화에 동시대인으로서 동참을 강요당하고 그저 그 기술을 소유 또는 향유할 따름인 것이다. 말하자면 필요가 기술을 낳는 것이 아니라 기술이 필요를 낳는 것이다. 달리 말하면 점점 더 일상이 되는 기술 발전 속에서 소비자에게는 생산의 기술적 필연성이 점점 더 강요되는 것이다.

4. 기술주의로 표류하는 현대

우리는 현대인이 삶을 의식하는 순간부터 자신의 삶이 기술적인 도구와 방법으로 점철된 인위적 환경이라는 사실을 발견하게 된다는 것, 나아가 그러한 인위적 환경 자체가 삶의 제조건이라고 인식하는 경향이 있음을 지적할 수 있다. 그런데 기술이 단지 삶의 제조건의 충족이라는 역할을 수행하고, 그것 때문에 현대를 기술 시대라고 부른다는 것은 아무래도 지나친 감이 없지 않다. 그렇다면 그 외에 어떤 다른 이유가 있는가?

우리는 여기서 두 가지를 생각해야겠다. 하나는 삶의 환경의 복합적이고 유기적인 특성, 즉 사회·경제·정치·문화 등과 같은 삶의 환경적 요소는 각각 분리되어 작용하지 않고 서로 복합적으로 연관되어 유기적으로 작용한다는 것이다. 다른 하나는 자신의 삶을 이끌어가는 인간 사유 원리(방식이라고 해도 좋다)는 전적으로 독립적·개별적이기보다는 환경의 제약을 받는다는 것이다. 이 두 가지 점을 기술과 연관해보면 다음과 같은 사실을 도출해낼 수 있다. 현대인의 삶의 환경이 기술적인 것으로 충만하다는 것은 삶의 환경적인 여러 요소가 기술적인 원리에 유기적으로 작용한다는 것이고, 또 이러한 환경에서 인간 사유 방식도 기술적 원리의 영향으로 변화된다는 것이다.

기술적 원리란 무엇인가? 간단히 말해서 정밀성·정확성·효율성을 근거로 하는 기술적 합리성이다. 실제 현대 기술적 원리인 정밀성은 엄밀한 규칙에 따라 명백한 원리들을 단일하고 신속하게 반복적으로 사용하는 것을 가능케 함으로써 대량생산, 대량소비, 나아가 대중문화를 형성했고, 이것은 정밀성을 그 자체 기술적 합리성과 같은 것으로 인식하게 했다. 정밀성과 합리성의 등치는 필연적으로 기술의 영속적인 진보를 요구케 되었다. 현대의 이론적 기술은 바로 이러한 특성으로 오늘날 사회 전반에 영향을 끼쳤다. 더 정확히 말하면 현대 기술은 기술적 원리에 따라, 기술적인 취급으로서 현대라고 하는 세계를 구성해냈다. 기술적인 취급 아래서 인간을 위시한 일체의 것들은 예측 가능한 대상, 수치로 환원되는 대상이 된다. 정밀성·효율성과 결합되지 아니한 모든 것은 현대에서는 비합리적인 것으로 간주, 배척되었다.

본래 인간의 사고는 다양하고 복합적이어서 때로는 수리적 정확성에 입각하기도 하고 때로는 추상적이고 신비적인 것에 몰두하기도 한다. 인간의 다양한 삶의 환경과 문화, 역사의 다양성은 복합적인 사고력에 기인하는 인간 창조력의 산물이다. 그런데 정밀성과 진보라는 원리는 암묵적으로 인간 사고를 단순화할 것을 요구하며, 실제로 오늘날 인간의 이론적 사고는 이러한 원리에 의해 결정적으로 규정된다.

따라서 기술화된 사회의 근본 특징이란 정밀성의 이념에 이끌리고 그것만을 진보적인 것으로 이해하는 사회, 획일화된 사회, 그리하여 인간을 물상화하는 사회라고 말할 수 있다. 이렇듯 현대 기술은 인간의 생활양식뿐 아니라 전반적인 사고체계까지 변화시키고 또 지배하는 양상을 빚어낸다.

오늘날 기술에 의한 인간 사유 방식의 변화를 우리는 어떻게 평가할 것인가? 인간이 사회 환경과 유기적 관계를 맺으며 삶을 영위하는 한, 당연한 결과이고 어쩔 수 없는 일이라고 치부할 것인가? 그렇지 못하다. 정밀성의 이념에 이끌리고, 그것만을 진보적으로 것으로 이해하는 기술 사회가 드러내는 삶의 현상들은 일종의 변화 과정으로 받아들이기에는 너무 참담하다. 오늘날에 인간의 모든 관계가 금전적인 관계로 해소되어버리는 현상, 맹목적으로 일반화된 경쟁, 현대인의 보편적 증상인 삶의 의미와 방향 상실, 나아가 자연과 인간성의 위기와 미래에 대한 불안 등은 기술적 진보의 대가라고 받아들이기에는 지나치게 인간 사회의 근간을 뒤흔드는 현상들이다. 이러한 부정적인 현상들이 현대 기술 지배력에 기인한 것이라면, 우리는 기술에 대한 부정적 평가들에 귀를 기울여야 한다.

근대 이후 기술의 지속적이고 획기적인 발달이 사회적으로 추동되는 동안, 새로운 과학기술에 대한 찬양과 기대가 증폭되는 가운데서도 기술이 야기할 부정적인 결과에 대한 우려가 없지는 않았다. 마르크스는 일찍이 기술 발달의 양면성에 관해 다음과 같이 지적했다.

기계는 그것 자체로는 생산물을 값싸게 증가시키고 노동시간을 단축하고 노동을 경감해 일반적으로 자연력에 대한 인간의 승리를 나타낸다. 그러나 기계의 자본주의적 충용(充用)은 일반 노동자가 이들 모두의 이점을 자신을 위해 이용하는 것을 허락하지 않고, 점차 노동자들에게 마이너스 결과를 가져온다(쿠신, 1990: 55에서 재인용).

그런데 마르크스는 경제를 최종 심급으로 간주했기 때문에 기술의 부정적 성격에 대한 그의 지적은 주로 노동소외에 집중되었다. 마르크스와 달리, 진보된 기술 사회 혹은 자본주의사회에서 기술이 발달하면 할수록 사회심리가 더욱 비인간화하는 것에 대한 비판도 적지 않았다. 헤겔은 노동의 기계화가 진행되면 될수록 인간이 더욱 기계적이고 몰정신적인 존재가 된다고 다음과 같이 진단했다.

…… 인간이 자연에서 획득하는 것이 점점 더 증가하고 자연을 더욱더 예속하면 할수록, 인간 자신은 더욱 저급한 상태가 되어버린다. 다양한 기계를 통해 자연을 가공함으로써 인간은 노동의 필연성을 지양하는 것이 아니라 오히려 노동을 연기하기만 할 뿐이다. …… 개별자에게는 노동의 필연성이 줄어드는 것이 아니라 오히려 늘어난다. 노동이 기계적으로 되면 될수록 노동가치는 더 작아지고, 개별적인 인간은 이러한 방식으로 더욱더 많이 노동해야 하기 때문이다(헤겔, 2006: 74).

한편 자본주의적 근대 경제와 사회제도 속에서 인간 운명을 문제 삼왔던 베버는 현대사회가 배태한 새로운 형태의 조직인 '관료제'를 분석한다. 그에 따르면, 가장 적은 노력으로 목표를 수행하고 수단을 끊임없이 계산할 것을 요구하는 관료제에서 금전 계약의 순수한 '수단주의'와 도구적 합리성인 관료적 정신은 생활 전반을 지배하게 된다. 따라서 그는 근대 기술에 기반을 둔 근대 자본주의가 발달하면 할수록 생활의 과잉 합리화가 비인격성을 더욱더 고도화한다고 주장했다(뢰비트, 1984: 125 이하 참조).

많은 사람이 현대 기술의 획기적인 발달을 찬양하지만, 현대 기술에 대한 철학적 성찰의 지배적인 경향은 부정적이다. 이들은 기술이 성취한 긍정적 기능을 도외시하지는 않는다. 물질적 풍요, 노동이나 구속에서 보편적 해방, 문화의 대중화 등 지금까지 기술이 성취해온 위업은 가히 전설적이다. 이들은 이러한 긍정적 기능을 인정하면서도 그 성취가 무의미하고 소용없는 것이 될 정도로 현대 기술 시대에 인간이 위기에 처했다는 진단을 한다. 모든 것을 기술에 대한 신앙에 맡겨두기로 작정한 사람들의 삶은 회복할 수 없을 정도로 공허하게 될 것이라는 점에서, 공해나 자연 파괴, 노동재해, 에너지 자원 문제 등에서, 무엇보다 탈인간화·비인간화에서 위기이다.

결국 기술이 초래하는 부정적 결과에 대한 숱한 진단·예측·경고가 있었는데도, 위기에 직면할 정도로 기술 진보의 진행이 멈추지 않는 이유는 한편으로는 무한히 자기 확장하는 기술의 자율성이고, 다른 한편으로는 기술 행위의 모든 결과를 예측하는 것이 불가능하다는 데 있다. 전자의 측면에서 기술은 모든 사람의 삶을 결정적으로 변형하는 요인이 되었고, 그 힘이 너무나 커서 어떠한 다른 힘으로도 그 발전을 멈추게 할 수 없는 지경에 이르렀다. 후자의 측면에서 보면 사태는 더욱 비관적이다. 우리는 특정 기술에 문제가 있음을 깨닫기도 하고 그것의 진행에 제동을 걸기도 하지만, 그때는 이미 나쁜 결과가 발생한 후이고,* 그 나쁜 결과를 극복하기 위해 다시 새로운 기술을 요구하는 폐

쇄적인 체계에 갇혀 있기 때문이다. 그래서 엘루는 "결과들 사이에 어떠한 '선택'을 할 시점이면 항상 너무 늦다"(엘루, 1996: 125 참조)라고 통탄한다.

그런데 이렇듯 '항상 너무 늦은' 사태를 왜 우리는 반복적으로 경험하는가? 기술 혹은 기술 개발 자체와 관련해서, 언제나 우리는 인식적 한계를 지니기 때문이다. 인식적 한계의 가장 중요한 측면은 현재주의적 오류이다. 다시 말하면 기술에 내재하는 잠재적 위험에 대한 예측이 언제나 현재적 시점의 이론과 경험에 근거하기 때문에, 기술 개발의 결과에 대한 예측은 정확할 수가 없다.

게다가 위험에 대한 예측을 간과하게 하는 또 다른 사회적·경제적 요인이 작용한다. 즉, 현대에 새로운 기술은 막강한 이윤 동기라는 점이다. 이상욱은 나노기술 문제를 다룬 논문에서 이렇게 썼다.

> 새로운 기술을 홍보해야 할 동기가 확실한 연구자들에게 새로운 기술의 잠재적인 부작용은, 설사 다른 사람이 지적해주더라도 잘 눈에 띄지 않거나 대수롭지 않을 것으로 비칠 가능성이 높다(이상욱, 2008: 214).

이상욱의 표현은 오히려 완곡하다. 실제로 이윤 동기가 분명할 경우, 특정 기술의 잠재적 위험성이 예상되더라도 그 위험성을 오히려 은폐하는 일까지 서슴지 않는다.

놀라운 것은 기술 부작용에 대한 은폐가 공공연한 방법으로 고도화된다는 점이다. '기술의 양면성', '기술의 가치중립성', 그리고 기술주의에 관한 담론이 그것이다. 이 담론들은 기술 부작용을 부인하지 않는다. 다만 그 부작용을 교묘하게 약화하거나, 기술의 탓이 아니라고 하거나, 부작용은 얼마든지 극복될 수 있다고 주장할 뿐이다.

• 간단한 예로 화석연료 혹은 온갖 화학합성 물질이 인간과 자연에 얼마나 치명적인 결과를 초래했는가를 생각해보라.

기술에는 긍정적 측면과 부정적 측면이 항상 공존하지만, 긍정적 측면이 인류 복지에 기여할 것이 분명하다면 그 기술을 선용할 수밖에 없다는 담론은 아주 쉽게 대중의 마음을 사로잡는다. 그런 만큼 이 담론의 함정은 쉽게 간파되기 어렵다. 순기능과 역기능은 계량화될 수 있는 것이 아니다. 그것은 질적 차원의 문제이기 때문이다. 극단적인 표현을 쓴다면, 복지 혹은 편의라는 순기능 때문에 생존에 치명적인 위험을 가져올 역기능을 감수할 수는 없는 것이다.

이러한 질적 차원의 문제가 제기될 경우 다시 대중의 마음을 사로잡는 것은 기술의 가치중립성이라는 가설이다. 그러나 기술 그 자체가 문제가 아니라 기술을 사용하는 방법이 문제라는 이 주장은 명백한 기만이다. 이미 많은 학자가 기술의 가치중립성 담론이 기만임을 논증한 바 있다. 앞에서 언급한바, 하이데거가 기술의 본질을 나타내기 위해 '닦아세움'이나 '도발적 요청'이라는 개념을 사용했을 때 그는 기술이 중립적인 이용의 대상이 아님을 밝힌 셈이다.

한편 다른 관점에서 기술의 가치중립성 그 자체가 비판되기도 한다. 엘루는 다음과 같이 말했다.

> 기술의 용도가 나쁘다는 …… 이러한 주장은 아무런 의미가 없다. …… 기술은 그 자체가 그 용도가 무엇인가를 나타내는 하나의 방법이고 …… 기술과 그것의 용도 사이에는 아무런 차이가 없다(엘루, 1996: 113).

또한 기술의 사회적 형성론자들은 어떤 기술이 선택되고 배치되는 데는 특정 사회의 정치적·경제적·사회문화적·조직적 요인이 개입되고 작동한다는 점을 지적한다. 기술의 선택에 관여하는 사회적 요소를 문제 삼았던 데이비드 노블(David F. Noble)은 다음과 같이 단언했다.

> 기술 변화에서 원인과 결과의 관계는 자동적으로 정해진 것이 아니다.

기술의 사회적 형성론

기술과 사회의 관계에 대한 이론으로 기술결정론과 기술의 사회 형성론을 대별할 수 있다. 기술결정론은 기술이 사회 변화의 결정적 요소임을 주장한다. 이에 비해 기술의 사회 형성론은 사회적 영향이 특정 기술을 형성한다는 이론이다. 기술결정론자들은 대개 기술의 가치중립성을 지지하며, 기술의 발전이 사회의 진보를 담보한다고 주장한다. 이에 비해 기술의 사회적 형성론자 혹은 사회구성론자들은 기술과 관련해 사회적으로 작동하는 힘의 역학관계에 대해 문제를 제기한다.

기술 변화에는 관련된 사회집단들의 상대적인 세력에 의존해 결과가 산출되는 복잡한 과정이 매개된다(송성수, 1995: 31에서 재인용).

5. 호모테크노쿠스의 운명

과연 과학과 기술이 인류가 당면한 각종 절박한 문제들에 대한 최적의 해결 방안이 될 수 있을까? 당면한 문제에 대해 기술은 많은 것을 해결할 수 있기는 하다. 유전공학은 식량자원을 획기적으로 증대할 수 있기도 하고, 인간에게 필요한 온갖 생물자원을 공급해줄 수도 있다. 나노테크놀로지에 기초한 첨단 의학은 많은 질병에 대응하면서 인간의 평균수명을 늘릴 수 있다. 신기술 개발을 통해 환경오염을 줄일 수 있는 방안을 강구할 수도 있고 더욱이 여러 새로운 기술을 결합함으로써 현대 기술은 엄청난 문제 해결능력과 새로운 문명(예컨대 post-human 시대와 같은)을 열어갈 수도 있을 것이다.

그러나 기술은 그저 발전하기만 하는 것은 아니다. 기술이 새로운 영역으로 발전하는 만큼 언제나 그것은 새로운 문제를 야기한다. 이미 우리는 새로운 문제를 해결하기 위해 다시 새로운 기술이 개발되는 악순환의 경험이 있다. 항생제의 발명은 질병 치료에 획기적인 발전이었지만, 그 항생제에 저항하는 더욱 강력한 박테리아를 탄생시켰다. 이렇듯 병에 대한 치료 기술이 진화하는 것과 마찬가지로 병의 원인이 진화한 사례는 수도 없이 많다. 오염된 하천을 정화하기 위해 사용된 염소(Cl)가 발암물질인 유기염소화합물 트리할로메탄(THM)을 생성하는 원인이 되는 경우와 비슷한 사례는 얼마든지 많다. 환경오염을 해결하기 위한 화학물질들이 또 다른 환경오염원이 되지 않으리라는 보장은 어디에도 없다. 살충제·제초제 사용을 줄이면서 수확량을 증대한다는 유전자공학은 더 강력한 살충제·제초제 사용이 필요한 상황을 만들어내며,

인체에 치명적인 해를 일으킨다는 것은 이미 상식이 되었다. 따라서 우리는 기술이 야기하는 악순환에 관한 역사적 경험에 기초해 기술이 결코 최적의 해결 방안이 아니라는 결론을 도출하는 것도 어렵지 않다.

그럼에도 기술주의에 대한 대중적 신념은 여전히 강력해 기술에 내재하는 잠재적 위험을 잘 알지 못한다. 앞에서 필자는 이런 위험에 대한 무지가 현재주의적 오류와 위험에 대한 예측을 간과하게 하는 또 다른 사회적·경제적 요인이 작용한 결과라고 지적한 바 있다. 포스트맨은 이 무지가 사회적·경제적 요인이 작용한 결과로 형성된 문화 및 정신의 양태로 설명한다. 그는 기술의 신격화를 통해 이루어진 문화, 즉 기술의 승인을 구하고 기술을 통해 만족을 얻고자 하며 기술의 지시를 따르는 현대 전체주의적 기술주의문화를 '테크노폴리(technopoly)'로 규정했다(포스트맨, 2001: 105).

테크노폴리의 기본 원리 중 하나는 어떤 종류의 기술이라도 우리 대신 생각해준다는 것(포스트맨, 2001: 79), 그 결과 기술이 신격화된 테크노폴리는 무엇을 믿을 수 없는가를 깨닫게 해주는 사회적·정치적·역사적·형이상학적·논리적 혹은 영적 토대를 우리에게서 제거해가며(포스트맨, 2001: 88), 도덕의 자리에 효율성, 흥미, 그리고 경제 발전을 채워 넣는다는 것이다(포스트맨, 2001: 250).

이 때문에 테크노폴리에 익숙해진 사람들은 기술 진보를 통해서 인간이 직면한 모든 심각한 문제를 해결할 수 있다고 믿는다. 그뿐만 아니라 기술 발전이 유토피아를 건설할 것이라는 기술의 약속을 믿는다. 테크노피아·컴퓨토피아·카드피아 등의 용어가 유통되면서 테크노 유토피아니즘이 대중을 현혹한다. 이와 같이 기술주의가 가장 극단적인 형태일 때 기술의 위험을 인지하기란 참으로 어렵다.

그러나 이제 이런 무지의 원인을 좀 더 직접적이고 정직하게 지적할 때가 되었다. 온갖 지식과 정보가 넘쳐나는 이 시대에 기술의 위험에 대해 무감각하고 무지한 결정적인 이유는 인간이 기술을 대상으로서

테크노폴리(technopoly)

포스트맨은 문화를 도구사용문화(tool-using culture), 기술주의문화(technocracies), 테크노폴리(technopolies)로 구분한다. 포스트맨이 기술주의문화에서 특별히 테크노폴리를 구분한 것은 기술이 문화의 한 구성 요소에서 문화 그 자체로 전환되는 것을 드러내기 위함이다. 즉, 기술주의문화에서는 기술적 세계관과 전통적 세계관이 긴장관계 속에서 공존했지만, 테크노폴리에서는 기술 외에 모든 대안이 제거되고 인간의 모든 영역이 기술의 요구에 따르게 된다.

호모테크노쿠스
(Homo Technocus)

인간을 정의하는 다양한 개념, 예컨
대 호모 사피엔스(Homo sapiens,
사고하는 인간), 호모로쿠엔스(Homo
loquens, 언어적 인간), 호모루덴스
(Homo ludens, 놀이하는 인간), 호
모폴리티쿠스(Homo politicus, 정
치적 인간), 호모에코노미쿠스(Homo
economicus, 경제적 인간), 호모에
티쿠스(Homo ethicus, 윤리적 인
간) 등과 같은 맥락에서 현대 인간을
호모테크노쿠스(기술적 인간)로 정
의내릴 수 있을 것이다. 기술적 인간
이란 기술과 더불어서만이 자신을
이해할 수 있는 인간이라는 뜻이다.

성찰할 수 있는 존재가 더 이상 아니라는 점이다. 기술 시대의 인간은 누구도 기술적인 장치에서 벗어나 생활할 수 없게 된 존재이다. 오늘날 "일과 오락에서 사랑과 죽음에 이르기까지 삶의 모든 영역은 기술적 관점에서 파악된다"(엘루, 1996: 133). 드디어 인간은 기술이 없이는 자기 자신과 자신의 삶을 이해할 수도 없고, 존립할 수도 없는 기술적 인간이 되었다.* 이런 기술적 인간은 어떤 새로운 기술이라도 질문 없이 받아들이고 쉽게 친숙해지도록 프로그램화된 인간이다. 그야말로 기술 앞에서 물음을 상실한 인간이고 자유를 상실한 인간이다.**

드디어 우리는 지금껏 인간을 정의하는 다양한 개념, 즉 호모사피엔스, 호모루덴스, 호모폴리티쿠스 등보다 '호모테크노쿠스(Homo Technocus)'라는 개념이 자신의 이해에 더 적합하게 된 시대에 봉착했다. 이제 우리는 도구를 사용해 생산하는 인간이라는 호모파베르***라는 개념을 호모테크노쿠스로 대체해야 할 처지가 되었다. 더 이상 기술은 우리가 통제하거나 조작하는 대상이 아니라 이미 우리 자신의 일부가 되었기 때문이다. 이제는 우리 자신을 기술에 적응하는 것이 과제가 되었기 때문이다.

'호모테크노쿠스'라는 개념은 전통적인 인간 이해에서, 인간학이 지향해온 이념의 방향에서 상당히 멀어졌다. 전통적인 인간 이해의 핵심이 '호모사피엔스'라는 점에서, 또 인간학의 이념이 자율적 인간이라는 점에서 그렇다. '호모테크노쿠스'라는 개념에는 '기술에 지배되는 인간' 혹은 '기술 노예'라는 의미가 암암리에 내포되었다. 이 점에서 호모테크노쿠스는 '문제 개념'이다. 사실 현대에서 기술과 연관된 철학적 논의들은 (비록 이 개념을 전면에 내세우지는 않았지만) 대개 이 문제 개념을 배경으로 한다. 인간에 대한 기술 지배가 폭발적으로 증가하는, 혹은

* 이러한 자세를 견지하는 대표적인 현대 기술철학자가 바로 돈 아이디(Don Ihde)이다.
** 하이데거는 현대 기술 때문에 인간은 물음을 상실했다고 지적하고, 엘루는 인간 자유의 상실을 지적한다.
*** 브뤼노 라투르(Bruno Latour)는 기술이 인간이 만든 도구에 불과하다는 '호모파베르' 식의 도구적 기술론의 주장을 일축한다. 왜냐하면 인간은 기술을 손에 쥔 그 순간에 다른 가능성이 있는 존재로 바뀌며, 여기에 또 다른 기술이 더해져서 지속적인 치환이 일어나기 때문이다(홍성욱, 2008: 141 참조).

총체적 현상으로 나타나는 현실을 어떻게 파악할 것인가? 왜 이렇게 되었는가? 기술 지배를 전면화하는 힘은 무엇인가? 총체적인 기술적 현상이 초래할 미래상은 도대체 어떠한가? 어떻게 총체적 지배에서 벗어날 것인가? 어떻게 기술 지배의 부작용을 최소화할 것인가? 이러한 물음이 호모테크노쿠스의 운명을 둘러싸고 제기되는 문제이다. 이 물음 중 일부는 현대 기술에 관한 앞의 글에서 어느 정도 다루었다. 여기서 다루어야 할 중요한 문제는 현대 기술 부작용에 대해 우리는 어떻게 대처할 것인가이다.

그런데 21세기 테크놀로지가 전개되는 양상은 20세기와 현격하게 다르다. 특히 21세기의 첨단 공학 기술, 즉 나노테크놀로지, 생명공학, 유비쿼터스 기술 등에 의해 사회적·개인적 삶의 양식이 급격히 변화하고 있다. 이 변화는 단순히 양식상의 변화가 아니다. 이 변화의 놀라운 점은 세계를 전혀 다른 차원으로 개조한다는 것이다. 디지털 기술이 만들어내는 새로운 온라인(online) 세계, 생명공학이 만들어내는 새로운 생명 창조의 세계, **나노테크놀로지가 전개할 물리적 변환의 세계** (혹은 세계를 재구성하는 나노 세계) 등등이다. 게다가 현재의 기술들이 개별적인 영역에 머무르지 않고 서로 다른 기술 영역과 결합함으로써 기술력이 엄청나게 상승하고 있다. 기술 그 자체만으로 볼 때 기술 발전은 끝이 보이지 않는다.

그리하여 이 변화의 확장과 그 속도가 어느 정도로 확대될지, 그리고 그 결과가 어떠할지 도무지 예측 불가능한 지경이 되었다. 여기에 문제의 심각성이 있다. 기술에 대한 성찰을 통해 우리가 겨우 가늠할 수 있는 것은 기술 발전의 연속적인 확대 과정은 또 다른 위험을 동반할 것이라는 점이다. 그리고 그 위험은 인간과 자연에 대한 엄청난 도전이 될 것이라는 점이다.

인류 운명이 걷잡을 수 없이 벼랑으로 내몰린다는 우려는 과장이 아닐지 모른다. 그런데도 수많은 사람은 과학기술의 발전이 우리의 구세

나노테크놀로지가 전개할 물리적 변환의 세계

인간 감각 대상으로서의 물질이 나노 수준에서는 전혀 다른 광학적·화학적·전자기적 특성을 띠게 된다는 점에서, 그리고 나노 수준에서 물질을 제어하고 조합할 경우와 나노테크놀로지와 여타 첨단 기술이 융합할 경우 기존 물질 존재(인간을 포함해)의 물리적 특성이 본질적으로 바뀔 수 있다.

주가 될 것이라는 기술주의적 기대를 버리지 않고 있는데, 이는 너무 미시적이고 단기적인 시각이 아닐까? 총체적인 관점에서 본다면 종국으로 치닫고 있다는 우려가 오히려 설득력이 있다. 현상적으로는 테크노−유토피아인 테크노폴리가 희망 없는 미래를 의미하는 이 역설적인 상황에서 호모테크노쿠스가 취할 수 있는 대처 방안은 있을까? 자율적 기술의 맹렬한 도약에 직면해 철학은 무엇을 할 수 있을까?

호모테크노쿠스는 이미 기술이 갖는 권력을 통제할 수 있는 능력이 없다. 게다가 시장과 이윤의 극대화를 지향하는 자본주의 체제는 기술의 새로운 진보를 가속화하는 동력이다. 따라서 인간이 더 이상 호모테크노쿠스이기를 거부하거나 기술 진보의 동력인 자본주의 체제가 변화하지 않는 한, 현재의 역설적인 상황을 벗어나기 어렵다. 그런데 이것은 현실적으로 불가능하다.

그래서 기술철학자들이 제시한 대안들이 오히려 절망감의 다른 표현처럼 들린다. 인간이 인간답기 위해 결코 잊지 말아야 할 것들, 예컨대 예측 가능한 위험 앞에서의 두려움과 겸손, 검소함과 절제의 윤리를 제시한 한스 요나스(Hans Jonas), '우리가 자유롭지 않음을 인정하는 자유', 즉 '비자유의 자유(freedom of non-freedom)'라는 역설적인 자유를 인정하는 것이 구원의 시작이라고 하는 엘루, 이들의 담론이 실천력을 담보하기에는 첨단 기술 사회와 기술 권력의 구조적 힘이 너무 크다. 기술을 개발하는 과정에 시민사회가 개입해 통제력을 발휘하면 기술 사회의 문제를 극복할 수 있다고 주장한 랭던 위너(Langdon Winner)의 제안에 타당성이 없지는 않지만, 지나치게 소박하다. 기술권력이 행사하는 복합적이고도 역동적인 권력 작용 앞에서 시민사회가 제대로 개입하기 어렵다. 또 개입이 가능하다고 하더라도 전 범위에서 시시각각 연쇄적으로 폭발하는 신기술 개발을 통제하기에는 역부족이다. 게다가 대부분 새로운 기술에 기꺼이 적응하려는 호모테크노쿠스 틈에서 '시민사회'는 허상에 불과할 우려가 크다.

그런데도 철학자들의 절망감 어린 제안들이 재조명될 여지는 있다. 위험이나 위기가 구체적으로 현재화될 때, 혹독한 시련을 겪게 되는 그 때, 사람들과 어떤 사회는 자발적으로 혹은 불가피하게 그 제안들을 고려하게 될 것이다. 또한 그때 호모테크노쿠스에 저항한 극소수 사람의 실천이 전향의 나침반이 될 것이다. 위험이나 구체적 위기는 사람들의 행동을 바꾸고 생각을 바꿀 수 있게 하는 힘이기 때문이다.

고피, 장 이브(Jean-Yves Goffi). 2003. 『기술철학』. 황수영 옮김. 파주: 한길사.

데카르트, 르네(René Descartes). 1986. 『방법서설, 성찰, 데까르트 연구』. 최명관 옮김. 박영사.

뢰비트, 칼(Karl Löwith). 1984. 「막스 베버와 칼 마르크스」. 강신준·이상률 편역. 『마르크스냐, 베버냐』. 홍성사.

버널, 존 데즈먼드(John Desmond Bernal). 1985. 『과학과 역사』. 성하운 옮김. 도서출판 한울.

베이컨, 프랜시스(Francis Bacon). 2001. 『신기관』. 진석용 옮김. 한길사.

송성수 편역. 1995. 『우리에게 기술이란 무엇인가』. 녹두.

신오현. 1987. 『자아의 철학』. 문학과 지성사.

엘루, 자크(Jacques Ellul). 1996. 『기술의 역사』. 박광덕 옮김. 도서출판 한울.

오르테가 이 가세트, 호세(José Ortega y Gasset). 1989. 『인간과 기술』. 정영도 옮김. 이문출판사.

이상욱. 2008. 「아주 작은 것의 위험에 대해 생각하기」. 『필로테크놀로지를 말한다』. 해나무.

쿠신, A. A.(A. A. Kusin). 1990. 『마르크스의 기술론』. 노태천 옮김. 문학과 지성사

포스트맨, 닐(Neil Postman). 2001. 『테크노폴리』. 김균 옮김. 민음사.

하이데거, 마르틴(Martin Heidegger). 1993. 『기술과 전향』. 이기상 옮김. 서광사.

헤겔, 게오르크(Georg Wilhelm Friedrich Hegel). 2006. 『헤겔 예나 시기 정신철학』. 서정혁 옮김. 이제이 북스.

홍성욱. 2008. 「기술은 인간처럼 행동한다: 라투르의 새로운 기술철학」. 『필로테크놀로지를 말한다』. 해나무.

10 자연 세계와 인간의 존재

우리가 그 속에서 살아가는 여러 가지 차원의 세계 중에서 자연 세계는 가장 근본적인 인간 삶의 조건이라고 할 수 있다. 근대 이후 인간은 자연을 풍요로운 삶의 수단으로 개발하기 위해 과학기술을 발전시켜왔지만, 오늘날에는 그 과학기술이 자연세계를 파괴함으로써 오히려 인간의 삶을 위협한다는 지적이 있다.

이 장에서는 과학과 기술에 대한 서양철학자들의 반성을 고찰하고, 아울러 그들이 개진한 몇 가지 탈근대적 자연 이해를 살펴볼 것이다. 이것은 자연 세계와 그 안에서 인간의 좋은 삶을 위한 우리의 숙고에 참조할 만한 실마리가 될 것이다.

1. 삶, 세계, 자연 세계

20세기 초중반에 활동한 독일 철학자 하이데거는 인간의 근본적인 삶의 한 특성을 가리켜 '세계내존재(In-der-Welt-Sein)'라고 표현했다(Heidegger, 1972: 64 참조). 이것은 말 그대로 '세계 안에 있음' 혹은 '세계 안에서 살아감'을 의미하지만, 더 엄밀하게는 인간이 '세계 바깥에 있을 수 없음' 혹은 '세계 바깥에서는 살아갈 수 없음'을 의미한다. 나아가 인간이 '있다'는 것은 곧 '살아 있다'는 것을 함축하므로 세계내존재라는 것은 인간이 살아서는 세계 바깥으로 한 발자국도 나갈 수 없다는 것까지 포함한다. 과연 하이데거의 말대로 인간은 세계내존재일 수밖에 없을까?

여기서 '세계'를 '지구'나 그 밖에 이와 비슷한 공간적인 어떤 장소로 간주하면, 하이데거의 말은 틀렸다고 해야 할 것이다. 오늘날 우리는 인간이 이미 지구 대기권 밖으로 나갔다가 돌아온 경험이 있으며, 일정한 시간 동안 거기에서 살아갈 수도 있다는 것을 잘 알고 있기 때문이다. 물론 하이데거가 이 말을 했던 그 시점(1927년)에서는 이런 일들을 직접 경험할 수 없었다 하더라도 그가 세계를 지구와 같은 어떤 공간적인 것으로 간주하지 않았다는 것은 분명하다. 그에 따르면 공간적인 것으로서의 세계 개념은 특히 연장하는 실체를 통해서 세계 특성을 수학적으로 서술하는 데카르트의 근대적 존재론에서 규정된 것인데, 그는 자신의 사상이 이 근대 존재론과 분명히 다르다고 선언했기 때문이다(Heidegger, 1972: 66 참조).*

그렇다면 하이데거는 '세계'의 의미를 어떻게 해명하는가? 그는 이러저러한 학문적 관점들 이전의 가장 원초적인 차원에서 세계에 접근한다. 그에 따르면, 우리 일상적인 사람들에게 가장 친근한 세계란 바로

---

* 특히 데카르트의 연장하는 실체에 기초한 세계 개념과 이에 대한 수학적·과학적 인식에 대한 하이데거의 분석에 대해서는 Heidegger(1972: 89 이하)를 참고하라.

'환경 세계(Umwelt)'이다(Heidegger, 1972: 66). 환경 세계는 말 그대로 '둘러싸고 있는(um-, 環) 세계(Welt, 境)'를 의미한다. 둘러싼다는 것은 반드시 둘러싸이는 그 어떤 것이 있어야 한다. 둘러싸이는 것은 바로 나이다. 여기서 둘러싸는 것은 경우에 따라 바뀌어도 무방하지만 둘러싸이는 것은 결코 바뀔 수 없다. 다시 말해서 내가 북극지방에 있을 경우에는 나를 둘러싸는 것이 얼음이고 내가 적도의 밀림에 있을 경우에는 나를 둘러싸는 것이 울창한 수목이듯이, 그때그때 나를 둘러싸는 것이 바뀌더라도 둘러싸이는 나는 결코 사라지지 않는다.

이러한 환경 세계의 예를 통해서 세계내존재의 의미를 다시 생각해보면, 확실히 그것은 일정한 공간적 경계로 구획되는 세계가 먼저 있고 인간은 그 안에서 살아갈 수밖에 없다는 것을 뜻하는 것이 아니다. 반대로 그것은 내가 어디에 있더라도 그때그때 반드시 나를 둘러싸는 세계가 형성된다는 것을 뜻한다. 그렇다면 나는 나를 둘러싸는 것이 전혀 없는 그 어떤 곳에 있을 수는 결코 없다. 이러한 점에서 세계내존재라는 말은 인간이 세계 바깥으로 나갈 수 없으며 오직 세계 안에서만 살아갈 수밖에 없다는 것을 강조하기 위한 하이데거의 독특한 표현법이라고 할 수 있다.

그런데 인간이 이와 같이 세계 안에서 살아갈 수밖에 없다는 사실에 어떤 의미가 있을까? 하이데거의 경우 그것은 일정한 세계 안에 있는 인간이 그 안에 있는 다른 존재자들과 만나지 않을 수 없다는 사실을 인간의 존재 의미를 분석하기 위한 출발점으로 삼는다는 의미가 있다. 그래서 그는 내가 나 이외의 다른 인간일 수도 있고 인간이 아닌 사물일 수도 있는 다른 존재자들과 이러저러한 방식으로 맺는 관계에서 나타나는 현상적인 특성들을 분석하면서 인간 삶의 근원적인 의미를 밝히려고 했던 것이다.

그러나 이러한 세계 안에 존재하는 여러 존재자의 관계보다 더 원초적인 것은 인간을 포함한 모든 생물에게 세계란 삶의 조건일 뿐만 아니라 죽음의 조건이기도 하다는 사실이다. 즉, 세계는 우선 그 속에서 살아가는 생물에게 생존에 필요한 물질들이나 에너지를 제공하는 터전으로서 생존 조건이지만, 그러한 물질과 에너지의 공급 부족뿐만 아니라 공급 과잉도 그 생물을 죽음으로 몰아갈 수 있는 조건이 된다. 나아가 생존을 위해 동일한 종류의 물질과 에너지가 필요한 생물종 사이에는 그것을 먼저 확보하기 위한 투쟁이 발생할 수 있다. 물론 이 투쟁에서 승리하는 생물종만 생존할 수 있으며 패배하는 생물종은 사멸할 수 있다. 이러한 생존 투쟁은 동일한 생물종에 속하는 생물 개체 사이에서도 발생할 수 있다. 이러한 점에서 세계는 생존 조건이면서 동시에 죽음의 조건이다.

그러므로 인간을 포함한 모든 생물은 자신의 세계 안에서 형성될 수 있는 갖가지 생존 조건을 확보하고 갖가지 죽음의 조건을 제거하는 부단한 활동을 통해서만 생존할 수 있다. 그런데 이러한 활동이 전적으로 생존을 보증하지는 않는다. 그것은 이러한 활동을 통해서 개선될 수 있는 것과 그렇지 못한 것의 한계가 분명하기 때문이기도 하고, 또해당 생물의 처지에서 생존에 유리하고 죽음을 방지할 수 있는 조건이라고 믿고 행한 활동들이 예기치 않게도 무의미하거나 심지어 죽음을 앞당기는 결과로 실현되는 경우가 있기 때문이기도 하다. 이러한 점이 우리가 세계에 대해 더욱 넓고 깊게 생각해야 할 이유가 된다.

그런데 우리가 세계에 대해 생각할 때 무엇보다도 먼저 자연 세계를 떠올리겠지만, 우리의 삶과 죽음을 조건 짓는 세계에는 자연 세계 이외에 다양한 인공적 세계가 포함된다. 예컨대 자연물들을 인위적으로 변형하거나 전적으로 새로운 창작으로 형성된 인공물들로 구성되는 물리적 인공 세계, 언어 세계나 예술 세계와 같은 비물리적 인공 세계, 사회체제나 제도와 같은 사회적 인공 세계, 일상에서 상호 관계하는 인간관계의 세계 등 다양한 인공적 세계도 그 안에서 살아가는 사람의 생존과 죽음에 영향을 줄 수 있는 조건이 될 수 있다.

그렇다면 우리는 인간의 존재 조건, 즉 우리의 삶과 죽음의 조건으로서의 세계를 생각할 때 이 모든 세계를 함께 고려해야 할 것이다. 그러나 여기에서는 자연 세계에 대한 철학적 사유만을 살펴보려고 한다. 왜냐하면 자연 세계 안에서의 인간의 존재가 다른 모든 인공 세계 안에서의 인간의 존재를 정초하는 기초가 된다고 볼 수 있기 때문이다. 즉, 인간은 처음부터 자연 세계 안에 살면서 삶의 조건을 강화하고 죽음의 조건을 약화하기 위해서 그것을 확장하거나 변경하는 과정에서 다양한 인공 세계를 형성해왔기 때문에 이 인공 세계가 갖는 인간의 존재와 관련된 궁극적 의미는 사실상 자연 세계가 갖는 그것과 결코 무관하지 않다고 보아야 한다. 이러한 점에서 자연 세계는 인간의 가장 기본적인 존재 조건이라고 할 수 있다.

2. 자연 세계의 의미의 역사

1) 인간의 삶을 위협하는 자연 세계

인간이 생존 터전으로서의 세계를 생각할 때 가장 우선적으로 고려하게 되는 세계는 역시 자연 세계이다. 인공물들로 빼곡한 도심에서 생활하는 인간이라도 생존을 위한 필수 물질이나 에너지는 자연에서 얻어야 하기 때문이다. 실제로 자연 세계는 인간에게 생존에 필요한 빛과 공기와 음식물을 제공해준다. 그러나 이러한 자원들이 언제나 풍부하고 안전하게 제공되지는 않는다. 극심한 추위나 더위, 세찬 바람, 그리고 이러한 기상 변화에 따른 음식물의 고갈도 또한 자연 세계가 인간에게 부과하는 것들이다. 이러한 점에서 인간에게 자연 세계는 우선 생존의 가장 기본적인 조건이지만, 동시에 죽음의 조건이기도 하다.

사람들에게 더 큰 충격을 주는 것은 후자의 측면이다. 이 때문에 사람들은 생존을 위협하는 자연의 위력을 어떻게 피할 수 있는지를 고민했다. 이러한 고민을 통해 인류가 만들어낸 가장 원시적인 해결책은 애니미즘(animism)의 창안이다. 즉, 자연물 자체나 그 너머에서 자연물을 움직이는 그 어떤 존재자에게 인간 자신과 비슷한 인격성을 부여하는 것이다. 이것은 자연의 위협을 바로 이 인격적인 존재자의 불만이나 진노로 해석해 그러한 위협이 발생할 경우 그를 달래거나 즐겁게 함으로써 위험을 피할 수 있다는 믿음이다.

이러한 믿음체계의 흔적은 전설이나 신화 형태로 후세에 전해지고 있다. 예컨대 그리스 신화에서 각각의 자연현상은 그것을 관장하는 신의 지배로 일어난다. 천둥과 번개는 제우스의 격노이며 폭풍과 해일은 포세이돈의 불만에서 비롯되는 것이다. 오늘날에도 산에 오르는 사람들은 산에서 만날 수 있는 위험을 방지하기 위해서 산신에게 제사를 지내고 바다 일을 하는 사람들은 바다에서 만날 수 있는 위험을 방지하기 위해 용신에게 제사를 지내는 풍습이 남아 있다. 이러한 제사에서 사람들은 모두 자신이 귀중하게 여기는 것들을 제물로 바친다. 사람들은 자연을 신격화해 숭배하지만 신들도(따라서 자연도) 자신과 똑같은 감정으로 자신과 똑같은 방식으로 사고하고 행동하는 존재자로 여긴다. 결국 신화는 눈에 보이지 않는 자연의 두려움을 현실적인 형상의 아름다움으로 변형함으로써 그러한 두려움을 회피하려는 인간의 산물이라고 할 수 있다(디킨슨, 1989: 20 참조).

애니미즘에 바탕을 둔 신화의 자연관이 자연을 두려워함으로써 자연의 위험성을 회피하는 것이라면, 크리스트교의 경전인 『성경전서』에 등장하는 이야기는 이와 다른 자연관 보여준다. 여기에는 애니미즘적 신들과 달리 만물을 창조하고 다스리는 '하나의' 신이 등장한다. 이 신은 모든 자연물을 창조했을 뿐만 아니라 인간도 창조했다. 그런데 인간과 인간 이외의 자연물은 중요한 하나의 차이로 구별된다. 그것은 인간을 창조주인 신과 닮은 존재자로 창조했다는 것이다(창세기 1:26 참조). 이 때문에 신은 인간에게 "생육하고 번성해 …… 땅을 정복하라. …… 모든 생물을 다스리라"라고 특별한 명령을 내렸다(창세기 1:28).

이 이야기에 따르면, 자연 세계는 창조주이자 지배자인 신이 인간의 삶을 '위해서' 인간에게 허용한 환경이다. 그러므로 인간은 자연을 두려워할 이유가 없다. 이제 자연의 위협은 이 창조주 신의 불만이나 진노의 징표이다. 이것은 자연을 두려워할 일이 아니라 창조주인 신을 두려워해야 할 일이다. 당연히 이 창조주 신에게 제사를 지내고 신을 섬김으로써 인간은 자연적 위험에서 비롯되는 두려움을 회피할 수 있는 것이다.

더욱이 『성경전서』의 자연관은 자연과 분명하게 구별되는 신의 존재를 상정하고 있는데, 이것은 인간이 단지 자연의 위험성을 회피하기만 하는 소극적인 태도가 아니라 오히려 자연을 지배하고 다스리는 적극적인 태도를 가져야 한다는 것을 의미한다. 이것은 아마도 척박한 사막 지역에서 유목생활을 했던 고대 히브리인들의 특수한 상황에서 비롯된 관념일 것이다.

> 유목민이었던 그들에게 자연의 은혜를 앉아서 기다리는 것은 견딜 수 없는 일이었고 오히려 자연에게 적극적인 싸움을 거는 것에 의해 약간의 포획물을 얻어내는 생활이 강요되었던 것이다(구니야 준이치로, 1992: 112).

2) 규범의 원천으로서의 자연 세계

기원전 6세기를 전후로 고대 그리스문화권에서 발생한 철학적 사고는 자연에서 신을 제거하는 혁명적인 전환을 이루어냈다. 최초의 철학은 자연을 철학적으로 해명하려는 '자연철학'이다. 이 책 5장 3절 1항에서 보았듯이 고대 그리스에서 '자연', 즉 '퓌시스'란 '생겨나다', '분출하다' 등을 뜻하는 동사 'physaō'라는 말에서 파생된 말로서, "외부에서의 힘의 작용이 없이 그 자체의 힘으로 생겨남"을 뜻하는 말이다. 이러한 점에서 이 시대의 자연 개념에서는 생성(生成), 즉 있다가 없어지든지 없다가 있게 되는 과정을 더 중시한다. 이 때문에 고대의 자연철학자들은 자연적 생성의 근원을 알고자 했다.

탈레스(Thales), 아낙시만드로스(Anaximandros), 아낙시메네스(Anaximenes) 등 소아시아의 이오니아 지방에서 활동했던 밀레토스의 철학자들은 이러한 자연의 존재 원천, 이른바 '아르케(archē)'를 찾고자 했던 최초의 철학자들이다. 아르케라는 말의 일반적인 의미에는 '출발점'과 '목적지'가 동시에 포함된다. 이것은 오늘날 우리에게는 기묘하게 보일지도 모르지만 그 당시의 순환적인 시간관념으로는 큰 어려움 없이 이해될 수 있는 것이었다. 이 일반적인 개념은 자연에도 그대로 해당되는데, 자연에서의 아르케란 자연물의 생성에서 생겨나는 것의 원천이기도 하고 동시에 목적이기도 한 그 무엇이라고 할 수 있다. 즉, 아르케는 만물이 그것에서 생겨나오는 최초의 것, 그리고 만물이 사라져서는 다시 그것으로 되돌아가는 최후의 것이라고 할 수 있겠다(아리스토텔레스, 2007: 44 참조).

자연철학에서는 이러한 자연의 원천에 대한 탐구뿐만 아니라 자연의 원리 혹은 이법에 대한 탐구도 이루어졌다. 이오니아의 사모스 출신이지만 마그나그라이키아(남이탈리아)에서 활동한 퓌타고라스는 자연적 생성이 수적 비례와 조화의 원리에 따라 이루어진다고 주장했고, 소아시아의 에페소스 출신 헤라클레이토스는 자연만물의 흐름(변화)이 로고스(이법)에 의해 이루어진다고 주장했다.

기원전 6세기에 성립된 이러한 자연철학의 두 조류는 다음 세대에 이르러 하나로 종합되었다. 시칠리아 출신 엠페도클레스(Empedocles), 이오니아 근해의 클라조메나이 섬 출신 아낙사고라스(Anaxagoras), 아브데라 출신 데모크리토스 등 이른바 다원론적 원소론자들은 자연을 여러 원소의 이합집산으로 설명했는데, 이러한 사상은 자연의 근원과 자연의 원리를 포괄적으로 고찰하는 자연철학의 거대한 종합이라고 할 수 있다.

이러한 철학적 자연 인식은 자연현상에서 그것에 개입하는 신의 인격성을 제거하고 자연을 오직 자연 그 자체로 파악하려는 새로운 자연관을 수립하는 바탕이 되었다. 그러나 이러한 철학적 자연관은 자연에 대한 올바른 인식을 통해 그것의 위험성을 인간 자신의 힘으로 극복하려는 관심에서 수립된 것이 아니다. 케임브리지 대학에서 연구했던 고대철학의 권위 있는 연구자 프랜시스 콘포드(Francis M. Cornford)에 따르면, 원시적인 단계에서는 퓌시스와 노모스(nomos)는 동일한 의미를 지녔다고 한다(콘포드, 1997: 90~91 참조). 이러한 점을 고려하면, 고대 자연철학자들이 자연의 근원과 원리를 탐구한 이유는 그것을 통해 인간적 삶의 규범들을 발견하기 위한 것이었다고 볼 수 있다. 결국 고대의 자연철학은 자연의 근원과 원리를 인식함으로써 자연의 인격성에 기대어 자연에 대한 두려움을 회피하고자 하는 태도를 비판하고, 자연을 있는 그대로 받아들이는 삶의 태도를 갖도록 가르친 것이다.

3) 인간 삶의 수단으로서의 자연 세계

근대의 자연관은, 자연을 자연으로서 인식해야 한다는 그리스의 철학적인 자연관과 자연을 지배하고 다스려야 한다는 히브리적 자연관의 기묘한 결합에서 배태되었다. 이러한 근대적 자연관의 기본 이념을 제시한 사람은 르네상스 시대의 영국 사상가 베이컨이다.

그에 따르면, "학문의 진정한 목표는 여러 가지 발견과 발명을 통해 인간 생활을 풍부하고 윤택하게 하자는 것이다"(베이컨, 2001: 89). 그렇다면 자연에 대한 지식을 체계화하는 학문도 인간 생활을 윤택하게 하기 위한 수단이어야 할 것이다. 그런데 자연에 대한 지식이 어떻게 인간 생활을 윤택하게 할 수 있는가? 이에 대해 베이컨이 염두에 둔 것은 '기술과 학문을 통한 자연 지배'와 '노동을 통한 빵의 획득'이다(베이컨,

산업화와 인간 생존
세계 인구수는 1200년 3억, 1600
년, 5억 5천만, 1700년 6억, 1800
년 9억, 1825년 10억, 1925년 20
억, 1960년 30억, 1975년 40억,
2010년 70억 명으로 집계되는데,
완만하던 인구 증가 곡선이 1800년
이후에는 급격한 증가 곡선을 나타
낸다. 여기에는 여러 가지 요인이 있
겠지만, 1800년 이후 산업화의 세
계적 확산이 이루어졌다는 점을 고
려하면 이에 따른 재화 생산량의 증
가도 중요한 요인이라고 할 수 있다.

2001: 305 참조). 다시 말해서 자연에 대한 지식은 자연이 인간에게 제공
할 수 있는 재화의 양을 증가시킬 수 있는 방법을 알아낼 수 있으며, 이
러한 방법에 따른 노동은 다른 형태의 노동보다 더 많은 재화를 생산해
냄으로써 인간의 삶을 더욱 윤택하게 할 수 있다는 것이다.

여기서 나타나듯이 베이컨에게 자연 세계는 인간의 삶에 필요한 재
화를 제공하는 원천이다. 그런데 이때 재화의 양을 결정하는 것은 자
연이 아니라 인간이다. 왜냐하면 인간이 자연에서 얻을 수 있는 재화
의 양은 자연에 대한 인간 지식의 양에 달려 있기 때문이다. 나아가 이
러한 사실은 자연과 인간의 관계에 대한 근대적인 태도가 어떤 것인지
를 말해준다. 즉, 근대적인 의미에서 인간에게 자연은 더 이상 두려워
해야 할 존재도 아니고 행위 규범을 가르쳐주는 존재도 아니며, 단지
인간의 삶을 위해 사용될 수 있는 수단이자 도구이다.•

이러한 자연 세계의 의미 변천은 인간 생존 조건으로서의 자연에 대
한 인간의 태도를 변화시켰다. 예컨대 자연을 인간 생존을 위협하는
존재로 인식할 때 사람들은 그러한 위협을 회피하거나 심리적으로 그
것에 대한 두려움을 제거하는 것이 생존에 유리하다고 생각했다. 그러
나 자연을 생존을 위한 재화의 생산수단으로 인식하게 되었을 때 사람
들은 자연에서 획득하는 에너지와 원재료를 사용해 더 많은 재화를 만
들어내는 것이 생존에 유리할 것이라고 생각하게 되었다.

18세기 후반 영국에서 시작되어 유럽 지역을 거쳐 전 세계로 확산된
산업혁명은 이러한 생각의 직접적인 결과라고 할 수 있다. 실제로 산
업혁명에 의한 서유럽의 **산업화**와 산업화의 세계화는 **인간 생존**에 필
요한 재화의 생산을 양적으로 크게 증가시켰다. 나아가 이러한 산업화
에 따른 더 많은 재화의 생산은 예전 같으면 재화의 결핍 때문에 생존

• 베이컨은 이상사회에 대한 이야기인 『새로운 아틀란티스(The New Atlantis)』(1627)에서 과학 활동의 목
적을 사물의 숨겨진 원인과 작용을 탐구함으로써 인간 활동의 영역을 넓히며 '인간의 목적에 맞게 사물을
변화시키는 것'이라고 규정한다(베이컨, 2002: 72 참조).

하기 어려웠을 수도 있는 많은 사람이 생존할 수 있는 바탕이 되었다.

3. 근대적 자연관에 대한 철학적 반성

앞에서 보았듯이 근대적 세계관의 기초자 베이컨은 자연 세계를 인간의 윤택한 삶을 위한 수단으로 이해했다. 그러나 다른 모든 도구나 수단이 그렇듯이 그 사용방법 모르면 아무런 소용이 없다. 베이컨에게 자연 세계라는 수단을 사용하는 방법은 학문과 기술이다. 이에 따라 유럽인들이 개발하고 발전시켜온 학문과 기술이 바로 '근대적인' 과학과 기술이다.

실제로 유럽인들은 이러한 근대적인 과학과 기술을 발전시킴으로써 산업적 생산을 계속적으로 증대해왔다. 그러나 산업적 생산의 증대는 자연 세계에 대한 위기의식을 불러일으키는 계기가 되었다. 예컨대 20세기 중반을 넘어서면서 산업화에 따른 자연환경의 위기가 새로운 문제로 부상했다. 즉, 산업적 생산 증대의 부산물로 대기·수질·토양의 오염이 발생하고, 이러한 자연환경오염이 인간 생존을 위협하는 요인으로 인식되기 시작한 것이다. 이러한 맥락에서 최근 유럽 지식인들은 자연 세계의 위기와 그 극복에 관한 다양한 논의를 펼치고 있다. 이 논의의 중심에는 무엇보다도 근대적인 과학과 기술에 대한 철학적 반성이 자리 잡고 있다.

1) 근대과학에 대한 철학적 반성

『계몽의 변증법(Dialektik der Aufklärung)』(1947)에서 개진된 호르크하이머와 아도르노의 견해에 따르면, 베이컨이 요구한 근대과학은 자연에 대한 통일적인 지식체계, 즉 '보편 과학(una scientia universalis)'이 자연의 수학화는 말 그대로 자연물을 수학의 대상들로 재구성하는 것을 뜻한다. 자연을 수학화하는 과정은 우선 자연물을 기하학의 각종 도형으로 재구성하고, 이것을 공간좌표상의 점들로 표시하며, 이 점들을 다시 대수학의 방정식으로 환원하는 것이다. 이와 같은 방식으로 자연을 수학화하는 것은 자연을 객관적인 수학적 지식으로 재구성함으로써 자연의 의미를 수학에서 규정하는 의미로 고정한다는 뜻이다. 이것은 객관적인 하나의 세계를 제시할 뿐만 아니라 세계에 대한 인간의 조작을 용이하게 한다.

다(호르크하이머·아도르노, 1995: 28 이하 참조). 보편 과학은 말 그대로 통일성을 추구하는 학문 구조이다. 보편 과학에서는 개별적인 관찰에서 얻어진 모든 명제가 명확한 형식논리학적 연관성에 따라 하나의 최고 원리에 통일되지 않으면 안 된다. 이러한 형식논리학적 통일을 위한 보편 과학의 도구는 '추상'이다.

추상은 자연 속에 있는 모든 것을 '반복 가능한 것'으로 만듦으로써 평준화한다(호르크하이머·아도르노, 1995: 38 참조). 즉, 추상은 질적으로 동일하지 않은 것들에서 고유한 질들을 사상(捨象)해 그것들을 단순한 양적인 차이로 규정함으로써 서로 비교 가능한 것으로 만든다. 따라서 보편 과학에서 모든 것은 수(數)로 환원될 수 있으며, 다양한 수는 결국 질적으로 동일한 '일(一)'의 양으로 환산될 수 있다.

후설은 이와 같은 근대과학의 특성이 '자연(세계)의 수학화(數學化)'에 있다고 보았다. 그에 따르면 자연을 수학화할 수 있는 기초를 마련한 사람은 갈릴레이였다(후설, 1993: 47 이하 참조). 갈릴레이는 자연 세계가 수학적 구조인 것으로 보았다. 따라서 갈릴레이는 세계를 수학화함으로써 세계의 참된 모습을 파악할 수 있다고 생각했다.

이러한 세계의 수학화는 사실상 측정 기술의 발달로 더 고조되었다(후설, 1993: 53 참조). 측정 기술이란 어떤 경험적인 기본 형태를 측정의 척도로 설정하고 이것과 다른 형태의 물체를 비교해 그 관계를 확정함으로써 그 다른 형태의 물체의 정의를 얻어내는 기술이다. 이 측정 기술은 시공간좌표에 나타날 수 있는 기하학적으로 추상된 현상들뿐만 아니라 색이나 소리와 같이 직접적으로 측정할 수 없는 성질들까지도 광파나 음파와 같은 물리적 성질로 환원해 측정할 수 있다고 보았다. 따라서 측정 기술의 발전은 자연 세계의 수학화를 보증해주었고, 결국 세계는 순수한 물질적 사물들의 수학적 구조로서 조직화되었다.

이러한 자연 세계의 수학화는 데카르트의 기계론적 세계관에 직접적인 영향을 주었다. 즉, 데카르트는 모든 자연현상을 하나의 기계적 원리로 설명하고자 했으며, 이렇게 설명될 수 있는 세계에 대한 지식은 수학적인 엄밀성과 확실성을 보증해 줄 수 있다고 믿었다.

이러한 데카르트의 기계론적 세계관을 구체적으로 완성한 사람은 뉴턴이다. 뉴턴은 세계의 모든 물체가 중력의 영향을 받으며 중력의 영향 아래에 있는 모든 물체의 운동은 수학적으로 법칙화될 수 있다고 주장했다. 이러한 주장을 뒷받침하기 위해 그는 물리적 현상들이 일어나는 장으로서의 공간과 시간, 물체의 참된 모습, 물체의 운동에 관해 탐구했다.

뉴턴은 우선 **절대공간**과 **절대시간**을 물리적 현상들이 일어나는 장으로 전제한다. 다음으로 뉴턴은 '**작고 견고하며 분해될 수 없는 입자**'를 물체의 '기본 구성체(basic building blocks)'로 보았다. 세계의 모든 물체는 이 입자들의 결합으로 구성된다. 하나의 물체와 다른 하나의 물체가 서로 다르게 형성되는 것은 이 입자들의 '밀도 차이' 때문이다. 그런데 이 입자는 공간과 시간에 관계없이 똑같은 중력 작용을 받는다. 이 중력 작용에 의한 입자운동은 세계의 모든 물리적 변화의 기본단위이다. 다시 말하면 세계의 모든 물리적 변화는 이 입자운동으로 환원될 수 있다는 것이다. 이것은 고체역학뿐만 아니라 유체역학에도 적용될 수 있다. 예컨대 열을 원자들과 분자들의 복합적인 진동운동에 의해 발생하는 에너지로 설명하는 열역학에서, 액체의 증발과 같은 열 현상들은 뉴턴식의 입자운동으로 환원될 수 있다.

갈릴레이와 데카르트가 발전시키고 뉴턴이 완성한 이 기계론적 세계관은 근대적인 과학의 이념의 근간을 이룬다. 베이컨이 규정해주었듯이 근대적인 과학의 이념은 세계를 인간의 목적에 따라 지배하려는 의도를 갖는다. 이것은 세계를 수학적으로 인식할 수 있기 때문에 가능하다. 즉, 세계를 수학적으로 인식한다는 것은 일종의 '계산 가능성'을 말한다. 여기서 '계산'은 우리에게 주어지는 것을 그대로 받아들이지 않고 변경하고 개조함으로써 장악함을 의미한다. 따라서 세계는 이

절대공간과 절대시간

절대공간이란 그 본성상 외부의 어떤 다른 것과 상관없이 언제나 동일하고 정지된 상태로 있는 공간을 말하고, 절대시간이란 그 본성상 외부의 어떤 다른 것과 상관없이 과거에서 현재를 거쳐 미래로 일정하게 흘러가는 수학적인 시간을 말한다.

작고 견고하며 분해될 수 없는 입자

이 입자는 현대물리학의 '원자'와 의미상 동일하지만 그것들이 모두 동일한 물질로 구성된다는 점에서 오늘날 알려져 있는 원자와 구별된다 (카프라, 1991: 61 이하 참조).

미 인간의 목적에 따라 개조되고 변경될 수 있는 대상으로 존립한다.

다른 한편으로 "수학적 방식은 거의 사유의 의식(儀式)이 되었다"(호르크하이머·아도르노, 1995: 54). 우리가 잘 알고 있듯이 수학의 특징은 그 진행 과정이 사전에 이미 결정된다는 데 있다. 그렇다면 수학적으로 무장된 사유의 길도 이미 결정되어 있다고 해야 할 것이다. 이와 같이 그 길이 이미 결정된 사유, 즉 수학적 방식에서 사유는 사물화(事物化)되지 않을 수 없다. 다시 말해서 수학적 사유는 이미 설계된 방식에 따라 움직이는 자동적인 과정이며, 이러한 점에서 자동적으로 돌아가는 기계와 비슷하다.

이것은 결국 사유를 본질로 하는 모든 인간적 자아를 지극히 추상적인 자아로 만들어버린다. 모든 개인에게서 사유의 질, 즉 자유로운 상상력은 사상(捨象)되어버리고, 개인들은 오직 전체의 명령에 따라 아무런 특성도 없는 추상적 자료만을 기계적으로 기록하거나 체계화하는 임무만을 수행할 수 있을 뿐이다. 이제 남은 것은 영원히 동일한 자아가 그와 같은 방식으로 사유하고 있다는 사실 밖에 없다(호르크하이머·아도르노, 1995: 55).

2) 근대 기술 개념에 대한 철학적 반성*

자연에 대한 이러한 근대과학적 규정이 확고하게 자리 잡으면서 인간이 자연과 관계하는 방식에도 큰 변화가 나타났다. 자연물을 다루는 인간 활동을 '기술'이라고 한다면, 본래 독자적으로 존재하던 '기술'이 근대 이후 '과학에 바탕을 둔 기술'로 변모되었다. 이에 따라 기술의 의미도 변화되었는데, 하이데거는 이러한 의미 변화의 의의를 매우 탁월하게 포착했다.

* 이 절의 내용에 대한 더욱 상세한 이해를 위해서는 이 책 9장을 참고하라.

이 책 9장 1절 1항에서 본 바와 같이 하이데거에 따르면, 본래 기술은 '숨겨져 있던 것을 드러내는 일(탈은폐)'이다. 그는 '기술'의 그리스어 어원인 'technē'의 근원적인 의미 분석을 통해 이러한 점을 밝힌다. technē는 '밖으로 끌어내어 놓음(das Her-vor-bringen)'이다(하이데거, 1993: 37). '밖으로 끌어내어 놓음'으로서의 기술의 의미는 기술이 곧 '포이에시스'의 일종이라는 것을 의미한다. "어떤 것을 '그 자리에 없음'에서 '그 자리에 있음'으로 넘어가도록 야기하는 모든 것이 포이에시스, 즉 '밖으로 끌어내어 놓음'이다"(하이데거, 1993: 31). 그렇다면 퓌시스 역시 포이에시스와 의미상 다르지 않다. 왜냐하면 모든 자연현상은 그 자리에 없던 것을 그 자리에 있게 하는 것이기 때문이다. 예컨대 꽃이 피는 것은 그 자리에 없던 꽃이 그 자리에 있게 되는 것인데, 이렇게 꽃을 피우는 힘이 다른 데 있지 않고 그 자신 안에 있기 때문에 '자연'이라고 한다. 이러한 점에서 퓌시스는 포이에시스의 최고 형식이다.

그러나 현대에 이르러 기술의 탈은폐 방식이 변화되었다. 하이데거에 따르면, 현대 기술을 좌우하는 탈은폐는 '요구(Herausfordrn)'이다(하이데거, 1993: 39). 요구는 '세우기(Stellen)' 형식으로 전개된다(하이데거, 1993: 43). 예를 들어 광산에서 채굴된 석탄은 그저 어디에건 놓여 있기 위해서 밖으로 끌어내어진 것이 아니다. 그것은 석탄 속에 축적된 열을 끄집어내기 위해 그 자리에 '세워진' 것이다. 그러나 석탄의 존재 의미는 '인간에게 열을 제공하는 것'으로만 고정될 수 없다. 그럼에도 석탄을 오직 열 제공자로만 세우는 현대 기술은 석탄의 존재 의미를 그 한 가지로 고정해버린다. 다시 말하면 이 경우 석탄은 열 제공자로서 세워졌으며, 이러한 하나의 의미로만 고정될 때 그것은 **부품**(Bestand)(하이데거, 1993: 45)과 같은 것이 되어버린다.

지금까지 본 것처럼 본래 과학과 독립적인 것으로서의 기술은 그 자리에 없던 것, 숨겨져 있던 것을 그 자리에 있도록 밖으로 끄집어내는 것이라는 의미를 갖는다. 그런데 현대에 이르러 기술은 사물을 인간

부품(Bestand)

'특정한 의미로 고정되어 불변적으로 존재하는 것'을 의미하는 'Bestand'를 '부품'으로 옮긴 것은 한국 하이데거 연구자들의 일반적 경향에 따랐다. 부품은 전체의 한 부분으로서 그것에 해당하는 특정한 기능과 관련된 의미로만 고정되며, 언제라도 요구되는 즉시 제공된다.

생존에 필요한 재화라는 '하나의' 의미만 있는 것(부품)으로 만들어버리는 것이라는 의미를 갖게 되었다. 이것은 바로 기술이 근대과학의 이념을 구체적으로 실천하는 활동으로, 따라서 과학과 불가분의 관계를 맺는 것으로 변모되었음을 의미한다. 실제로 오늘날 기술이 자연에서 에너지와 원재료를 획득해 인간의 삶에 필요한 다양한 재화를 만들어 내는 기능을 수행한다는 점에서 이러한 사실을 확인할 수 있다.

4. 자연 세계에 대한 탈근대적 이해를 위한 실마리들

1) 마르크스: 자연주의=인간주의

인간이 모든 노동수단과 노동대상의 첫 번째 원천인 자연에 대해 처음부터 그 소유자로서 관계를 맺는 한에서만, 즉 자연을 인간의 소유물로 취급하는 한에서만 인간의 노동은 사용가치의 원천이 되며, 따라서 부의 원천도 된다(마르크스·엥겔스, 1988: 166).

이 인용문은 마르크스가 베이컨의 후예인 것처럼 보이도록 만든다. 즉, 이 인용문에서 마르크스는 인간을 자연의 소유자로, 따라서 자연을 인간의 목적을 위해 사용할 수 있는 대상으로 규정한 것처럼 보인다.

역사적으로 인간은 이러한 노동을 통해 자연의 구속에서 점차 해방되었으며, 자연 정복을 위해 계속 나아가고 있다. 실제로 이러한 인간의 자연 지배 역사는 자본주의적 생산양식에서 그 절정에 이르렀다. 마르크스에 따르면 자본주의적 생산양식에서 "자연은 우선 인간을 위한 순수한 대상으로, 그리고 순수한 사용 수단으로 된다"(마르크스, 2000: 20).

여기서 보듯이 마르크스는 자본주의적 생산양식에서 이루어진 자연 지배의 의미를 두 가지로 정리한다. 하나는 인간을 '자연숭배'와 같은 주술적인 차원에서 해방했다는 것이고, 다른 하나는 자연을 사상 최초로 인간의 '대상'으로, '사용 수단'으로 간주할 수 있는 토대를 만들어 주었다는 것이다.

여기까지만 보면 마르크스는 확실히 근대적 계몽주의자이다. 그러나 그의 역사관에서 자본주의가 역사 발전의 궁극적인 목표가 아니듯이 그의 인간관·자연관에서도 자본주의적인 것이 최종적인 것이 아니다. 즉, 인간의 기술적 자연 지배는 영원한 형식이 아니라 자본주의 생산양식에서 나타나는 일시적인 시대현상일 뿐이다. 말하자면 이러한 인간의 자연 지배는 자본주의에서 사회주의로 혁명적인 이행 과정에서 극복되어야 할 하나의 과제인 셈이다.

그렇다면 자본주의는 왜 역사의 최종 목표가 될 수 없는가? 마르크스는 자본주의가 자연의 속박에서 인간을 해방하려는 이상을 갖기는 했지만, 실질적으로 그러한 해방을 실현하지 못했다고 본다. 즉, 자본주의가 인간의 자연 지배를 완수하지 못했다는 것이다. 그 이유는 자본주의적 자연 지배가 결과적으로 '인간에 의한 인간의 지배'라는 모순적인 현상을 낳을 수밖에 없다는 사실 때문이다.

잘 알고 있듯이 자본주의 생산양식에서 생산 목적은 오직 이윤 증식이다. 이러한 사실은 자본주의가 본질적으로 '더 많이' 생산할 수밖에 없도록 몰아간다. 이를 위해 자본주의는 인간의 필요(욕구)를 생산한다. 이것은 결국 지속적인 과잉생산의 길로 접어들게 한다. 이러한 과잉생산은 자원의 불필요한 소모와 자연환경의 오염을 낳는다. 나아가 이러한 과잉생산은 인간 노동력의 과잉 사용을 요구한다. 이러한 노동력의 과잉 사용에 따른 생산물의 가치, 이것이 바로 잉여가치이고, 이것이 바로 자본의 이윤이다. 자본주의적 생산이 오직 이윤 증식을 목적으로 한다면, 인간 노동력의 과잉 사용은 불가피하다. 이러한 점에서 자본주의적 자연 지배는 필연적으로 '인간에 의한 인간 지배'로 귀결된다.

이를 해결하고자 한다면, 그것은 자본이 개입되지 않은 생산양식을 통해서 생산이 이루어지는 체제를 만드는 길밖에 없다. 이때 자본이 개입되지 않는 생산이란 이윤 추구가 아니라 필요의 충족을 목적으로 하는 생산을 의미한다. 말하자면 그것은 '더 많이' 생산할 필요가 없는, 따라서 '필요한 만큼만' 생산하면 되는 그러한 생산이다.

필요한 만큼만 생산하게 되면 잉여노동시간이 사라지게 될 것이다. 그렇다면 그 시간 동안 사람들은 창조적 활동을 위한 생산도구로 예술이나 과학과 같은 분야에서 '우리 모두를 위한 개인'의 발전을 도모할 수 있게 된다(마르크스, 2000: 381). 이때 비로소 인간은 진정 자유로운 존재라고 할 수 있다.

이 '우리 모두를 위한 개인'은 '나만을 위한 개인'을 극복할 수 있을 때 이루어진다. 마르크스는 이러한 개인의 변화가 노동을 통해서만 이루어질 수 있다고 주장한다. 물론 이 노동은 소외된 노동이 아닌 의식적이고 창조적인 활동으로서의 노동이다.

> 노동은 무엇보다도 먼저 인간과 자연 사이에서 이루어지는 하나의 과정이다. 이 과정에서 인간은 자신과 자연 사이의 신진대사를 자기 자신의 행위로 매개하고 통제한다. …… 그는 이 운동을 통해 외부의 자연에 영향을 미치고 이것을 변화시키며, 그렇게 함으로써 동시에 자기 자신의 자연[천성]을 변화시킨다(마르크스, 1989: 227~228).

이와 같이 진정한 노동을 통해 모든 개인이 '우리 모두를 위한 개인'이 되는 사회가 바로 마르크스가 말한 성숙한 공산주의이다.

> 인간의 자기 소외로서의 사적 소유를 실증적으로 지양하는 것으로서의 공산주의. 따라서 인간에 의한, 인간을 위한, 인간적 본질을 현실적으로 획득하는 것으로서의 공산주의. 따라서 이제까지의 발전에 기인한 전체

적인 부 내부에서 인간이 의식적으로 자기 자신으로 완전하게 복귀해 자
신을 '사회적' 인간, 즉 인간적 인간으로 자각하는 것으로서의 공산주의.
이러한 공산주의는 완성된 자연주의=인간주의, 완성된 인간주의=자연주
의로서 존재하며, 인간과 자연, 그리고 인간과 인간 사이에 일어나는 모
순의 진정한 해결이요, 실존과 본질, 대상화와 자기 확신, 자유와 필연성,
개체와 유 사이에 일어나는 투쟁의 진정한 해결이다(마르크스, 1987: 84).

여기서 보듯이 마르크스의 자연관에서 중요한 것은 '자연주의=인간
주의'이다. 그러나 이것은 인간이 곧 자연이라는 직접적인 양자의 동일
성이 아니라, 사회(적 삶)를 통한 인간과 자연의 변증법적 통일을 의미
한다.

자연의 인간적 본질은 '사회적인' 인간에 대해서만 현존한다. 왜냐하면
바로 이러한 경우에 자연은 사회적 인간에 대해 인간과 맺어진 '유대(紐
帶)'로서 존재하게 되고, …… 또 바로 이러한 경우에 인간 자신은 인간
적 현존재의 기초로서 존재하기 때문이다(마르크스, 1987: 86).

이러한 점에서 마르크스는 근대적 계몽주의자가 아니라 탈근대적
자연관의 실마리를 던져준 사상가라고 할 수 있다.

2) 니체: 대지에 충실한 삶

그리스 철학과 기독교에 근거한 서구 전통문화를 파괴하려 한 니체
는, 인간을 창조의 중심에 위치시키고 자연에 대해 특권적인 지배권을
위임받은 자로 규정한 기독교적 인간관·자연관에 대해서도 철저하게
비판한다. 그에 따르면 "인간이란 결코 창조의 정점이 아니다. 모든 창
조물이 인간과 나란히 완전성의 동일한 단계에 서 있다"(Nietzsche,

1969a: 178).

여기서 나타나는 인간-자연 관계에 대한 니체의 관점은 우선 인간에게 자연을 지배할 수 있는 권리가 없다는 것, 그러므로 인간이 자연의 주인이 아니라는 것이다. 그에 따르면 이와 같은 자연에 대한 인간의 지배권은 자연스러운 것이 아니라 인간의 무의식적인 허영심에서 나온 해묵은 거짓 화려함에서 비롯되었다(Nietzsche, 1968b: 175). 이 때문에 니체는 인간이 이러한 허영심을 채우기 위해 펼쳐놓은 인간의 기만적인 자기 인식을 재고하지 않으면 안 된다고 호소한다.

인간을 자연으로 환원하는 것, 이제까지 '자연 그대로의 인간(homo natura)'이라는 영원한 본바탕 위에 칠해지고 휘갈겨져 온 공허하고 몽상적인 해석이나 함축을 극복하는 것, 지금은 비록 과학적 훈련에 의해 단련되어 인간이 인간을 상실한 자연 앞에 서 있다 할지라도 이제부터는 두려움을 모르는 오이디푸스의 눈과 봉해진 오뒤세우스(Odysseus)의 귀로써 인간을 인간 앞에 세우게 할 것, 그리하여 이제까지 너무나 오랫동안 '그대는 자연보다 더 훌륭하며 더 위대하다. 그대는 다른 혈통을 타고났다'라고 피리로 유인해왔던 해묵은 형이상학적 새잡이들의 유혹에 귀를 기울이지 않게 할 것 — 이 모든 것은 생소하고 기이한 과제처럼 받아들여지겠지만, 이것이야말로 이루어져야 할 진정한 과제이다(Nietzsche, 1968b: 175).

니체 사상에서 나타나는 인간관과 자연관의 또 다른 특징은 인간과 자연이 완전성의 동일한 단계에 나란히 서 있다고 본다는 점이다. 여기서 인간과 자연이 완전성의 동일한 단계에 서 있다는 것은 단적으로 말해서 인간이든 자연이든 세계에 존재하는 모든 존재자가 전체적인 차원에서 영원히 자기 창조와 자기 파괴를 반복하는 세계의 생성을 이루는 부분적인 힘들일 뿐이라는 것을 의미한다.

니체에 따르면 "우리는 힘−의지가 없는 어떠한 변화도 생각할 수 없다. 다른 힘에 대한 힘의 침해가 발생하지 않는다면, 우리는 변화를 도출해내지 못한다"(Nietzsche, 1972: 52). 여기서 다른 힘들을 침해하는 힘, 그리하여 변화를 일으키는 힘의 특성을 힘−의지라고 한다면, 이것은 생물뿐만 아니라 무생물에게도 있다.

그러나 이때 우리는 우리에게 익히 알려져 있는 역학적 운동 법칙에 따른 운동과 변화만을 생각해서는 안 된다. 즉, 외부에서 작용하는 힘의 영향으로 운동과 변화가 일어난다는 기계론적 세계관을 염두에 두어서는 안 된다는 것이다.

> 나는 운동의 원천으로서 '힘−의지'라는 출발점이 필요하다. 결국 운동은 외적인 것에서 조건 지어질 ─ 촉발될 ─ 필요가 없다. …… 나는 의지가 펼쳐질 수 있게 하는 운동의 실마리와 중심이 필요하다(Nietzsche, 1972: 66).

내부에서 발생하는 힘이 운동을 촉발하고, 이러한 운동의 원천이 힘−의지라면, 힘−의지는 모든 운동을 발생시키는, 운동하는 그것의 내부에서 작용하는 힘이라고 할 수 있다. 이러한 점에서 니체는 힘−의지를 모든 종류의 '추진하는 힘(treibende Kraft)'과 동일시한다(Nietzsche, 1972: 92). 결국 생물이든 무생물이든 그 내부에서 추진하는 힘을 발휘하는 세계의 모든 존재자는 힘−의지를 발휘할 수 있는 것이다.

이와 같이 생물이든 무생물이든, 인간이든 자연이든 모든 존재자가 그 내부에서 추진하는 힘에 의해 생성되는 과정은 결국 자기 창조와 자기 파괴가 영원히 반복되는 과정이다. 이것이 바로 '동일한 것의 영원회귀' 사상이다.

> 모든 것이 가고 모든 것이 되돌아온다. 존재의 수레바퀴는 영원히 돌

아간다. 모든 것이 죽고 모든 것이 다시 꽃피어난다. 존재의 날(Jahr)은 영원히 달려간다. 모든 것이 부서지고 모든 것이 새롭게 맞추어진다. 영원히 존재의 동일한 집이 축조된다. 모든 것이 헤어지고 모든 것이 다시 환영한다. 존재의 고리는 영원히 자신에게 충실하다. 모든 순간에 존재가 시작된다. 공은 모든 '여기'를 중심으로 '저기'로 굴러간다. 도처에 중심이 있다. 영원의 오솔길은 곡선이다(Nietzsche, 1968a: 268~269).

만약 세계에 유한한 일정 수의 에너지 또는 질량이 불변적으로 존재하면서도 시간이 영원히(끝없이) 흘러간다면 근본 에너지 또는 근본 질량의 이합집산에 의해서 항상 생멸하는 세계의 존재자들은 확률적으로 언젠가는 또 다시 이전에 한 번 있었던 조합과 똑같은 결합구조를 가질 수밖에 없을 것이다. 이러한 순환 구조에 따라 동일한 것이 끝없이 다시 되돌아오는 것, 이것이 바로 '동일한 것의 영원 회귀'이다.

'동일한 것의 영원 회귀'를 통해 표현되는 니체의 세계관은 자연을 살아 있는 과정으로 보고, 자연의 본성과 행로를 있는 그대로 이해하고, 자신의 삶 자체를 이러한 자연의 행로에 맞출 수 있게 해야 한다고 주장한다. 이러한 삶의 태도는 니체가 말한 운명을 사랑하는 태도(amor fati, 운명애)에서 잘 나타난다. 니체는 동일한 것의 영원 회귀를 무한히 긍정하면서 사는 것이 자신의 운명을 사랑하는 태도라고 말한다.

인간에게 위대함의 정식은 '운명애'이다. 즉, 앞으로도 뒤로도 영원히 자기의 현재 모습과 다른 무엇이 되기를 원하지 않는 것이다. 그것은 또한 필연적인 것을 인내할 뿐만 아니라 은폐하지 않으며, 그 필연적인 것을 사랑하는 것이다(Nietzsche, 1969b: 295).

운명애는 찬사도, 비난도, 지나친 열정도 없이 자연을 있는 그대로 관조할 수 있게 하는 능력이다. 이것은 우리에게 내세적인 희망에서 벗어나 지상으로 되돌아가게 하는 것, 대지에 충실하게 하는 것이다. 그러므로 우리는 운명애의 태도로써 세계 창조와 재창조를 영원히 반복하는 대지의 놀이, 우주적 기쁨의 놀이에 성실하게 참여하는 자가 되어야 한다.

3) 후설: 생활세계 안에서의 삶

앞에서 후설이 근대과학의 근본 특징을 '자연의 수학화'로 규정하고, 그 원천을 갈릴레이에게서 찾았다는 사실을 보았다. 그런데 후설은 근대과학에 의해서 '수학화된 자연'을 '자연 자체'를 인식하는 여러 인식 방법 중 하나일 뿐이라고 본다.

후설에 따르면 "갈릴레이가 자연을 수학화하는 데에 자연 자체는 실로 새로운 수학의 지도 아래 이념화되고(idealisieren), 자연은 그 자체로 수학적 다양체가 된다"(후설, 1993: 48). 다시 말하면 갈릴레이는 자연 그 자체에 수학적인 이념의 옷(Ideenkleid)을 입힌 셈이다. 그러나 "이 이념의 옷은 '하나의 방법'에 지나지 않는 것을 '참된 존재'로 간주하게 만든다"(후설, 1993: 81). 말하자면 자연에 대한 수학적 인식은 자연 자체를 인식하는 다양한 방법 중 하나일 뿐이라는 것, 그럼에도 근대적인 과학자들뿐만 아니라 근대과학의 세례를 입은 교양인들도 수학적으로 이념화된 자연을 자연 그 자체인 것처럼 오인하게 되었다는 것이다.

그러나 이러한 분석을 통해서 후설이 추구하는 것은 자연 자체를 있는 그대로 인식하는 데 있지는 않다. 말하자면 선험적 현상학으로 대표되는 후설의 근본 사상은 이른바 "세계의 있는 그대로가 아니라 의식의 있는 그대로!"를 지향하는 것이기 때문이다.* 그렇다면 후설이 추구한 것은 무엇일까? 그것은 자연 세계를 보는 데 근대과학적 방법만

• 이 책 3장 「지식의 의미와 역사」를 참고하라.

을 유일한 방법으로 받아들이게 될 때 나타날 수 있는 위험성을 폭로하는 것이다.

후설은 자연 세계를 오직 근대과학적 방법으로만 인식하는 태도를 유럽 학문의 위기의 원천으로 보았다. 여기서 그가 '학문의 위기'라고 지칭한 것은 학문이 삶에서 유의미성(Lebensbedeutsamkeit)을 상실하는 것을 말한다(후설, 1993: 25 참조). 다시 말해서 학문의 위기 문제는 학문의 학문적 특성과 관계되지 않고 그 학문이 일반적으로 인간의 삶에서 어떤 의미가 있는가와 관계되는데, 학문이 인간의 삶에 대해 아무것도 의미하는 바가 없을 때 학문의 위기가 도래한다는 것이다.

후설은 19세기 후반 자연과학이든 정신과학이든 객관적 진리를 확정하려는 경향에 경도되었던 유럽 학문계가 바로 그러한 위기에 직면했다고 본다. 그에 따르면, 과학적·객관적 진리란 물리적 세계든 정신적 세계든 오직 세계가 실제로 무엇인가를 확정하는 것이다. 그러나 만약 학문이 이러한 방식으로 객관적으로 확정 가능한 것만을 참된 것으로 간주한다면, 세계와 세계 안에서 인간의 삶은 참으로 무미건조할 수밖에 없을 것이다(후설, 1993: 27 참조).

이와 같이 과학적인 세계 인식에 따르는 무미건조한 인간의 삶이 전부가 아니라는 사실을 보여주기 위해서, 후설은 과학적인 방법 이외에 다른 방법으로 자연 세계를 인식하는 것도 가능하다는 사실을 입증하려고 한다. 그리하여 그는 과학적인 방법과 극단적으로 대비되는 세계 인식의 방법을 검토한다. 이때 과학적 방법이 객관적 진리를 추구하는 객관주의적 방법이라면, 후설이 검토하는 방법은 직접적인 경험에서 출발하는 주관적인 방법이다.

이러한 주관적 방법의 기초는 세계를 과학적으로 분석하기 이전에 (vorwissenschaftlich) 순수하게 직접 주어지는 감각 자료들(Empfindungsdaten)을 주관적으로 직관하는 것이다(후설, 1993: 172 참조). 그런데 보편적인 진리 인식을 추구해온 전통 철학에서 이러한 주관적 직관은 오히려 보편적 진리 인식을 방해하는 것으로서 제거되어야 할 대상이었다. 그럼에도 후설이 이러한 주관적 직관을 과학적 세계 인식과 다른 또 다른 세계 인식의 기초로 삼은 것은 결코 거부할 수 없는 분명한 하나의 사실, 즉 우리가 원초적으로 신체적 존재이며 감각이란 바로 신체적 감각이라는 사실 때문이다(후설, 1993: 150 이하 참조).

후설은 감각적 직관에 근거해 인식되는 세계를 '생활세계(Lebenswelt)'라고 부른다. 생활세계는 우선 그것이 과학적으로 인식되는 '수학화된 세계'와 뚜렷하게 구별된다는 점에서 '과학 이전에 우리에게 통용되는(vorwissenschaftlich uns geltend)' 세계이다(후설, 1993: 199). 즉, 우리가 기존 과학에서 유래하는 어떤 지식도 전제로 사용하지 않고 또 주어진 사실들을 과학과 관련된 문제의식으로 보지 않는 태도를 취할 때 우리에게 나타나는 세계가 바로 생활세계이다.

과학적 세계와 생활세계의 이러한 차이를 더 선명하게 하기 위해서는 도구적 존재자와 현전적 존재자에 대한 하이데거의 구별과 비교해 보는 것도 좋을 것이다. 하이데거는 『존재와 시간(Sein und Zeit)』(1927)에서 세계 안에서 나와 마주칠 수 있는 사물들을 그 사물에 대한 나의 태도 차이에 따라 두 가지로 구별한다. 하나는 '**도구적 존재자**(Zu-handenes)'로서 언제나 우선적으로 나에게 사용되는 것이고, 다른 하나는 '**현전적 존재자**(Vorhandenes)'로서 과학적 분석의 대상이 되는 것이다(Heidegger, 1972: 69 참조). 하이데거는 도구적 존재자를 일차적인 것으로, 현전적 존재자를 파생적인 것으로 본다. 예컨대 목수가 '망치'라는 사물을 만날 때, 목수는 그것을 과학적인 탐구 대상으로 지켜보는 것이 아니라 아무 생각 없이 못을 치기 위해 사용한다. 그러나 목수라고 해서 항상 망치를 도구로 사용하기만 하지는 않는다. 때로는 그에게도 망치가 과학적 분석 대상이 된다. 예컨대 망치 자루가 부러져서 망치를 사용할 수 없는 경우에 그는 망치의 객관적 의미를 생각해 볼 수 있을 것이다. 이때 그는 망치를 현전적 존재자로서 만난다.

도구적 존재자
(Zuhandenes)

'손(hand)에 관련되는(zu) 것', 혹은 '어떤 목적을 달성하기 위해(zu) 손으로 무엇을 사용하는 것'으로 분석될 수 있다.

현전적 존재자
(Vorhandenes)

'손 앞에(vor) 있는 것', 혹은 '주체가 대상으로서 표상한(재현한) 것'으로 분석될 수 있다.

이처럼 생활세계를 과학적 분석 이전에 일차적으로 경험되는 세계라고 한다면 수학적 이념의 옷을 입기 전의 세계라고 할 수 있다. 그렇다면 생활세계는 수학화되기 이전의 '자연 자체'라고 해야 하는 것이 아닐까? 그러나 생활세계가 곧 자연 자체라고는 할 수 없다. 우리에게 단순하게 직관되는 경험 세계라 하더라도 그것은 항상 직관하는 나의 심리적·신체적인 특수한 상태의 영향을 받기 때문이다(후설, 1993: 215 참조). 이러한 점에서 생활세계도 수학적 이념의 옷으로 치장된 과학적 세계와 마찬가지로 특정한 방식으로 파악된 또 하나의 세계라고 할 수 있다.

그렇다면 우리가 우리의 세계를 생활세계로 보는 태도는 어떤 의미가 있을까? 후설은 그것을 인간의 삶과 연관한다.

　　…… 생활세계 속에서 각성되어 살아가는 자들인 우리에게 생활세계는 항상 그곳에 이미 존재하고, 비록 그것이 이론적 실천이든 이론과 무관한 실천이든 간에 모든 실천을 위해 미리 우리에 대해 존재하는 '토대들'이다. …… 살아간다는 것(Leben)은 항상 세계에 대한 확실성 속에 살고 있다는 것(In-Weltgewiβheit-leben)이다. 각성되어 살아간다는 것은 세계에 대해 각성하고 있다는 것이며, 세계와 그 세계 속에서 살아가고 있는 자기 자신을 항상 현실적으로 의식하고 있다는 것, 즉 세계의 존재 확실성을 실제로 체험하고 실제로 수행하고 있다는 것이다(후설, 1993: 194).

이와 같이 우리가 생활세계 속에서 살아가는 데 중요한 것은 세계와 그 속에서 살아가는 자기 자신에 대해 항상 각성하고 있다는 것이다. 이것은 과학적으로 세계를 이해하는 태도에서는 잘 이루어지지 않는다. 후설은 과학적 세계 이해만이 유일한 세계 이해가 될 때 세계에 대한 인간의 지배권을 획득할 수 있지만, 동시에 동료 인간에 대한 지배권도 강화된다고 본다(후설, 1993: 98 참조). 예컨대 타인을 오직 과학적인 대상으로서 본다면 그는 자유로운 인간이 아니라 과학적인 법칙 아래에서 인과적으로 움직이는 물체(육체)로만 이해될 것이다. 물론 내가 타인을 이렇게 이해하듯이 타인 역시 나를 이렇게 이해할 것이다. 결국 과학적 세계 이해만 가능한 곳에는 인간도 또 인간의 삶도 있을 수 없다.

4) 하이데거: 세계 안에 거주함

자연 세계에 대한 근대적 이해에 함축된 위험을 넘어서기 위해서 하이데거는 '자연' 개념의 원초적인 의미를 숙고한다. 이를 위해 그는 고대 그리스인들이 사유한 자연, 즉 퓌시스 개념을 분석한다. 이에 따르면 퓌시스의 근원적인 의미는 "자기 자신에게서 열려 피어오름(예를 들어서 장미의 피어남), 스스로 열려 펼쳐짐, 이러한 펼쳐짐 속에 자신을 나타냄, 그리고 그 속에 머무르고 견뎌 다스림, 짧게 말해서 펼쳐지면서 머무르는 다스림(das aufgehend-verweilende Walten)"이다(하이데거, 1994: 40).

이러한 의미는 '생장하다', '생장시키다'를 의미하는 phyein이라는 동사와 관련된다. 여기서 생물의 생장은 단순히 양적으로 부풀어 오르는 것만을 의미하지 않는다. 장미꽃의 피어남이 일어나는 과정을 보자. 장미 나무의 뿌리에서 흡수된 물질이 바깥으로 배출되지 않고 나무속에 축적될 때 나무의 크기가 더 커지는 것은 양적으로 부풀어 오름으로서의 생장이라고 할 수 있다. 그러나 나무의 줄기에서 장미꽃이 피어난다는 것은 단순히 양적인 부풀어오름이 아닌 새로운 차원의 생장이 이루어진다는 것을 의미한다. 그런데 나무에서 어떻게 질적으로 다른 꽃이 피어나게 될까?

물론 그것은 장미의 DNA에 프로그램화된 생장 메커니즘에 따른 것이다. 하이데거는 이러한 생장을 "자기 안에서 자신에게서 밖으로 나섬(In-sich-aus-sich-Hinausstehen)"이라고 표현한다(하이데거, 1994: 40). 이것은 하나의 존재자가 바로 그 존재자로 있을 수 있게 해주는 힘에 의한 것이다. 하이데거는 이 힘을 바로 '존재자'와 구별되는 '존재 자체'라고 한다(하이데거, 1994: 40 참조).

장미꽃이 피어나는 것은 기본적으로 퓌시스의 자기 전개 과정이지만, 장미꽃이라는 하나의 존재자가 장미꽃이라는 바로 그 존재자로 있을 수 있게 해주는 존재 자체의 힘 때문이라고 할 수도 있다. 이러한 점에서 퓌시스는 무엇을 무엇으로서 있게 하는 존재 자체와 같다. 그런데 전통적으로 '있음(being)'은 '없음(nothingness)'뿐만 아니라 '됨(be-coming)'과도 구별되는 개념이다. 특히 '됨'이 아니라는 점에서 존재는 불변적이고 무시간적이다. 이것은 존재와 시간이 뚜렷하게 구별된다는 것을 의미한다. 그러나 존재를 어떤 존재자가 바로 그 존재자로서 있을 수 있게 해주는 힘으로 이해하는 하이데거의 존재 개념에는 이미 '됨'이 포함된다. 이러한 존재와 시간의 불가분성이 현저하게 드러나는 곳이 바로 퓌시스이다.

이처럼 퓌시스가 어떤 존재자가 바로 그 존재자로 있게 되는 과정이라고 하더라도, 이 과정을 무에서의 창조와 같이 없던 것이 있는 것으로 되는 것이라고 할 수는 없다. 무에서의 창조는 히브리인들의 착상이었지 그리스인들에게는 허용되지 않았던 것이었다. 그리스인들은 무엇이 있게 되었다면 그것은 바로 그 무엇이 숨겨져 있다가 밖으로 드러나게 된 것이라고 생각했다. 예컨대 장미꽃이 피어나는 것은 아직 나타나지 않고 숨겨져 있던 장미꽃이 자신을 드러내어 밖으로 나와 있게 된 것이다. 이러한 점에서 퓌시스는 "숨겨져 있음에서 스스로 밖으로 벗어나와, 그래서 처음으로 그것으로 있게 하는 '스스로 나타나 이루어짐(Ent-stehen)'이다"(하이데거, 1994: 41).

이렇게 본다면 무엇을 무엇으로 있게 함으로서의 퓌시스는 앞에서 본 '탈은폐함'으로서의 테크네와 의미상 차이가 없다. 다만 테크네가 탈은폐함의 인위적인 작용이라면 퓌시스는 인간의 힘이 개입되지 않는 탈은폐함이라고 할 수 있다. 그러나 테크네가 인위적인 작용이라고 하더라도 그것이 '앎'에 근거하지 않으면, 앞에서 보았듯이 모든 것을 부품으로 만들어버리는 위험 요소가 되어버린다. 그러므로 테크네는 앎에 기초한 제작이나 건립이지 않으면 안 된다(하이데거, 1994: 43 참조). 즉, 테크네는 퓌시스와 마찬가지로 숨겨져 있는 어떤 존재자가 자신을 밖으로 드러내려고 예정된 바로 그러한 길에 대한 앎을 기초로 그것이 본래 자신을 드러내려고 했던 바로 그 방식에 따라 그것을 제작하고 건립해야 된다는 것이다.

테크네에 부과되는 이러한 퓌시스적 태도는 자연 세계에서 살아가는 인간의 바람직한 태도에 대한 하이데거의 견해가 어떤 것인지를 말해준다. 인간이 자연 세계에서 살아간다는 것은 세계 안에 거주한다는 것이다. 인간이 세계 안에 거주한다는 것은 생활에 필요한 재화를 만든다는 것을 포함한다. 자연 세계 안에 거주하면서 인간은 땅 위에 길을 닦고 논과 밭을 일구며 집이나 그 밖의 건물들을 세우기도 한다. 얼핏 보면 이 땅 위에 무엇을 세우는 일은 이 세계에 거주하기 위한 수단처럼 보인다. 그러나 우리가 '살아간다'고 할 때, 무엇을 세우지 않고서도 살아갈 수 있는 방도가 있을까? 인간의 삶은 삶에 필요한 무엇을 세워놓고 그 다음에 이루어지는 것이 아니다. 인간이 땅 위에 무엇을 세워나가는 과정 자체가 바로 삶이다. 이러한 점에서 하이데거는 '건축함'이 곧 '거주함'이라고 한다(하이데거, 2008: 185).

그런데 논밭을 일구고 건물을 세우는 것과 같은 건축함의 의미는 지금까지 없었던 것을 있게 한다는 것이다. 즉, "사물들을 산출함(Hervorbringen, 밖으로 끌어내어 놓음)이 건축함이다"(하이데거, 2008: 204). 그렇다면 건축함은 근본적으로 테크네와 같으며, 따라서 퓌시스와 같다고도 할 수 있다. 다시 말하면 건축함은 무에서 어떤 것을 창조하는 것이 아니라 숨겨져 있던 것이 자신을 밖으로 드러내게 하는 탈은폐함의 한 양상이라고 할 수 있다.

이러한 사실은 거주함에 대한 하이데거의 어원적 분석에서도 발견할 수 있다. 그에 따르면 '거주함'을 뜻하는 독일어 Wohnen은 고트어 wunian에서 유래한다.

> wunian은 평화로이 있음, 평화롭게 됨, 평화 속에 머물러 있음, 즉 das Frye를 의미하는데, fry는 해악과 위협에서 보호함, 즉 ~에서 보호함, 즉 보살핌을 의미한다(하이데거, 2008: 189~190).

이러한 점에서 이 땅 위에 거주한다는 것은 이 땅 위에 함께 존재하는 것들을 보호하고 보살핀다는 것을 의미한다. 여기서 무엇을 보살핀다는 것은 다음과 같다.

> 우리가 어떤 것을 처음부터 그것의 본질 안에 그대로 놓아둘 때, 즉 우리가 어떤 것을 오로지 그것의 본질 안으로 되돌려놓아 간직할 때, 즉 우리가 자유롭게 함이라는 낱말에 상응해서 그것을 울타리로 둘러쌀 때 일어난다(하이데거, 2008: 190).

그러므로 보살핌으로서의 거주함은 어떤 존재자가 바로 그 존재자로 존재하게 하는 일이다. 거주함 역시 탈은폐함의 한 양상이며, 따라서 거주함은 곧 건축함과 같다.

그렇다면 우리는 구체적으로 어떻게 이 땅 위에서 건축하면서 거주해야 하는가? 하이데거는 우선 우리 인간이 땅 위에 거주하는 하나의 근본 상황을 주목한다(하이데거, 2008: 190 이하 참조). 우리 인간이 땅 위에 거주한다는 것은 곧 하늘 아래에 있다는 것이며, 그 사이에서 늘 신적인 것들과 마주친다는 것이다. 이러한 근본 상황 속에서 인간은 땅과 하늘과 신적인 것들과 달리 자신을 '죽을 자(das Sterblichen)'로서 인

신적인 것

"신성을 눈짓으로 알려오는 사자(使者)들이다"(하이데거, 2008: 191). 이것은 초월적 실체로서의 신이 있어서 그 신의 특성들이 인간에게 알려진다는 것을 의미하지 않는다. 오히려 삶의 순간순간에 마주치는 신성함의 현상들을 질료로 신을 구성할 수 있다는 종교현상학적 차원에서 이 '신적인 것들'을 이해할 수 있다.

식한다. 여기서 죽을 자란 '죽음을 죽음으로서 흔쾌히 맞이할 수 있는 자'를 뜻한다(하이데거, 2008: 191). 이것은 이미 『존재와 시간』에서 '죽음 앞으로 미리 달려감(Vorlaufen zum Tode)'이라는 인간의 근본 특성에 대한 분석에서 개진되었다(Heidegger, 1972: 267). 이에 따르면, 인간은 실제로 죽지 않은 상태에서도 곧 도래할 자신의 죽음을 자신의 현재 삶의 지평 안에 미리 가질 수 있는 능력이 있다. 이러한 능력은 현재의 삶을 항상 죽음을 각오한 삶으로 살 수 있는 힘을 준다. 죽음 앞으로 자신을 미리 던지는 사람은 그만큼 자신에게 진실한(eigentlich) 삶을 살 수 있는 것이다.

이러한 죽을 자로서 인간은 우선 땅을 구원하는 한에서 거주한다.

> 구원은 어떤 것을 그것의 고유한 본질로 자유롭도록 놓아둠을 의미한다. 땅을 구원한다는 것은 땅을 착취하거나 혹은 실로 혹사하는 것 이상이다. 땅을 구원함은 땅을 지배하지 않고 또한 땅을 복종케 만들지도 않는다(하이데거, 2008: 192).

또한 죽을 자로서 인간은 하늘을 하늘로서 받아들이는 한에서 거주한다. 하늘의 운행을 억지로 바꾸려고 하지 않는다. "밤을 낮으로 만들거나 낮을 고달픈 부산함으로 만들지 않는다"(하이데거, 2008: 192). 그리고 죽을 자로서 인간은 신적인 것을 기다리는 한에서 거주한다. 자신의 소망을 투사해 인공적으로 신을 만들어내지 않으며 우상을 숭배하지 않는다. 게다가 죽을 자로서의 인간은 자신의 본질이 죽음을 맞이할 수 있는 자신의 고유한 능력을 사용하도록 이끄는 한에서 거주한다.

그러나 이와 같이 땅을 구원하는 것, 하늘을 하늘로서 받아들이는 것, 신적인 것들을 기다리는 것, 죽을 자들을 죽음으로 인도하는 것은 각각 독립적인 사건들이 아니다. 인간이 스스로 죽을 자로 자각하고 진실로 이 땅 위에 거주한다는 것은 이 네 가지를 동시에 수행할 수밖에 없다. 이러한 점에서 이 네 가지는 거주함에서 하나로 포개어진다. 그러므로 이 네 가지는 각각 독립적인 네 가지가 아니라 "네 가지이면서 동시에 하나로 포개어져 있음(das Geviert)"이다(하이데거, 2008: 191). 결국 이 네 가지 사건은 사중적인 보살핌이라는 하나의 사건으로서 일어난다.

이와 같이 인간이 스스로 죽을 자로서 자각할 때 자신의 거주함 속에 땅의 구원, 하늘의 받아들임, 신적인 것을 기다림, 그리고 자기 자신에 대한 죽을 자로서의 인식이 함께 간직된다. 이것은 이 네 가지를 하나의 포개짐으로서 자신의 삶 속에 간직할 때 이 네 가지 각각이 그것의 본질에 따라 나타남을 의미한다. 예컨대 인간은 이 네 가지를 하나의 포개짐으로서 간직할 때 참으로 죽을 자로서 살 수 있다. 그러므로 "거주함은 네 가지 포개짐의 본질을 사물들 안으로 가져옴으로써 바로 그 네 가지 포개짐을 소중히 보살핀다"(하이데거, 2008: 194). 결국 인간은 자연 세계에서 만나는 모든 사물이 이러한 네 가지 포개짐을 그 속에 간직하게 함으로써 그것의 고유한 본질이 실현될 수 있도록 보살피는 방식으로 거주하고 건축하면서 살아야 한다.

『성경전서』.

구니야 준이치로(國谷純一郎). 1992. 『환경과 자연인식의 흐름』. 심귀득·안은수 옮김. 고려원.

디킨슨, 로우즈(G. Lowes Dickinson). 1989. 『그리스인의 이상과 현실: 서양철학의 뿌리』. 박만준·이준호 옮김. 서광사.

마르크스, 카를(Karl Marx). 1987. 『경제학-철학 수고』. 김태경 옮김. 이론과 실천.

_____. 1989. 『자본론』. 김수행 옮김. 비봉출판사.

_____. 2000. 『정치경제학 비판 요강』. 김호균 옮김. 백의.

마르크스·엥겔스(Karl Marx and Friedrich Engels). 1988. 「고타강령비판」. 『마르크스 엥겔스 저작선』. 김재기 옮김. 거름.

베이컨, 프랜시스(Francis Bacon). 2001. 『신기관』. 진석용 옮김. 파주: 한길사.

_____. 2002. 『새로운 아틀란티스』. 김종갑 옮김. 에코리브르.

아리스토텔레스(Aristoteles). 2007. 『형이상학』. 김진성 옮김. 이제이북스.

카프라, 프리초프(Fritjof Capra). 1985. 『새로운 과학과 문명의 전환』. 이성범·구윤서 옮김. 범양사.

콘포드, 프랜시스(Francis M. Cornford). 1997. 『종교에서 철학으로-서구 사유의 연원에 관한 연구』. 남경희 옮김. 이화여대 출판부.

하이데거, 마르틴(Martin Heidegger). 1993. 『기술과 전향』. 이기상 옮김. 서광사.

_____. 1994. 『형이상학 입문』. 박휘근 옮김. 문예출판사.

_____. 2008. 『강연과 논문』. 이기상·신상희·박찬국 옮김. 이학사.

호르크하이머·아도르노(Max Horkheimer and Theodor Wiesengrund Adorno). 1995. 『계몽의 변증법』. 김유동·주경식·이상훈 옮김. 문예출판사.

후설, 에드문트(Edmund Husserl). 1993. 『유럽학문의 위기와 선험적 현상학』. 이종훈 옮김. 이론과 실천.

Heidegger, Martin. 1972. *Sein und Zeit*. Tübingen: Max Niemeyer Verlag.

Nietzsche, Friedrich Wilhelm. 1968a. *Also Sprach Zarathustra*. Berlin: Walter de Gruyter & Co.

_____. 1968b. *Jenseits von Gut und Böse*. Berlin: Walter de Gruyter & Co.

_____. 1969a. *Der Antichrist*. Berlin: Walter de Gruyter & Co.

_____. 1969b. *Ecce Homo*. Berlin: Walter de Gruyter & Co.

_____. 1972. "Frühjahr 1888-14." Berlin: Walter de Gruyter & Co.

▌ 찾아보기

지은이 _ 하순애

동아대학교 철학과 및 동 대학원을 졸업(철학박사)했으며, 동의대학교 겸임교수를
역임했다. 현재 제주대학교에서 강의하고 있다.
저서 _『제주도신당이야기』
공저 _『교양철학』,『제주도 민간신앙의 구조와 변용』,『한국인의 생명관과 배아복
　　　제윤리』,『한국인의 죽음관과 생명윤리』

지은이 _ 오용득

동아대학교 철학과 및 동 대학원을 졸업(철학박사)했으며, 현재 동아대학교와 창원
대학교에서 강의하고 있다.
저서 _『고전논리의 형식적 원리』,『자기쇄신의 학으로서의 철학적 해석학』,『섹슈
　　　얼리티를 철학한다: 유전자의 생존기계에서 성적 주체로』
공저 및 공역 _『교양철학』,『헤겔과 하이데거: 존재 개념 비교연구』

한울아카데미 1340

세상은 왜?
세상을 보는 10가지 철학적 주제

ⓒ 하순애·오용득, 2011

지은이 • 하순애·오용득
펴낸이 • 김종수
펴낸곳 • 도서출판 한울

편집책임 • 이교혜
편집 • 이가양

초판 1쇄 인쇄 • 2011년 3월 11일
초판 1쇄 발행 • 2011년 3월 25일

주소 • 413-756 파주시 교하읍 문발리 535-7 302(본사)
121-801 서울시 마포구 공덕동 105-90 서울빌딩 1층(서울 사무소)
전화 • 영업 02-326-0095, 편집 031-955-0606, 02-336-6183
팩스 • 02-333-7543
홈페이지 • www.hanulbooks.co.kr
등록 • 1980년 3월 13일, 제406-2003-051호

Printed in Korea.
ISBN 978-89-460-5340-3 03100 (양장)
　　　978-89-460-4402-9 03100 (학생판)

* 책값은 겉표지에 표시되어 있습니다.
* 이 도서는 강의를 위한 학생판 교재를 따로 준비했습니다.
　강의 교재로 사용하실 때에는 본사로 연락해주십시오.